ग्रामीण समाजशास्त्र
RURAL SOCIOLOGY

ग्रामीण समाजशास्त्र
RURAL SOCIOLOGY

लेखक
डॉ॰ सुरेन्द्र कुमार शर्मा

डिस्कवरी पब्लिशिंग हाऊस
नई दिल्ली--110 002

प्रथम संस्करण: 2007
Reprinted: 2013

ISBN: 978-93-5056-689-3

प्रकाशक
डिस्कवरी पब्लिशिंग हाऊस
4831/24, अन्सारी रोड, दरियागंज
नई दिल्ली—110 002
दूरभाष—23279245
फैक्स—23253475
e-mail: dphbooks@rediffmail.com
dphtemp@indiatimes.com

Printed at: Dynamic printers, Delhi

प्रस्तावना

जैसा की हम सभी जानते हैं कि हमारा देश गांवों का देश है। ग्रामीण स्तर समाज के तीन मूल स्तरों में से एक है। अतएव इस मूल स्तर के अध्यन के लिए एक पृथक शाखा का होना आवश्यक है। ग्रामीण समाजशास्त्र में ग्रामीण जीवन से जुड़ी हुई नाना तरह की चीजों का विस्तृत अध्ययन किया जाता है लेकिन इसका अर्थ समाजशास्त्र की विषय-वस्तु का विभाजन नहीं है। अपितु एक विशिष्ट समाज का विभिन्न परिप्रेक्ष्य से अध्ययन करना है। सही मायने में व्यावहारिक दृष्टि से ऐसा कोई मापदण्ड अथवा विभाजन रेखा का निर्माण नहीं हो सकता है जिसके आधार पर ग्रामीण तथा नगरीय जीवन के क्षेत्र को पूर्णतया एक-दूसरे से अलग किया जा सके।

ग्रामीण समाजशास्त्र गांव के सम्पूर्ण ढाँचे का विस्तृत और वैज्ञानिक अध्ययन करता है। फिर भी ग्रामीण समाजशास्त्र की अपनी सीमाएं हैं एवं उन सीमाओं के अन्दर रहकर ही इसका अध्ययन किया जा सकता है। ज्यादातर विद्वान इस पक्ष के हैं कि ग्रामीण समाजशास्त्र को ग्रामीण-जीवन का समाजशास्त्र कहना अधिक उपयुक्त है। इसके तहत विशेषतया ग्रामीण मानव-संबंधों के विधि-स्वरूपों का वैज्ञानिक अध्ययन करना जरूरी है। लेकिन इस अध्ययन के साथ कई प्रश्न, विवाद व आलोचनाएं जुड़ गयी है। **टी. लिन. स्मिथ** के विचार में ''ग्रामीण सामाजिक संबंधों की व्यवस्थित जानकारी को ग्रामीण-जीवन का समाजशास्त्र कहना ही उचित होगा।''

ग्रामीण समाजशास्त्र, समाजशास्त्र की विविध शाखाओं में एक नवीन शाखा है जिसका वैज्ञानिक रूप में अध्ययन करने का प्रयत्न किया जा रहा है। इसमें कोई सन्देह नहीं कि वैज्ञानिक पद्धतियों द्वारा, आज समाजशास्त्र से जुड़े नाना विषयों का अध्ययन किया जा रहा है। इसमें हमें सदैव सफलता प्राप्त होती जा रही है। प्रस्तुत पुस्तक इस क्षेत्र में एक छोटा सा प्रयास है। प्रस्तुत पुस्तक में ग्रामीण समाजशास्त्र के सभी पहलुओं पर प्रकाश डाला गया है। आशा है पुस्तक पाठकों के लिए उपयोगी होगी।

—लेखक

अनुक्रम

1

ग्रामीण समाजशास्त्र की अवधारणा

समाज के तीन मूल स्तरों में ग्रामीण स्तर भी एक है। यह सार्वभौमिक समुदाय के विकास की दृष्टि से सबसे अधिक महत्वपूर्ण है। ग्रामीण समाज का अपना सांस्कृतिक, आर्थिक, सामाजिक तथा राजनीतिक ढाँचा है। समाजशास्त्र की एक शाखा ग्रामीण ढांचे का अध्ययन करती है तथा बताती है कि यह एक विशिष्ट समाजशास्त्र है।

ग्रामीण समाजशास्त्र में ग्रामीण जीवन से जुड़ी हुई नाना तरह की चीजों का विस्तृत अध्ययन किया जाता है लेकिन इसका अर्थ समाजशास्त्र की विषय-वस्तु का विभाजन नहीं है। अपितु एक विशिष्ट समाज का विभिन्न परिप्रेक्ष्य में अध्ययन करना है। सही मायने में व्यावहारिक दृष्टि से ऐसा कोई मापदण्ड अथवा विभाजन रेखा का निर्माण नहीं हो सकता है जिसके आधार पर ग्रामीण तथा नगरीय जीवन के क्षेत्र को पूर्णतया एक-दूसरे से अलग किया जा सके। अस्तु गाँव व नगर एक ही मानव समाज के दो पृथक अंग हैं जिसमें परस्पर कुछ समानताएँ भी हैं और भिन्नतायं भी। एक सीमा के उपरांत कोई गांव नगर में समाहित हो जाता है और जब कोई क्षेत्र नगर की सीमा में नहीं आ पाता तो उसे कस्बा या गाँव की संज्ञा देते हैं। फिर भी यह सत्य है कि दोनों समाज की संस्कृति, व्यवसाय, रहन-सहन, आचार विचार, गतिशीलता और वेष-भूषा, खान-पान और भाषा में, विचार में अन्तर पाया जाता है। ये विशेषताएँ एक समाज को दूसरे से बहुत हद तक पृथक करती हैं। एल्डरसन के विचार के बारे में जो कुछ भी दावा किया जाय किन्तु नगरीयत्व एक सीमा पार करने वाला पहलू है। प्रत्येक आधुनिक समुदाय कुछ सीमा तक नगरीय होता है। कोई व्यक्ति म्यूनिसिपल सीमा तक नगर का अध्ययन कर सकता है किन्तु नगरीयत्व इस प्रकार से सीमित नहीं है। इस तरह नगर को छोड़ते हुए कोई व्यक्ति गाँव का अध्ययन कर सकता है पर ग्रामीण और नगरीय की तरह किसी का विभाजन सम्भव नहीं है।

परिभाषा

ग्रामीण-समाजशास्त्र, को समाजशास्त्र की एक शाखा के रूप में अनेक विद्वानों ने पारिभाषित किया है। कुछ प्रमुख परिणाम निम्नवत् हैं–

1. स्टूअर्ट चैपिन के मतानुसार "ग्रामीण जीवन का समाजशास्त्र किसी ग्रामीण समाज की जनसंख्या, सामाजिक संगठन और वहाँ कार्य करने वाली सामाजिक प्रक्रियाओं का अध्ययन है।"

2. डॉ. ए. आर. देसाई के शब्दों में "ग्रामीण समाजशास्त्र का मूल उद्देश्य ग्रामीण सामाजिक संगठन, उनकी संरचना, प्रक्रियाओं और विकास की वस्तुनिष्ठ प्रवृत्तियों का एक वैज्ञानिक, व्यवस्थित और विस्तृत अध्ययन करना तथा इस अध्ययन के आधार पर ही उसके विकास के नियमों को ज्ञात करना होना चाहिए।"

3. टी० लिन० स्मिथ के विचार में ''ग्रामीण सामाजिक संबंधों की व्यवस्थित जानकारी को ग्रामीण-जीवन का समाजशास्त्र कहना ही उचित होगा।''

4. डेविड सैण्डरसन के विचार में ''ग्रामीण समाजशास्त्र ग्रामीण पर्यावरण में पाए जाने वाले जीवन का समाजशास्त्र है। बिना इसकी उत्पत्ति एवं विकास को समझे हुए, अधिकांशतः इस विषय पर ग्रामीण जीवन का विवरण प्रायः सामान्य रूप से दे दिया जाता है।''

उपरोक्त परिभाषाओं के आलोक में यह कहा जा सकता है कि ग्रामीण समाजशास्त्र गांव के सम्पूर्ण ढाँचे का विस्तृत और वैज्ञानिक अध्ययन करता है। फिर भी ग्रामीण समाजशास्त्र की अपनी सीमाएं हैं एवं उन सीमाओं के अन्दर रहकर ही इसका अध्ययन किया जा सकता है। ज्यादातर विद्वान इस पक्ष के हैं कि ग्रामीण समाजशास्त्र को ग्रामीण-जीवन का समाजशास्त्र कहना अधिक उपयुक्त है। इसके तहत विशेषतया ग्रामीण मानव-संबंधों के विधि-स्वरूपों का वैज्ञानिक अध्ययन करना जरूरी है। लेकिन इस अध्ययन के साथ कई प्रश्न, विवाद व आलोचनाएं जुड़ गयी है।

सबसे पहले हमारे सामने यह प्रश्न है कि गाँव किसे कहा जाए? किस समूह व संस्कृति को अथवा उससे संबंधित व्यक्तियों को ग्रामीण संस्कृति कहें। यह तब तक संभव नहीं है, जब तक ग्रामीण समाज का सुव्यवस्थित अध्ययन न किया जाय। इसके लिए गाँव को, कस्बा, नगर, उपनगर की अवधारणाओं से पृथक् करना होगा। ऐसा करने के बाद ही वास्तविक रूप में गाँव का एक सही चित्र व सीमा सामने आ सकेगा। अब दूसरा प्रश्न यह उठता है कि क्या ग्रामीण समाजशास्त्र की समाजशास्त्र के अन्तर्गत रखकर अध्ययन किया जा सकता है? इस प्रश्न का उत्तर डा० जान० एम० गिलेट (Dr. John. M. Gillette) के इस कथन से प्राप्त कर सकते हैं ''यदि

समाजशास्त्र का अर्थ सामूहिक घटनाओं को समझने के लिए सदैव केवल संकीर्ण वैज्ञानिक प्रयास मात्र ही है और इस प्रयास को यदि उपयोगितावादी उद्देश्यों से भी अलग कर दिया जाय तो ग्रामीण समाजशास्त्र ग्रामीण समुदायों के समाजशास्त्रीय अध्ययनों के वैज्ञानिक दृष्टिकोण को प्रकट करने हेतु अयोग्य है''।

डी० सैण्डरसन का मत है कि ग्रामीण जीवन में पाए जाने वाले मानवीय संबंधों को या उससे संबंधित किसी समस्या को केवल किसी एक विज्ञान की विधियों द्वारा निराकरण कर पाना सम्भव नहीं है। ग्रामीण जीवन की समस्याओं को समझने तथा सुलझाने की कला सही मायने में एक ऐसी प्रविधि होगी जो विभिन्न-विज्ञानों व अनुशासनों से जुड़ी होगी।

अब तीसरा प्रश्न यह उठता है कि ''ग्रामीण समाजशास्त्र'' को विज्ञान की किस श्रेणी में रखा जाय? इस प्रश्न का उत्तर पाने के लिए किस समाजशास्त्र अथवा सामान्य समाजशास्त्र इन दोनों विज्ञानों के क्षेत्र को ध्यान में रखकर हमें ग्रामीण समाजशास्त्र को समझना होगा। इस संबंध में जान० एम० गिलेट का विचार है कि ''ग्रामीण समाजशास्त्र का एक बड़ा कार्य, जो शायद सदैव बना रहेगा, कृषि करने वाले समुदायों के जीवन की सहानुभूतिपूर्ण जानकारी प्राप्ति तथा उनके प्रति सामाजिक प्रयास के विवेकपूर्ण सिद्धान्तों को लागू करना ही है। यदि ग्रामीण समाजशास्त्र ग्रामीण जीवन की समस्याओं को समझने और उन्हें विवेकपूर्ण ढंग से सुलझाने के उद्देश्यों को पूर्ण कर लेता है, तो यह वैज्ञानिक बन जायगा किन्तु अपनी सीमित व तात्कालिक दायरे के कारण सामान्य समाजशास्त्र से पर्याप्त भिन्न रूप में रहेगा।''

ग्रामीण समाजशास्त्र के विविध शाखाओं में एक नवीन शाखा है जिसका वैज्ञानिक रूप में अध्ययन करने का प्रयत्न किया जा रहा है। इसमें कोई सन्देह नहीं कि वैज्ञानिक पद्धतियों द्वारा, आज समाजशास्त्र से जुड़े नाना विषयों का अध्ययन किया जा रहा है। इसमें हमें सदैव सफलता प्राप्त होती जा रही है। सैण्डरसन ने इसके अध्ययन के क्षेत्र के संबंध में कहा है कि ''ग्रामीण समाजशास्त्र का एक विज्ञान के रूप में प्राथमिक प्रयास उन घटनाओं का विशुद्ध विवरण करना होगा जिनका यह अध्ययन करता है, जैसे ग्रामीण समाज के स्वरूप, परिवार, समुदाय, धार्मिक केन्द्र, विद्यालय, आवास और अनेक संगठित समूह और अनौपचारिक एवं असंगठित ग्रामीण समूह।

समाजशास्त्र की परिभाषाएं

1. लारी नेल्सन—ग्रामीण समाजशास्त्र की विषय-वस्तु ग्रामीण पर्यावरण में उस विभिन्न प्रकार के प्रगति का वर्णन व विश्लेषण करना है जो कि उस पर्यावरण में विद्यमान है।

2. ए० आर० देसाई—ग्रामीण समाजशास्त्र ग्रामीण समाज का विज्ञान है। साधारण रूप से ग्रामीण समाज के ढांचे तथा विकास का सिद्धान्त किसी समाज का नियंत्रण एवं सचालन करने वाले असाधारण नियमों का पता लगाने में हमारी सहायता करते है। वस्तुतः ग्रामीण समाजशास्त्र ग्रामीण समाज के विकास के नियमों का विज्ञान है।"

3. टी. लिन. स्मिथ—कुछ अनुसन्धानकर्त्ता उन सामाजिक घटनाओं का अध्ययन करते हैं जो कि केवल ग्रामीण सामजिक संबंधों के अध्ययन से मिले हुए इस प्रकार के तथ्य और सिद्धान्त ग्रामीण समाजशास्त्र कहे जा सकते हैं।

4. स्टूअर्ट चेपिन—"ग्रामीण-जीवन का समाजशास्त्र ग्रामीण जनसंख्या, ग्रामीण सामजिक संगठन और ग्रामीण समाज में काम करने वाली सामजिक प्रक्रियाओं का अध्ययन है।

समाजशास्त्र की उपरोक्त परिभाषाओं के आलोक में यह कहा जा सकता है कि ग्रामीण समाजशास्त्र, ग्रामीण पर्यावरण से जुड़े हुए अनेक मामलों, समस्याओं, तथ्यों और सामाजिक सम्बन्धों का विस्तृत अध्ययन करता है। एक विज्ञान के रूप में ग्रामीण समाजशास्त्र गाँव के विकास कार्यक्रम तथा गाँव की उन्नति के लिए महत्वपूर्ण भूमिका निभाती है।

ग्रामीण समाजशास्त्र का विषय-क्षेत्र

जैसा की पूर्व में बताया जा चुका है ग्रामीण समाजशास्त्र गाँव के विभिन्न संस्थापकों संगठनों, प्रक्रियाओं, सामाजिक ढाचे आदि का अध्ययन करता है, लेकिन इसके विषय क्षेत्र के संबंध में विद्वानों में मतभेद है।

लारी नैल्सन ने ग्रामीण समाजशास्त्र के विषय-क्षेत्र के विषय में कहा है कि "यह केवल सामुदायिक जीवन के क्षेत्रों में और उपक्षेत्रों के समझे गए समतल रूप को चित्र वर्णन मात्र ही नहीं समझता, वरन् साथ ही संबंध के अगणित रूपों को आकाशीय ढाँचे में सन्निहित कर लेता है। दूसरे रूप में यह उन समस्त क्रियाकलापों की व्याख्या करता है जो ग्रामीण व्यक्ति के सामूहिक जीवन को बनाते हैं। इस प्रकार यह एक महान शास्त्र है, उतना ही विस्तृत जितना कि सामूहिक जीवन के विभिन्न रूप विस्तृत हैं।"

नेल्सन ने ग्रामीण समाजशास्त्र के विषय क्षेत्र को विविध रूपीय (Three dimensional) कहा है। उसका विचार है कि इसकी लम्बाई, चौड़ाई और गहराई तीनों ही होती है। सबसे पहले यह शास्त्र ग्रामीण-व्यक्तियों के सभी तरह के सम्बन्धों

का अध्ययन करता है। यह सामूहिक जीवन का अध्ययन है। इस अध्ययन का क्षेत्र इतना विस्तृत है कि जितना सामूहिक जीवन के विभिन्न स्वरूप। इसे लागातार नेल्सन ने विस्तार माना है। दूसरा यह शास्त्र व्यापक भी है। उसका दूसरा रूप यह है कि ग्रामीण समाजशास्त्र भूत, वर्तमान तथा भविष्य का अध्ययन करता है जैसे—संस्कृति का अध्ययन सीमित काल के सन्दर्भ में नहीं किया जा सकता है। उसका यह भी विचार है कि ग्रामीण समाजशास्त्र के विद्यार्थी को अपनी विषय-सामग्री से सम्बन्धित एक कालचित्र (Time Perspective) रखनी चाहिए। इसे वह इस शास्त्र की व्यापकता कहता है। तीसरा ग्रामीण शास्त्र की गहनता है। यह शास्त्र व्यक्तियों के बदले स्वरूप, अभिरुचियों और मूल्यों आदि का भी अध्ययन करता है। इस तरह ग्रामीण शास्त्र का विषय-क्षेत्र, बहुत विशाल तथा व्यापक है।

ग्रामीण समाजशास्त्र के विषय क्षेत्र पर विचार करते समय कई प्रश्न हमारे सम्मुख आते हैं। जैसे ग्रामीण समाजशास्त्र का विषय क्या हो? किन चीजों का यह अध्ययन करे? किन समस्याओं पर यह विचार करे आदि। डा. ए. आर. देसाई का विचार है प्रत्येक नवविकसित विज्ञान की भाँति विशेषकर एक नव-उदित सामाजिक विज्ञान में, उसकी परिभाषा और उसके क्षेत्र का प्रश्न एक विवाद का विषय बन जाता है और इस दिशा में कार्य करने वाले अध्ययनकर्त्ताओं का ग्रामीण समाजशास्त्र, के प्रति विशेष प्रयास चलता रहता है।" इससे यह स्पष्ट होता है कि ग्रामीण समाजशास्त्र, समाजशास्त्र की एक नवीन शाखा है। इसलिए इसका विषय क्षेत्र निर्धारित करना कोई आसान कार्य नहीं है। इसके विषय क्षेत्र के संबंध में पर्याप्त मतभेद और सहमति देखने को मिलती है—

मुख्य मतभेद

कुछ विद्वानों का विचार है कि ग्रामीण समाजशास्त्र का विषय समाजशास्त्र के सामान्य-सिद्धान्तों और नियमों को ग्रामीण सामाजिक व्यवस्था के क्रियाकलापों पर लागू किया जाय इसकी ओर विद्वानों के एक वर्ग का विचार है कि ग्रामीण ढाँचे का अध्ययन कर कुछ पृथक सिद्धान्तों की स्थापना की जाय।

कुछ का विचार है कि ग्रामीण समाजशास्त्र अपने को मात्र ग्रामीण-सीमाओं तक ही सीमित रखे। इसी प्रकार कुछ का विचार है कि दोनों का अध्ययन कर एक समग्र तुलनात्मक शास्त्र प्रस्तुत करे।

कुछ विद्वानों का विचार है कि यह शास्त्र ग्रामीण समुदायों व विकास के बारे में मात्र अध्ययन करे। दूसरी ओर, कुछ विद्वानों का विचार है कि यह

सामाजिक परिवर्तनों व सुधारों के लिए व्यावहारिक व्यवस्थाएं भी देकर सरकार की सहायता करे।

ग्रामीण नगरीय क्षेत्र दो अलग-अलग क्षेत्र हैं। दोनों की विषय सामग्री अलग-अलग है। दोनों के आर्थिक सामजिक तथा सांस्कृतिक प्रतिमान अलग-अलग हैं। दोनों क्षेत्रों की विशेषताएं अपनी-अपनी हैं। अस्तु विषय क्षेत्र भी ग्रामीण समाजशास्त्र का अपना है।

ग्रामीण तथा नगरीय समाजशास्त्र एक-दूसरे से पृथक होते हुए भी एक दूसरे को प्रभावित करते हैं। इसलिए दोनों का कई स्थानों पर तुलनात्मक अध्ययन करने की आवश्यकता अनुभव की जाती है।

ग्रामीण समाजशास्त्र का मूल उद्देश्य वहाँ के विभिन्न समुदाय, संगठन संरचना क्रियाकलापों तथा संस्थाओं का वैज्ञानिक अध्ययन करना है। इस अध्ययन के द्वारा ग्रामीण जीवन के विकास और क्रियाकलापों की खोज करना भी है।

इस शास्त्र का कार्य यह अध्ययन करना भी है कि वे ग्रामीण ढांचे में किस तरह के परिवर्तन हो रहे हैं। इससे दो तरह के उद्देश्यों की पूर्ति होती है। प्रथम यह कि गत वर्षों के विकास के क्रियाकलापों से प्राप्त नियमों की पुष्टि या अपुष्टि होना और द्वितीय, भविष्य में इच्छित परिवर्तनों तथा योजनाओं को व्यावहारिक रूप देने का प्रयत्न करना।

ग्रामीण समाजशास्त्र का महत्व

कोई भी देश चाहे वह कितना ही आधुनिक क्यों न हो गया हो, अपनी ग्रामीण संस्कृति सभ्यता की पहचान को मिटा नहीं सकता है। नगर तो विभिन्न सभ्यताओं और संस्कृतियों के पुंज-मात्र होते हैं। इस दृष्टिकोण से ग्रामीण संस्कृति की अपनी अक्षुण्ण विशेषताएं हैं जिनसे परिचित हुए बगैर आप किसी भी देश को समझ नहीं सकते हैं। भारतीय ग्रामीण समाज की भी अपनी विशेषताएं हैं। सम्पूर्ण इतिहास में भारत प्रमुख रूप से ग्रामों का देश रहा है। प्रो. ब्लाथ का विचार है "भारत ग्रामों का एक अति उत्कृष्ट देश है। 1991 की जनगणना के अनुसार देश की जनसंख्या का 74.3% ग्रामों में रहता है। भारत की ग्रामों की संख्या 5,76,000 है।

ग्रामीण समाज को समझने के लिए हमें उसके सम्पूर्ण ढांचे का विभिन्न दृष्टि से अध्ययन एवं विश्लेषण करना होगा। अंकित का वैज्ञानिक अध्ययन करना होगा। यहाँ के आर्थिक सामाजिक, ढाँचे, धर्म और संस्कृति लोक विश्वास से जुड़ी हुई असंख्य मान्यताओं, नाना तरह के संगठनों और संस्थाओं आदि का

अध्ययन किए बगैर हम भारत के व्यक्तियों की जीवन पद्धति को भली प्रकार समझ नहीं सकेंगे। इसलिए ग्रामीण समाजशास्त्र ग्रामीण समाज को सर्वांगीण रूप में समझने से मददगार है।

भारत में ग्रामीण समाजशास्त्र का महत्व

हमारे देश में ग्रामीण समाजशास्त्र का महत्व इसलिए भी अन्य शास्त्रों से कहीं अधिक है क्योंकि यह गाँव के विभिन्न अंगों का वैज्ञानिक ढंग से अध्ययन करता है।

1. संस्कृति का मूल स्रोत—किसी भी देश की संस्कृति की उत्पत्ति नगरों में नही गावों में होती है। वही उसका मूल स्थान तथा स्रोत है। गाँव पहले बने हैं और नगर बाद में। इसीलिए आज हमारे देश की जो भाषा, वेश भूषा, परंपराएं, प्रथाएं नीतियों लोक-विश्वास धर्म तथा आदर्श है वे कहीं न कहीं और किसी न किसी रूप में गाँवों से जुड़ी हैं। इसलिए गाँव से परिचित होकर ही भारतीय संस्कृति को समझा जाना जा सकता है।

2. भारतीय समाज की ग्रामीण प्रकृति—हमारे देश की सम्पूर्ण जनसंख्या का लगभग 75 प्रतिशत भाग आज भी गाँव में निवास करता है। वह कहीं खेत और बाग से जुड़ा है। भूमि से इसका अटूट संबंध है। किसी भी देश की इतनी बड़ी जनसंख्या जब गाँव में निवास करती है तो उस देश की मूल प्रकृति में गाँव की विशेषताएं सम्मिलित हो जाती हैं।

3. निर्धनता तथा दरिद्रता—गाँव के असंख्य व्यक्तियों को दो समय का भोजन भी प्राप्त नहीं होता है। डा. ए. आर. देसाई ने सही ही कहा है, भारतीय ग्रामीण जीवन वास्तविक विपत्ति, सामजिक पिछड़ेपन एवं इन सबसे अधिक सबसे ऊपर छाये हुए संकट का एक दृश्य उपस्थित करता है।"

उसकी निर्धनता, दरिद्रता, दीन-हीन दशा, लाभ का निम्नतम रहन-सहन का स्तर सम्पूर्ण भारत की गरीबी को दर्शाता है। श्रीमती लक्ष्मी डी. एम. गावदा का इस सन्दर्भ में विचार है कि भारत का नाम एक ऐसी जनता की दृष्टि प्रदान करता है जो निर्धन, निर्बल, अर्द्ध-भूखे और नंगे हैं और जो किसी प्रकार भारत के 5,58,000 गाँवों में निवास करते हैं अपनी जीवन यात्रा पूर्ण कर रहे हैं।"

कृषि—हमारे देश की अधिकांश ग्रामीण जनता किसी न किसी रूप में कृषि पर आश्रित है। उनकी जीविका का मूल साधन कृषि है। कृषि यहां वरदान के रूप में नहीं अभिशाप के रूप में पैदा हुई। प्राकृतिक अभिशाप उसके

साथ-साथ चलते हैं। बाढ, सूखा, पाला, ये सभी गाँव को प्रकृति से प्राप्त हैं। भारतीय गाँवों की विशेषताएं अन्य देशों के गाँवों से पूर्णतया पृथक है। सम्पूर्ण ग्रामीण संस्कृति में उसके क्रियाकलाप और व्यक्तियों के व्यवहार और लोक विश्वासी अनुष्ठान में कहीं गहरे कृषि संस्कृति समाहित है फिर समाजशास्त्र की उपेक्षा जा सकती है।

1. ग्रामीण पुनर्निर्माण—ग्रामीण समस्याओं की समझने और उनके निराकरण के लिए सरकार ने कई महत्वपूर्ण योजनाओं को कार्यान्वित किया है। इन विभिन्न योजनाओं का मुख्य उद्देश्य है गाँव का पुनर्निर्माण करना, वहाँ की दरिद्रता एवं निर्धनता की समस्या का समाधान करना, रहन-सहन के स्तर में सुधार लाना, शिक्षा-प्रचार एवं प्रसार करना, जीविकोपार्जन के साधनों में वृद्धि करना सभी जातियों के व्यक्तियों में समानता की भावना पैदा करना और उन्हें नौकरी के लिए समान मौका देना आदि। यह सभी कार्य ग्रामीण पुनर्निर्माण के उद्देश्य को पूर्ण करते हैं। इन उद्देश्यों की पूर्ति के लिए सेना का विकेन्द्रीकरण, पंचायत, राज्य, सहकारिता, सामुदायिक विकास योजनाओं आदि को सरकार प्रोत्साहन दे रही है। इस दृष्टि से भारत में ग्रामीण समाजशास्त्र का अध्ययन बहुत पहले ही शुरू हो जाना चाहिए था जो बाद में शुरू हुआ। डा. ए. आर. देसाई के विचार से भारत में ग्रामीण समाजशास्त्र के उत्थान की आवश्यकता कालातीत व अनिवार्य है।"

2. लोकतन्त्रीय विकेन्द्रीकरण— महात्मा गांधी कहा करते थे कि दिल्ली का शासन भारत के लाखों गाँवों में नही पहुँच सकता है। इसलिए सत्ता का विकेन्द्रीकरण जरूरी है लोकशासन जरूरी है। स्वतन्त्रता के उपरांत गाँधी जी का स्वप्न थोड़ा बहुत अवश्य पूर्ण हुआ। ग्रामीण पंचायतों को शक्ति तथा प्रोत्साहन दिया गया जिससे कि गाँव के आर्थिक-सामाजिक ढाँचे में क्रान्तिकारी बदलाव आ सके। शासन के नये कार्यक्रम से किस रूप में गाँव के आर्थिक-सामाजिक ढाँचे में क्रान्तिकारी बदलाव आ सके। इसलिए शासन के नये कार्यक्रम किस रूप में गाँव में लागू किये जा रहे हैं और उनका क्या परिणाम है, उन्हें जानने के लिए ग्रामीण समाजशास्त्र के अध्ययन की आवश्यता को अनुभव किया जा सकता है।

3. भारतीय गाँवों की कुछ अद्‌भुत विशेषताएँ—विश्व के सभी देशों में गाँव किसी न किसी रूप में निश्चित रूप से पाये जाते हैं। उनकी अपनी विशेषताएं हैं लेकिन भारत के गांव उन सभी से पृथक हैं। इन गांवों में जाति व्यवस्था का एक संस्तरण है। हरिजन और पिछड़ी हुई जातियों की एक लम्बी सूची है। जो ग्रामीण समाजशास्त्र स्पष्ट करने में पर्याप्त है।

4. आर्थिक-सामाजिक ढाँचे में तीव्र परिवर्तन—मुगल साम्राज्य और अंग्रेजी साम्राज्य के शासन में भारतीय गांवों की स्थिति दयनीय थी। जमींदार तालुकेदार और राजाओं ने गाँव की सामान्य जनता एवं छोटे किसानों का जी भरके और मनचाहे रूप में शोषण किया है। उस समय के शासकों का उद्देश्य गांव की प्रगति नहीं थी। स्वतन्त्रता के बाद भारतीय सरकार ने अपनी विभिन्न योजनाओं के द्वारा गाँव में पुनर्निर्माण कार्य करना बंद कर दिया है। सामुदायिक विकास योजनाओं का उद्देश्य सहकारिता, वैज्ञानिक खाद एवं अच्छे बीज की व्यवस्था, ऋण लेने की सुविधा, प्रौढ़ शिक्षा, कुटीर उद्योग धन्धों को प्रोत्साहन, ग्राम पंचायतों को शक्तिशाली बनाना है। ग्रामीण बेरोजगारी को दूर करने के लिए योजनाएँ आदि ऐसे कार्य हैं जिसने ग्रामीण आर्थिक सामाजिक ढाँचे में बदलाव ला दिया है। इन परिवर्तनों के फलस्वरूप ग्रामीण व्यक्तियों के सोचने विचारने के ढंग में, उनके रहन-सहन के स्तर में, उनकी कार्य पद्धति में एक तरह से तकनीकी बदलाव आये हैं जो उन्हें आधुनिक बनने की प्रेरणा देते हैं।

5. ग्रामीण समाज नगरीय समाज से भिन्न है—ग्रामीण समाज और नगरीय समाज परस्पर एक दूसरे से भिन्न हैं ग्रामीण समाज की अपनी विशेषताएँ तथा कई प्रकार की समस्याएँ हैं। और दो भिन्न समाजों के अध्ययन के लिए ज्ञान की दो पृथक् शाखाओं की इसीलिए जरूरत ग्रामीण समाज का अलग ढंग से अध्ययन किया जाय।

6. अध्ययन के नवीन क्षेत्र—ग्रामीण समाजशास्त्र के उद्भव विकास के साथ ही समाजशास्त्र में अध्ययन के नये क्षेत्रों का विकास हुआ है क्योंकि ग्रामीण समाज की समस्याएँ यहाँ का आर्थिक-सामाजिक तथा सांस्कृतिक संगठन नगर से भिन्न है। नेतृत्व का प्रतिमान भी कुछ अलग-थलग ढंग का है। संयुक्त परिवार, जाति-व्यवस्था, अस्पृश्यता, बेमेल-विवाह, निर्धनता तथा बेकारी जैसी अनेक समस्याएं है जिन्हें पृथक ढंग से अध्ययन करने की आवश्यकता पड़ती है।

7. भारत के लिए ग्रामीण समाजशास्त्र—भारत में लगभग 70 प्रतिशत लोग गांवों में निवास करते हैं। 70 प्रतिशत व्यक्तियों का जो शास्त्र अध्ययन करता है उसके महत्व को हम कैसे नकार सकते हैं। सच्चाई तो यह है कि समाजशास्त्र में सबसे अधिक महत्व अगर किसी भी शाखा को दिया जाना चाहिए तो वह ग्रामीण समाजशास्त्र है।

8. ग्रामीण समाज के अध्ययन के लिए अध्ययन पद्धतियाँ—ग्रामीण समाज के समुदाय विभिन्न संगठन और संस्थाएँ सांस्कृतिक-प्रतिमान, लोक-विश्वास और मूल्य: कार्यपद्धति एवं मूल्य, कार्य पद्धति एवं प्राचीन परम्परात्मक तकनीकी ज्ञान

आदि ऐसे नवीन क्षेत्र हैं, जिनके अध्ययन के लिए नवीन अध्ययन पद्धतियों का उपयोग किया जाता है। इस प्रकार किसी को ग्रामीण क्षेत्रों की मूलभूत चीजों का भी ज्ञान नहीं तो वह ग्रामीण समाज का अध्ययन करने में सक्षम न हो सकेगा। अतः ग्रामीण समाजशास्त्र का अध्ययन बहुत जरूरी है।

2

भारतीय ग्रामीण समाजशास्त्र की उत्पत्ति एवं विकास का अध्ययन

समाजशास्त्र के एक अंग के रूप में ग्रामीण समाजशास्त्र का उद्भव और विकास हुए, काफी अर्सा बीत चुका है। ग्रामीण समाजशास्त्र का सूक्ष्मावलोकन करने से ज्ञात होता है कि मनुष्य प्राकृतिक क्रियाकलापों से सबसे पूर्व परिचित हुआ। प्राकृतिक वातावरण में ही मानव पला-बढ़ा। शनैः-शनैः मानव सामने आने वाली समस्याओं से बचाव हेतु साधन विकसित करता चला गया। धूप, वर्षा, शीत एवं जंगली जानवरों से बचाव के लिए उसने घर का निर्माण किया। साथ ही अनाज को बोकर कृषि करना सीख लिया। इस स्थिति के उपरान्त मनुष्य ने गांव एवं ग्राम्य जीवन पर सोचना शुरू किया। सभ्यता एवं संस्कृति के विकास में सबसे पूर्व गांव अस्तित्ववान हुआ। गांव के उपरान्त ही नगर वजूद में आया। कहने का तात्पर्य यह है कि पहले गाँवों की स्थापना हुई एवं उसके बाद नगर बसे। यदि गाँव को मूल स्थान एवं नगर को मानवीय चिंतन कार्य पद्धति की प्रगति का प्रतीक कहा जाए तो इसमें कोई आपत्ति नहीं होगी। जहाँ तक ग्रामीण समाजशास्त्र के उद्भव का प्रश्न है, यह कहा जा सकता है कि ग्रामीण समाजशास्त्र का उद्भव ग्रामीण जीवन की विविध दशाओं एवं विविध समस्याओं के अध्ययन की आवश्यकता के कारण हुआ। वैसे तो बहुत पहले से ग्रामीण समाज की भिन्न-भिन्न दशाओं का अध्ययन किया जाता रहा है लेकिन इससे ग्रामीण समाज की समस्याओं का निदान संभव नहीं हो पाया। इसलिए ऐसी जरूरत महसूस की जाने लगी कि ग्रामीण समाज का अध्ययन करने हेतु एक पृथक् विषय का निर्माण किया जाए ताकि उसमें ग्रामीण समाज का गंभीर, व्यापक तथा सुचिंतित अध्ययन प्रस्तुत किया जा सके। फलतः ग्रामीण

समाजशास्त्र की स्थापना एक विषय के तौर पर हुई जिसमें ग्रामीण समाज के आर्थिक, सामाजिक एवं सांस्कृतिक संरचना तथा संगठन का वैज्ञानिक अध्ययन किया जाने लगा। ग्रामीण समाजशास्त्र की उत्पति के विषय में होफर ने लिखा है, "ग्रामीण समाजशास्त्र अन्य सभी विज्ञानों के समान किसी जरूरत के फलस्वरूप विकसित हुआ है। वैज्ञानिक विचारों के क्षेत्र में यह मूल तथ्य है कि जब कभी मानव मस्तिष्क को विचलित कर देने वाली घटनाओं का वर्तमान विज्ञानों अथवा पद्धतियों द्वारा संतोषप्रद अध्ययन नहीं किया जाता, उसी समय कोई-न-कोई नवीन विज्ञान प्रकाश में आता है।"("Like all sciences, rural sociology developed in response to a need. It is an elementary fact in the realm of scientific thought that a new science comes into existence whenever phenomena confronting the human mind are not, or cannot be understand satisfactorily by the existing disciplines or sciences.")

उपर्युक्त वर्णन के आधार पर कहा जा सकता है कि ग्रामीण समाजशास्त्र का विकास ग्रामीण समस्याओं के अध्ययन हेतु हुआ। यहाँ यह सवाल उठना स्वाभाविक है कि ग्रामीण समस्याएँ तो समाज में काफी पूर्व से ही व्याप्त थीं, फिर अचानक कुछ ही दिनों में ग्रामीण समाजशास्त्र की इतनी आवश्यकता क्यों पड़ गई? इस संबंध में यह कहा जा सकता है कि प्राचीन समाज आज के समाज के समान गत्यात्मक एवं परिवर्तनशील नहीं थी। अतएव ग्रामीण समस्याओं के अध्ययन हेतु अलग से किसी विज्ञान की जरूरत नहीं महसूस की गई। ज्यों-ज्यों समाज की जटिलता एवं गत्यात्मकता बढ़ती चली गई त्यों-त्यों जरूरतें भी बढ़ती गईं। विगत कुछ शताब्दियों में संसार में विभिन्न ऐसे वैज्ञानिक आविष्कार हुए जिन्होंने चारों तरफ परिवर्तन की एक हिलोर पैदा कर दी। इससे सामान्य जीवन अस्त-व्यस्त हो गया। समाज में आर्थिक असमानता बढ़ने लगी। 19वीं सदी के अंत एवं 20वीं सदी के प्रारंभ में अमेरिका में औद्योगीकरण एवं नगरीकरण की प्रक्रिया ने ग्रामीण समस्याओं को जन्म दिया। इन समस्याओं में भूमि की कमी, भूमि की उपजाऊ शक्ति की क्षीणता एवं उर्वरक तथा बेरोजगारी की समस्या आदि प्रमुख हैं। नगरों के विकास के साथ-साथ ग्रामीण नगरीय जीवन में भेदभाव तथा अलगाव आदि की समस्या पैदा हुई। इन बढ़ती हुई कठिनाइयों ने अमेरिकी विद्वानों एवं विश्वविद्यालय के विद्वानों का ध्यान अपनी तरफ आकर्षित किया। संभवतः ग्रामीण समाजशास्त्र की प्रथम पुस्तक 1913 ई. में प्रकाशित हुई। इस पुस्तक का नाम 'रचनात्मक ग्रामीण समाजशास्त्र' था तथा इसके लेखक नॉर्थ डकोटा विश्वविद्यालय के प्रोफेसर जॉन मारिस जिनेट थे। इसके उपरान्त अनेक विश्वविद्यालय के विद्वानों ने ग्रामीण समस्याओं एवं ग्रामीण समाज

पर अपने ढंग से अध्ययन किया। इनमें मुख्य थे शिकागो विश्वविद्यालय के चार्ल्स हैंडरसन, कोलंबिया विश्वविद्यालय के गिडिंग्स तथा हावर्ड विश्वविद्यालय के कार्बर आदि। 1894-95 के वर्ष में शिकागो विश्वविद्यालय में जो विषय पढ़ाना शुरू किया गया था उसका नाम था 'अमेरिकी ग्रामीण जीवन की सामाजिक स्थिति'। इसी प्रकार जिमरमैन सोरोकिन और गालपिन ने 'A Systematic Source-Bookin Rural Sociology' नामक किताब के प्रथम भाग में प्राचीन काल से आज तक के परिवर्तनशील समाज एवं उसकी संपूर्ण अवस्थाओं में पाए जाने वाले ग्रामीण जीवन एवं उसकी समस्याओं का विस्तारपूर्वक वर्णन किया। शनैः-शनैः ग्रामीण जीवन के भिन्न-भिन्न तरह के पहलुओं पर आधारित साहित्य मिलने लगे।

ग्रामीण समाजशास्त्र का एक सुव्यवस्थित विज्ञान के रूप में अध्ययन काफी बाद में हुआ। 1890 से लेकर 1920 ई. तक अमेरिकन ग्रामीण समाज काफी अवनति की स्थिति में रहा। वहाँ के ग्रामीण समाज की समस्याएँ काफी उग्र हो गईं। भूस्वामियों का वर्चस्व होने लगा जिससे जमीन पर से किसानों का अधिकार खत्म हो गया। इससे किसानों का जीवन पूरी तरह अव्यवस्थित हो गया। इसका फलितार्थ यह हुआ कि ग्रामीण जनता काफी संख्या में नगरों की तरफ उन्मुख होने लगी। गाँव के गाँव सूने हो गए। इसके संबंध में सिम्स ने 'Elements of Rural Sociology' में लिखा है, "यह संपूर्ण काल ग्रामीण सामाजिक पतन का काल था।" ("The whole period was one of rural social decay.") गाँवों से युवकों के नगरों की तरफ पलायन के कारण गाँव खाली हो गए एवं वहाँ खाद्यान्न की समस्या पैदा हो गई। अर्थात् एक तरह की समस्या पैदा हुई। इन समस्याओं के कारण विभिन्न प्रकार के साहित्य प्रकाशित होने लगे। ग्रामीण जीवन की समस्याओं एवं दशाओं का अनुशीलन करने हेतु ग्रामीण समाजशास्त्र का विशेष रूप से संगठन किया जाने लगा। इस तरह यह कहा जा सकता है कि अमेरिकन ग्रामीण समस्याओं के प्रति मानवतावादी दृष्टिकोण के उदय के फलस्वरूप ग्रामीण समाजशास्त्र का जन्म हुआ। संक्षिप्ततः संपूर्ण अमेरिकी ग्रामीण समाजशास्त्र को दो खंडों में विभक्त किया जा सकता है। ये खंड हैं–(1) पूर्व पुर्नेल युग (सन् 1925 से पूर्व) तथा (2) उत्तर पुर्नेल युग (सन् 1925 के बाद)।

(1) पूर्व पुर्नेल युग (सन् 1925 से पहले का युग)

पूर्व पुर्नेल काल में यद्यपि कुछ महत्त्वपूर्ण काम किए गए लेकिन वे काम ऐसे नहीं थे जिसके द्वारा ग्रामीण समाज के संबंध में कोई व्यवस्थित सामग्री प्रस्तुत की जा सके। इस काल के प्रमुख कार्यों में ग्रामीण जीवन आयोग, कृषि अर्थशास्त्र ब्यूरो

तथा अमरीकी समाजशास्त्रीय समिति आदि का गठन हुआ है। इन सीमितियों के गठन के द्वारा गाँव संबंधी विविध विषयों पर विचार किया गया। इस काल में कुछ महत्त्वपूर्ण प्रकाशन भी हुए। इस समयावधि को ग्रामीण समाजशास्त्र का निर्माण काल कहा जा सकता है चूँकि इस काल में समस्त सामग्री असंगठित तथा अव्यवस्थित थी। इस समय इंग्लैंड तथा अमेरिका के कुछ पत्रकारों और लोकप्रिय नेताओं ने ग्रामीण जीवन की दशाओं एवं समस्याओं की ओर जनता का ध्यान आकृष्ट करना प्रारंभ किया। साथ ही ग्रामीण जीवन की समस्याओं से संबंधित कई शोध प्रबंध भी लिखे गए। ग्रामीण जीवन की असंतुलित दशा को भली भांति समझने हेतु ग्रामीण पाठशालाओं एवं धार्मिक संस्थाओं का भी कई दृष्टिकोण से अध्ययन किया जाने लगा। इसी तरह ग्रामीण जीवन के परिशीलन से संबंधित विभिन्न साहित्यों का भी प्रकाशन हुआ जिसे आगे चलकर अमेरिका में ग्रामीण समाजशास्त्र के विद्वानों ने ग्रामीण समाजशास्त्र के उद्‌भव के मूलाधार के तौर पर प्रकाशन करवाया। राष्ट्रपति थ्योडोर रूजवेल्ट के द्वारा 1906 में ग्रामीण जीवन आयोग (Rural Life Comission) स्थापित की गई। इस आयोग की रिपोर्ट 1909 में प्रकाशित हुई। इस आयोग द्वारा यह सुझाव दिया गया कि कृषि पर आधारित व्यक्तियों के जीवन स्तर में सुधार लाया जाए एवं उनकी विविध समस्याओं का निदान किया जाए। साथ ही आयोग का यह भी परामर्श था कि सभी ग्रामीण संगठनों को मिलाकर एक संघ की स्थापना की जाए जो सामाजिक सर्वेक्षण का काम पूरा करके संपूर्ण ग्रामीण समस्याओं को प्रस्तुत करे। इसने ग्रामीण समाजशास्त्र के अध्ययन को बढ़ावा दिया। इसी प्रकार ग्रामीण जन जीवन के अध्ययन के उद्देश्य से 1912 में अमरीका समाजशास्त्रीय समिति की स्थापना की गई। शनैः-शनैः ग्रामीण समाजशास्त्र में व्यक्तियों की रुचि बढ़ने लगी। इसका निष्कर्ष यह हुआ कि 1917 में अमेरिकी समाजशास्त्रीय समाज में ग्रामीण समाजशास्त्र का एक पृथक् विभाग स्थापित किया गया। 1937 में यह विभाग ग्रामीण समाजशास्त्र के नाम से जाना जाने लगा। अमरीका कृषि विभाग के अन्तर्गत अमरीका कृषि-अर्थशास्त्र ब्यूरो की स्थापना 1919 में की गई। इस ब्यूरो ने राज्य में अलग-अलग विद्यालयों एवं सरकारी संगठनों को कृषि शिक्षा का केन्द्र बनवाया। इस संस्था द्वारा ग्रामीण समाज से संबंधित कई पक्षों का अध्ययन किया गया। भिन्न-भिन्न विद्वानों ने अमरीका के ग्रामीण समस्याओं पर विस्तारपूर्वक विचार-विमर्श किया। इन विद्वानों में चार्ल्स हैंडरसन, जॉन मारिस, गिलीन, के. एल. बटर फील्ड, एच. गिडिंग्स, एच. सी. टायलर एवं फ्रैंकलिन आदि का नाम वर्णनीय है। 1919 में अमेरिका में जिस कृषि अर्थशास्त्र ब्यूरो की स्थापना की गई थी उसे आज 'Division of Farm Population and Rural Life' के नाम से जाना जाता है। इसके द्वारा भिन्न-भिन्न तरह के ग्रामीण समस्याओं का अध्ययन किया जाता है तथा

ग्रामीण जीवन को समुन्नत बनाने का प्रयास किया जाता है। प्रारंभ में इस ब्यूरो को आर्थिक कठिनाइयों के कारण विकास कार्य करने में कठिनाई होती थी। लेकिन 1925 में अमेरिकन कांग्रेस ने 'पुर्नेल अधिनियम' पारित करके इन इकाइयों को अपने शोध कार्य का सामाजिक एवं आर्थिक क्षेत्र में पास करने का पूरा-पूरा अधिकार ही नहीं दिया अपितु सामाजिक विज्ञानों के क्षेत्र में अन्वेषण करने में धन का उचित उपयोग करने की सुविधा भी दे दी। पुर्नेल काल में ग्रामीण समाजशास्त्र संबंधी जो साहित्य प्रकाशित हुए उसका श्रीगणेश कोलंबिया विश्वविद्यालय में तकरीबन 69 तकरीबन तक किए जाने वाले शोध कार्यों से हुआ। इन छः सालों में पृथक्-पृथक् विद्वानों ने अपने-अपने शोध कार्य प्रस्तुत किए। बारेन, एच. विल्सन, एन. एल. सिम्स एवं जे. एम. विलियम्स द्वारा 'क्वेकरहिल', 'ए हाजियर विलेज, 'एन अमेरिकन विलेज' एवं अन्य अध्ययन प्रस्तुत किए गए। ग्रामीण जीवन संबंधी ये विभिन्न अध्ययन सांख्यकीय तथ्यों पर आधारित थे। ये निश्चित सर्वेक्षण पद्धति द्वारा भी पूरा किए गए थे। गाल्पिन ने ग्रामीण जीवन संबंधी अन्वेषण के आधार पर The Social Anatomy of Agricultural Community' नामक एक मुख्य ग्रंथ की रचना की। इस पुस्तक ने ग्रामीण समाजशास्त्र के विकास को प्रोत्साहित किया। विश्वविद्यालयों की पाठ्य-पुस्तकों के रूप में प्रकाशित साहित्यों में जॉन मारिस गिलेट द्वारा प्रकाशित पुस्तक 'Constructive Rural Sociology' सबसे प्रथम पुस्तक है। इसका प्रकाशन 1913 में हुआ। इसके पश्चात् 1917 में पॉल एल. वाग्ट की पुस्तक 'Introduction to Rural Sociology' प्रकाशित हुई तथा 1918 से 1925 तक गाल्पिन की विख्यात पुस्तक 'Rural Life' के साथ-साथ अनेक पुस्तकों का प्रकाशन हुआ।

(2) उत्तर पुर्नेल युग (सन् 1925 के पश्चात् का युग)

सन् 1925 के पुर्नेल अधिनियम (Purnell Act) ने ग्रामीण समाजशास्त्र की नींव अमेरिका में रखी। इस अधिनियम ने कृषि केन्द्रों की शुरूआत के साथ-साथ ग्रामीण समाज से संबंधित शोध कार्य भी किए। इस तरह इसने ग्रामीण समाजशास्त्र के विकास में काफी अंशदान किया। उत्तर पुर्नेल युग को कई कालों में विभक्त किया गया है। ये काल हैं—(क) युद्ध पूर्व अवसाद काल (ख) युद्ध कालीन स्थिति तथा (ग) युद्ध परवर्ती अवस्था।

(क) युद्ध-पूर्व अवसाद युग—1925 से लेकर 1939 तक के काल को युद्ध पूर्व अवसाद युग की संज्ञा दी गई है। इस अवधि में राष्ट्रीय पुनर्निर्माण के

कार्य अधिक हुए तथा इसने समाजशास्त्रियों के कार्य-क्षेत्र को विस्तृत बनाने में मदद दिया। अनुसंधान कार्य को प्रोत्साहन मिला लेकिन इससे कोई विशेष फायदा नहीं मिल सका। ऐसा अतएव हुआ चूँकि प्रशिक्षित और दक्ष अनुसंधानकर्ताओं की कमी थी। अतएव उस समय कृषि एवं ग्रामीण जीवन से संबंधित जो भी साहित्य प्रकाशित किए गए वे अत्यंत निम्न स्तर के थे। इससे ग्रामीण समाजशास्त्र के विकास के राह में एक बड़ी बाधा उपस्थित हो गई। ग्रामीण समाजशास्त्र को इस प्रकार के गतिरोधों से मुक्त करने हेतु अमेरिका के 'समाज विज्ञान परिषद्' ने एक योजना का श्रीगणेश किया जिसके द्वारा ग्रामीण समाजशास्त्र में योग्य व्यक्तियों का चयन, श्रेष्ठ संस्थानों में अध्ययन हेतु छात्रवृत्तियाँ देना एवं विभिन्न राज्यों के कृषि विद्यालयों के अनुसंधानमूलक कार्यक्रमों में भेजने हेतु भेजना आदि कार्य पूरे होने लगे। 1937 में ग्रामीण समाजशास्त्रीय समिति की स्थापना की गई। इस समिति के अध्ययन से ग्रामीण समाजशास्त्रियों का प्रत्यक्ष संपर्क गाँव से हुआ। इससे ग्रामीण समाजशास्त्र का पुनः व्यवस्थित रूप में विकास हुआ। भिन्न-भिन्न समाजशास्त्रियों ने ग्रामीण समस्याओं का विश्लेषणात्मक अध्ययन प्रस्तुत किया जो ग्रामीण समाजशास्त्र हेतु अनमोल योगदान बनकर स्पष्ट हुआ। 1936 में अमेरिका में 'Rural Sociology' नामक एक त्रैमासिक पत्रिका का प्रकाशन शुरू हुआ जिसमें समय की मुख्य आवश्यकता के समाधान के लिए ग्रामीण जीवन और ग्रामीण सामाजिक संबंधों का वैज्ञानिक एवं व्यवस्थित अध्ययन प्रस्तुत करने का बीड़ा उठाया। इस पत्रिका को समाज विज्ञान के क्षेत्र में प्रमुख माना जाने लगा तथा इससे ग्रामीण समाजशास्त्र का विकास हुआ। इसी प्रकार 1930 में सोरोकिन, जिमरमैन एवं गाल्पिन द्वारा संपादित पुस्तक 'A Systematic Source Book in Rural Sociology' ने ग्रामीण समाजशास्त्र के विकास में तीव्रता प्रदान की।

(ख) युद्ध कालीन स्थिति–उत्तर पुर्नेल युग में द्वितीय अवस्था युद्धकालीन अवस्था के नाम से जानी जाती है। द्वितीय विश्वयुद्ध का समय ऐसा था जिसने हर जगह संघर्ष, उपद्रव एवं आपसी कटुता की भावना उत्पन्न कर दी। इस समय योग्य ग्रामीण समाजशास्त्रियों की आवश्यकता महसूस की जाने लगी। समय की माँग ऐसी थी जिसके कारण ग्रामीण समाजशास्त्रियों को अपने अध्ययन में नवीन विश्लेषण के द्वारा गतिशीलता लानी पड़ी। अमेरिकन सरकार ने अपने देश के अतिरिक्त अन्य देशों में ऐसे विभाग स्थापित किए जिनमें ग्रामीण समाजशास्त्र के अधिकारी विद्वानों को नियुक्त किया गया।

ऐसा करने के पीछे लक्ष्य यह था कि उन राष्ट्रों की ग्रामीण समस्याओं तथा स्थितियों का वृहद् अध्ययन प्रस्तुत किया जा सके। इन विशेषज्ञों को अन्य देशों में सलाहकारों के रूप में नियुक्त करके भेजा जाने लगा। विभिन्न विश्वविद्यालयों में ग्रामीण समाजशास्त्र की पढ़ाई शुरू की गई। अमेरिकन समाजशास्त्रियों ने अपने अनुभवों, अन्वेषणों तथा परिशीलनों के आधार पर ग्रामीण जीवन पर उच्च-स्तर के साहित्य प्रकाशित करने लगे। चूँकि इस काल में पुस्तकों के तौर पर ग्रामीण समाजशास्त्र संबंधी साहित्य का प्रकाशन नहीं हुआ लेकिन भिन्न-भिन्न देशों के ग्रामीण जीवन के अध्ययन अलग-अलग दृष्टिकोणों से निबंध के रूप में प्रकाशित हुए। इस काल में दो प्रमुख पुस्तकें प्रकाशित हुईं। ये दोनों किताब 1945 में प्रकाशित हुईं। इनमें एक पुस्तक चार्ल्स लुमिस की 'A studies in rural social organization' तथा दूसरी पुस्तक टी. एल. स्मिथ की 'Brazil Peoples and Institutions' थी।

(ग) युद्ध परवर्ती अवस्था–युद्ध समाप्ति के पश्चात् पूरा ढाँचा विघटित हो गया। विभिन्न प्रकार की समस्याओं पर नवीन ढंग से विचार किया जाने लगा। यदि यह कहा जाए कि इस काल में ग्रामीण समाजशास्त्र का समुचित रूप में विकास हुआ तो इसमें कोई अतिशयोक्ति नहीं होगी। इसे ग्रामीण समाजशास्त्र के उत्कर्ष का युग भी कहा जा सकता है। इसमें एक तरफ अलग-अलग तरह के अनुसंधानों द्वारा ग्रामीण समाजशास्त्र को लोकप्रियता प्रदान की गई तो दूसरी ओर प्रसार कार्य को ग्रामीण समाजशास्त्र के तहत विशेष महत्त्व प्रदान किया जाने लगा। इससे ग्रामीण समाजशास्त्र संबंधी साहित्य के प्रकाशन में आशातीत बढ़ोतरी हुई। इसके विषय-क्षेत्र में विस्तार हुआ। ग्रामीण समाजशास्त्र अब ग्रामीण समस्याओं तक सीमित न रहकर ग्रामीण सामाजिक जीवन, ग्रामीण सामाजिक संस्थाएँ, ग्रामीण समुदाय, ग्रामीण शिक्षा, ग्रामीण सामाजिक परिवर्तन एवं ग्रामीण स्वास्थ्य आदि विविध प्रश्नों के अनुसंधानात्मक परिशीलन तक व्यापक हो गया। इस युग में इन विषयों से संबंधित कई पुस्तकों का प्रकाशन हुआ। इन पुस्तकों में नेल्सन (Nelson) द्वारा रचित पुस्तक 'Rural Sociology' जो 1948 में प्रकाशित हुई तथा कोल्ब तथा ब्रोनर (Kolb and Broner) द्वारा प्रकाशित किताब 'A Study of Rural Society' जो 1952 में प्रकाशित हुई, आदि का नाम लिया जा सकता है। इसी तरह लूमिस तथा बीगाल की Rural Sociology नामक रचना इस विषय की एक नूतन पद्धति से तथ्य मूलक व्याख्या प्रस्तुत करती है। न केवल इस काल में साहित्य का सृजन हुआ अपितु अलग-अलग महाविद्यालयों एवं विश्वविद्यालयों में इसके अध्ययन एवं अध्यापन की भी व्यवस्था

की गई। शनैः-शनैः इसके विषय-क्षेत्र का विस्तार करके एवं उसमें नवीन वस्तुओं का समावेश करके ग्रामीण समाजशास्त्र को एक नूतन आयाम प्रदान किया गया।

भारत में ग्रामोन्मुखी समाजशास्त्र

भारत गाँवों का देश है। भारतीय संस्कृति पर ग्रामीण संस्कृति की स्पष्ट छाप देखी जा सकती है। यहाँ के अधिकतर लोग गाँवों में ही निवास करते हैं। यदि भारत का वास्तविक स्वरूप देखना हो तो वह भारतीय गाँवों में देखने को मिल सकता है। यदि यह कहा जाए कि भारतीय संस्कृति अपने मूल रूप में गाँवों में जीवित है तो इसमें कोई आपत्ति नहीं होगी। नगरीय संस्कृति में भौतिकता, कृत्रिमता एवं बनावटीपन देखने को मिलता है। राष्ट्रीय अर्थव्यवस्था में गाँव का महत्त्वपूर्ण योगदान होता है। अतएव ग्रामवासियों की दशा सुदृढ़ होनी चाहिए। लेकिन सच्चाई ऐसी नहीं है। गाँव में रहने वाले लोगों की अनगिनत कठिनाइयां हैं। भारतीय ग्राम बहुत ही कठिन एवं संकटकालीन परिस्थितियों से गुजर रही है। इसका अध्ययन सुव्यवस्थित तौर पर कब प्रारंभ हुआ एवं किसने प्रारंभ किया, इस संबंध में निश्चिततापूर्वक कुछ नहीं कहा जा सकता है। हालाँकि आज भिन्न-भिन्न योजनाओं के द्वारा गाँवों की दशा को समुन्नत बनाने का प्रयत्न किया जा रहा है लेकिन परिणाम संतोषजनक नहीं कहे जा सकते हैं।

भारत में ग्राम्य समाज के अध्ययन की जहाँ तक बात है, यह कहा जा सकता है कि ईस्ट इंडिया कंपनी के साथ इसका अध्ययन किया जाने लगा। यद्यपि इस अध्ययन का प्रयोजन ग्रामीण समाज का गंभीर अध्ययन न होकर ब्रिटिश शासकों की नींव को शक्तिशाली बनाना था। पुनर्जागरण का प्रभाव शासक और विद्वान दोनों पर स्पष्ट तौर पर पूरी दुनिया में देखा जा सकता है। इस आंदोलन ने जहाँ एक ओर व्यक्तियों में मानवता की भावना को जन्म दिया वहीं दूसरी तरफ व्यक्तियों में कल्याण करने की भावना का भी जन्म हुआ। इस बात की पुष्टि 1832 में कार्यकारी गवर्नर जनरल सर चार्ल्स मेटका की रिपोर्ट से होती है। उन्होंने अपनी रिपोर्ट में लिखा है, "गाँव समुदाय छोटे-छोटे गणतंत्र हैं। इनके पास यह सभी कुछ है जो वे चाहते हैं तथा हर तरह के बाह्य-संबंधों से लगभग युक्त हैं। ऐसा प्रतीत होता है जहाँ कोई भी चीज टिकने वाली नहीं होती है, वे वहाँ भी टिके हुए हैं। (राजाओं के) वंश के वंश गिरते जाते हैं, एक क्रांति के पश्चात् दूसरी क्रांतियाँ होती जाती हैं...किंतु इन ग्रामीण समुदायों में से सभी ने स्वयं अपने में एक अलग राज्य के रूप में, विभिन्न क्रांतियों व बदलावों को सहते हुए, मेरा विचार है, भारत की जनता को जिंदा रखने में सबसे ज्यादा योग

दिया है। उसकी खुशी और काफी सीमा तक स्वाधीनता और स्वतंत्रता के उपयोग में सहायक हैं।'' बी.एच. बंडेन पावेल की किताब 'भारतीय ग्रामीण समुदाय' एवं 'भारत में ग्रामीण समुदायों की उत्पत्ति और विकास' इस बात को स्पष्ट करती है कि विदेशी विद्वानों का ध्यान भारतीय गाँवों की तरफ आकृष्ट हुआ। इन किताबों से भारतीय समाज की विशेषताओं की साफ झलक मिलती है।

भारत में ग्रामीण समाजशास्त्र की उत्पत्ति तथा विकास के दौर को मुख्यतया तीन चरणों अथवा कालों में विभाजित करके देखा जा सकता है। ये चरण एवं युग निम्न तरह हैं–

(1) आरंभिक काल, (2) मध्यकाल तथा (3) 1950 के पश्चात् का समय।

(1) आरंभिक काल–भारत में ग्रामीण समाजशास्त्र की का उद्भव और विकास का प्रारंभिक काल उस काल को कहा जाता है जिसमें बंगाल का विभाजन एवं गरम तथा नरम दलों के बीच संघर्ष हुआ। अंग्रेजों ने उस समय दोहरी नीति अपनाई। उसने एक ओर भारतीय आंदोलन को निर्दयतापूर्वक कुचला तथा दूसरी ओर कुछ सुधार कार्य करके यहाँ के लोगों को खुश करने का भी प्रयत्न किया। सुधार कार्य करने के पीछे कारण यह था कि यहाँ की सामाजिक-आर्थिक व्यवस्था दिन-प्रतिदिन नष्ट होती जा रही थी। वर्तमान सदी के प्रारंभ से प्रथम महायुद्ध के काल को भारतीय ग्रामीण अध्ययन के आरंभिक युग की संज्ञा दी जा सकती है। इस समय में भिन्न-भिन्न लेखकों ने ग्रामीण समाजशास्त्र पर विभिन्न पुस्तकों की रचना की जिससे यह पता चलता है कि इस युग में ग्रामीण समाज पर अध्ययन शुरू हो गया। इन लेखकों में रिजले, थर्सटन, रसेल, एच. मैन, जार्ज ग्रियर्सन तथा जार्ज ब्रिग्स आदि का नाम वर्णनीय है। कई लेखकों द्वारा लिखित पुस्तकों पर क्रमवार दृष्टिपात करना जरूरी प्रतीत होता है–

	पुस्तक का नाम	लेखक का नाम	वर्ष
(i)	भारत के व्यक्ति	हर्बर्ट, एच. रिजले (Herbet, H. Risley)	1908
(ii)	दक्षिण भारत की जातियाँ एवं आदिम जातियाँ	एडगर, थर्सटन (Adgar, Thurstone)	1909
(iii)	भारत के मध्य प्रांत की जातियाँ	आर.वी. रसेल (R.B. Rusell) की जातियाँ और आदिम	1916
(iv)	एक दक्षिणी गाँव	हैराल्ड, एच. मैन	1917

	में भूमि और श्रम	(Harold, H. Man)	1921
(v)	बिहार का कृषक एवं जीवन	ए. जार्ज ग्रियरसन, (A. George Griarson)	1920
(vi)	चमार लोग	डब्लू. जार्ज ब्रिग्स (W. Gerorge Brigs)	1920

उपर्युक्त पुस्तक के आधार पर यह निष्कर्ष निकाला जा सकता है कि अंग्रेजी शासन काल में शासक एवं शिक्षाविद यहाँ के ग्रामीण समाज का भिन्न-भिन्न दृष्टिकोणों एवं पहलुओं से अध्ययन करने हेतु प्रयत्नशील रहे। इसका कारण यह था कि वे इस वास्तविकता से भिज्ञ थे कि बिना गाँव को समझे भारतीय शहरों की गहराई से अध्ययन नहीं किया जा सकता है। इस बात का प्रमाण गिलबर्ट स्टेलर द्वारा किताब पुस्तक 'कुछ दक्षिण भारतीय गाँव की भूमिका से मिलता है। वे मद्रास विश्वविद्यालय के अर्थशास्त्र विभाग के प्राध्यापक थे। उन्होंने अपनी उक्त किताब की भूमिका में लिखा है, "गाँव नगरों से पूर्व जन्मे और जिन देशों का सबसे अधिक औद्योगीकरण हो चुका है और जहाँ समस्त आर्थिक प्रश्नों पर नगरीय दृष्टिकोण से विचार किया जाता है, वहाँ भी यह स्मरण रखना चाहिए कि किसी नगर अथवा शहर के आर्थिक जीवन को, उन स्थानों का उदाहरण दिए बिना जो भोजन और कच्चा माल भेजते हैं अथवा उन गाँवों का जिनके युवक एवं युवतियों को आकृष्ट किया जाता है, नहीं समझा जा सकता है। खदान, औद्योगिक उत्पादन, वाणिज्य और परिवहन आदि में काम करने वालों की अपेक्षा खेती का कार्य करने वालों की संख्या की जो बहुतायता है उसे दृष्टि में रखते हुए भारत में ग्रामीण गतिविधियों और ग्रामीण जीवन की उपेक्षा करना संभव नहीं है और दक्षिण भारत में तो कदापि नहीं है।" इसी तरह हैराल्डमैन एक कृषि विशेषज्ञ थे जो भारत में 1900 से 1931 तक रहे एवं भारतीय कृषि समाज का गहरा अध्ययन किया। वे यहाँ के ग्रामीण जीवन से काफी अधिक प्रभावित हुए। इसलिए उन्होंने सालों तक उसका अध्ययन एवं सर्वेक्षण किया। उन्होंने पूना के समीप के गाँवों का अध्ययन किया तथा यह मत दिया कि भारत के हर गाँव का पृथक् रूप से अध्ययन किया जाना चाहिए। इस तरह यह पता चलता है कि शुरूआती काल में ही ग्रामीण समाज का अध्ययन किया जाने लगा था एवं विद्वानों ने इसमें रुचि दिखलानी शुरू कर दी थी।

(2) मध्यकालीन युग—इस युग में देश में नई चेतना, जागरूकता एवं क्रांति की तीव्र लहर फैल गई थी। संपूर्ण विश्व में एक प्रकार की खलबली मच गई थी। व्यक्तियों के सोचने, विचारने एवं कार्य करने के तरीके में गंभीर बदलाव देखे जा रहे थे। प्रथम महायुद्ध खत्म हो चुका था। संपूर्ण विश्व में एक नई चेतना की लहर

दौड़ रही थी। भारत की आर्थिक स्थिति काफी दयनीय हो गई थी। इस कारण ब्रिटिश सरकार आर्थिक संकटों के दौर से गुजर रही थी। इसी समय गाँधी जी के नेतृत्व में राष्ट्रीय आंदोलन की जड़ें गहरी होती जा रही थीं। सरकार के खिलाफ असहयोग आंदोलन छेड़ दिया गया था। इसमें गाँव एवं नगर के व्यक्तियों ने एक भारी संख्या में हिस्सा लिया। इन परिवर्तित परिस्थितियों में भिन्न-भिन्न विद्वानों द्वारा ग्रामीण समाज का गहन अध्ययन किया गया। 1920 में विभिन्न प्रांतों में ग्रामीण सर्वेक्षण का कार्य प्रारंभ किया गया। साथ ही इन सर्वेक्षणों को प्रकाशित भी कराया गया। विश्वभारती विश्वविद्यालय द्वारा शांति निकेतन के समीप विभिन्न गाँवों का अध्ययन कराया गया। पंजाब एवं बंगाल के भी कई गाँवों का अध्ययन किया गया। इस प्रकार विद्वानों के साथ-साथ सरकारी स्तर भी ग्रामीण समाज के अध्ययन को प्राथमिकता दी गई। इस प्रकार के अध्ययन एवं सर्वेक्षण कार्य 1990 ई. तक चलते रहे। सर्वेक्षण कार्यों में उत्तरोतर बढ़ोतरी होती चली गई। अलग-अलग गाँवों का सर्वेक्षण किया गया जिससे यह पता चलता है कि ग्रामीण समाज के अध्ययन को महत्ता प्रदान की गई। ग्रामीण समाजशास्त्र के महत्त्व को जन-जन तक पहुँचाने का प्रयत्न किया गया। हालाँकि इस समय जो अध्ययन कराए गए उससे ग्रामीण समाज के अध्ययन में व्यापकता आई लेकिन इन अध्ययनों का उद्देश्य प्रमुखतया प्रशासनिक था। इससे गाँवों की आर्थिक स्थिति का पता चलता गया। इस तरह के अध्ययन न तो समाजशास्त्रीय दृष्टिकोण से किए गए और न ही वैज्ञानिक दृष्टिकोण से। गाँव में किए गए सर्वेक्षण कार्यों में गहराई काफी कम थी क्योंकि ये सर्वेक्षण कार्य बहुत कम समय में पूरे कराए गए थे। इन सर्वेक्षण कार्यों से भारतीय ग्रामीण समाज का अधकचरा ज्ञान सामने आया लेकिन इतना अवश्य है कि ग्रामीण समाज का अध्ययन करने में विद्वानों की रुचि में वृद्धि हुई। इस काल में जो सर्वेक्षण कार्य किए गए उसकी अवधि 1921 से 1930 तक की थी। इस समय कई विद्वानों द्वारा जो अध्ययन किए गए वे इस तरह हैं—

1. वी.जी. रानाडे—'एक कोंकणी गाँव का सामाजिक-आर्थिक सर्वेक्षण', 1927.
2. जी.एस. घूरिए एवं एस.आर. देशपांडे—'कोलाबा जिले के चार गाँवों के 154 परिवारों का सर्वेक्षण, 1927.
3. जे.बी. शुक्ल—'एक गुजराती तालुका में जीवन और श्रम', 1937.
4. डी.आर. गाडगिल एवं वी.आर. गाडगिल—'वाई तालुका में खेती का व्यवसाय, 1940.

5. एन.सी. भट्टाचार्य एवं एल.ए. नटेसन द्वारा संपादित–'कुछ बंगाली ग्राम एक आर्थिक सर्वेक्षण, 1932.
6 . एन.एस. सुब्रमण्यम–'एक दक्षिण भारतीय गाँव का सर्वेक्षण', 1936.
7. एम.वी. नानावती एवं जे.जे. अंजरिया–भारतीय ग्रामीण समस्या, 1944.
8. जे.एच. हरन–'भारत में जाति', 1946.
9. वी.वी. सायण–'मद्रास प्रांत की कृषि संबंधी समस्या, 1949.

उपर्युक्त अध्ययनों के अवलोकन से यह पता चलता है कि 1921 से 1950 तक भारतीय गाँव की पृथक्-पृथक् समस्याओं पर अध्ययन एवं सर्वेक्षण करने की प्रवृति में वृद्धि हुई। पृथक्-पृथक् विद्वानों ने विभिन्न सामान्य समस्याओं पर सर्वेक्षण किए किंतु ग्रामीण समाज पर जिस गहन एवं वास्तविक अध्ययन की जो जरूरत थी, उसका अभाव बना रहा।

(3) 1950 के बाद का समय–1950 के उपरान्त भारतीय ग्रामीण समाज के अध्ययन के क्षेत्र में क्रांतिकारी बदलाव देखने को मिला। इस समय तक ग्रामीण समाजशास्त्र के क्षेत्र में अत्यंत व्यापकता आ गई थी एवं इस विषय का अध्ययन भी वैज्ञानिक आधारों पर किया जाने लगा। 1950 के बाद जिन पुस्तकों का प्रकाशन हुआ उनमें से ज्यादातर पुस्तकें स्तरीय थीं। इस समय की कुछ प्रमुख पुस्तकें एवं उसके लेखक निम्न प्रकार हैं–

लेखक	*पुस्तक का नाम*
1. एस.के. आर्यभट्ट	'हैदराबाद में ग्रामीण आर्थिक सर्वेक्षण', 1951
2. जी.एस. घूरिये	'भारत में जाति और वर्ग', 1952
3. एस. सुब्बा राने अय्यर	'एक मालबारी गाँव का आर्थिक जीवन'
4. एम.एन. श्रीनिवास	'दक्षिण भारत के कुर्ग लोगों में धर्म और समाज, 1952
5. इरावती कार्वे	'भारत में नातेदारी का संगठन', 1953
6. एस.सी. दूबे	'भारतीय गाँव; 1955
7. डी.एन. मजूमदार द्वारा संपादित	'ग्रामीण रूपरेखा',1955
8. मिकिम मैरियट द्वारा संपादित	'ग्रामीण भारत', 1955
9. रामकृष्ण मुकर्जी	'ग्रामीण समाज की गत्यात्मकता', 1957
10. एस.सी. दूबे	'भारत के परिवर्तित होते हुए गाँव', 1958
11. आस्कर लेविस	'उत्तर भारत का ग्रामीण जीवन', 1958
12. योगेन्द्र सिंह	'देहातों में सामाजिक-आर्थिक संबंधों का बदलता हुआ प्रतिमान', 1958

13. एफ.जी. बेली	'कबीला, जाति और राष्ट्र', 1960
14. ए.सी. नायर	'मध्य भारत में जाति और जातिदारी', 1960
15. आर.के. मुकर्जी	'ग्रामीण समाज की गत्यात्मकता'
16. बलजीत सिंह	'भारत में कृषि किधर'
17. एच.डी. मालवीय	'भारत में ग्रामीण पंचायत'
18. के. डाडेकर	'ग्रामीण समुदायों का जनसंख्यात्मक सर्वेक्षण'

उपर्युक्त पुस्तकों ने भारत में ग्रामीण समाजशास्त्र को वैज्ञानिक आधार प्रदान किया। इसकी विषय-सामग्री एवं क्षेत्र को व्यापक बनाया तथा इसे विश्वविद्यालयों तक पहुँचाया। इस समय ग्रामीण क्षेत्रों से जुड़ी हुई भिन्न-भिन्न तरह की समस्याओं पर अलग-अलग ढंग से कार्य होने लगा। विभिन्न पत्र-पत्रिकाओं में ग्रामीण समस्याओं पर लेख भी प्रकाशित होने लगे। इस प्रकार यह पता चलता है कि ग्रामीण समाजशास्त्र को विभिन्न विद्वानों के पुस्तकों ने परिष्कृत एवं परिवर्द्धित किया। इसी तरह विभिन्न संगठनों एवं समितियों के योगदान ने इसका प्रचार तथा प्रसार किया। इन संगठनों और समितियों में अखिल भारतीय सर्व सेवा संघ, नियोजन एवं अनुसंधान क्रिया संस्थान, केन्द्रीय सामुदायिक विकास और अनुसंधान संस्थान, कृषि अर्थशास्त्र की भारतीय समिति तथा कार्यक्रम मूल्यांकन संगठन आदि मुख्य हैं। अखिल भारतीय सर्व सेवा संघ द्वारा विनोबा भावे की सर्वोदयी नीतियों का ग्रामीण क्षेत्र में प्रचार एवं प्रसार किया जाता है। इसके द्वारा वहाँ के सामाजिक-आर्थिक ढाँचे में क्रांति लाने का प्रयास की जाती है। चूँकि यह संघ सर्वोदय समाज से संबंधित है इसलिए इसके द्वारा प्रचुर मात्रा में सर्वोदयी साहित्य का प्रकाशन किया जाता है। भूदान, श्रमदान, ग्रामीण विकास, ग्रामीण पुनर्निर्माण एवं ग्रामीण उद्योग धंधों आदि पर इस संघ द्वारा काफी सामग्री सुलभ कराए जाते हैं। नियोजन तथा अनुसंधान क्रिया द्वारा संस्थान का मुख्य ध्येय ग्रामीण क्षेत्रों में पुनर्निर्माण के कार्यों का मूल्यांकन करना होता है। साथ ही साथ इसका कार्य ग्रामीण क्षेत्रों से जुड़ी हुई कठिनाइयों का सर्वेक्षण मूल्यांकन करना भी होता है। राज्य के कार्यक्रमों को कार्यान्वित करने में जो समस्याएं आती हैं उनके समाधान का उपाय भी इसके द्वारा खोजा जाता है। केन्द्रीय सामुदायिक विकास एवं अनुसंधान संस्थान द्वारा सामुदायिक विकास योजनाओं को बढ़ावा दिया जाता है एवं इससे संबंधित विभाग के अधिकारों को प्रशिक्षण देकर ग्रामीण समस्याओं पर शोध कार्य करने को प्रेरित किया जाता है। कृषि अर्थशास्त्र की भारतीय समिति द्वारा समय-समय पर ग्रामीण समस्याओं पर अपने मत प्रकट किए जाते हैं। यह विशुद्ध रूप से समाजशास्त्रीय समिति नहीं है।

उपर्युक्त वर्णन के आधार पर यह निष्कर्ष निकाला जा सकता है कि भारत में 1956 के पश्चात् ग्रामीण समाजशास्त्र के क्षेत्र में अत्यंत प्रगति हुई है। भारत गाँवों का देश है। इसलिए इस देश में ग्रामीण समाजशास्त्र का अपना एक अलग महत्त्व है। भारत के अलग-अलग विश्वविद्यालयों में आज ग्रामीण समाजशास्त्र के अध्ययन एवं अध्यापन के साथ-साथ शोध कार्यों पर भी बल दिया जा रहा है। ग्रामीण समाज की भिन्न-भिन्न समस्याओं पर शोध करने के लिए विभिन्न प्रकार की संस्थाएँ भारत वर्ष में कार्यरत हैं। इन संस्थाओं में बी.बी. ग्रामीण संस्था, बिचपुरी (आगरा), कस्तूरबा ग्रामीण संस्था, बिचपुरी (आगरा) तथा कस्तूरबा ग्रामीण संस्था, राजपुरा (पंजाब) आदि प्रमुख हैं। इस तरह यह कहा जा सकता है कि भारत में 1950 के उपरान्त ग्रामीण समाजशास्त्र का उत्तरोत्तर विकास होता गया। भारत में ग्रामीण समाजशास्त्र की जरूरत:

विश्व के राष्ट्रों में ग्रामीण जीवन के नए निर्माण में ग्रामीण समाजशास्त्र का योगदान काफी महत्त्वपूर्ण सिद्ध हुआ है। अमेरिका में विशेषकर ग्रामीण जीवन के नव-निर्माण में ग्रामीण समाजशास्त्र का योगदान अतिशय महत्त्वपूर्ण सिद्ध हुआ है। यहाँ व्यावहारिक दृष्टिकोण से भी इसकी उपयोगिता सहर्ष स्वीकार कर ली गई है। ऐसी स्थिति में भारत जैसे ग्रामीण प्रधान देश में ग्रामीण समाजशास्त्र की आवश्यकता और बढ़ जाती है। भारत में ग्रामीण समाजशास्त्र के अध्ययन की जरूरत कुछ कारणों से है। ये कारण निम्नांकित हैं–

भारत विभिन्नताओं का देश है। यहाँ विभिन्नता में एकता है। विशेषकर भारत का ग्रामीण जीवन विभिन्नता में एकता का नायाब नमूना प्रस्तुत करता है। यहाँ विविध धर्म, भाषा, जाति एवं प्रजाति के लोग निवास करते हैं। इनमें विविध ाता होते हुए भी एकता देखी जा सकती है। इन विभिन्नताओं को समझने के लिए यह जरूरी हो गया है कि देश के विभिन्न भागों के सभी ग्रामीण समुदायों का अध्ययन किया जाए ताकि ग्रामीण भारत की वास्तविक स्थिति का पता चल सके।

भारत में ग्रामीण समाजशास्त्र की आवश्यकता इसलिए भी है क्योंकि इससे ग्रामीण नवनिर्माण में मदद मिलती है। विभिन्न सामुदायिक योजनाओं के द्वारा ग्रामीण समाज का नवनिर्माण किया जा सकता है। यदि सही तरीके से ग्रामीण समाज एवं इससे संबंधित समस्याओं का विश्लेषण एवं अध्ययन किया जाए तो ग्रामीण पुनर्निर्माण का कार्य भी उचित ढंग से पूरा हो जाएगा। इसलिए यह जरूरी है कि भिन्न-भिन्न ग्रामीण समुदायों का सामाजिक, आर्थिक एवं सांस्कृतिक दृष्टिकोण से सर्वांश अध्ययन किया जाए।

भारत में ग्रामीण समाजशास्त्र की आवश्यकता इसलिए भी है क्योंकि ग्रामीण परिवारों का आर्थिक स्तर ऊँचा उठाया जाए। स्वतंत्रता प्राप्ति के पश्चात् से अलग-अलग योजनाओं के द्वारा ऐसा करने का प्रयत्न भी किया गया है। लेकिन अपेक्षित सफलता अभी तक नहीं मिल सकी है। सिर्फ श्रमिकों के वेतन बढ़ोतरी से उनका जीवन-स्तर ऊँचा नहीं किया जा सकता है। उनके जीवन-स्तर को ऊँचा उठाने हेतु यह आवश्यक है कि उनके स्वास्थ्य एवं सामाजिक वजूद पर भी ध्यान दिया जाए। इसलिए ऐसे कारणों का पता लगाना आवश्यक होता है जो इसके मार्ग में अवरोधक है। यह पता ग्रामीण समाजशास्त्र के अध्ययन के द्वारा ही लगाया जा सकता है।

भारत में ग्रामीण समाजशास्त्र के अध्ययन की आवश्यकता इसलिए भी है चूँकि आज ग्रामीण समाज तेजी से विघटित होता जा रहा है। साथ ही इसमें द्रुत गति से बदलाव भी हो रहा है। इसलिए यह जरूरी मालूम होता है कि विभिन्न विकास योजनाओं, शिक्षा के बढ़ते हुए चरण, आवागमन के साधन एवं शहरों से दिन-प्रतिदिन सबल होने वाले संपर्क आदि के द्वारा ग्रामीण जीवन में होने वाले परिवर्तनों को प्रोत्साहित किया जाए। इन सभी बातों हेतु ग्रामीण समाजशास्त्र के अध्ययन की काफी जरूरत है।

उपर्युक्त वर्णन के आधार पर यह निष्कर्ष निकाला जा सकता है कि भिन्न-भिन्न कारणों से भारत में ग्रामीण समाजशास्त्र के अध्ययन की अत्यंत जरूरत है। आज के परिवर्तनशील युग में ग्रामीण समाज भी तेजी से परिवर्तित होता जा रहा है। इस परिवर्तन के परिणामस्वरूप ग्रामीण जीवन भी विभिन्न समस्याओं से ग्रसित हो रहा है। साथ ही ग्रामीण लोगों के रहन-सहन, विचार एवं विविध आदतों में भी तेजी से परिवर्तन हो रहा है। ग्रामीण समाजशास्त्र के अध्ययन के द्वारा ही गाँव का सर्वांगीण अध्ययन किया जा सकता है तथा अलग-अलग समस्याओं का पता लगाकर उनके समाधान का प्रयत्न किया जा सकता है। इसलिए भारत में ग्रामीण समाजशास्त्र के अध्ययेन की काफी आवश्यकता है।

3

ग्रामीण समाजशास्त्र तथा अन्य सामाजिक विज्ञान

वर्तमान समय में प्रत्येक सामाजिक विज्ञान का स्वतंत्र विकास हो गया है लेकिन ये स्वतंत्र विज्ञान कई तरह से एक दूसरे से संबंध रखते हैं।

वर्तमान समय में सामाजिक विज्ञान की शाखाएं इसका प्रमाण हैं। प्राकृतिक विज्ञान और सामाजिक विज्ञान की कई शाखाएं इसका प्रमाण हैं। शुरू में प्राकृतिक विज्ञान और सामाजिक विज्ञान एक दूसरे से पृथक नहीं थे। 15वीं शताब्दी से दोनों विज्ञान की धारायें एक-दूसरे अलग होने लगीं। प्राकृतिक विज्ञानों की कई अलग-अलग शाखाएं स्थापित होने लगी जैसे भौतिकशास्त्र, रसायनशास्त्र आदि। इन प्राकृतिक विज्ञानों की भी कई उपशाखायें स्थापित होती जा रही हैं। इसी तरह सामाजिक विज्ञानों की अनेक शाखाएं स्थापित हो गईं जैसे-अर्थशास्त्र, शिक्षाशास्त्र, राजनीतिशास्त्र, धर्मशास्त्र, मानवशास्त्र आदि।

तुलनात्मक विषय होने के कारण समाजशस्त्र की भी कई उपशाखाएं स्थापित होती जा रही हैं। राजनीति का समाजशास्त्र, धर्म का समाजशास्त्र, साहित्य का समाजशास्त्र आदि यहाँ तक कि गणित का समाजशास्त्र जैसा विषय भी स्थापित हो गया है। समाजशास्त्र का एक महत्वपूर्ण अंग ग्रामीण समाजशास्त्र भी है। ग्रामीण समाजशास्त्र सामाजिक विज्ञानों से कई तरह से जुड़ा है। सही मायने में आज कोई भी सामजिक विज्ञान तब तक पूर्ण नहीं हो सकता है जब तक वह समाज के विभिन्न अंगों से जुड़े ज्ञान को अपने अनुरूप ढालता नहीं है। विज्ञान की सम्पूर्णता भी इसी तथ्य में निहित है। सही मायने में सम्पूर्ण समाज का अध्ययन भी तभी सम्भव है

जब हम अन्य सामाजिक विज्ञानों के तथ्यों करें। इस दृष्टि से ग्रामीण समाज का अन्य विज्ञानों से गहरा संबंध है। उसका समाज से अलग अस्तित्व नहीं है। यह समाज का महत्वपूर्ण अंग है अतएव लारी नेल्सन कहते है, "हमारा दृष्टिकोण यह है कि हमारी सभ्यता एक है और उसके विभिन्न अंग आंशिक के भाग हैं। ग्रामीण समाजशास्त्र का अध्ययन एक वृहत समाज के भाग रूप में किया जाता है।"

हमारे देश की अधिकांश जनता गांवों में निवास करती है इसलिए भारत गांवों का देश है। इस दृष्टिकोण से समाजशास्त्र में ग्रामीण समाजशास्त्र का अपना एक अस्तित्व है। ग्रामीण समाजशास्त्र के भी इतने उपभाग हो गये हैं कि जिससे अध्ययन के नवीन विषयों की संस्थापनायें हुई है। जैसे ग्रामीण पुनर्निर्माण, सामुदायिक विकास योजनाएं, पंचायतों का अध्ययन आदि। इस प्रकार ग्रामीण समाजशास्त्र अपना अलग-अलग स्थान रखता है। लेकिन यह अन्य विज्ञानों से भी यथासम्भव विषय सामग्री और तथ्यों को प्राप्त करता है। लारी नेल्सन का विचार हैं—सामाजिक विज्ञान के बीच अनेक विभाग और उपविभाग निर्मित हो जाने के पश्चात् भी उनके मध्य उद्देश्यों, अध्ययन पद्धतियों और दृष्टिकोण में आधारभूत एकता बनी हुई है।

उपरोक्त विवेचनाओं से स्पष्ट है कि ग्रामीण समाज, सम्पूर्ण समाज का एक महत्वूपर्ण उपभाग है। जिसका अपना अस्तित्व है। अलग समाज से अलग उठकर कोई अस्तित्व नहीं है। समाज के सर्वांगीण विकास के साथ ग्रामीण समाज और ग्रामीण समजशास्त्र का भी समान धरातल पर विकास हुआ है। इस दृष्टिकोण से हर सामाजिक विज्ञान एक दूसरे से गहरा संबंध रखते हैं। अतएव ग्रामीण समाजशास्त्र का अन्य सामाजिक विज्ञानों से घनिष्ठ संबंध है।

समाजशास्त्र से सम्बन्ध

सामाजिक विज्ञान सीमाओं से बंधा होता है। उद्‌भव के समय एक शास्त्र विज्ञानों से ग्रामीण समाजशास्त्र का संबंध बलताया गया है। एक शास्त्र की विषय-सामग्री और क्षेत्र सीमित होती है किन्तु समय के साथ उसका विकास होता जाता है।

शुरू में समाजशास्त्र का क्षेत्र था सभ्यता और संस्कृति के विकास के साथ इसके अध्ययन के क्षेत्र में भी विस्तार होता गया आज समाजशास्त्र एक सम्पूर्ण विषय है लेकिन इसी से इसकी अनेक शाखाओं का प्रादुर्भाव हुआ है। ग्रामीण समाजशास्त्र उसका एक अंग है। इस तरह दोनों एक दूसरे से घनिष्ठ रूप से जुड़े हैं।

समाजशास्त्र के कई उप-भागों का क्षेत्र एवं विषय सामग्री अलग-अलग है।

इसलिए उनकी पृथक पहचान है जैसे-औद्योगिक समाजशास्त्र, राजनीतिक समाजशास्त्र, ज्ञान का समाजशास्त्र, साहित्य का समाजशास्त्र आदि। ग्रामीण समाजशास्त्र भी समाजशास्त्र का एक अभिन्न अंग है जो ग्रामीण समाज की संरचना, प्रक्रियाओं, संगठन के साथ ही साथ ग्रामीण पर्यावरण तथा प्रकृति से जुड़ी नाना तरह के विश्वासी व घटनाओं का अध्ययन करता है। इसलिए इसका एक अलग अस्तित्व है। समाजशास्त्र और ग्रामीण समाजशास्त्र दोनों ही सामजिक सबंधों और अंतःसंबंधों का अध्ययन करते है। दोनों ही समाज का अध्ययन करते हैं। दोनों ही एक दूसरे पर निर्भर हैं। ग्रामीण समाजशास्त्र, ग्रामीण पर्यावरण के अन्तर्गत ही व्यक्तियों के सामजिक संबधों का अध्ययन करता है। इस दृष्टि से ग्रामीण समाजशास्त्र ग्रामीण समाज का विज्ञान है। इस दृष्टि से टी. लिन स्मिथ का विचार जिस दृष्टिकोण का इस पुस्तक में प्रतिनिधित्व किया गया है वह यह मानता है कि समस्त समाजशास्त्र एक इकाई है। इसके मूलभूत तथ्य तथा सिद्धान्त सावधानीपूर्वक सुरक्षित सीमा में सामान्य रूप में लागू होने चाहिए, अन्यथा, उन्हें छोड़ देना चाहिए।

स्मिथ के इस कथन के आलोक में यह कहा जा सकता है कि समाजशास्त्र का एक इकाई के रूप में अर्थ है कि इसके समस्त सिद्धान्त समाज के विभिन्न भागों पर सामान्य रूप से लागू हों मगर इस सिद्धान्त समाज के अलग-अलग अंगों पर प्रयोग नहीं किये जा सकते हैं तो इन्हें त्याग देना चाहिए। इस दृष्टि से ग्रामीण समाजशास्त्र पर समाजशास्त्र के सामान्य सिद्धान्त लागू होते हैं। उनका ग्रामीण समाजशास्त्र में प्रयोग किया जाता है। यहाँ पर यह कहना उचित होगा कि बहुत से सिद्धान्त का प्रयोग ग्रामीण समाजशास्त्र में अधिक होता है और कुछ का बहुत कम होता है। यहाँ तक कि समाजशास्त्र के सभी सिद्धान्त समाजशास्त्र के अनेक उपभागों में समानरूप से लागू नहीं होते हैं। यह सभी सामाजिक विज्ञानों पर लागू होता है। समाजशास्त्र से गहरा संबंध होते हुए भी ग्रामीण समाजशास्त्र का अपना एक अलग अस्तित्व है। सही मायने में ग्रामीण समाजशास्त्र एक विशिष्ट विज्ञान है। बरट्रेण्ड का विचार है कि ''इस प्रकार ग्रामीण समाजशास्त्र को एक विशिष्ट समाजशास्त्र के रूप में वर्गीकृत किया जा सकता है''।

समाजशास्त्र के उप-भाग अपने ज्ञान व शोध के क्षेत्र में जितना समृद्ध होंगे उतना ही समाजशास्त्र भी अपने विषय-सामग्री में धनी होगा। उसके ज्ञान के कोष में वृद्धि होगी। किसी भी सामाजिक विज्ञान की जब कई शाखाओं का उद्भव होता है तो ये उसके समूह के सचूक हैं। इस तरह ग्रामीण समाजशास्त्र, समाजशास्त्र को व्यापक और विशाल स्वरूप प्रदान करता है।

मानवशास्त्र से संबंध

1. भौतिक मानवशास्त्र
2. प्रागैतिहासिक पुरातत्व
3. सामाजिक मानवशास्त्र

भौतिक मानवशास्त्र व प्रागैतिहासिक पुरातत्व का संबंध समाजशास्त्र से बहुत कम है। भौतिक मानवशास्त्र हमें जनसंख्या के शारीरिक लक्षणों और प्रजातीय तत्वों के अध्ययन में मदद करता है। प्रागैतिहासिक मानवशास्त्र ग्रामीण समाज के प्रागैतिहासिक काल की संस्कृतियों को समझने में मददगार है। सही मायने में ग्रामीण समाजशास्त्र का सीधा संबंध सामाजिक मानवशास्त्र से है।

'मानवशास्त्र को मानव का विज्ञान माना जाता है। इस सन्दर्भ में यह सम्पूर्ण समाज जो मानव के चारों ओर फैला हुआ है उसी का अंग है। आकाश से लेकर धरती तक वह कहीं न कहीं, किसी न किसी रूप में जुड़ा प्राणी, पेड़-पौधे, भूमि, पहाड़, नदी, समुद्र, कृषि से जुड़ी संस्कृति मानवशास्त्र के व्यापक अध्ययन क्षेत्र में आते हैं। वह सम्पूर्ण पर्यावरण जो आदिम युगीन समाज की धरोहर है मानवशास्त्र की विषय-सामग्री का महत्वपूर्ण आधार है। ग्रामीण समाजशास्त्र भी इनका अध्ययन करता है। इस दृष्टि से दोनों एक-दूसरे से इतने धुले-मिले हैं कि इन्हें एक-दूसरे से अलग करना कठिन है। इसीलिए इवान्स प्रिचर्ड (Evans-Pritchasd) यह कहते हैं कि, " सामाजिक मानवशास्त्र समाजशास्त्रीय अध्ययन की वह शाखा मानी जाती हैं जो प्रमुख रूप से अपने को आदिम समाजों के अध्ययन में रत रखती है।"

मानवशास्त्र मूलतः आदिम समाज का अध्ययन करता है मानवशास्त्र की यह धारणा बहुत ही संकुचित है। आज यह शास्त्र अपने को आदिम समाज तक ही केन्द्रित नहीं किये हुए है बल्कि विभिन्न समुदायों, समाजों, संस्कृतियों, प्रजातियों आदि का तुलनात्मक अध्ययन करता है। इनकी विषय-सामग्री और अध्ययन का क्षेत्र सदैव नये आयामों को जन्म देते हैं। यह मानवशास्त्र की समृद्धता का सूचक है।

सच्चाई यह है कि अनेक ऐसे विषय जिसका मानवशास्त्र ने अध्ययन किया है आज वे ग्रामीण समाजशास्त्र में भी अध्ययन किये जाते हैं। धर्म, संस्कृति, लोक विश्वास, लोक परम्पराएं, परिवार के विभिन्न स्वरूप, रीति-रिवाज से जुड़ी धारणायें, नातेदारी, गोत्र, समूह, कला, संगीत, पौराणिक गाथायें आदि। इन तथ्यों के प्रकाश में यह कहा जा सकता है कि मानवशास्त्र और ग्रामीण समाजशास्त्र में गहरा संबंध है। वर्तमान समय में कई ऐसे विश्व ग्रामीण समाजशास्त्र में स्वतः प्रदेश कर गये हैं जो कि प्रमुखतया मानवशास्त्र में अध्ययन क्षेत्र में आते हैं। इससे ग्रामीण

समाजशास्त्र की विषय सामग्री में जहाँ व्यापकता आयी है। वहीं उसका क्षेत्र भी इसमें आता है। इसीलिए आज मानवशास्त्र को ग्रामीण समाजशास्त्र का एक अभिन्न अंग माना जाता है। कई विद्वान दोनों शास्त्र में कोई भेद नहीं मानते हैं क्योंकि विषय-सामग्री के आधार पर वे एक-दूसरे से इतने घुल-मिल गये है मैं उनका विस्तृत अनुभव करता हूं। हमारे लिए भारतीय सामाजिक पद्धतियों के क्रमबद्ध अध्ययन के प्रयत्न का समय आ गया है और यह सामाजिक ढांचे अर्थात् सामाजिक स्वरूपों एवं सामाजिक प्रक्रियाओं को विशाल अध्ययन के अंग होने के कारण वास्तविक रूप में समाजशास्त्र और मानवशास्त्र दोनों क्षेत्र में आते हैं।

कुछ मानवशास्त्रियों का विचार है कि ग्रामीण समाजशास्त्र, मानवशास्त्र का ही एक अंग है। इसके समर्थन में वे तर्क देते हैं कि आदिम समाज भी पिछड़ा हुआ है और ग्रामीण समाज की इस प्रकार के तर्क दो भिन्न शास्त्रों को एक शास्त्र नहीं बना सकते हां इतना अवश्य कहा जा सकता है कि दोनों शास्त्रों में बहुत सारी विषय-सामग्री समान है लेकिन एक नही हैं।

अर्थशास्त्र से संबंध

वर्तमान समय में हर सामाजिक विज्ञान अन्य सामाजिक विज्ञानों से घनिष्ठ संबंध रखता है सामाजिक विज्ञान दूसरे सामाजिक विज्ञानों से नाना प्रकार की सामग्री प्राप्त करता है। इस दृष्टि से ग्रामीण समाजशास्त्र, अर्थशास्त्र से गहरा संबंध रखता है। ग्रामीण समाज का अर्थव्यवस्था से संबंध आर्थिक ढांचे के कारण भी है और सामाजिक संरचना से भी। वे सामजिक समस्याएं जो आर्थिक व्यवस्था पर प्रभाव डालते हैं जैसे ग्रामीण बेरोजगारी, ऋणग्रस्तता भूमि व्यवस्था बन्धुआ श्रमिक, कृषि और कृषिकों की समस्याएं, रोजगार संबधी समस्याएं, जातिगत अन्धविश्वास, दहेज-प्रथा जाति व्यवस्था, स्त्रियों की निम्न स्थिति, ग्रामीण शिल्पकार की आर्थिक-स्थिति, कुटीर, उद्योग धन्धों से जुड़ी समस्याएं आदि।

ये सामाजिक समस्याएं इसलिए ग्रामीण समाज में पैदा हुई क्योंकि ग्रामीण समाज़ की अर्थव्यवस्था शताब्दियों से लचर रही है। शिक्षा की जहां कमी है वहां रोजगार के विकल्प भी बहुत कम हैं। इस तरह हम यह कह सकते है कि ग्रामीण सामाजिक समस्याएं मूल रूप से ग्रामीण निर्धन समाज की उपज है। इन समस्याओं का समाजंशास्त्र अध्ययन करता है लेकिन अर्थशास्त्र यह बताता है कि व्यक्ति असीमित आवश्यकताओं की पूर्ति उपलब्ध साधनों से किस तरह करे। ग्रामीण समाज के व्यक्ति अपने संसाधनों से अपनी आवश्कताओं की पूर्ति करने का प्रयत्न करते

हैं। अपनी आर्थिक-सामाजिक स्थिति को सुदृढ़ करने का प्रयास करता है। ये भिन्न-भिन्न तरह के कार्यों को करता है। इस प्रकार हम यह कह सकते हैं कि अर्थशास्त्र का उपयोग, उत्पादन, विनियम एवं वितरण के सिद्धान्त के माध्यम से ग्रामीण समाज की आर्थिक सामाजिक संरचना पर प्रभाव डालती है। इसीलिए वर्तमान समय में समाजशास्त्र के कई शोध कार्य आर्थिक-सामाजिक विषयों पर किये जा रहे हैं। इसका मूल कारण है कि अर्थव्यवस्था समाज को प्रभावित करता है और सामाजिक समस्याएं और मान्यताएं आर्थिक ढांचे को समयानुसार परिवर्तन के लिए विवश करती हैं और प्रेरित भी करती हैं। इस तरह से ग्रामीण समाजशास्त्र और अर्थशास्त्र परस्पर एक-दूसरे से जुड़े हैं। आधुनिक समय में अर्थशास्त्र का इतना अधिक महत्व हो गया कि अर्थशास्त्र को ग्रामीण समाजशास्त्र में जोड़ दिया गया और पृथक कृषि अथवा ग्रामीण अर्थशास्त्र की एक शाखा बन गई। इस प्रकार पर्यावरण में ग्रामीण पर्यावरण में ग्रामीण अर्थव्यवस्था, उद्योग-धन्धे, लेन-देन प्रौद्योगिकी ने ग्रामीण समाज में आर्थिक-संबधों की स्थापना की है। इनका ग्रामीण समाजशास्त्र में भी अध्ययन किया जाता है। अर्थशास्त्र ग्रामीण समाजशास्त्र के विभिन्न प्रकार के आर्थिक-संबधों को स्पष्ट करने में मददगार बनती है। इस तरह दोनों परस्पर घनिष्टता के साथ एक दूसरे से जुड़े है।

राजनीतिशास्त्र से सम्बन्ध

वर्तमान परिवर्तन के युग में प्राचीन भारत का आर्थिक-सामाजिक और एक दूसरे से राजनीतिक ढाँचा तेजी से परिवर्तित हो रहा है। परिवर्तन किसी एक क्षेत्र में नहीं हो रहा है। बल्कि सभी क्षेत्रों में इसका अनुभव किया जा सकता है। ग्रामीण समाज से परिवर्तन तीव्रता से हो रहे हैं। यह परिवर्तन एक और आर्थिक प्रयासों से हो रहे है तो दूसरी ओर राजनीतिक चेतना ने मानव की सम्पूर्ण सोच और मानसिकता को परिवर्तित कर दिया है। यह सत्य है कि राजनीतिशास्त्र मात्र राजनीतिक संबधों का अध्ययन करता है और ग्रामीण समाजशास्त्र, ग्रामीण पर्यावरण में मानव संबधों का अध्ययन यह विचारणीय है कि मानव संबंध को किसी निश्चित सीमा में रखकर अध्ययन करना सम्भव नही है। मानव-सम्बन्धों में पर्याप्त विविधता पायी जाती है। यह संबंध नाना तरह के तथ्यों से प्रभावित होते हैं। उदाहरण के तौर पर राजनीतिशास्त्र राज्य, राज्य के कानून, कानून व्यवस्था, न्याय और शक्ति-संरचना आदि का अध्ययन करता है। सवाल यह है कि क्या इन चीजों का ग्रामीण समाज के मानव संबधों पर कोई प्रभाव नहीं पड़ता? क्या इनके प्रभाव से आज ग्रामीण मनुष्यों

के परस्पर संबधों में कोई बदलाव नहीं आया? इन प्रश्नों का उत्तर निश्चित रूप से सकारात्मक होगा।

वर्तमान समय में कई ऐसे विषय हैं जो ग्रामीण समाजशास्त्र और राजनीतिशास्त्र दोनों में समान रूप से अध्ययन किये जाते हैं। एक शासन को तथ्यों की जानकारी उपलब्ध कराता है। उसके प्रभाव को दर्शाता है। मानव-समाज में घटित होने वाले, परिवर्तनों को दर्शाता है। यह राजनीतिशास्त्र के सहयोग के बिना असंभव है। उदाहरण के लिए पृथक पंचायत, नेतृत्व, जनमत, चुनाव और वोट की राजनीति, जातिवाद का स्वरूप आदि का अध्ययन राजनीतिशास्त्र और ग्रामीण समाजशास्त्र दोनों में समान रूप से किया जाता है। इस तरह से दोनों शास्त्र एक दूसरे के सहयोगी हैं।

अब यदि समाजशास्त्र के क्षेत्र पर विचार करें तो यह कहा जा सकता है कि इसका क्षेत्र इतना व्यापक हो गया है कि उसकी अनेक शाखाएं स्थापित हो गई हैं। एक शाखा राजनीतिक समाजशास्त्र की है। इसमें कुछ ऐसे नये विषय हैं जिनका ग्रामीण समाजशास्त्र और राजनीतिशास्त्र, दोनों में अध्ययन किया जाता है उदाहरण के लिए संघर्ष, मूल्यों की अवधारणा, शक्ति और सत्ता, अभिजात्य वर्ग दबाव समूह, राजनीतिक व्यवस्था के सामाजिक-आर्थिक आधार, राजनीतिक दल, मतदान, जाति गुटवाद और अल्पसंख्यक आदि।

राजनीति ने अपने प्रभाव के करण ग्रामीण समाज में राजनीतिक चेतना का विकास किया है। सभी छोटी-बड़ी अल्पसंख्यक दलित जातियाँ, सत्ता में भागीदारी के लिए संघर्ष कर रही हैं। इससे विभिन्न जातियों के बीच कटुता, प्रतिस्पर्धा, तनाव संघर्ष आदि की भावना पैदा हुई है। चुनाव की राजनीति में विभिन्न जातियों में विभक्त कटुता, प्रतिस्पर्धा, तनाव बढ़ाया है, इससे जातिगत और राजनीतिक दबाव समूह की भूमिका महत्वपूर्ण हो गयी है। ग्रामीण समाज से जमींदारी समाप्त हो गई है। और उसके स्थान पर नये अभिजात्य वर्गों का उद्भव हुआ है। ये छोटी-बड़ी दोनों ही जातियों में इस वर्ग को देखा जा सकता है। कई तरह के नेतृत्व के प्रतिमान भी नये स्वरूप धारण कर रहे हैं। थोड़े में हम यह कह सकते हैं कि राजनीतिक संबंध जो नये रूप में निर्मित हो रहे हैं वे सामजिक संबधों के ही अंग हैं। ग्रामीण समाजशास्त्र राजनीतिक गतिविधियों से प्रभावित हुए बगैर रह नहीं सकता है और ग्रामीण समाज में जो परिवर्तन आ रहे हैं वह राजनीति को गहरे तौर पर प्रभावित करता है। इस प्रकार ग्रामीण समाजशास्त्र एवं राजनीतिशास्त्र एक दूसरे के सहयोगी हैं। इसीलिए यह एक दूसरे से घनिष्ट रूप से जुड़े है।

भूगोल से सम्बंध

भूगोल से भी ग्रामीण समाजशास्त्र का गहरा संबंध है क्योंकि दोनों ही प्राकृतिक पर्यावरण से व्यक्ति और भौगोलिक पर्यावरण में घनिष्ठ संबंध है। इसलिए कहा भी गया है कि जैसी भूमि होती है वैसा व्यक्ति होता है। इसीलिए जीवन भर उसके चारों और प्रकृति रहती है। इन प्राकृतिक या भौगोलिक दशाओं में व्यक्ति जन्म लेता है। पलता, बढ़ता और बड़ा होता है। इसीलिए अलग-अलग स्थानों के व्यक्तियों की संस्कृति, भाषा, विचार परम्पराएं, रीति-रिवाज, धार्मिक विश्वास, अनुष्ठान आदि होते हैं। इस तरह भौगोलिक दशाएं व्यक्ति और समाज प्रकृति का निर्धारण करते हैं।

इस संदर्भ में ओडम ने सही ही कहा है कि, मनुष्य पृथ्वी का बच्चा है। इन्हें एक दूसरे से पृथक नहीं किया जा सकता है। इससे यह सिद्ध होता है कि भौगोलिक पर्यावरण व्यक्ति और समाज की रचना भौगोलिक दशाओं के अनुसार स्वतः करती है। यह भौगोलिक पर्यावरण ग्रामीण समाजशास्त्र को कई तरह की अध्ययन सामग्री प्रदान करती है जिसका ग्रामीण समाजशास्त्र अध्ययन करता है।

एक विशिष्ट भौगोलिक पर्यावरण में एक विशेष तरह की जीवन-शैली, कार्य-पद्धति और विश्वास उद्‌भव होता है। उदाहरण के लिए समुद्र के किनारे रहने वाले की जीवन शैली और परस्पराओं को देखें तो उनके अनेक प्रकार के विश्वास और परम्पराएं समुद्र से जुड़े होते हैं। इसी तरह से पहाड़ी गाँवों की अपनी परम्पराएं हैं और रेगिस्तान के गांवों की अपनी। लोक-विश्वास, लोकगीत, लोक-नृत्य, लोक संगीत का सीधा संबंध प्रकृति से है। इसीलिए ग्रामीण समाजशास्त्र में हम लघु समुदाय का अध्ययन करते हैं तो दूसरी ओर अनेक प्रकार के लौक विश्वासों का अध्ययन करते हैं। इन सभी चीजों का महत्व भौगोलिक पर्यावरण अथवा भौगोलिक दशाओं की देन है। जिनका ग्रामीण समाजशास्त्र गहन अध्ययन करता है। इसी प्रकार भौगोलिक पर्यावरण में धर्म के कई रूप देखने के मिलते हैं। ग्रामीण व्यक्तियों का धर्म सीधे प्रकृति से जुड़ा है—उदाहरण के लिए चाँद, सूर्य पेड़, नदी, फसल, पशु, पक्षी, हल-बैल, भूमि आदि। असंख्य अन्धविश्वास, टोटने-टोटके इनसे सम्बद्ध हैं। ये सभी प्राकृतिक पर्यावरण के प्रभाव के फलस्वरूप हुए हैं। इस तरह भौगोलिक पर्यावरण ग्रामीण समाज की सामाजिक तथा सांस्कृतिक संरचना को गढ़ता है। इस संरचना में मानव संबधों का एक विशेष रूप देखने को मिलता है जिसका अध्ययन ग्रामीण समाजशास्त्र करता है। इस प्रकार हम यह कह सकते हैं कि भौगोलिक दशाओं से पैदा विश्वास, परम्परा, आस्था और मानव-संबधों का ग्रामीण समाजशास्त्र अध्ययन करता है। इस दृष्टि से ग्रामीण समाजशास्त्र एवं भूगोल में घनिष्ठ संबंध है।

सामाजिक मनोविज्ञान से सम्बन्ध

मनुष्य दूसरे व्यक्तियों के साथ रहना चाहता है यह गुण उसमें जन्मजात होते हैं। मनुष्य स्वभाव से ही दूसरे समूहों में घुलना-मिलना चाहता है। सदैव दूसरे समूह, समुदाय संस्था के व्यक्तियों के सम्पर्क में आता रहता है और अन्य व्यक्तियों को अपने व्यवहार, स्वभाव विचारों से प्रभावित करने का प्रयत्न करता है। यह स्वयं भी दूसरे व्यक्तियों के व्यवहार से प्रभावित होता है। सही मायने में व्यक्ति की सामाजिक प्रकृति ही सामाजिक मनोविज्ञान की आधारशिला है। एक व्यक्ति की दूसरे व्यक्तियों के साथ प्रतिक्रिया विभिन्न समूहों के साथ उसका व्यवहार, सामाजिक समूहों के प्रति उसकी मनोवृत्ति आदि सामाजिक मनोविज्ञान की उध्ययन सामग्री हैं।

ग्रामीण समाजशास्त्र और सामाजिक मनोविज्ञान एक दूसरे से घनिष्ठ संबंध रखते हैं। इसे जानने के लिए जरूरी है कि हम सामाजिक मनोविज्ञान के अर्थ पर विचार करें। किम्बल यंग का कथन है कि सामाजिक मनोविज्ञान व्यक्तियों का, उनके एक-दूसरे के प्रति प्रतिक्रिया में तथा उनके विचारों, भावनाओं, संवेगों और आदतों पर इस प्रतिक्रिया के प्रभाव के सन्दर्भ के साथ अध्ययन है।

एफ. एच. आलपोर्ट का विचार है कि समाज मनोविज्ञान व्यक्तियों के व्यवहार का वह अध्ययन है जो कि वह दूसरे व्यक्तियों के संबंध में और सामाजिक परिस्थितियों में व्यक्त करते हैं।

एक व्यक्ति किन परिस्थितियों में दूसरे के व्यवहार, संवेगों, आदतों, विचारों के विरुद्ध अपनी प्रतिक्रिया व्यक्त करता है। एक व्यक्ति दूसरे व्यक्ति के व्यवहार के विरुद्ध किन स्थितियों में अपनी नाराजगी अथवा प्रतिक्रिया दर्शाता है। एक समूह के व्यवहार, विचार के विरुद्ध दूसरे समूह के व्यक्ति क्यों विरुद्ध व्यवहार करते हैं। ग्रामीण सामाजिक संबधों तथा मानव-व्यवहार के भिन्न-भिन्न प्रतिमानों को सामाजिक-मनोविज्ञान समझने में सहायता करता है। ग्रामीण समाज में कई समूह और संस्थाएं है जो एक दूसरे के विरुद्ध प्रतिक्रिया व्यक्त करते हैं। क्या ये प्रतिक्रियाएं, कुण्ठा, प्रतिक्रियाएं, धर्म, प्रथा, परम्परा आदि से प्रभावित होकर की जाती हैं।

वर्तमान ग्रामीण समाज में मानव संबधों में बिखराव आया है। सामाजिक संबंध टूटे हैं। व्यक्ति के व्यवहार परिवर्तित हुए हैं। समूह और समुदाय विघटित हो रहे हैं। परिवार और संस्थाओं के मूल रूप में बदलाव आया है इन सारे परिवर्तनों के मूल में मानव-व्यवहार है। सामाजिक मनोविज्ञान इन बदलते हुए ग्रामीण प्रतिमान के मानव व्यवहार तथा उसकी प्रतिक्रियाओं का सामाजिक सन्दर्भ के रूप में अध्ययन करता है। सामाजिक मनोविज्ञान की मदद से ग्रामीण समाजशास्त्र, ग्रामीण व्यक्तियों के व्यवहार, मनोवृत्तियाँ में गहरा संबंध है।

नगरीय समाजशास्त्र से सम्बन्ध

गाँव और नगर एक दूसरे के पूरक हैं। नगरीय व ग्रामीण दोनों ही शास्त्र मानव व्यवहार और मानव संबधों का अपने-अपने क्षेत्रों में अध्ययन करते हैं। ग्रामीण समाज को समझे बगैर नगर को समझना कठिन है। इसी प्रकार नगर को जाने बगैर ग्रामीण समाज को भली-भाँति समझा नहीं जा सकता है। नगर की विशेषताएं ग्रामीण समाज में सरलता से देखी जा सकती हैं। नगर के मानव के औपचारिक व्यवहार तथा संबंध गाँव के व्यक्तियों में भी देखे जा सकते हैं। नगरीकरण एवं औद्योगीकरण का क्या प्रभाव गांवों के व्यक्तियों पर पड़ रहा है इसे ग्रामीण समाज का अध्ययन करने पर ही जाना जा सकता है। इस दृष्टि से दोनों का अस्तित्व एक दूसरे पर निर्भर होता है।

नगरीय और ग्रामीण समाज में बहुत सी ऐसी सामान्य समस्याएं हैं जिनका प्रभाव एक दूसरे पर पड़ता है। ये समस्याएं व्यक्तियों के संबधों तथा व्यवहारों को प्रभावित करती हैं। उदाहरण के तौर पर बेरोजगारी, जनसंख्या में वृद्धि, संयुक्त परिवार का विघटन, तनाव, धर्म का ह्रास, औपचारिक व्यवहारों में वृद्धि, वर्ग और जातीय संघर्ष, यंत्रीकरण एवं औद्योगीकरण आदि। इस प्रकार हम यह भी कह सकते हैं कि नगर और ग्रामीण समाज मात्र विभिन्नताओं का ही नाम नहीं है बल्कि ये दोनों शास्त्र नगरीय ग्रामीण व्यक्तियों के अंतः संबध, क्रियाओं एवं व्यवहारों की व्याख्या करते हैं। इस प्रकार नगरीय और ग्रामीण समाजशास्त्र एक दूसरे से बन्धे हुये हैं।

4

भारतीय ग्रामीण समाजशास्त्र अध्ययन की प्रमुख प्रविधि

राष्ट्र की तकरीबन आधी आबादी भारत में निर्धनता की रेखा से नीचे गुजर-बसर करने पर विवश है। राष्ट्रीय आबादी की आधी संख्या निरक्षर है जो इस बात को साबित करता है कि यहाँ आर्थिक सामाजिक समस्याएँ काफी गहराई तक व्याप्त हैं। वर्तमान दौर में देश में पाश्चात्यीकरण भी अंधाधुंध चल रहा है।

ग्रामीण समस्याएँ भी जटिल रूप ग्रहण कर चुकी हैं। भारतीय ग्रामीण संस्कृति एवं व्यवस्था का प्रभाव देश की अर्थव्यवस्था पर किसी-न-किसी रूप में पड़ता है। देश की सामाजिक तथा आर्थिक उन्नति गाँव की आर्थिक व्यवस्था पर निर्भर करती है। लेकिन भारतीय गाँवों में कई समस्याएँ व्याप्त हैं। इन समस्याओं का अध्ययन कर इनका समाधान करना जरूरी प्रतीत होता है। लेकिन इन समस्याओं का अध्ययन किसी विशेष वैज्ञानिक पद्धति के द्वारा लंबे समय से नहीं किया गया है। अतः इसका अध्ययन करना जरूरी प्रतीत होता है। ग्रामीण समाज के अध्ययन को मुख्यरूप से दो कारणों में विभक्त करके देखा जा सकता है। इन दोनों कालों में किए गए कार्यों का क्रमशः अंग्रेजी शासनकाल में किए गए कार्य तथा स्वतंत्रता प्राप्ति के पश्चात् किए गए कार्य' के नाम से जाना जाता है।

ब्रिटिश शासनकाल में ग्रामीण समाज का जो अध्ययन प्रारंभ किया गया उसका लक्ष्य ब्रिटिश शासनकाल को शक्तिशाली बनाना था। इस समय में इतना जरूर हुआ कि कुछ अंग्रेज शासकों ने भारतीय गाँवों को समझने में कुछ रुचि दिखाई। इस बात का पता उनके द्वारा लिखी गई पुस्तकों के अध्ययन से ज्ञात होता

है। बी.एच. बेडेन द्वारा रचित पुस्तक 'भारतीय ग्रामीण समुदाय' एवं 'भारत में ग्रामीण समुदायों की उत्पत्ति और विकास' जो 1899 में होने से यह प्रतीत होता है कि इन विद्वानों का ध्यान भारतीय गाँवों को समझने की ओर था। इसी प्रकार स्टीवेन्स मूर की पुस्तक 'गया के छोटे खेतिहरों एवं मजदूरों की भौतिक दशाओं पर रिपोर्ट, जो 1898 में प्रकाशित हुई वह भी भारतीय गाँवों की तरफ ध्यान आकर्षित करती है। लेकिन इस तरह के अध्ययनों से भारतीय गाँवों की दशा का यथार्थ चित्रण नहीं हो पाता है। 19वीं सदी आरंभिक काल में कुछ विद्वानों ने ग्रामीण समाज का गंभीरपूर्वक अध्ययन करने का प्रयत्न शुरू प्रारंभ किया। इस संदर्भ में एडगर थर्सटन, आर.वी. रसेल, हैराल्ड एच. मैन एवं ए. जॉर्ज ग्रियसन आदि का नाम वर्णनीय है। एडगर थर्सटन की 'दक्षिण भारत की जातियाँ और आदि जातियाँ (1909), आर.वी. रसेल की 'भारत के मध्य प्रांत की जातियाँ और आदिम जातियाँ, हैराल्ड एच. मैन की 'एक दक्षिणी गाँव में भूमि और श्रम' (1917) तथा ए. जॉर्ज ग्रियसन की 'बिहार का कृषक जीवन' (1920) आदि पुस्तकों ने ग्रामीण समाज के अध्ययन की दिशा में प्रमुख भूमिका अदा की। यद्यपि ब्रिटिश शासनकाल में अलग-अलग विद्वानों ने ग्रामीण समाज का अध्ययन करने का ब्रिटिश किया लेकिन वे सभी अध्ययन जाति संबंधी तथ्यों पर आधारित थे। हैराल्डमैन एक कृषि विशेषज्ञ थे। इसलिए उन्होंने कृषि संबंधी अध्ययन किए। 1920 से 1940 तक भारत के अलग-अलग गाँवों का सर्वेक्षण कराया गया। इन सर्वेक्षणों से ग्रामीण समाज को समझने में सहायता मिली।

भारत में आजादी हासिल करने के उपरान्त ग्रामीण समाज का अध्ययन काफी उत्साह के साथ प्रारंभ किया जाने लगा। इस अवधि में ग्रामीण समाज के अध्ययन में क्रांतिकारी परिवर्तन दृष्टिगोचर होने लगे। सर्वेक्षण के बदले अब ग्रामीण समाज का अध्ययन वैज्ञानिक आधार पर किया जाने लगा। ग्रामीण समाज के अध्ययन में भिन्न-भिन्न भारतीय विद्वानों का योगदान उल्लेखनीय रहा। इन विद्वानों में जी.एस. घूरिये, एम.एन. श्रीनिवास, एस.सी दूबे , डी.एन. मजूमदार एवं योगेन्द्र सिंह आदि का नाम वर्णनीय है। उक्त विद्वानों ने ग्रामीण समाज के विभिन्न पक्षों एवं पहलुओं का अध्ययन करके इस संबंध में अपने विचार पुस्तकों के द्वारा प्रकट किए। जी. एस. घूरिये की किताब 'भारत में जाति और वर्ग' (1952), एम.एन. श्रीनिवास की पुस्तक 'दक्षिण भारत में कुर्ग लोगों में धर्म और समाज' (1952), एस.सी. दूबे की पुस्तक 'भारतीय गाँव (1955), डी.एन. मजूमदार द्वारा संपादित किताब 'ग्रामीण रूपरेखा' (1955), मिफीम मैरियट द्वारा संपादित किताब 'ग्रामीण भारत' तथा योगेन्द्र सिंह की पुस्तक 'देहात में सामाजिक आर्थिक संबंधों का बदलता हुआ प्रतिमान' (1958) आदि ने ग्रामीण समाज के अध्ययन पर वैज्ञानिक ढंग से प्रकाश

डाला। इससे ग्रामीण समाज को समझने में जहाँ एक दिशा एवं दृष्टि मिली वहीं ग्रामीण समाजशास्त्र के ज्ञान के भंडार में एक नए तरह की विषय-सामग्री का जन्म हुआ। इन अध्ययनों के परिणामस्वरूप ग्रामीण समाज के अनेक पक्षों एवं पहलूओं पर प्रकाश पड़ा तथा ग्रामीण समाजशास्त्र में अलग-अलग नई अवधारणाएँ स्थापित होने लगीं। इन संकल्पनाओं में संस्कृतीकरण, लौकिकीकरण, प्रभु जाति, लघु समुदाय, ग्रामीण नेतृत्व, ग्रामीण गुटवाद, स्थानीयकरण, लोक वार्ता और लोक संस्कृति आदि मुख्य हैं। आगे चलकर ग्रामीण समाज के अध्ययन को ज्यादा व्यापक बनाने हेतु उन पद्धतियों तथा उपागमों की खोज की गई जिससे इस समाज का बारीकी से अध्ययन किया जा सके। ग्रामीण समाज का वैज्ञानिक अध्ययन करने के लिए कुछ उपागमों को आधार बनाया गया। ग्रामीण समाज को इन उपागमों के माध्यम से अधिक-से-अधिक जाना जा सकता है। इन भिन्न-भिन्न उपागमों को ग्रामीण समाज के अध्ययन नई पद्धति एवं नए औजार के तौर पर देखा जा सकता है। ग्रामीण समाजशास्त्र के अध्ययन के निम्नांकित उपागम कहे जा सकते हैं–

(क) ग्रामीण समाजशास्त्र के अध्ययन का तुलनात्मक उपागम

(ख) ग्रामीण समाजशास्त्र के अध्ययन का अंतर-अनुशासन उपागम

(ग) ग्रामीण समाजशास्त्र के अध्ययन का संरचनात्मक-प्रकार्यात्मक उपागम

(घ) ग्रामीण समाजशास्त्र के अध्ययन का मिश्रित-सांस्कृतिकी उपागम

(ङ) ग्रामीण समाजशास्त्र के अध्ययन का ऐतिहासिक उपागम।

(क) ग्रामीण समाजशास्त्र के अध्ययन का तुलनात्मक उपागम–ग्रामीण समाजशास्त्र के अध्ययन का तृतीय उपागम को तुलनात्मक उपागम है। इस उपागम के द्वारा तुलनात्मक अध्ययन किया जाता है। अर्थात् इसके द्वारा दो अथवा दो से अधिक गाँवों का तुलनात्मक अध्ययन किया जाता है। इस उपागम के द्वारा अध्ययन करने पर यह आवश्यक नहीं है कि एक ही राज्य या एक ही देश के दो या दो से अधिक गाँवों का अध्ययन किया जाए। इसमें अगर एक गाँव भारत का है तो दूसरा गाँव किसी दूसरे देश का भी हो सकता है। इस उपागम के द्वारा कई गाँवों की समान तथा असमान विशेषताओं को मालूम किया जाता है तथा इसी आधार पर निष्कर्ष निकाले जाते हैं। काफी समय पूर्व से ही तुलनात्मक उपागम का इस्तेमाल किया जाता रहा है। गाँवों के अध्ययन हेतु इस उपागम का प्रचलन अब बहुत ज्यादा हो गया है। इसका इस्तेमाल काफी पहले से होता आ रहा है। इसका पता इस तथ्य से चलता है कि 1918 में गिलबर्ट स्लेटर ने दक्षिण भारत के बहुसंख्यक गाँवों के अध्ययन हेतु तुलनात्मक उपागम का इस्तेमाल किया था। गिलबर्ट स्लेटर द्वारा रचित

पुस्तक (Some South Indian Villages) इसी उपागम के आधार पर किए गए अध्ययन के आधार पर लिखा गया। ऑस्कर लेविस ने भी इसी उपागम के आधार पर मैक्सिको के गाँव तपोजल्लान की तुलना भारत के गाँव रानी खेड़ा से की। न सिर्फ विदेशी विद्वानों ने इस उपागम का इस्तेमाल अपने अध्ययन में किया अपितु भारतीय विद्वानों ने भी इस उपागम के आधार पर विभिन्न अध्ययन किए हैं। इस उपागम के आधार पर अध्ययन करने वालों में एस.सी. दूबे, आर.के. मुकर्जी, जी.एस. घूरिय एवं योगेश अटल आदि का नाम मुख्य हैं।

(ख) ग्रामीण समाजशास्त्र के अध्ययन का अंतर-अनुशासन उपागम—ग्रामीण समाजशास्त्र के अध्ययन का चतुर्थ उपागम अंतर अनुशासन उपागम है। सामाजिक विज्ञान में अंतर-अनुशासन उपागम का महत्त्व काफी अधिक है। इसका कारण यह है कि कोई भी सामाजिक विज्ञान ग्रामीण समाज के भिन्न-भिन्न पक्षों का अध्ययन नहीं करता है। विभिन्न सामाजिक विज्ञान अपने दृष्टिकोण एवं सिद्धांत के आधार पर उसका अध्ययन करते हैं। इस तरह यह भी कहा जा सकता है कि सभी सामाजिक विज्ञान आपस में जुड़े हुए हैं। किसी भी गाँव का यदि अध्ययन किया जाता है तो दूसरे सामाजिक विज्ञान के निष्कर्ष उस अध्ययन में मददगार होते हैं। भिन्न-भिन्न विषयों के विद्वानों द्वारा गाँव से संबंधित किए गए अध्ययन के आधार पर एक नए उपागम का प्रादुर्भाव हुआ जिसे अंतर-अनुशासन उपागम के नाम से जाना जाता है।

इस एक उदाहरण के आधार पर भली प्रकार समझाया जा सकता है गाँव के विविध आयामों का अध्ययन पृथक-पृथक विषय के विद्वानों द्वारा किया जाना संभव हो पाता है। ग्रामीण अर्थव्यवस्था का अध्ययन अर्थशास्त्री द्वारा किया जाता है, गाँव के व्यक्तियों की मनोवृत्तियों एवं बदलते हुए व्यवहार प्रतिमान का अध्ययन सामाजिक मनोवैज्ञानिक द्वारा किया जाता है तथा गाँव के राजनीतिक संगठन और संस्था का अध्ययन राजनीति शास्त्रियों द्वारा किया जाता है। इस तरह यह पता चलता है कि भिन्न-भिन्न विषय एक-दूसरे से पृथक् होते हुए भी अपने-अपने अध्ययनों के द्वारा एक दूसरे की सहायता करते हैं। इससे एक दूसरे को समझने में भी सहायता मिलती है। वर्तमान में ग्रामीण समाजशास्त्र में भी इस उपागम का इस्तेमाल रोजाना बढ़ता जा रहा है।

(ग) ग्रामीण समाजशास्त्र के अध्ययन का संरचनात्मक-प्रकार्यात्मक उपागम—ग्रामीण समाजशास्त्र के अध्ययन का द्वितीय उपागम संरचनात्मक प्रकार्यात्मक उपागम है। ग्रामीण समाज के गहन अध्ययन के लिए इसका उपयोग किया जाता

है। इस उपागम का आधार मुख्यरूप दो बातों पर निर्भर करता है। पहला संरचना एवं दूसरा प्रकार्य। संरचनात्मक-प्रकार्यात्मक उपागम का उल्लेख करने से पहले संरचना एवं प्रकार्य दोनों को जानना आवश्यक प्रतीत होता है। संरचना का अर्थ किसी ऐसी संपूर्णता से लगाया जाता है जिसका निर्माण विविध इकाइयों से मिलकर होता है। इन इकाइयों की निश्चित स्थितियाँ और प्रकार्य होती हैं। ये आपस में एक-दूसरे से घनिष्ठ रूप से जुड़ी हुई होती हैं। हालाँकि प्रत्येक इकाई का भिन्न कार्य होता है लेकिन वे एक-दूसरे के साथ संपूर्णता से बँधे होते हैं। विविध इकाइयों की आपसी सम्बद्धता से एक तरह के प्रकार्यात्मक संबंधों का आधार निर्गित होता है। इनके द्वारा एक व्यवस्थित प्रतिमान का निर्माण होता है। भिन्न-भिन्न तरह की इकाइयाँ निश्चित एवं निर्धारित क्रियाओं के द्वारा समाज की संपूर्णता को बनाए रखने में मदद करती है उन्हें उन इकाइयों का प्रकार्य कहा जाता है। ग्रामीण समाज की संरचना को समझने हेतु ग्रामीण समाज की विभिन्न इकाइयों एवं उनकी परस्पर संबंद्धता को समझना आवश्यक प्रतीत होता है। संरचनात्मक प्रकार्यात्मक उपागम के माध्यम से ग्रामीण समाज से संबंधित कथ्यों को मालूम किया जाता है। इस उपागम के द्वारा ग्रामीण कठिनाइयों एवं इसके बदलतें होते हुए प्रतिमान को जाना जा सकता है। इस उपागम का इस्तेमाल पहले मानवशास्त्रियों द्वारा किया गया। इस उपागम के प्रयोग करने वाले मानवशास्त्रियों में स्पेन्सर, दुर्खीम, मैलिनोवॉस्की , रैडक्लिफ ब्राउन, एवं नेडल आदि का नाम प्रमुख है।

आधुनिक समय में समाजशास्त्र में भी इस उपागम का इस्तेमाल ज्यादा होने लगा है। समाजशास्त्र में इस उपागम का प्रयोग प्रधानतया ग्रामीण समाज की संरचना, सामाजिक-आर्थिक संरचना, सांस्कृतिक संरचना, परिवार, विवाह, नातेदारी, राजनीतिक व्यवस्था एवं शक्ति संरचना आदि विषयों के अध्ययन हेतु किया जाता है। ग्रामीण समाज की सम्पूर्णता को जानने हेतु कई समाजशास्त्रियों ने इस उपागम का इस्तेमाल किया है। इन समाजशास्त्रियों में एस.सी. दूबे, एम.एन. श्रीनिवास एवं योगेन्द्रसिंह आदि का नाम महत्त्वपूर्ण है। इस उपागम का महत्त्व इसलिए और अधिक बढ़ जाता है क्योंकि इसके द्वारा ग्रामीण समाज की संपूर्णता एवं इसकी भिन्न-भिन्न इकाइयों के प्रकार्यों को भली प्रकार समझा जा सकता है।

(घ) ग्रामीण समाजशास्त्र के अध्ययन का मिश्रित-सांस्कृतिक उपागम —ग्रामीण समाजशास्त्र के अध्ययन का पाँचवाँ उपागम मिश्रित-सांस्कृतिक उपागम है। इस उपागम को तुलनात्मक उपागम के वर्ग में रखा जाता है। लेकिन आज इसे एक पृथक् उपागम के रूप में भी स्वीकार कर लिया गया है। यह विविध संस्कृतियों वाले गाँवों में सामान्य संस्कृति के कथ्यों को मालूम करता है और सामान्य निष्कर्ष पर पहुँचने का कार्य करता है। अतएव इसे मात्र तुलनात्मक उपागम का नाम देना उचित नहीं है। सच्चाई यह है कि यह उपागम एक नया मॉडल प्रस्तुत करता है।

इस दृष्टि से मानवशास्त्रियों ने इसका भरपूर इस्तेमाल किया है। इस उपागम को ग्रामीण समाजशास्त्रियों ने अपने अध्ययन में अधिक महत्त्व दिया है। विभिन्न संस्कृतियों के मध्य कौन-कौन से सामान्य ग्रामीण तत्त्व पाए जाते हैं जो भिन्न-भिन्न ग्रामीण परिवेश में पैदा हुए हैं इसका पता इस उपागम के द्वारा लगाया जाता है। मिश्रित-सांस्कृतिक उपागम का इस्तेमाल विभिन्न विद्वानों ने अपनी पुस्तक में किया है। इन विद्वानों में शुमेकर तथा ऑस्कर लेविस का नाम भी आता है। शुमेकर ने अपनी प्रसिद्ध किताब 'Communication of Innovations A Cross Cultural Approach' में इस उपागम का प्रयोग किया है। इस पुस्तक में ब्राजील, नाइजीरिया एवं भारत के कई गाँवों का अध्ययन किया गया है। इसी प्रकार ऑस्कर लेविस ने भी भारत एवं मैक्सिको के गाँवों का अध्ययन किया है।

उपर्युक्त ग्रामीण समाजशास्त्र के सभी उपागमों का अवलोकन करने के पश्चात् यह ज्ञात होता है कि ग्रामीण समाजशास्त्र के अध्ययन के सभी उपागम गाँव के सर्वांगीण अध्ययन के दृष्टिकोण से महत्त्वपूर्ण है। ग्रामीण समाज की जटिल और परंपरात्मक समस्याओं एवं विशेषताओं का अध्ययन करना किसी एक उपागम के द्वारा न तो उचित है एवं न ही वैज्ञानिक। इसका कारण यह है कि ग्रामीण समाज की संरचना, संगठन, संस्था, आर्थिक, सामाजिक, राजनीतिक एवं सांस्कृतिक प्रतिमान निरन्तर बदलाव होते जा रहे हैं। हालाँकि परिवर्तित स्थितियों में भी कुछ ग्रामीण तत्त्व अभी भी अपने मूल स्वरूप से पृथक् नहीं हुए हैं। ग्रामीण समाजशास्त्र के अध्ययन के विभिन्न उपागमों के द्वारा ग्रामीण समाज के अनेक पक्षों का वैज्ञानिक अध्ययन किया जा सकता है।

(ङ) ग्रामीण समाजशास्त्र के अध्ययन का ऐतिहासिक उपागम—ग्रामीण समाजशास्त्र के अध्ययन का प्रथम उपागम ऐतिहासिक उपागम है। ऐतिहासिक उपागम के द्वारा इस तथ्य पता चलता है कि ग्रामीण समाज के विकास में किन कश्णें एवं कारकों का योगदान रहा है। अर्थात् किन कारकों के द्वारा ग्रामीण ढाँचा, ग्रामीण संगठन एवं कृषि समाज आदि की स्थापना की गई है इसका पता ऐतिहासिक उपागम के द्वारा चलता है। किसी भी संस्था एवं संगठन की उत्पत्ति कब एवं कैसे हुई इसके लिए उसके भूतकाल का अध्ययन करना आवश्यक प्रतीत होता है। ऐसा करना ऐतिहासिक उपागम के द्वारा ही संभव है। इस उपागम के माध्यम से विभिन्न कालों का विश्लेषण करके तथ्यों के परिवर्तित रूप का ज्ञान प्राप्त किया जाता है। कई विद्वानों ने ऐतिहासिक उपागम के आधार पर ही ग्रामीण संगठनों, संस्थाओं, लोक संस्कृतियों एवं ग्रामीण समाज के बदलते हुए प्रतिमान, ग्रामीण ढाँचा एवं भू-स्वामित्व आदि का अध्ययन किया है। वेडन पावेल ने अपनी पुस्तक 'भारत में ग्रामीण समुदाय' और हेरीमेन ने अपनी किताब 'पूर्व पश्चिम के ग्रामीण समुदाय' का अध्ययन ऐतिहासिक उपागम के आधार पर करने का प्रयत्न किया है। ऐतिहासिक

उपागम आज भी उतना ही प्रमुख बना हुआ है जितना कि वह पूर्व में था। इसका कारण यह है कि जब भी कभी ग्रामीण समाज के भिन्न-भिन्न तरह के परंपरात्मक स्वरूप को जानने का प्रयास किया जाएगा तब ऐतिहासिक उपागम की जरूरत पड़ेगी।

भारतीय ग्रामीण समाजशास्त्र के अध्ययन की विभिन्न पद्धतियाँ

किसी भी विषय के अध्ययन हेतु कुछ अध्ययन पद्धतियाँ विकसित की जाती हैं। ग्रामीण समाजशास्त्र भी इसका अपवाद नहीं है। अर्थात् ग्रामीण समाजशास्त्र के अध्ययन हेतु भी कुछ अध्ययन पद्धतियाँ विकसित की गई हैं। मुख्य तौर पर ग्रामीण समाज के अध्ययन हेतु सामाजिक अनुसन्धान की समस्त प्रणालियों का प्रयोग किया जाता है। ग्रामीण समाजशास्त्र के अध्ययन की पद्धतियां निम्नांकित प्रकार से सकती हैं–

(*i*) साक्षात्कार पद्धति
(*ii*) सहभागी अवलोकन पद्धति
(*iii*) प्रश्नावली पद्धति
(*iv*) सामाजिक सर्वेक्षण पद्धति
(*v*) अनुसूची पद्धति
(*vi*) सामाजिक अनुसंधान पद्धति
(*vii*) वैयक्तिक इतिहास अध्ययन पद्धति

(I) अन्तर्विक्षा पद्धति

ग्रामीण समाजशास्त्र की अध्ययन पद्धतियों में साक्षात्कार पद्धति का अपना अलग स्थान है, इस विधि से किया गया अध्ययन ज्यादा वैज्ञानिक माना जाता है। इस पद्धति द्वारा अध्ययन करने हेतु अनुसूची का इस्तेमाल किया जाता है। अनुसंधान अनुरूची को लेकर स्वयं उत्तरदाता के पास जाता है एवं उससे सवाल पूछकर प्राप्त उत्तर को स्वयं नोट करता है। इस पद्धति में अनुसंधानकर्ता एवं उत्तरदाता के सामने आमने-सामने का संबंध रहता है। साक्षात्कार पद्धति का इस्तेमाल विभिन्न समस्याओं के अध्ययन के साथ-साथ नौकरी आदि प्राप्त करने हेतु भी किया जाता है।

साक्षात्कार पद्धति द्वारा अध्ययन करने से विभिन्न लाभ हैं। इस पद्धति द्वारा अध्ययन करने पर भिन्न-भिन्न व्यक्तिगत सूचनाएँ भी प्राप्त हो जाती हैं। अगर उत्तरदाता किसी सवाल को नहीं समझता है तो अनुसंधानकर्ता उसे समझा देता है। साक्षात्कार लेते समय अनुसंधानकर्ता न सिर्फ सवालों के उत्तर को नोट करता है अपितु वह उत्तरदाता के चेहरे के भावों को भी नोट करता जाता है जो आगे चलकर

अध्ययन में हासिल करती है। साक्षात्कार पद्धति द्वारा अध्ययन करने पर साक्षात्कारकर्ता उत्तरदाता के निजी एवं गोपनीय जीवन से संबंधित विभिन्न सवालों के उत्तर को भी हासिल कर लेता है। अधिकतर ऐसे सवालों का उत्तर देने में साक्षात्कारदाता हिचकिचाहट का अनुभव करता है। चूँकि साक्षात्कारकर्ता स्वयं उपस्थित रहता है। इसलिए वह उत्तरदाता को समझा बुझाकर ऐसे सवालों का उत्तर पाने में भी सफलता प्राप्त कर लेता है। एक ओर जहाँ साक्षात्कार प्रणाली के अनेक लाभ हैं वहीं इस प्रणाली के अनेक दोष अथवा अवगुण भी हैं। इस प्रणाली के निम्नप्रकार अवगुण कहे जा सकते हैं–

साक्षात्कार प्रणाली का प्रथम अवगुण यह है कि इसके द्वारा गोपनीय बातों की जानकारी प्राप्त करने में कठिनाई होती है। कोई भी उत्तरदाता अपने निजी या व्यक्तिगत जीवन से संबंधित सवालों का उत्तर देना पसंद नहीं करता है।

साक्षात्कार प्रणाली का द्वितीय अवगुण यह है कि कई ऐसे सवाल होते हैं जिनका उत्तर व्यक्ति अप्रत्यक्ष इन्टरव्यू में दे सकता है लेकिन प्रत्यक्ष साक्षात्कार में वह उसका उत्तर देना पसन्द नहीं करता है।

साक्षात्कार पद्धति का तृतीय अवगुण यह है कि इसके द्वारा अध्ययन करने में समय, शक्ति एवं धन की बर्बादी होती है।

उपर्युक्त वर्णनों के आधार पर यह निष्कर्ष निकाला जा सकता है कि साक्षात्कार उपर्युक्त द्वारा अध्ययन करने में जहाँ कई लाभ हैं वहीं हानियाँ भी हैं। वास्तविकता यह है कि किसी भी ऐसे अध्ययन पद्धति की कल्पना नहीं की जा सकती है जो पूरी तरह दोषमुक्त हो। यही बात साक्षात्कार प्रणाली पर भी लागू होती है। फिर भी विभिन्न समस्याओं के अध्ययन हेतु साक्षात्कार प्रणाली एक अत्यन्त उपयोगी पद्धति कही जा सकती है।

(II) सहभागी अवलोकन पद्धति

सहभागी अवलोकन पद्धति ग्रामीण समाजशास्त्र की एक अध्ययन विधि है। इस पद्धति द्वारा ज्यादा प्रमाणिक एवं वैज्ञानिक अध्ययन किया जा सकता है चूँकि इसमें अवलोकनकर्त्ता स्वयं भी सहभागी रहता है। अर्थात् इस पद्धति द्वारा जिस घटना, समस्या अथवा व्यक्ति का अध्ययन किया जाता है उसमें अवलोकनकर्ता स्वयं सहभागी रहता है। वह समूह के एक सदस्य के तौर पर निवास करता है जिससे वह समूह की सभी गतिविधियों से परिचित हो जाता है। प्रत्यक्ष संपर्क के कारण वह गहन सूचनाओं को प्राप्त करने में भी सफल रहता है। इस प्रणाली का सबसे बड़ा लाभ यह कहा जा सकता है कि इसके द्वारा प्रमाणिक सूचनाएँ प्राप्त होती हैं। साथ ही विस्तृत सूचनाओं को प्राप्त करने में भी इस प्रणाली द्वारा सफलता प्राप्त होती है।

सूचनाओं की परीक्षा भी हो जाती है। एक तरफ जहाँ इस पद्धति के विभिन्न लाभ हैं वहीं दूसरी तरफ इससे कुछ हानियाँ भी हैं जो निम्न तरह से हैं—

सहभागी अवलोकन पद्धति से अध्ययन करने में प्रथम दोष कठिनाई अथवा अवगुण यह है कि इस पद्धति से अध्ययन करने में समय ज्यादा लगता है क्योंकि अवलोकनकर्ता को समूह में जाकर निवास करना पड़ता है और उसकी गतिविधियों में भाग लेते हुए सूचना इकट्ठा करना पड़ता है।

सहभागी अवलोकन पद्धति से अध्ययन करने में द्वितीय कठिनाई अथवा दोष यह है कि इसमें खर्चा ज्यादा होता है। अवलोकनकर्ता स्वयं समूह में निवास करता है एवं पहले उसकी गतिविधियों से परिचित होता है, तब कहीं जाकर अध्ययन करता है। इसमें खर्च ज्यादा होता है।

सहभागी अवलोकन पद्धति से अध्ययन करने में तृतीय कठिनाई अशवा अवगुण यह है कि हर घटना अथवा समस्या का सहभागी अवलोकन पद्धति से अध्ययन नहीं किया जा सकता है जो इसका सबसे बड़ा दोष है।

उपर्युक्त वर्णन के आधार पर यह कहा जा सकता है कि यद्यपि सहभागी अवलोकन पद्धति द्वारा अध्ययन करने के ढेर सारे लाभ हैं लेकिन इसके कुछ अवगुण भी हैं। फिर भी ग्रामीण समूहों के गहन अध्ययन में इस पद्धति से अध्ययन करने में सहायता मिलती है क्योंकि उनमें प्रश्नावली पद्धति उतनी ठीक नहीं होती है। समाजशास्त्रीय अध्ययनों के साथ-साथ मानवशास्त्रीय अध्ययनों में इस पद्धति का व्यापक तौर पर इस्तेमाल किया जाता है।

(iii) प्रश्नावली पद्धति

प्रश्नावली पद्धति एक वैज्ञानिक पद्धति है। इसमें वैज्ञानिक विधि की सामान्य विशेषताएँ पाई जाती हैं। सामाजिक अनुसंधान के क्षेत्र में इस पद्धति का व्यापक इस्तेमाल किया जाता है। प्रश्नावली पद्धति से अध्ययन करने हेतु सबसे पूर्व प्रश्नों को तैयार किया जाता है तथा उसे एक पुस्तिका के रूप में छपवाया जाता है। प्रश्नों का निर्माण इस तरीके से किया जाता है ताकि उससे अध्ययन समस्या के अलग-अलग पक्षों एवं पहलुओं पर प्रकाश पड़ सके। सवालों के आगे ज्यादा हाँ या नहीं में उत्तरों का समावेश रहता है एवं सूचनादाताओं को उन्हीं उत्तरों में से सही उत्तरों पर सही निशान लगाना होता है एवं गलत को काटना होता है। सवालों की इस सूची अर्थात् प्रश्नावली को डाक द्वारा उत्तरदाता के पास भेजा जाता है और उत्तरदाता इसे भरकर वापस अनुसंधानकर्त्ता के पास भेज देता है। इस तरह घर बैठे अलग-अलग प्रकार की समस्याओं से संबंधित अध्ययन कार्य इस पद्धति द्वारा हो जाता है।

प्रश्नावली पद्धति द्वारा अध्ययन करने में जहाँ एक ओर विभिन्न लाभ हैं वहीं दूसरी तरफ कुछ हानियाँ भी हैं। अर्थात् इस पद्धति के गुण एवं दोष दोनों ही हैं।

इस पद्धति द्वारा अध्ययन करने में एक लाभ यह है कि कम समय में अध्ययन कार्य खत्म हो जाता है। चूँकि प्रश्नावली को डाक द्वारा उत्तरदाता के पास भेजा जाता है अतएव इसमें समय की बचत होती है। इस पद्धति द्वारा अध्ययन करने में दूसरा लाभ यह है कि इसमें कम खर्च में अध्ययन पूर्ण हो जाता है। अनुसंधानकर्ता को सूचना दाता के पास जाना नहीं पड़ता हैं अतएव कम खर्च होता है। इस पद्धति द्वारा अध्ययन करने में तृतीय लाभ यह है कि उत्तरदाता पर किसी प्रकार का दबाव नहीं रहता है। अतएव यह स्वतंत्र एवं निर्भीक होकर उत्तर देता है जो वास्तविक अध्ययन हेतु आवश्यक होता है। एक ओर जहाँ इस पद्धति से अध्ययन करने में कई लाभ हैं वहीं कुछ हानियाँ भी हैं जो निम्नवत् हैं—

प्रश्नावली पद्धति द्वारा अध्ययन करने में प्रथम कठिनाई अथवा हानि यह है कि प्रायः उत्तरदाता इसे अपने ऊपर एक थोपा हुआ कार्य समझते हैं। अतएव वे सही उत्तर नहीं देते जिससे यथार्थ अध्ययन नहीं हो पाता है।

प्रश्नावली विधि द्वारा अध्ययन करने में द्वितीय समस्या या हानि यह है कि यदा-कदा प्रश्नावली में प्रश्न अस्पष्ट रहते हैं जिसका उत्तरदाता कुछ अभिप्राय लगाते हैं तथा अनुसंधानकर्त्ता कुछ अभिप्राय लगाते हैं। अतः गलत उत्तर प्राप्त होने की संभावना बनी रहती है।

प्रश्नावली पद्धति द्वारा अध्ययन करने में तृतीय कठिनाई अथवा हानि यह है कि प्रायः उत्तरदाता प्रश्नावली को भरने में दिलचस्पी नहीं दिखाते हैं एवं काफी देर से प्रश्नावली को भरकर लौटाते हैं या यदा-कदा नहीं भी लौटाते हैं जिससे अध्ययन कार्य बाधित होता है।

उपर्युक्त वर्णनों से यह पता चलता है कि यद्यपि प्रश्नावली पद्धति द्वारा अध्ययन करने में बहुत से लाभ भी हैं लेकिन इसमें भिन्न-भिन्न कठिनाइयाँ भी हैं। इन कठिनाइयों के बावजूद सामाजिक अनुसंधान के क्षेत्र में अध्ययन करने हेतु यह पद्धति अत्यंत उपयुक्त है एवं इसका सबसे ज्यादा प्रयोग किया जाता है।

(iv) सामाजिक सर्वेक्षण पद्धति

समाजशास्त्र के क्षेत्र में अलग-अलग समस्याओं के अध्ययन हेतु सामाजिक अनुसंधान एवं सामाजिक सर्वेक्षण का इस्तेमाल किया जाता है। सामाजिक सर्वेक्षण सामाजिक समस्याओं के संबंध में कथ्य इकट्ठा करने की एक सर्वोत्तम पद्धति है। सर्वेक्षण का इस्तेमाल न सिर्फ सामाजिक क्षेत्रों में किया जाता है बल्कि अन्य क्षेत्रों में भी इसका इस्तेमाल किया जाता है।

जहाँ तक सर्वेक्षण शब्द के शाब्दिक अभिप्राय का सवाल है, यह कहा जा सकता है कि सर्वेक्षण शब्द 'Sarvey' का हिंदी रूपांतर है। Survey शब्द दो शब्दों से मिलकर बना है। इनमें प्रथम शब्द है 'Sur' या 'Sar' तथा दूसरा शब्द है

'Veeir' या 'Veoir'। 'Sur' या 'Sor' का अर्थ होता है Over तथा Veeir अथवा 'Veoir' का अर्थ होता है 'To See'। इस तरह 'Survey' शब्द का शाब्दिक अर्थ 'To over see' या 'To look over' कहा जा सकता है। अर्थात् यह कहा जा सकता है कि सर्वे या सर्वेक्षण का शाब्दिक अर्थ होता है निरीक्षण करना। इसकी पुष्टि 'वैब्सटर्स कॉलिजियेट डिक्शनरी' में बताए गए सर्वेक्षण के अभिप्राय से भी होता है। इसके अनुसार सर्वेक्षण का अभिप्राय होता है, "सही सूचना प्रदान करने के लिए ज्यादातर सरकारी, आलोचनात्मक निरीक्षण बहुधा किसी विशेष दशा अथवा विशेषता के बारे में एक क्षेत्र का एक अध्ययन, जैसे एक स्कूल का सर्वेक्षण।" ("A critical inspection often official, to provide, exact information, often a study of an area with respect to a certain condition or its prevalence, as a survey of the school.")

सामाजिक सर्वेक्षण को पूर्णरूपेण समझने हेतु विभिन्न विद्वानों द्वारा दी गई इसकी परिभाषाओं का अवलोकन करना जरूरी प्रतीत होता है। विभिन्न विद्वानों द्वारा सामाजिक सर्वेक्षण की दी गई परिभाषाएँ निम्नांकित हैं–

अब्राम्स ने सामाजिक सर्वेक्षण को व्याख्यायित करते हुए लिखा है, "एक सामाजिक सर्वेक्षण वह प्रक्रिया है जिससे किसी समुदाय की बनावट अथवा क्रियाओं के सामाजिक पक्ष के विषय में गणनात्मक तथ्य इकट्ठे किए जा सकते हैं।"

("A social survey is a process by which quantitative factors collected about the social aspect of a community's composition and activities.") इस परिभाषा के आधार पर यह माना जा सकता है कि सामाजिक सर्वेक्षण किसी समुदाय की रचना अथवा प्रक्रियाओं के सामाजिक पहलू का अध्ययन करता है। साथ ही सामाजिक सर्वेक्षण के द्वारा गणनात्मक कथ्य एकत्रित किए जाते हैं।

सामाजिक सर्वेक्षण को व्याख्यायित करते हुए बरगेस ने लिखा है, "एक समुदाय का सामाजिक सर्वेक्षण सामाजिक विकास का एक रचनात्मक कार्यक्रम प्रस्तुत करने हेतु उसकी अवस्थाओं और आवश्यकताओं का वैज्ञानिक अध्ययन है–साँख्यिकीय मापों तथा सामाजिक विशेषज्ञ के तुलनात्मक मानदण्डों से निरीक्षित सामाजिक अंतर्दर्शन की एक विधि है।"

("A social survey of community is "the scientific study of its conditions and needs for the purpose of presenting a constructive programme of social advance...a method of social introspection, checked by statistical measurements and the comparative standards of the social expert") बर्गेस की इस परिभाषा से यह ज्ञात होता है कि

सामाजिक सर्वेक्षण के द्वारा सामाजिक सुधार अथवा विकास का कार्यक्रम भी चलाया जाता है।

पी. वी. यंग ने सामाजिक सर्वेक्षण को व्याख्यायित करते हुए लिखा है, "सामान्य तौर पर इस समय हम देख सकते हैं कि सामाजिक सर्वेक्षण का संबंध (i) सामाजिक सुधार और प्रगति का एक रचनात्मक कार्यक्रम बनाने से है, (ii) जो कि सामाजिक व्याधिकीय प्रकृति की चालू अथवा तात्कालिक अवस्थाओं का सुधार करे, जिनकी निश्चित भौगोलिक सीमा है और निश्चित सामाजिक अभिप्राय तथा सामाजिक महत्त्व है, (iii) इन अवस्थाओं की ऐसी परिस्थितियों से तुलना तथा माप की जा सकती है जोकि आदर्श मानी जा सकती है।" ("In general we may observe at this time that social surveys are concerned with (i) the formulation of a constructive programme of social reform and amelioration of (ii) current or immediate conditions of a social pathological nature, which have definite geographic limits and definite social implication and significance (iii) these conditions can be measured and compared with situations which can be accepted as a model.") इस परिभाषा से यह ज्ञात होता है कि सामाजिक सर्वेक्षण एक निर्धारित भौगोलिक सीमा में किया जाता है। उसका संबंध सामाजिक महत्त्व की समस्याओं से होता है तथा वह रचनात्मक कार्यक्रमों को बनाने में भी मददगार होता है।

सामाजिक सर्वेक्षण को व्याख्यायित करते हुए वेल्स ने लिखा है, "सामाजिक सर्वेक्षण समुदाय की प्रकृति तथा समस्याओं और मुख्यतया श्रमिक वर्ग की गरीबी के विषय में कथ्यों का पता लगाने वाला अध्ययन है।" ("Fact finding study dealing chiefly with working class poverty and with the nature and problems of a community.") वेल्स की इस परिभाषा से यह ज्ञात होता है कि सामाजिक सर्वेक्षण मूर्त समाज का अध्ययन करता है। इसमें सामाजिक समस्याओं का विशेष तौर पर से अध्ययन किया जाता है।

(V) अनुसूची पद्धति

ग्रामीण समाजशास्त्र की अध्ययन पद्धतियों में अनुसूची पद्धति एक मुख्य वैज्ञानिक पद्धति है। अनुसूची पद्धति द्वारा सूचना एकत्र करने हेतु सर्वप्रथम सवालों की एक सूची का निर्माण किया जाता है जिसे अनुसूची कहा जाता है। सवालों की इस सूची अर्थात् अनुसूची को अनुसंधानकर्ता स्वयं लेकर उत्तरदाताओं के पास जाता है तथा प्रश्नों का उत्तर पूछकर स्वयं भरता भी है। इसका इस्तेमाल साक्षात्कार के दौरान किया जाता है। उत्तरदाताओं से प्राप्त उत्तर के आधार पर विभक्तिकरण किया जाता है तथा

कुछ निष्कर्ष निकाला जाता है। ग्रामीण समाजशास्त्र में अलग-अलग तरह की समस्याओं के संबंध में अनुसूची पद्धति द्वारा सूचना इकट्ठा की जाती है।

जहाँ तक अनुसूची पद्धति के गुण, लाभ या उपयुक्तता का सवाल है, यह कहा जा सकता है कि सामाजिक अनुसंधान के क्षेत्र में कथ्य एकत्रित करने हेतु यह उपयुक्त एवं गुणकारी पद्धति है। चूँकि इस पद्धति में कथ्य जमा करते समय अनुसंधानकर्ता स्वयं उत्तरदाता के सामने उपस्थित रहता है इसलिए उत्तरदाता को यदि किसी सवाल को समझने में कठिनाई होती है तो वह अनुसंधानकर्ता से पूछकर इसको समझ सकता है। साथ ही अनुसंधानकर्ता की मौजूदगी में उत्तरदाता के लिए यह कठिन हो जाता है कि वह उत्तर देने से इनकार कर दे। इसलिए शत-प्रतिशत उत्तर प्राप्त होता है जो किसी भी समस्या को समझने में काफी लाभदायक होता है। साथ ही इससे मिली सूचनाएँ अधिक प्रामाणिक भी होती हैं। इस प्रकार यह पता चलता है कि इस पद्धति द्वारा अध्ययन करने से कई लाभ होते हैं। जहाँ इस पद्धति से अध्ययन करने में विभिन्न लाभ हैं। वहीं इस पद्धति से अध्ययन करने में कई हानि या कठिनाइयाँ भी हैं। ये हानियाँ अथवा कठिनाइयाँ निम्नलिखित हैं—

अनुसूची पद्धति से अध्ययन करने में प्रथम हानि अथवा कठिनाई यह है कि इस पद्धति से अध्ययन करने में ज्यादा' समय लगता है। चूँकि अनुसंधानकर्त्ता को प्रत्येक उत्तरदाता से प्रत्यक्ष रूप से हरएक उत्तरदाता से सम्पर्क स्थापित करना होता है इसलिए इसमें समय ज्यादा लग जाता है।

अनुसूची पद्धति से अध्ययन करने में द्वितीय हानि अथवा कठिनाई यह है कि इस पद्धति से अध्ययन करने में अधिक धन लगता है। प्रत्यक्ष रूप से हर उत्तरदाता से संपर्क स्थापित करने पर अधिक व्यय आता है।

अनुसूची पद्धति से अध्ययन करने में तृतीय हानि अथवा समस्या यह है कि इस विधि से अध्ययन करने में अनुसंधानकर्ता द्वारा पक्षपात करने की संभावना हमेशा बनी रहती है।

उपर्युक्त वर्णनों से यह पता चलता है कि अनुसूची विधि द्वारा अध्ययन करने के जहाँ कई लाभ हैं वहीं इस पद्धति द्वारा अध्ययन करने में विभिन्न हानि या कठिनाइयाँ भी हैं। फिर भी कई प्रकार की समस्याओं के अध्ययन हेतु अनुसूची पद्धति का सर्वाधिक उपयोग किया जाता है।

(vi) सामाजिक अनुसंधान पद्धति

सामाजिक अनुसंधान का इस्तेमाल समाजशास्त्र के क्षेत्र में काफी ही लोकप्रिय है। ग्रामीण समाजशास्त्र में भी सामाजिक अनुसंधान व प्रयोग किया जाता है। सामाजिक अनुसंधान के द्वारा नए तरह के तथ्यों का पता लगाया जाता है तथा पुराने कथ्यों की सत्यता की जाँच की जाती है। इस तथ्य की पुष्टि पी.वी. यंग के निम्नलिखित उक्ति से होती है, ''हम सामाजिक अनुसंधान को नए तथ्यों के

अन्वेषण अथवा पुराने तथ्यों, उनके क्रमों, पारस्परिक संबंधों, कारणीय व्याख्याओं और उनको संचालित करनेवाले प्राकृतिक नियमों के सत्यापन की व्यवस्थित प्रणाली के तौर पर व्याख्यायित कर सकते हैं।" ("We may define social research as the systematic method of discovering new facts, of verifying old facts, their sequences, inter-relationships, causal explanations and the natural laws which govern them.") इस तरह यह कहा जा सकता है कि सामाजिक अनुसंधान सामाजिक प्रक्रियाओं, सामाजिक व्यवस्थाओं, सामाजिक धारणाओं, सामाजिक समूहों, सामाजिक मूल्यों तथा सामाजिक संस्थाओं आदि के विषय में नए-नए तथ्यों का पता लगाता है तथा पुराने तथ्यों की सत्यता की जांच करता है। साथ ही वह सामाजिक घटनाओं में कार्यकरण संबंधों एवं अन्य आपसी संबंधों का पता लगाता है। इतना ही नहीं बल्कि सामाजिक अनुसंधान के द्वारा सामाजिक जीवन की अलग-अलग विधाओं को संकलित करनेवाले प्राकृतिक नियमों का भी पता लगाया जाता है तथा उसका सत्यापन किया जाता है।

(vii) वैयक्तिक इतिहास अध्यनन पद्धति पद्धति

वैयक्तिक इतिहास अध्ययन विधि या वैयक्तिक जीवन पद्धति ग्रामीण समाजशास्त्र के अध्ययन की एक पद्धति है। वैयक्तिक जीवन पद्धति के द्वारा अलग-अलग प्रकार से समस्याओं का अध्ययन किया जाता है। वैयक्तिक जीवन पद्धति को अलग-अलग विद्वानों ने परिभाषित किया है। अलग-अलग विद्वानों द्वारा दी गई। परिभाषाएँ निम्नप्रकार हैं–

बीसन्ज एवं बीसन्ज (Biesanz and Biesanz) ने वैयक्तिक जीवन पद्धति को इन शब्दों में व्याख्यायित किया है–"वैयक्तिक जीवन के अध्ययन की पद्धति एक प्रकार का गुणात्मक विश्लेषण है जिसमें एक व्यक्ति, परिस्थिति या संस्था का अत्यंत सतर्क और पूर्ण अवलोकन किया जाता है।" ("The case study is a form of qualitative analysis involving very careful and complete observation of a person, a situation or an institution.")

गुड्डे एवं हॉट ने वैयक्तिक जीवन पद्धति को इन शब्दों में व्याख्यायित किया है–"यह सामाजिक तथ्यों की व्यवस्था करने की पद्धति है, ताकि अध्ययन की जाने वाली सामाजिक वस्तु का एकात्मक स्वभाव स्थिर रह सके।" ("It is a way of organising social data so as to preserve the unitary character of the social object being studied.")

सिन पाओ यंग (Hsin Pao Yang) ने वैयक्तिक जीवन पद्धति को इन शब्दों में व्याख्यायित किया है–"वैयक्तिक जीवन के अध्ययन की पद्धति एक व्यक्ति के संपूर्ण और गहन अध्ययन के रूप में परिभाषित की जा सकती है जिसमें

खोज करनेवाला अपनी चतुरता और सभी पद्धतियों का प्रयोग करता है या यह एक व्यक्ति के बारे में पर्याप्त सूचना का व्यवस्थित संग्रह है, जिससे कोई भी यह समझ सके कि वह (पुरुष या स्त्री) समाज की इकाई के रूप में किस तरह काम करता है।" ("The case study method may be defined as an all-inclusive and intensive study of an individual, in which the investigator brings to bear all his skill and methods, or as a systematic gathering of enough information about a person to pursue and to understand how he or she functions as a unit of a society.")

वैयक्तिक जीवन पद्धति या वैयक्तिक इतिहास अध्ययन पद्धति की भिन्न-भिन्न परिभाषाओं से यह स्पष्ट होता है कि इसमें जिन व्यक्तियों का अध्ययन करना होता है, उनसे संबंधित प्रश्नों की समस्या के अनुरूप एक प्रश्नावली या अनुसूची का निर्माण कर लिया जाता है तथा उनमें उत्तरों के आधार पर साधारणीकरण से नियम बनाए जाते हैं। इस पद्धति को संख्यात्मक अध्ययन का पूरक कहा जा सकता है। इस पद्धति से संख्याओं के गूढ़ अभिप्राय को स्पष्ट किया जा सकता है। इससे व्यक्तियों के विचारों को जाना जा सकता है एवं उनके जीवन की घटनाओं में कार्य-कारण संबंध जोड़ा जा सकता है। इस प्रकार यह पता चलता है कि वैयक्तिक जीवन पद्धति के विभिन्न लाभ हैं। संभवतः इसीलिए इस पद्धति को बर्गेस ने सामाजिक अणुवीक्षण यंत्र की संज्ञा दी है।

जहाँ एक तरफ व्यक्तिगत जीवन पद्धति के अनेक गुण या लाभ हैं वहीं इस पद्धति के विभिन्न दोष या अवगुण हैं। इस पद्धति के निम्नप्रकार के अवगुण कहे जा सकते हैं—

व्यक्तिगत जीवन पद्धति का प्रथम अवगुण यह है कि इसमें समस्त प्रश्नों का उत्तर नहीं मिल पाता है।

व्यक्तिगत जीवन पद्धति का द्वितीय अवगुण यह है कि इसमें प्रश्नों का उत्तर काफी कुछ प्रश्नों की भाषा तथा रचना पर निर्भर करता है।

व्यक्तिगत जीवन पद्धति में प्रश्नावली का प्रयोग किया जाता है। प्रश्नावली के द्वारा ग्रामीण समाज के समस्त प्रतिनिधि वर्गों का उत्तर नहीं मिल पाता है। इसका कारण यह है कि कई-से लोग प्रश्न को सहीं से नहीं समझ पाते हैं एवं उसका उत्तर सही ढंग से नहीं दे पाते हैं। कुछ प्रश्न को यदि समझ भी जाते हैं तो लापरवाही के कारण उसका उत्तर नहीं देते हैं। साथ ही यदि प्रश्न के उत्तर मिल भी जाते हैं तो वे उत्तर प्रतिनिधित्वपूर्ण नहीं होते हैं।

व्यक्तिगत जीवन पद्धति का चौथा दोष यह है कि प्रश्नावली के अनेक प्रकार

के प्रश्नों के उत्तर का आभास प्रश्न में ही मिल जाता है जिसका उत्तर बगैर सोचे-समझे दे दिया जाता है। इस प्रकार प्रश्नों के उत्तर त्रुटिपूर्ण हो जाते हैं।

उपर्युक्त विवरण से ज्ञात होता है कि वैयक्तिक जीवन पद्धति द्वारा अध्ययन करने पर यद्यपि अनेक-से लाभ होते हैं, लेकिन कुछ हानि भी होती है। अध्ययन कभी-कभी त्रुटिपूर्ण हो जाता है। लेकिन ग्रामीण समाजशास्त्र की अध्ययन पद्धतियों में इसका प्रमुख स्थान है।

सामाजिक अनुसंधान का स्वरूप–सामाजिक अनुसंधान की प्रकृति वैज्ञानिक कही जा सकती है। चूँकि सामाजिक अनुसंधान में वैज्ञानिक पद्धतियों का प्रयोग कर किसी समस्या के संबंध में नया ज्ञान प्राप्त किया जाता है और पहले से प्राप्त ज्ञान का सत्यापन किया जाता है इसलिए इसकी प्रकृति वैज्ञानिक है। पी. वी. के मतानुसार "सामाजिक अनुसंधान परिषद् और तात्कालिक सामाजिक नियोजन अथवा सामाजिक इंजीनियरिंग से संबंधित नहीं है और न ही सुधारात्मक अथवा उपचारात्मक उपायों से संबंधित है, वह प्रशासकीय परिवर्तनों तथा प्रशासकीय कार्य प्रणालियों के परिष्कार से संबंधित नहीं है, न सामाजिक सुधार से ही संबंधित है।" ("Social research is not Concerned with practical and immediate social planning or social engineering not with ameliorative and therapecutic measures, it is not concerned with administrative change and refinements of administrative procedure as with social reforms.") इस तरह यह कहा जा सकता है कि सामाजिक अनुसंधान की प्रकृति वैज्ञानिक है।

सामाजिक अनुसंधान प्रणाली की उपयोगिता–सामाजिक अनुसंधान पद्धति का एक वैज्ञानिक प्रणाली के रूप में काफी महत्त्व है। इसके द्वारा वैज्ञानिक दृष्टिकोण से समाज का अध्ययन किया जाता है। सामाजिक अनुसंधानकर्ता विभिन्न सामाजिक समस्याओं के संबंध में निष्पक्ष वर्णन एवं विश्लेषण करता है। इससे सामाजिक घटनाओं तथा प्रक्रियाओं के संबंध में विश्वसनीय सामग्री प्राप्त होती है तथा इसके आधार पर सामान्य नियम भी निकाले जा सकते हैं। पी. वी. यंग की परिभाषा के अनुसार "अनुसंधान का उद्देश्य तत्काल या विलंब से सामाजिक जीवन को समझना है और उसके द्वारा सामाजिक व्यवहार पर अधिक नियंत्रण प्राप्त करना है।" ("The Primary goal of research, immediate or distant is to understand social life and thereby gain a greater measure of control over social behaviour.") सामाजिक अनुसंधान की एक उपयोगिता यह है कि यह अप्रत्यक्ष रूप से मानव कल्याण में भी मददगार होती है।

सामाजिक अनुसंधान में प्रमुख चरण– सामाजिक अनुसंधान कार्य यूँ ही संपन्न नहीं हो जाता है बल्कि यह कुछ चरणों से गुजरकर संपन्न होता है। सामाजिक अनुसंधान की पद्धति में निम्नप्रकार के प्रमुख चरण होते हैं–

(i) संग्रहित तथ्यों का वर्गीकरण और संगठन.

(ii) सामान्य नियमों का सत्यापन अथवा उसकी सत्यता की जाँच करना.

(iii) उपकल्पना का निर्माण.

(iv) साधारणीकरण

(v) तथ्यों का अवलोकन और संग्रह.

सामाजिक अनुसंधान का उद्देश्य–सामाजिक अनुसंधान के कुछ लक्ष्य भी होते हैं। इसका लक्ष्य सामाजिक घटनाओं एवं प्रक्रियाओं का अध्ययन करके तथ्यों के संकलन, विश्लेषण तथा निर्वचन निकालना तथा इनके आधार पर भविष्यवाणी करना होता है। साथ ही भावी परिवर्तनों तथा प्रतिक्रियाओं की ओर संकेत करना भी इसका लक्ष्य होता है। इस प्रकार यह पता चलता है कि सामाजिक अनुसंधान का उद्देश्य मौखिक एवं वैज्ञानिक होता है। उसका मानव कल्याण से कोई प्रत्यक्ष संबंध नहीं होता है। यद्यपि अप्रत्यक्ष रूप से इसके द्वारा मानव कल्याण का कार्य किया जाता है।

सामाजिक अनुसंधानकर्ता के प्रमुख गुण–सामाजिक अनुसंधान का कार्य एक जटिल कार्य है। साथ ही इसमें अत्यंत सावधानी भी बरतनी पड़ती है। इसलिए यह जरूरी होता है कि सामाजिक अनुसंधानकर्ता निपुण हो एवं अनुसंधान कार्य को संपन्न करने के लिए उसमें जो प्रमुख गुण होने चाहिए वह उसमें विद्यमान हो। एक सामाजिक अनुसंधानकर्ता के अनिवार्य गुण निम्नवत होने चाहिए–

(i) एक सामाजिक अनुसंधानकर्ता में विषय का सही एवं यथेष्ट ज्ञान होना चाहिए।

(ii) एक सामाजिक अनुसंधानकर्ता का व्यक्तित्त्व आकर्षक, अनुकूल एवं हँसमुख होना चाहिए।

(iii) एक सामाजिक अनुसंधानकर्ता में समय, स्थान तथा विषय के अनुसार संयमों के चुनाव की योग्यता भी होनी चाहिए।

(iv) एक सामाजिक अनुसंधानकर्ता को चतुर, बुद्धिमान, निष्पक्ष, सतर्क, सक्रिय, बातचीत में पटु, सन्तुलित, सहनशील एवं रचनात्मक कल्पनायुक्त होना चाहिए।

(v) एक सामाजिक अनुसंधानकर्ता में अनुसंधान से संबंधित अनुभव होना चाहिए।

(vi) एक सामाजिक अनुसंधानकर्ता में पूर्व अध्ययनों तथा ऐतिहासिक तथ्यों का ज्ञान एवं दूसरों के अनुभव से फायदे उठाने की योग्यता होनी चाहिए।

सामाजिक अनुसंधानकर्ता के उपर्युक्त गुणों के अध्ययन से यह पता चलता है कि एक अच्छे सामाजिक अनुसंधानकर्ता में कई सारे गुण होने चाहिए।

सामाजिक सर्वेक्षण : का महत्व

सामाजिक सर्वेक्षण का कुछ महत्त्व भी होता है। सर्वेक्षण पद्धति से समस्याओं के विषय में व्यवस्थित एवं वैज्ञानिक जानकारी हासिल की जाती है जिसके आधार पर सामाजिक विकास एवं सामाजिक सुधार की योजनाएँ बनाई जाती हैं तथा समाज को विघटित होने से बचाया जा सकता है। सर्वेक्षण पद्धति से सामाजिक संस्थाओं तथा समाज के विभिन्न पहलुओं के विषय में ज्ञान भी हासिल किया जा सकता है। इस प्रकार यह पता चलता है कि सर्वेक्षण विधि का कुछ महत्त्व भी होता है।

सामाजिक सर्वेक्षण के प्रधान लक्ष्य और प्रयोजन

सामाजिक सर्वेक्षण के कतिपय उद्देश्य होते हैं अर्थात् यह कुछ उद्देश्यों से किया जाता है। इसके निम्नवत् उद्देश्य कहे जा सकते हैं—

सामाजिक सर्वेक्षण का प्रथम उद्देश्य यह है कि इसके द्वारा समुदाय के सामाजिक पक्ष से संबंधित सामग्री का संचय किया जाता है। सामाजिक सर्वेक्षण व्यक्तियों का समाज के सदस्य के तौर पर अध्ययन करता है। दूसरे शब्दों में यह कहा जा सकता है कि सामाजिक समस्याओं और सामाजिक अवस्थाओं का अध्ययन सामाजिक सर्वेक्षण करता है।

सामाजिक सर्वेक्षण का दूसरा उद्देश्य यह है कि इसके द्वारा सामाजिक समस्याओं विशेषकर श्रमिक वर्गों तथा उनकी समस्याओं का अध्ययन किया जाता है। श्रमिक वर्ग की समस्याओं, जैसे—अशिक्षा, गरीबी, जिन्दगी, बेकारी, मद्यपान, अपराध, किशोरापराध, वेश्यागमन, अभाव तथा श्रम समस्याओं आदि का अध्ययन सामाजिक सर्वेक्षण द्वारा किया जाता है।

सामाजिक सर्वेक्षण का तृतीय लक्ष्य यह है कि इसके द्वारा जो अध्ययन किए जाते हैं वे व्यावहारिक तथा उपयोगितावादी होते हैं। इससे विभिन्न समस्याओं के सुधार के रचनात्मक कार्यों के लिए सुझाव दिए जा सकते हैं।

सामाजिक सर्वेक्षण के विविध चरण

सामाजिक सर्वेक्षण के कतिपय प्रमुख चरण होते हैं। अर्थात् कुछ चरणों से होकर सामाजिक सर्वेक्षण पूरा होता है। यूँ तो इसके अनेक चरण होते हैं। अलग-अलग तरह के विद्वानों ने भी इसके चरणों की चर्चा की है। हरमन एन. मोर्स (Herman N. Morse) के कथनानुसार 'The Social Surveys in Town and Country Areas' में सामाजिक सर्वेक्षण के कई चरणों की चर्चा की है जो निम्नवत् है—

(i) अध्ययन की जाने वाली समस्या की परिभाषा.
(ii) उद्देश्य या विषय की परिभाषा.
(iii) समस्त डाक्यूमेंटरी स्रोतों का परीक्षण.
(iv) सामग्री की व्यवस्था, सारणीयन एवं साँख्यकीय विश्लेषण.
(v) इस समस्या का अनुसूची में विश्लेषण.
(vi) क्षेत्रीय कार्य.
(vii) क्षेत्र का निर्धारण.
(viii) रेखाचित्र द्वारा प्रकटीकरण. सामाजिक सर्वेक्षण की विषय-सामग्री.
(ix) निगमन.
(x) परिणामों की व्याख्या.

सामाजिक सर्वेक्षण की कुछ विषय-सामग्रियाँ भी होती हैं जो निम्नप्रकार से हैं—

(i) जनसंख्यात्मक विशेषताएँ
(ii) सामाजिक पर्यावरण
(iii) समुदाय के सदस्यों की क्रियाएँ
(iv) विचार और धारणाएँ

सामाजिक सर्वेक्षण के दोष

सामाजिक सर्वेक्षण का न सिर्फ महत्त्व होता है बल्कि इसकी कुछ सीमाएँ भी होती हैं। सामाजिक सर्वेक्षण की सबसे बड़ी सीमा यह है कि इसके द्वारा समाज के सिर्फ एक हिस्से का ही अध्ययन किया जाता है। इसके द्वारा मध्यम एवं उच्च वर्ग के लोगों के बारे में जानकारी प्राप्त करने की कोशिश नहीं की जाती है। इसमें सिर्फ श्रमिक एवं निम्न वर्गों का अध्ययन किया जाता है।

सामाजिक सर्वेक्षण का वर्गीकरण

सामाजिक सर्वेक्षण के मुख्य तौर पर से दो प्रकार पाए जाते हैं—सामान्य एवं विशिष्ट। सामान्य सर्वेक्षण उस सर्वेक्षण को कहा जाता है। जिसमें संपूर्ण समुदाय का सामान्य अध्ययन किया जाता है। उदाहरणार्थ गाँव या मोहल्ला, शहर, राज्य तथा देश आदि का अध्ययन सामान्य सर्वेक्षण के द्वारा किया जाता है। इसके विपरीत विशिष्ट सर्वेक्षण उस सर्वेक्षण को कहा जाता है जिसमें समुदाय के कुछ विशिष्ट पहलुओं का ही अध्ययन किया जाता है। स्वास्थ्य, बेकारी, सफाई, श्रम कल्याण तथा बाल कल्याण आदि से संबंधित अध्ययन विशिष्ट सर्वेक्षण के उदाहरण कहे जा सकते हैं।

सामाजिक सर्वेक्षण के कुछ विविध प्रकारों की भी चर्चा की जा सकती है जो निम्नवत् से हैं—

(1) अप्रत्यक्ष सर्वेक्षण
(2) प्रत्यक्ष सर्वेक्षण

(3) निदर्शन सर्वेक्षण
(4) संगणना सर्वेक्षण
(5) द्वैतीयक सर्वेक्षण
(6) प्राथमिक सर्वेक्षण
(7) पुनरावर्तक सर्वेक्षण
(8) प्रारंभिक सर्वेक्षण
(9) अर्द्ध सरकारी सर्वेक्षण
(10) सरकारी सर्वेक्षण
(11) निजी सर्वेक्षण
(12) निजी सर्वेक्षण
(13) सीमित सर्वेक्षण
(14) विस्तृत सर्वेक्षण
(15) अस्थायी सर्वेक्षण
(16) नियमित सर्वेक्षण
(17) गुप्त सर्वेक्षण
(18) सार्वजनिक सर्वेक्षण
(18) वैयक्तिक सर्वेक्षण
(19) डाक सर्वेक्षण

(1) अप्रत्यक्ष सर्वेक्षण— अप्रत्यक्ष सर्वेक्षण उस सर्वेक्षण को कहा जाता है जिसके द्वारा तथ्यों की गणनात्मक व्याख्या की जा सकती है। उदाहरण के लिए स्वास्थ्य की दशा का अध्ययन अप्रत्यक्ष सर्वेक्षण द्वारा किए जाते हैं।

(2) प्रत्यक्ष सर्वेक्षण— प्रत्यक्ष सर्वेक्षण उस सर्वेक्षण को कहा जाता है जिसमें तथ्यों की गणनात्मक व्याख्या की जा सकती है। जनसंख्या संबंधी सर्वेक्षण को प्रत्यक्ष सर्वेक्षण का उदाहरण कहा जा सकता है।

(3) निदर्शन सर्वेक्षण— निदर्शन सर्वेक्षण उस सर्वेक्षण कहा जाता है जिसमें पूरे क्षेत्र का अध्ययन नहीं किया जाता है अपितु किसी ऐसे भाग को चुनकर अध्ययन किया जाता है। जो संपूर्ण का प्रतिनिधित्व करता हो। भारत सरकार की ओर से इस तरह के कई सर्वेक्षण कराए गए हैं। यह सर्वेक्षण तुलनात्मक रूप से कम खर्चीला होता है। इसलिए समाजशास्त्र एवं ग्रामीण समाजशास्त्र में इसका प्रयोग ज्यादातर हो रहा है। इस प्रकार के सर्वेक्षण में समय भी कम लगता है तथा अध्ययन भी त्रुटिपूर्ण नहीं होता है।

(4) संगणना सर्वेक्षण— संगणना सर्वेक्षण उस सर्वेक्षण को कहा जाता है जिसमें किसी की समस्या या क्षेत्र का संपूर्ण अध्ययन किया जाता है। इसमें संपूर्ण क्षेत्र के अलग-अलग अंगों का पृथक-पृथक अध्ययन करके उनके आँकड़े एकत्रित

कर लिए जाते हैं एवं फिर उनको जोड़ लिया जाता है। इस प्रकार का अध्ययन अधिक समय लेने वाला तथा अधिक खर्चीला होता है।

(5) द्वैतीयक सर्वेक्षण—द्वैतीयक सर्वेक्षण उस सर्वेक्षण को कहा जाता है जिसके विषय में सामग्री पहले से ही इकट्ठा हुई रहती हैं। इसमें नए सिरे से सर्वेक्षण की आवश्यकता नहीं होती है। इस प्रकार के सर्वेक्षण में धन एवं समय दोनों की बचत होती है।

(6) प्राथमिक सर्वेक्षण—प्राथमिक सर्वेक्षण उस सर्वेक्षण का कहा जाता है जिसमें सर्वेक्षणकर्ता स्वयं अपने उद्देश्य के अनसार तथ्य एकत्रित करता है। इस सर्वेक्षण में सर्वेक्षण का काम नए सिरे से शुरू किया जाता है। इस तरह के सर्वेक्षण ज्यादा विश्वसनीय एवं अधिक शुरू होते हैं।

(7) पुनरावर्तक सर्वेक्षण—पुनरावर्तक सर्वेक्षण उस सर्वेक्षण को कहा जाता है जो किसी क्षेत्र विशेष में एक से ज्यादा बार हो रहा हो अर्थात् उसकी पुनरावृत्ति की जा रही हो। पुनरावर्तक सर्वेक्षण में ज्यादा विश्वसनीय एवं प्रारंभिक सर्वेक्षण की तुलना में ज्यादा सामग्री प्राप्त होती है।

(8) प्रारंभिक सर्वेक्षण—प्रारंभिक सर्वेक्षण उस सर्वेक्षण को कहा जाता है जो प्रथम बार किसी क्षेत्र में हो रहा हो। प्रारंभिक सर्वेक्षण में तुलनात्मक रूप से ज्यादा परिश्रम करना पड़ता है तथा तुलनात्मक सामग्री भी प्राप्त नहीं होती है।

(9) अर्द्ध सरकारी सर्वेक्षण—अर्द्ध सरकारी सर्वेक्षण उस सर्वेक्षण को कहा जाता है जो अर्द्ध सरकारी संस्थाओं द्वारा संपादित कराया जाता है। इस तरह का सर्वेक्षण अक्सर जिला बोर्डों, नगरपालिकाओं, एवं विश्वविद्यालयों द्वारा कराया जाता है। यह सर्वेक्षण ज्यादा खर्चीला होता है और अधिक कठिन होता है।

(10) सरकारी सर्वेक्षण—सरकारी सर्वेक्षण उस सर्वेक्षण को कहा जाता है जो सरकार द्वारा संपादित किया जाता है। सरकारी सर्वेक्षण की सफलता की अधिक संभावना रहती है चूँकि वह प्रशिक्षित व्यक्तियों द्वारा कराया जाता है। साथ ही उसमें धन का भी अभाव नहीं रहता है।

(11) विस्तृत सर्वेक्षण—विस्तृत सर्वेक्षण उस सर्वेक्षण को कहा जाता है जो विस्तृत रूप से कराया जाता है। विस्तृत सर्वेक्षण का फायदा यह होता है कि इससे अध्ययन के विषय में विभिन्न पहलू आ जाते हैं एवं पूरा चित्र उपस्थित हो जाता है। लेकिन इसकी एक कमी यह है कि अधिक विस्तार के कारण यह कम विश्वसनीय हो जाता है क्योंकि उसमें गलतियों की संभावना ज्यादा रहती है।

(12) निजी सर्वेक्षण—निजी सर्वेक्षण उस सर्वेक्षण को कहा जाता है जो निजी व्यक्तियों द्वारा निजी तौर पर करवाया जाता है। इसमें व्यय, समय एवं प्रशिक्षित व्यक्तियों की समस्या उठ खड़ी होती है।

(16) नियमित सर्वेक्षण—नियमित सर्वेक्षण उस सर्वेक्षण को कहा जाता है जो निश्चित अवधि के बाद बराबर कराया जाता है। नियमित सर्वेक्षण में तुलनात्मक रूप से ज्यादा विस्तृत जानकारी मिलती हैं लेकिन इसमें समय, शक्ति एवं धन भी ज्यादा लगता है। भारतीय स्टेट बैंक के द्वारा इस प्रकार का सर्वेक्षण कराया जाता।

(14) सीमित सर्वेक्षण—सीमित सर्वेक्षण उस सर्वेक्षण को कहा जाता है जो सीमित रूप से संकुचित क्षेत्र में करवाया जाता है। यद्यपि सीमित सर्वेक्षण ज्यादा विश्वसनीय तथा विशुद्ध होता है लेकिन उसगें अध्ययन विषय में विभिन्न बातों के छूट जाने का भय रहता है।

(15) सार्वजनिक सर्वेक्षण—सार्वजनिक सर्वेक्षण उस सर्वेक्षण को कहा जाता है जिसमें किसी की कार्यवाही या नतीजों को गुप्त नहीं रखा जाता है। सर्वेक्षण के प्रयोजन के ऊपर यह निर्भर करता है कि यह सार्वजनिक होगा या नहीं है।

(16) अस्थायी सर्वेक्षण—अस्थायी सर्वेक्षण उस सर्वेक्षण को कहा जाता है जो अस्थायी रूप से कराया जाता है। अस्थायी सर्वेक्षण के लिए बनाया गया संगठऩ अस्थायी होता है। इसे सर्वेक्षण के बाद भंग कर दिया जाता है। इसमें नियमित सर्वेक्षण की तुलना में कम जानकारी मिल पाती है। लेकिन इसका एक फायदा यह है कि इसमें समय, शक्ति एवं धन कम खर्च होता है।

(17) गुप्त सर्वेक्षण—गुप्त सर्वेक्षण उस सर्वेक्षण उस सर्वेक्षण को कहा जाता है जिसमें सर्वेक्षण के कार्यवाही या परिणाम को गुप्त रखा जाता है। ऐसा किसी कारणवश किया जाता है।

(18) डाक सर्वेक्षण—डाक द्वारा सर्वेक्षण उस सर्वेक्षण को कहा जाता है जिसमें सर्वेक्षणकर्ता डाक द्वारा प्रश्नावली भेजकर उत्तर मँगा लेता है। अर्थात् सर्वेक्षणकर्ता प्रश्नावली का निर्माण कर डाक द्वारा उसे उत्तरदाता के पास भेज देता है तथा उत्तरदाता उसे भरकर सर्वेक्षणकर्ता के पास डाक से ही वापस भेज देता है। इस पकार के सर्वेक्षण में समय, धन एवं श्रम की बचत होती है। लेकिन इस प्रकार के सर्वेक्षण के द्वारा कम सूचनाएँ प्राप्त होती हैं और जो भी सूचनाएँ प्राप्त होती हैं उन्हें विश्वसनीय नहीं कहा जा सकता है।

(19) वैयक्तिक सर्वेक्षण—वैयक्तिक सर्वेक्षण उस सर्वेक्षण को कहा जाता है जिसमें सर्वेक्षणकर्ता स्वयं सर्वेक्षण क्षेत्र में जाकर एवं घूम-घूमकर तथ्य एकत्रित करता है। इस प्रकार के सर्वेक्षण में अधिक समय, शक्ति एवं धन की बर्बादी होती है। लेकिन इस प्रकार के सर्वेक्षण का लाभ यह होता है कि इससे ज्यादा विश्वसनीय सामग्री प्राप्त होती है।

5

ग्रामीण समाजशास्त्र के अध्ययन की आवश्यकता, उद्देश्य एवं पद्धति

ग्रामीण समाजशास्त्र के अध्ययन की आवश्यकता स्वतंत्रता के उपरांत पुरानी सामाजिक एवं आर्थिक व्यवस्था में बदलाव आया है। सामंती एवं जागीरी व्यवस्था के स्थान पर लोकतांत्रिक शासन कायम होने के पश्चात ग्राम समाज में विकास को नयी दिशा मिली। सामंती एवं जागीदार व्यवस्था में सामाजिक सरंचना आर्थिक व्यवस्था एवं विकास की अवधारणा बहुत भिन्न थी। सामाजिक भेदभाव, वर्गभेद का सांमती स्वरूप था जबकि आर्थिक क्षेत्र में जमींदारी व्यवस्था, भूमिका समाज के खास समुदाय में केन्द्रित होना, राजनीतिक व्यवस्था के लोकतंत्रीय मानस का अभाव, किसी भी कार्य में खासकर विकास में जनभागीदारी की कमी परम्परागत व्यवस्था में सहकार एवं कार्य में भागीदारी की मजबूत व्यवस्था थी। परिवार समूह एवं ग्राम स्तर पर खेती और अन्य कार्यों में आपसी सहकार की व्यवस्था थी। यह भी कहा जा सकता है कि ग्राम समाज में सहकार, सामूहिकता निर्णय एवं कार्य में जनभागीदारी की पुरानी परम्परा रही है। सामंतों एवं जागीरी शासन व्यवस्था ने इस पर अपना प्रभाव नहीं डाला लेकिन सामान्य प्रशासन व्यवस्था सामाजिक एवं राजनीतिक ढाँचे में सामंत एवं स्वतंत्रता के उपरांत इस परम्परागत जमींदार ने शोषक की भूमिका अदा की। उस समय तो लोगों को यह विश्वास भी नहीं था कि राजा, जमींदार, जागीरदार की व्यवस्था कभी समाप्त भी होगी।

स्वतंत्रता के उपरांत ग्राम व्यवस्था एवं विकास की प्रक्रिया में व्यापक बदलाव की भूमिका बनी। लोकतंत्रीय शासन पद्धति में विकास की अवधारणा में परिवर्तन

आया एवं विकास का लक्ष्य तय किया गया। कल्याण एवं विकास के नाम पर अनेक कार्यक्रम शुरू किये गये। ग्राम विकास के इन कार्यक्रमों में जन भागींदारी की दृष्टि से संस्थागत ढाँचा खड़ा किया जाने लगा। पंचायती राज के रूप में तैयार किये गये इस ढाँचे से व्यापक अपेक्षाएं रखी गयी। समुदायिक विकास कार्यक्रम एवं पंचायती राजव्यवस्था के द्वारा गाँव में सामाजिक आर्थिक विकास को गति देने का प्रयत्न शुरू किया गया। यह अपेक्षा रखी गयी कि इसमें हर स्तर पर जनभागीदारी रहेगी और विकास का लाभ सबको समान रूप से मिले। समाज के कमजोर वर्ग को विकास का अधिक मौका मिले तथा नेतृत्व विकास, कार्यक्रम में भी उनकी भागीदारी रहे। इस दृष्टि से पंचायती राज संस्थाओं में अनुसूचित जाति अनुसूचित जन जाति महिलाओं आदि को समुचित स्थान देने का प्रयास किया गया। यह अपेक्षा रखी गयी कि विकास प्रक्रिया में जनभागीदारी बढ़े।

ग्रामीण समाजशास्त्र के अध्ययन की अवश्यकता को निम्नलिखित बिन्दुओं के तहत स्पष्ट किया जा सकता है–

1. विकास में ग्रामीण की भागीदारी–गाँव के विकास कार्यों में भागदारी की प्रकृति, स्वरूप एवं उसके प्रकार को स्पष्ट करने के लिए ग्रामीण समाजशास्त्र का अध्ययन आवश्यक है।

2. शैक्षणिक गतिशीलता–शिक्षा विकास का मूल मापदण्ड है। इसकी माप जुड़ाव, कार्य के प्रति जागरूकता, विकास कार्यक्रमों की पकड़ आदि को देखकर की जा सकती है। सामजिक-आर्थिक कार्यक्रम, सामाजिक विकास एवं कल्याण के कार्य भी शिक्षा के साथ जुड़े हैं। शिक्षा के द्वारा इन आयामों की दिशा का ज्ञान प्राप्त जा सकता है। इस तरह शैक्षाणिक गतिशीलता को समझने के लिए यह जरूरी है कि ग्रामीण समाजशास्त्र का अध्ययन किया जाए।

3. गाँव के लोगों की आर्थिक स्थिति का विश्लेषण–ग्रामीण लोगों की आर्थिक स्थिति का विश्लेषण करने के लिए यह आवश्यक है कि ग्रामीण समाजशास्त्र का अध्ययन किया जाए।

4. आर्थिक एवं सामाजिक रूप से पिछड़े समुदाय का विकास–आर्थिक एवं सामाजिक रूप से पिछड़े समुदाय के विकास की दिशा को विकास का मापदण्ड माना जा सकता है। इसकी जानकारी के लिए भी ग्रामीण समाजशास्त्र का अध्ययन जरूरी है।

1. निर्णय प्रक्रिया को जात्तीय भेदभाव किस सीमा तक प्रभावित करता है, खासकर ग्राम पंचायत की संस्थाओं में जातीय तत्व कहाँ तक प्रभावी है।

2. पिछले वर्षों में शिक्षा पद्धति में व्यापक परिवर्तन आया है। इस परिवर्तन

का कौन-सा समुदाय लाभ ले रहा है? क्या शिक्षा पूरे समुदाय को दिशा प्रदान कर रहा है? ग्राम समाज एवं मौजूदा शिक्षा पद्धति के बीच किस सीमा तक तालमेल है?

3. गाँव का गरीब एवं पिछड़ा समुदाय, गरीबी, मुक्ति से सम्बन्धित कार्यक्रमों का लाभ किस सीमा तक ले सका है?

4. गाँव के समुदाय में किसी तक परिवर्तन आया है? और इस परिवर्तन ने ग्राम समाज को किस सीमा तक प्रभावित किया है।

5.सामाजिक परिवर्तन, खासकर ग्राम पंचायत आर्थिक विकास, सहकारिता आदि संस्थाओं में महिलाओं की क्या भूमिका है?

6. विकास एवं परिवर्तन की प्रक्रिया में रोजगार के लिए स्थानांतरण को बढ़ाया है।

7. गाँव के विभिन्न सामाजिक समुदायों की आर्थिक स्थिति का विश्लेषण।

8. गाँव में निर्णय प्रक्रिया का विकास किस सीमा तक हो सका है इसकी संक्षिप्त व्याख्या।

9. लोकतांत्रिक विकेन्द्रीकरण (पंचायती राज) संस्थाओं के अस्तित्व में आने के उपरांत इन संस्थाओं द्वारा सामाजिक आर्थिक विकास के लक्ष्य को किस सीमा तक पूरा किया जा सका।

6

ग्राम व्यवस्था की पृष्ठभूमि

मनुष्य ने अपनी सभ्यता एवं संस्कृति के विकास के साथ-साथ समाज के व्यवस्थागत ढाँचे में भी बदलाव लाया है। कृषि प्रधान तथा प्राचीन समाज व्यवस्था में "ग्राम" एक मजबूत इकाई बनी और ग्राम को इकाई मानकर सामाजिक, आर्थिक तथा राजनीतिक संस्थाओं को मजबूत स्वरूप दिया गया। भारत में स्थायी गाँवों का विकास नदी घाटियों में हुई। नदी भारतीय ग्राम संस्कृति की सामाजिक, आर्थिक एवं राजनीतिक संस्थाएं से जुड़ी रही हैं। घाटियों में हुई भारत में अनेक प्रकार की सभ्यता एवं संस्कृति से जुड़े समूह आते रहे हैं। इनमें अधिकांश समूह राज्य विस्तार के कारण विजेता के रूप में आये और यहाँ की संस्कृति में घुल मिल गये। यह एक वर्तमान विचार है।

बाहर से आने वाले समूहों ने भी यहाँ की ग्राम संस्कृति एवं ग्राम व्यवस्था को मजबूत बनाया। यह सही है कि एक सीमा तक उनमें बदलाव किया गया। यहाँ की व्यवस्था के साथ समरस होने से यह प्रक्रिया एक सीमा तक मुगलकाल तक चलती रही। मुगल सभ्यता तथा संस्कृति बाहर से आयी, लेकिन काफी हद तक यहाँ की व्यवस्था को निश्चित रूप से प्रभावित किया लेकिन बाद में दोनों ने एक दूसरे को बहुत हद तक स्वीकार भी कर लिया। खासकर ग्राम व्यवस्था में विशेष परिवर्तन नहीं हुआ। हाँ, यह बात जरूर मान्य है कि शहरों में मुगल संस्कृति की अलग छाप बनी लेकिन ग्राम व्यवस्था अपने परम्परागत रूप में बनी रही।

ऐतिहासिक विश्लेषण से यह तथ्य सामने आता है कि ग्राम व्यवस्था के परम्परागत स्वरूप में बदलाव का क्रम ब्रिटिश काल में शुरू हुआ। अंग्रेजी राज में परम्परागत ग्राम व्यवस्था को योजनाबद्ध ढंग से तोड़ने का प्रयत्न किया गया। गाँव

में जिस तरह की मजबूत आर्थिक व्यवस्था थी उसे समाप्त किये गये तथा कृषि एवं उद्योग धन्धे समाप्त किये गये तथा कृषि एवं उद्योग से पृथक किया गया तब से कृषक एवं उद्यमी दोनों के लिए कठिनाई बढ़ गई। वर्तमान में गाँव का किसान एवं गाँव का परंपरागत उद्यम दोनों कठिनाई में हैं।

हमें निःसन्देह यह स्वीकार करना चाहिए कि स्वतंत्रता के बाद गाँव की व्यवस्था के विघटन की गति पहले से अधिक तेज हो गयी है। पिछले वर्षों में ग्राम विकास के प्रयत्न में गाँव हर स्तर पर कमजोर हुआ है। हम यह भी कह सकते हैं कि गाँव को मजबूत करने के क्रम में परम्परागत पंचायत की मजबूत परम्परा थी एवं गाँव की पंचायत पूरे ग्राम समाज को प्रभावित करती थी, गाँव को मजबूत करती थी एवं वह सर्वमान्य थी। पंचायती राज संस्था के द्वारा नयी ग्रामव्यवस्था की परिकल्पना की गयी लेकिन वर्षों के अनुभव के उपरांत यह कटु परिणाम सबके सामने है कि इस संस्था ने गाँव के विघटन में अधिक योगदान किया है। पिछले साठ वर्षों में पंचायती राज लागू करने के प्रयत्न में गाँव बिखर रहा है।

थोड़े में परम्परागत ग्राम व्यवस्था के स्वरूप एवं उनके संस्थागत ढाँचे का स्मरण करना उचित होगा। वर्तमान समय में भी अगर गाँव में जाकर ग्राम समाज एवं उसकी व्यवस्था का निरीक्षण विश्लेषण करें तो उसकी व्यवस्था एवं रूप का अंदाज लग सकता है। इस व्यवस्था को मुख्यतः दो वर्गों में विभक्त कर सकते हैं

(क) सामाजिक सांस्कृतिक जिसमें राजनीतिक एवं न्यायं व्यवस्था भी सम्मिलित है।

(ख) आर्थिक व्यवस्था जिसमें कृषि व्यवस्था की मजबूत परम्परा रही है और जो अब नाममात्र की याद के रूप में रह गयी है।

सामाजिक तथा आर्थिक दोनों व्यवस्था में आपसी सहकार तथा विश्वास का महत्वपूर्ण स्थान है। सहकार एवं विश्वास इन दो आधारों पर ग्राम समाज टिका हुआ था। कुमारम्पा ग्राम संस्थान ने भारतीय सामाजिक विज्ञान अनुसंधान परिषद् के सहयोग से "परम्परागत तथा कानूनी सहकारिता" का गहन अध्ययन किया है जिसमें सामाजिक और आर्थिक सहकारिता का व्यापक विश्लेषण है। उपरोक्त विश्लेषण में दोनों क्षेत्रों में सहकार के स्वरूप, विघटन की प्रक्रिया एवं वर्तमान स्वरूप पर प्रकाश डाला गया है।

सामाजिक व्यवस्था को संचालित करने में कई सामाजिक, राजनीतिक एवं न्यायिक संसथाओं का महत्वपूर्ण योगदान था। गाँव की एक इकाई और समूह के रूप में पहचान है। इस इकाई को एक सूत्र में बाँधने में गाँव की परम्परा ग्राम के

रीति-रिवाज आदि की मूल भूमिका होती है, गाँव का कोई व्यक्ति इसे नहीं तोड़ता। गाँव से बाहर व्यक्ति की पहचान है, मान सम्मान साख, धारणा आदि गाँव विशेष के अनुरूप लोक व्यवहार आदि गाँव के आधार पर निश्चित किये जाते हैं। एक समय था जबकि गाँव के लोग अपने गाँव के हित के लिए कुछ भी करने को तैयार रहते थे। इसके अलावा गाँव की भूमि, गाँव की खेती, सिंचाई आदि की व्यवस्था भी गाँव के स्तर पर होती थी और इसमें गाँव को इकाई माना जाता था। इन कार्यों में पूरा गाँव शामिल होता था और इनका फायदा तथा कार्य का प्रभाव पूरे गाँव पर पड़ता था। इसी तरह न्याय के क्षेत्र में भी गाँव एक इकाई था। जातीय मुद्दों को छोड़कर अन्य मुद्दों का निपटारा ग्राम स्तर पर गाँव के मुखिया अथवा पंच करते थे और इनका निर्णय सबको मान्य था। इन कार्यों में मजबूत सामाजिक दबाव था जिसकी अवलेहना लगभग असंभव था। सामाजिक एवं सांस्कृतिक क्षेत्र में जातीय, संस्थाएं, परम्पराएं भी काफी मजबूत है। जातीय संगठन तो वर्तमान समय में भी कायम है। जातीय संगठन में विवाह एवं अन्य जातीय विवादों को निपटाया जाता है। इसमें जातीय परम्पराओं का निर्वाह करने और उन्हें मजबूत करने पर भी बल दिया जाता है। यहाँ यह उल्लेखनीय है कि जातीय संगठन में कहीं भी दुराव अथवा विरोधाभास नहीं होता था जिससे उनमें टकराव की स्थिति नहीं आती है। भारतीय समाज का यह एक उज्जवल पक्ष है जिसमें ग्राम की सामाजिक संस्था एवं जातीय संस्था में उच्च स्तर पर समरसता एवं समझदारी पायी जाती है। वर्तमान समय में जातीय झगड़े हो सकते हैं लेकिन सामाजिक संस्थाओं में कहीं भी टकराव देखने को नहीं मिलता। जातीय संस्थाएं ग्राम संस्था दोनों एक साथ कार्य करते हैं।

इन सामाजिक संस्थाओं के विघटन एवं बिखराव सर्वविदित है। ग्राम संस्थाएं तो इतनी बिखर गयी है कि आज वे बेमानी सी हो गयी है। जातीय संगठन तथा संस्थाएं अपना अर्थ खो चुकी हैं। उनकी उपयोगिता खत्म हो रही है। लेकिन दूसरे रूप में जातीय संगठन उभर रहे हैं जो कि पूर्णतः राजनीति से प्रेरित हैं। वर्तमान जातीय संगठन ग्राम इकाई को जोड़ने के स्थान पर तोड़ने में मददगार हो रहे हैं।

यदि आर्थिक दृष्टिकोण को लिया जाए तो भी परम्परागत संस्थाएं कई रूपों में संगठित होती रही हैं। एक पूरा गांव एक आर्थिक इकाई कभी नहीं रहा लेकिन जो भी आर्थिक कार्य चलते थे उनमें आपसी सहयोग था। सभी कार्य एक-दूसरे से मजबूत व्यवस्था के रूप में बंधे थे। स्वामित्व की दृष्टि से देखा जाये तो परिवार प्राथमिक इकाई थी, वर्तमान समय में भी, भूमि, कृषि, उद्यम, व्यवसाय सभी की प्राथमिक इकाई था। परिवार उत्पादन के साथ उपभोग की भी इकाई है। लेकिन

उत्पादन कार्य में कई स्तरों पर आपसी सहकार तथा सेवा का विस्तार हुआ। अपने देश में वर्ण और आश्रय इस व्यवस्था का मूल रहा है। कालांतर में इसमें विकृति आती गयी और जाति के नाम से पृथक सामाजिक संस्था बनी। जाति व्यवस्था में जाति के निर्धारण का आधार आर्थिक कार्य बना और विभिन्न जातियों के साथ खास प्रकार के उद्यम, कार्य अथवा सेवा से जुड़ गया। उदाहरण के लिए खाती बढ़ई, लुहार, कुम्हार, माली, भंगी, चमार, गड़रिया, नाई, धोबी, आदि। सामान्यरूप से कृषि कार्य से जुड़े लोग उच्च सामाजिक मान-प्रतिष्ठा की जातियों में गिने गये तथा निम्न कार्य से जुड़े लोगों को निम्न सामाजिक प्रतिष्ठा मिली। स्पष्ट है कि खेती के अलावा अन्य उद्यम एवं सेवा कार्य कृषि पर निर्भर रहता है। उत्तर कृषि होने पर सभी को फायदा होता है। आर्थिक संस्थाओं में परिवार एवं जाति के साथ गाँव इकाई का प्रमुख साधन आदि की पहचान तथा सीमा गाँव इकाई पर आधारित है। स्पष्ट रूप से कृषि के साथ पशुधन समाहित है और पशु तो कृषि के लिए उपयोगी है। पशु ग्राम जीवन का अभिन्न अंग है। वह कृषि, उद्यम तथा सेवा तीनों प्रकार के कार्यों में मददगार है। कुछ जाति समुदाय ने पशु को जीवन का आधार बनाया जिन्हें उन्नत पशुपालक कहा जा सकता है।

हमारे देश की ग्राम व्यवस्था में आर्थिक कार्य आपसी सहकार से संचालित होते हैं। यह सहकार आपसी विश्वास तथा परम्परा पर आधारित है। आर्थिक सहकार की मौलिक इकाई परिवार को मान सकते हैं। लेकिन इससे आगे परिवार समूह तथा गाँव भी आर्थिक सहकार की इकाई रही है। गाँव में पीने के पानी की व्यवस्था में सहकार का खास महत्व रहा है। राजस्थान के गाँवों में तो पीने के पानी की व्यवस्था में सहकार का खास महत्व है। राजस्थान के गाँवों में तो पीने के पानी की सामूहिक व्यवस्था ज्यादातर सभी गाँवों में देखी जा सकती है।

परम्परागत ग्राम व्यवस्था में सामाजिक आर्थिक और राजनीतिक स्तर पर स्वशासित व्यवस्था की तह में जाने पर ऐसे अवयव खोजे जा सकते हैं जिसके कारण यह व्यवस्था वर्षों से चली आ रही है। ऐसे तत्वों की तलाश भी की जा सकी है जिसके कारण यह व्यवस्था सर्वमान्य रही। सामाजिक व्यवस्था, राजनीतिक तथा न्यायगत व्यवस्था तथा आर्थिक संरचना सभी स्तर पर सहज और सर्वमान्य रूप में स्वीकार्य होने के कारणों को थोड़े में निम्न रूप में व्यक्त किया जा सकता है–

स्वाभाविक विकास–इस व्यवस्था के विश्लेषण से ज्ञात होता है कि सामाजिक सांस्कृतिक तथा आर्थिक क्षेत्र में ग्राम स्तर पर या यूँ कहें समाजव्यवस्था के रूप में संस्थाओं का विकास स्वाभाविक रूप में हुआ। कहने का आशय यह

है कि समस्याओं के समाधान के प्रयत्न के रूप में इस व्यवस्था का विकास हुआ। इस विकास में गाँव समाज के बुजुर्ग एवं सामाजिक नेतृत्व की प्रमुख भूमिका रही। गाँव के प्रमुख लोगों ने आवश्यकता को देखकर इसे विकसित किया एवं इसे परम्परा का रूप दिया। यह व्यवस्था राज्य अथवा अन्य बाहरी संस्था की ओर से लागू नहीं की गयी।

स्वेच्छा से पालन—इनके क्रियान्वयण में प्रमुख बात यह देखने में आयी कि उनका पालन लोग स्वेच्छा से करते हैं।

सामाजिक नैतिक दवाब—समाज में सामाजिक दबाव का प्रमुख स्थान होता है। किसी परम्परा अथवा व्यवस्था का पालन नहीं करने पर गाँव समाज का नैतिक दबाव तथा व्यक्तिगत स्तर पर ग्राम प्रमुख का नैतिक दबाव पड़ता है जिसके कारण परम्परा ज्यादातर सर्वमान्य हो जाती है।

ग्राम कुटुंब की भावना—गाँव के लोग गाँव को एक इकाई तथा कुटुंब मान लेते हैं, इस स्थिति में निर्णय और परम्परा को मानना आसान हो जाता है। इस भावना का ह्रास ग्राम व्यवस्था में विघटन का प्रमुख कारण है।

7

भारत में ग्रामीण समुदाय का अध्ययन

भारत की अधिकांश जनता गांवों में निवास करती है। इसी वजह से भारत को गांवों का देश कहा जाता है। यदि यह कहा जाय कि भारत की आत्मा गांवों में बसती है तो कोई अतिशयोक्ति नहीं होगी। भारतीय जनता का मुख्य पेशा कृषि है। भारत की तीन चौथाई जनसंख्या गाँवों में रहती है तथा इनमें से अधिकतर कृषि कार्य में संलग्न रहती है। कृषि भारतीय अर्थव्यवस्था की धुरियों में से एक प्रमुख धुरी कही अथवा सकती है। भारत में ग्रामीण समाज या समुदाय का अध्ययन करने के लिए सबसे पहले ग्रामीण समुदायों के इतिहास पर दृष्टिपात करना आवश्यक प्रतीत होता है।

भारत में ग्रामीण समुदाय का इतिहास

एशिया महादेश के महानतम देश भारत में ग्राम अथवा ग्रामीण समाज का इतिहास अत्यंत पुराना है। प्रागैतिहासिक काल में ही भारतीय सामाजिक एवं आर्थिक संगठन में गाँव एक मुख्य इकाई रहा है। भारत के प्राचीनतम ग्रंथों में ऋग्वेद का नाम आता है। उसमें भी गाँव का जिक्र किया गया है। ऋग्वेद के अनुसार, समाज ऊपर नीचे उठते हुए विभिन्न समूहों में विभक्त हो जाता है। इनमें जो सबसे छोटी इकाई होती है उसे कुल या परिवार के नाम से जाना जाता है। कई परिवारों को मिलाकर एक गाँव का निर्माण होता है। विभिन्न गाँवों को मिलाकर एक विश बनता है। विभिन्न विशों को मिलाकर एक जन बनता है तथा विविध जनों को मिलाकर एक राष्ट्र का निर्माण होता है। ऋग्वेद में यह भी कहा गया है कि भारत के सामाजिक एवं राजनीतिक संगठन की इकाई गाँव है। यद्यपि ऋग्वेद में गाँव का जिक्र एक इकाई

के रूप में किया गया है लेकिन उसके अन्दरुनी संगठन का विस्तारपूर्वक वर्णन नहीं किया गया है। प्राचीन साहित्य में गाँव का अर्थ एक स्थान पर रहने वाले विभिन्न परिवारों के एक समूह से लिया गया है।

महाभारत में भी गाँव का वृहद तौर पर विवरण मिलता है। महाभारत का काल ईसा के दो शताब्दी पूर्व से दो शताब्दी बाद तक माना जाता है। महाभारत में ग्राम का वर्णन एक पृथक ही रूप में किया गया है। इसके अनुसार स्थानीय समूहों की रक्षा हेतु दुर्ग होते थे। दुर्ग के चारों ओर बसी हुई आबादी को गाँव कहा जाता था। गाँव से बड़े पट्टन या कस्बे होते थे एवं उससे बड़े नगर होते थे। महाभारत में गाँव की व्यवस्था के साथ-साथ अंतर्ग्रामीण संगठनों का भी जिक्र किया गया है। महाभारत में यह वर्णन मिलता है कि गाँव देश के प्रशासन की मूलभूत इकाई होती है। इसके मुखिया को ग्रामिणी के नाम से जाना जाता था। ग्रामिणी का यह कर्त्तव्य होता था कि वह दो मील की सीमा में गाँव की सीमाओं की रक्षा करे। विभिन्न गाँवों के समूहों पर उनका एक नेता शासन करता था। सामान्यतया दस गाँवों को मिलाकर एक समूह बनता था जिसका नेता दश ग्रामिणी होता था। इस समूह के दस गाँवों में परस्पर घनिष्ठ संबंध होते थे। दो दस ग्रामिणी के ऊपर अर्थात् दस-दस गाँवों के दो समूहों पर विशंतिक नेता होता था। इस प्रकार विशांतिक की अध्यक्षता में बीस गाँव आते थे। गाँवों का समूह यहीं तक सीमित नहीं था अपितु 100 गाँवों तथा 1,000 गाँवों के समूह होते थे। 100 गाँवों के समूह का नेता शत ग्रामिणी कहलाता था। इसी प्रकार 1,000 गाँवों के समूह का नेता अधिपति कहलाता था। महाभारत के अलावा अन्य प्राचीन ग्रंथों में भी गाँव का जिक्र मिलता है लेकिन गाँव का सबसे वृहत् वर्णन महाभारत में ही मिलता है।

प्राचीनकाल में महाभारत के उपरान्त गाँव का वर्णन मनुस्मृति में किया गया है। मनुस्मृति में ग्राम एवं नगर का अंतर समझाया गया है। ये क्रमशः एक-दूसरे से बड़ी आबादी के समूह थे। अर्थात् सबसे कम आबादी वाले समूह को ग्राम उससे बड़ी आबादी वाले समूह का पुर तथा उससे ज्यादा आबादी वाले समूह को नगर कहा जाता था। मनुस्मृति के अनुसार गाँव प्रशासन की सबसे छोटी इकाई थी। गाँव में उसके अपने कर्मचारी होते थे तथा अपना संगठन होता था। ग्राम के नेता को ग्रामिणी कहा जाता था। गाँव के ज्यादातर समस्याओं को मिल-जुलकर गाँव वाले ही सुलझाते थे। अनेक प्रकार के सार्वजनिक उपयोगिताओं की वस्तुओं की देखभाल गाँव वाले ही करते थे। अलग-अलग सार्वजनिक स्थानों, जैसे—तालाब, कुएँ, जलाशय, चारागाह एवं पार्क आदि की देखभाल भी गाँव के लोग ही करते थे। इनके अतिरिक्त परिवार, जाति एवं समाज के अन्य पहलुओं से संबंधित अनेक समस्याएँ भी गाँव वालों द्वारा ही सुलझाई जाती थी। मनुस्मृति के अनुसार एक हजार गाँवों के ऊपर सहस्प्रेश नामक अधिकारी होता था। उनकी अधीनता में शतेश होते थे। शतेश

के अंतर्गत सौ गाँव होते थे। शतेश के अधीन विंशी होते थे जिसके अंतर्गत बीस गाँव होते थे। विंशी के अधीन दशी होते थे। इनके अधीन दश गाँव होते थे। सबसे नीचे प्रत्येक गाँव का एक स्वामी होता था जिसे ग्रामिणी कहा जाता था।

उपर्युक्त वर्णन के आधार पर यह निष्कर्ष निकाला जा सकता है कि भारत में ग्रामीण समुदायों का इतिहास अति प्राचीन है। यद्यपि अब गाँव उस रूप में नहीं पाए जाते हैं। जिस रूप में महाभारत या मनुस्मृति में इसका उल्लेख किया गया है, तब से आज तक गाँव के स्वरूप में असंख्य परिवर्तन हो चुके हैं। लेकिन आज भी गाँव देश की बुनियादी इकाई है। आज प्रत्येक ग्राम पंचायत का एक मुखिया होता है जो सभी ग्राम पंचायत का प्रधान होता है तथा वह अनेकों विकास एवं अन्य तरह के कार्यों को अंजाम देता है। अनेक प्रकार के गाँव मिलकर एक समूह बनाते हैं जिनमें आपस में घनिष्ठ संबंध होते हैं। सैकड़ों गाँवों को मिलाकर एक सांस्कृतिक क्षेत्र बनता है जिसमें कुछ समान विशेषताएँ पाई जाती हैं। लेकिन चिंता की बात यह है कि आज भारत का कोई भी गाँव पूर्णतया आत्मनिर्भर नहीं है। ऐसा होना संभव भी नहीं है। आज हर गाँव सामाजिक, आर्थिक एवं राजनीतिक दृष्टिकोणों से दूसरों पर निर्भर है। आज गाँव की सीमाओं से परे दूसरे लोगों पर निर्भरता आवश्यक हो गई है। आज गाँव का व्यक्ति सिर्फ एक समुदाय का ही सदस्य नहीं है अपितु वह एक जाति, धर्म एवं राष्ट्र का सदस्य है। उसकी जिम्मेवारी सिर्फ गाँव तक ही सीमित नहीं है बल्कि गाँव की सीमाओं से बाहर भी उसके विभिन्न प्रकार के उत्तरदायित्व होते हैं। आज व्यक्तियों की अनेक सामाजिक, आर्थिक, धार्मिक एवं राजनीतिक जिम्मेवारियाँ हैं जो उसे गाँव के बाहर के लोगों के बारे में सोचने को विवश करता है। भारत एक विशाल गणतंत्र है। इस राजतंत्र की प्राथमिक इकाई गाँव है। भारत देश में विभिन्न छोटे-बड़े राज्य हैं। ये राज्य हालाँकि संघीय सरकार के अधीन हैं लेकिन बहुत मामलों में स्वतंत्र भी हैं। राज्य में कई जिले होते हैं। जिले में कई सब-डिवीजन होते हैं। एक सब-डिवीजन में कई प्रखंड होते हैं तथा एक प्रखंड के अंतर्गत कई ग्राम एवं ग्राम पचायतें होती हैं। इस तरह गाँव को प्राथमिक इकाई की संज्ञा दी जा सकती है। हालाँकि देश एवं राज्य के सामान्य नियम सभी स्तर पर लागू होते हैं। लेकिन व्यवस्था के अनुसार गाँव के मुखिया को अपने से ऊपर के अधिकारियों पर निर्भर रहना पड़ता है। ऐसा प्रशासनिक सुविधा हेतु किया जाता है। ग्राम पंचायत के द्वारा अपनी पंचायत के अंदर अलग-अलग सामाजिक, आर्थिक एवं राजनीतिक मामलों को सुलझाया जाता है। सरकार गाँव को आत्मनिर्भर एवं स्वावलंबी बनाना चाहती है। ऐसा करना जरूरी भी मालूम होता है क्योंकि जब तक गाँव आत्मनिर्भर एवं स्वावलंबी नहीं होंगे तब तक देश का भविष्य उज्ज्वल नहीं होगा। आज इस बात को स्वीकार किया जा रहा है कि गाँव जितना ज्यादा

समृद्धशाली एवं संगठित होगा, देश भी उतना ही समृद्धिशाली एवं संगठित होगा। यही कारण है कि आज ग्राम संबंधी अधिक अध्ययन किए जा रहे हैं तथा गाँव को उन्नत बनाने की कोशिश तीव्र गति से किया जा रहा है। इससे गाँवों का प्राचीन स्वरूप परिवर्तित हो गया है। यह कहा जा सकता है कि महाभारत काल एवं अन्य प्राचीन युगो में जो ग्रामीण व्यवस्था थी वह आज पूरी तरह परिवर्तित हो गई है।

भारत में ग्रामीण समुदायों का अध्ययन

भारत में जहां तक ग्राम्य अथवा समुदायों के समुदायों के अध्ययन का प्रश्न है, यह कहा जा सकता है कि काफी पहले से इसका अध्ययन नहीं किया जा रहा है। आधुनिक समय में तो समाजशास्त्र के साथ-साथ मानवशास्त्र में भी इसका गहन अध्ययन किया जा रहा है। इन सभी अध्ययनों में राबर्ट रैडफील्ड आदि विद्वानों ने सिर्फ ग्रामीण समुदाय का परिपक्व अध्ययन किया बल्कि जॉन गिलीन, साल टौक्स एवं राफ बिल्स आदि विद्वानों ने भी ग्रामीण समुदाय का गहन एवं परिपक्व अध्ययन किया। इस समुदाय का अध्ययन अमेरिका में वृहत पैमाने पर किया गया।

भारतीय परिप्रेक्ष्य में समाजशास्त्र का अध्ययन अधिक प्राचीन नहीं है। लेकिन कम दिनों में ही ग्रामीण समुदायों के विभिन्न पहलुओं का विस्तृत अध्ययन किया गया है। स्वतंत्रता प्राप्ति के पश्चात् भारत सरकार ने गाँवों की उन्नति तथा सुधार की ओर अधिक ध्यान दिया। इससे ग्रामीण समुदाय के अध्ययनों को प्रोत्साहन मिला। बिना ग्रामीण समुदाय का अध्ययन किए उसका सुधार करना संभव नहीं मालूम होता है। भारत में ग्रामीण समुदायों के अध्ययन को अमेरिका के फोर्ड फाउन्डेशन तथा बिन्दु चार कार्यक्रमों (Point Four Programme) ने प्रोत्साहित किया। फोर्ड फाउन्डेशन द्वारा दी गई आर्थिक मदद से ही डी.एन. मजूमदार (D.N. Majumdar) के निर्देशन में लखनऊ जिले के मोहाना गाँव का अध्ययन शुरू हुआ। बाद में इसे योजना आयोग द्वारा भी सहायता प्रदान की गई। इस अध्ययन से जो परिणाम प्राप्त हुए उसी के आधार पर डी.एन. मजूमदार की पुस्तक 'Caste and Communication in an Indian Village,' 1958 ई. में प्रकाशित हुई। भारत में योजना आयोग ने इससे पहले और इसके बाद अन्य विभिन्न अध्ययनों को भी मदद दी थी। डॉ. डी.जी. कार्वे जो योजना आयोग के 'Programme Evaluation Organisation' के तत्कालीन अध्यक्ष थे के नियंत्रण पर ऑस्करल्वी ने रामपुर गाँव का अध्ययन किया। इस अध्ययन के परिणामों के आधार पर इलिनॉयज विश्वविद्यालय द्वारा 1958 में Village Life in Northern India' नामक पुस्तक प्रकाशित हुई। इससे पूर्व ही डॉ.ए.आर. देसाई ने 'Introduction to Rural Sociology in India' नामक पुस्तक में ग्रामीण समुदाय के अध्ययनों पर प्रकाश डाला तथा इस दिशा में अनुसंधान की पूरजोर अपील की। यह पुस्तक 1953

में प्रकाशित हुई थी। किसी कारणवश यह पुस्तक 1955 में अप्राप्य हो गई। इसके बाद ए.आर. देसाई ने 'Rural Sociology in India' के नाम से एक नया ग्रंथ प्रकाशित किया जिसमें भारत में किए गए ग्रामीण समुदाय के नए अध्ययनों का समावेश था। ग्रामीण समुदाय का भारत में अध्ययन करने वालों में डॉ. एस.सी.दूबे का नाम भी महत्त्वपूर्ण है। 1955 में डॉ. एस.सी. दूबे की 'Indian Village' नामक पुस्तक प्रकाशित हुई जो हैदराबाद राज्य के शमीरपेट नामक गाँव के अध्ययन पर आधारित था। ग्रामीण समाजशास्त्र के क्षेत्र में भारत में इस पुस्तक का स्थान अत्यंत महत्वपूर्ण है। 1958 में डॉ. एस.सी. दूबे की एक अन्य पुस्तक प्रकाशित हुई जिसका नाम 'India's chansing Village' था। इसके अलावा 1956 में 'Journal of Asian Studies' में उनका एक अनुसंधानपूर्ण लेख प्रकाशित हुआ जिसका शीर्षक था, 'Cultural Factors in Rural Community Development'। भारत में ग्राम्य समाजशास्त्र के क्षेत्र में एम.एन. श्रीनिवास का अंशदान भी प्रमुख है। इनके संपादकत्व में 'India's village' नामक पुस्तक के रूप में भारत के विभिन्न राज्यों के गाँवों के अध्ययनों का संग्रह 1958 में प्रकाशित हुआ। इसके अलावा 1951 में ही इनकी एक पुस्तक प्रकाशित हुई जिसका नाम था 'Religion and Society among the Coorgs of South India'। इस प्रकार यह पता चलता है कि भारत में ग्रामीण समुदायों के अध्ययनों में डॉ. डी.एन. मजूमदार, डॉ. ए.आर. देसाई, डॉ. एस.सी. दूबे तथा एम.एन. श्रीनिवास आदि विद्वानों का योगदान महत्त्वपूर्ण रहा है। ऐसी बात नहीं है कि इन विद्वानों के अतिरिक्त इस क्षेत्र में अन्य विद्वानों द्वारा अध्ययन नहीं किए गए तथा पुस्तकें प्रकाशित नहीं हुईं। लेकिन उक्त विद्वानों का योगदान ग्रामीण समाज के अध्ययन में अद्वितीय कहा जा सकता है।

ग्राम्य समाज के अध्ययन से संबंधित भिन्न-भिन्न विद्वानों द्वारा लिखित पुस्तकों या अनुसंधान कार्यों की सूची निम्नवत् है—

	विद्वानों का नाम	*पुस्तकों का नाम*	*प्रकाशित होने का वर्ष*
(i)	एम.ई. ओपलर (M. E. Opler)	(The Division of Labour in an Indian Village, A Reader in General Anthropology.	1948
(ii)	एम.ई ओपलर (M. E. Opler)	Village in North India	1950

(iii)	के.एस. माथुर (K.S. Mathur)	Occupational Structure of A Malwa village, Eastern Anthropologist	1950
(iv)	हजारी (Hazari)	An Indian out caste	1951
(v)	श्रीधर मिश्र (Sridhar Mishra)	Caste Survey in a Model Village with streotypes Discrimination	1951
(vi)	एम. स्मिथ (M. Smith)	The Misal : A Structure Village of Group of India and Pakistan, American Anthropologist	1952
(vii)	एन.जी.डी. (N.G.D. Joardar)	Village Administration in India	1952
(viii)	ई.जे. मिलर (E.J. Miller)	Village structure in North, Kerala, Economic weekly	1952
(ix)	ए.आर. बील्स (A.R. Beals)	Change in the Leadership of a Mysore village, Economic Weekly	1953
(x)	एडविन एम्स (Edwin Aims)	Population and Economic Structure of an Indian rural Community, Eastern Anthropologist	1954
(xi)	के.एस. माथुर (K.S. Mathur)	Some Aspects of Social organisation in a Malwa village, Journal of Research, Agra University	1955
(xii)	टी. शिया (T. Shea)	Economic study of Malabar Village, Economic weekly	1955
(xiii)	एम.एन. श्रीनिवास (M.N. Srinivas)	The social system of a Mysore village, village India	1955
(xiv)	एस. एन. रेड्डी (S.N. Reddy)	Functional Relations of Lohars in a North Indian village, Eastern Anthrolopologist	1955

(xv)	ई.के. गफ (E.K. Gough)	The social structure of A Tanjore Tanjore village, village India	1955
(xvi)	मैक्किम मैरिअट (Mackim Marriott)	Western Medicine in a village of North India, Health, culture and community	1955
(xvii)	ए.आर. बील्स (A.R. Beals)	Interplay among factors of Change in a Mysore village, village India	1955
(xviii)	एडविन एम्स (Edvin Eames)	Some Aspects of Urban Migration from a village in North Central India, Eastern Anthropologist	1955
(xix)	हरवंत सिंह ढिल्लन (H.S. Dhillon)	Leadership and Groups. in a South Indian village, Govt. of India	1955
(xx)	ए.सी. मायर (A.C. Mayer)	Development projects in an Indian village, Pacific affairs	1956
(xxi)	आर.डी. सिंह (R.D. Singh)	The Unity of an Indian Village, Journal of Asian Studies	1965

उक्त प्रकार उल्लेखित विभिन्न प्रकार की पुस्तकों में ग्रामीण समाजशास्त्र क्षेत्र में विभिन्न प्रकार के किए अध्यननों का वर्णन किया गया है। अतः यह कहा जा सकता है कि भारत में ग्रामीण समाज के अध्ययन की दिशा में सार्थक प्रयत्न किए गए हैं।

8

महिलाओं की ग्रामीण समाज में वर्तमान स्थिति

हमारे देश के समाज में प्रवृत्तियां की स्थिति सदैव एक जैसी नहीं रही है बल्कि भारत में स्त्री विभिन्न स्वरूप हैं, वह लक्ष्मी, ज्ञान, कला, विद्या, शक्ति और सौन्दर्य की प्रतीक है। जितना आदर भारतीय स्त्री का अपने देश मे है उतना सम्भवतः संसार के किसी भी अंचल में देखने और पड़ने को नहीं मिलता है। पर दुख है कि वैदिक युग के पश्चात भारतीय रूढ़ियों और धर्मशास्त्रों के रचयिताओं ने स्त्री के लिए सीमायें निर्धारित कर दी। उसकी दुर्बलताओं पर एकाधिकार कर लिया और उसे अपनी दासी बनाकर एक भोग की वस्तु के जैसा जीवन पर्यन्त प्रयोग किया है। विभिन्न सामाजिक सुधार आन्दोलन के नेताओं ने स्त्री-उद्धार में महत्वपूर्ण भूमिका अभिनीत की है जिसमें राजा राममोहन राय, स्वामी सरस्वती, विवेकानन्द, केशव दास, गोविन्द रानाडे और महात्मा गाँधी अग्रणी पंक्ति में आते हैं। स्वतंत्रता के पश्चात स्त्री समाज में अपने अधिकारों और कर्त्तव्यों के प्रति नयी चेतना और जागृति का जन्म हुआ। वे लगातार अपने अधिकारों के लिए संघर्ष कर रही हैं। इसीलिए वे आज छोटे पद से लेकर बड़े-बड़े पदों पर प्रतिष्ठित हैं। यद्यपि ग्रामीण समाज में स्त्रियों की स्थिति आज भी सोचनीय और दयनीय बनी हुई है। इसका मुख्य कारण है ग्रामीण समाज का आर्थिक-सामाजिक और राजनैतिक चेतना में पिछड़ा होना। ग्रामीण समाज में स्त्रियों की स्थिति क्या है-इसे जानने से जन्म अच्छा हो कि हम ऐतिहासिक दृष्टि से यह बात ज्ञान करने का प्रयास करें कि विभिन्न युगों में उसकी क्या स्थिति रही है। इससे हमें आज की ग्रामीण स्त्री की स्थिति को समझने में सहायता मिलेगी।

महिलाओं की विभिन्न युगों में स्थिति

1. वैदिक काल—इस काल में स्त्रियों की स्थिति काफी अच्छी थी। वह पुरुष की तरह स्वतन्त्र थी। उसे विद्याध्ययन का अधिकार ही नहीं वरन विवाह, सम्पत्ति आदि पर पुरुष के जैसा अधिकार प्राप्त था। स्त्रियों को इतनी ज्यादा स्वतंत्रता प्राप्त थी कि वह अपने प्रेमियों के साथ मुक्त रूप से विचरण करती थी। विवाहित स्त्री का सम्मान ज्यादा था। कोई भी धार्मिक कार्य उसकी अनुपस्थिति में पूर्ण नहीं समझा जाता था।

अथर्ववेद में स्त्री को घर की साम्रज्ञी की संज्ञा से अंलकृत किया गया। वह परिवार की संचालिका थी। परिवार के सभी सदस्य उसकी आज्ञा को स्वीकार करते थे। परिवार में उसका पर्याप्त सम्मान था। घर में न तो पर्दा प्रथा थी और न विधवा विवाह पर प्रतिबन्ध था किन्तु सामान्यतः विधवा पुनर्विवाह नहीं करती थी। इस युग में बाल-विवाह का प्रचलन नहीं था। स्त्री को, इस युग में, अपनी स्वतंत्रता प्राप्त थी कि वह मनपसन्द विवाह कर सकती थी। इसका अर्थ यह कतई नहीं है कि पुरुष की स्थिति परिवार में कुछ नहीं थी। पुत्र का जन्म पुत्री के जन्म से हमेशा उच्च माना जाता था। यूं तो पुत्र विभिन्न प्रकार के संस्कारों को पूरा कर सकता था जैसे तर्पण-पिण्डदान आदि। परिवार में पुत्र की कामना की जाती थी। वीर-पुत्र की प्राप्ति के लिए विभिन्न प्रकार के अनुष्ठान एवं संस्कार किए जाते थे जबकि पुत्री के लिए किसी भी प्रकार की प्रार्थनाएं नहीं की जाती थी। पर दुख की बात है कि इस युग में भी कन्याओं को खरीदा जाता था और उसका अपहरण भी होता था पर ऐसी घटनायें बहुत कम होती थी। समाज ऐसी घटनाओं की भर्त्सना करता था।

2. उत्तर वैदिक युग—(600 बी सी 300 ए डी)—इस युग में स्त्रियों की स्थिति में परिवर्तन आने शुरू हो गए। इसकी स्थिति के सम्बन्ध में वाद-विवाद एवं मतभेद आदि का वितरण हमें देखने को मिलता है। महाभारत काल से स्त्री समाज के प्रति विवाद एवं मतभेद शुरू हुए और यह लगातार बढ़ते ही गए।

स्त्रियों को शिक्षा के क्षेत्र में उतनी स्वतंत्रता नहीं मिली जितनी की वैदिक युग में। इसलिए वे वेदों के ज्ञान से वंचित होने लगी। धीरे-धीरे समाज में इनके प्रति कठोर नियम बनते गए। इनकी स्वतंत्रता पर अंकुश लगाया गया। पुरुष की समानता की अधिकारिणी को समाज में निम्न स्तर पर लाकर खड़ा कर दिया और धार्मिक संस्कारों के कार्य में भाग लेने का अधिकार उससे छीन लिया गया। इसी समय बौद्ध धर्म और जैन धर्म ने उसे आदर प्रदान किया। लेकिन इसके पतन के साथ ही

मनुस्मृति पर आधारित युग ने स्त्रियों को कर्म काण्ड के कठोर शिकन्जे में कस दिया और स्त्री का कार्य-क्षेत्र सीमित-परिधि में सीमित होकर रह गया।

3. स्मृति युग—स्मृति युग आते-आते स्त्री की स्थिति समाज में दयनीय तथा सोचनीय बन चुकी थी। वह धर्म-काण्ड के ऐसे कुचक्र में फंस चुकी थी कि उससे निकलना आसान नहीं था। इस युग में वेद के नियमों और आदर्शों का बोलबाला न होकर स्मृतियों के नियमों का पालन किया जाता था। स्मृतियों को ईश्वर का साक्षी देकर ऐसे कुछ नियम बनाये गए थे, कि उसका पालन करना जरूरी हो गया था। इस काल में स्त्री देवी नही अपितु पुरुष की दासी और बन्दिनी बनकर रह गयी। वह बाल्यकाल से ही पराधीन हो गई। कन्या अवस्था में अपने परिवार की, युवावस्था में पति और वृद्धावस्था में पुत्रों की संरक्षता में पलने लगी और उन्हीं के संरक्षण में जीवन यापन करने लगी। उसकी स्वतंत्रता घर की चारदीवारों में कैद हो गयी। इस युग में बाल-विवाह का प्रचलन शुरू हो गया ओर विवाह की आयु 10 या 12 वर्ष के मध्य निर्धारित कर दी गयी। विधवा-विवाह पर कठोर, प्रतिबन्ध लगाया गया और सती-प्रथा को प्रोत्साहित किया गया। पुरुष के अत्याचारों के बावजूद भी उसे यह तलाक नहीं दे सकती थी। इसके विपरीत पति किसी भी कारण से पत्नी को त्याग सकता था और पुनः विवाह कर सकता था। इस युग में सामन्ती प्रथा का विकास होने से बहुपत्नी प्रथा का विकास हुआ। इस युग में ऐसे नियम बन गए जिससे स्त्री को सम्पत्ति के अधिकार से मुक्त कर दिया गया। किन्तु इस युग के अंत में संपति सम्बन्धी अधिकारों में परिवर्तन हुए और उसे भी सम्पत्ति में कुछ भाग मिलने लगा। मनुस्मृति में स्त्री सम्पत्ति पर काफी विस्तार से व्याख्या की गई है।

4. मध्यकालीन युग—इस काल में स्त्रियों की स्थिति और भी गिर गई। मुगल साम्राज्य में कठोर नियम बनाया गया। समाज पर मुसलमानों और मुसलिम संस्कृति का प्रभाव बहुत ज्यादा बढ़ गया था। हिन्दू समाज अपनी संस्कृति की रक्षा करना चाहता था लेकिन स्त्री वास्तव में जो संस्कृति की रक्षा करती थी, उससे संस्कृति के अधिकार ही छीन लिए गए थे फिर संस्कृति का पतन क्यों न होता। ब्राह्मणों ने स्त्री समाज के लिए कठोर नियम बनाए। उन्हें उच्च-शिक्षा के अधिकार से पृथक कर दिया। मुसलमानों के भय से पर्दा प्रथा को प्रोत्साहन दिया गया और इसका कठोरता से पालन भी किया गया। बाल-विवाह एक प्रथा बन गई। विधवा-विवाह पर प्रतिबन्ध लगाया गया और सती-प्रथा को प्रोत्साहित किया गया। इसके साथ ही पुरुष के लिए एक से ज्यादा विवाह करना सामाजिक प्रतिष्ठा का द्योतक बन गया। समाज, पुरुष प्रधान हो गया और स्त्री उसकी दासी बनकर रह गयी।

5. आधुनिक काल (स्वतन्त्रता के पूर्व तक)–इस काल में स्त्रियों की स्थिति में कोई विशेष परिवर्तन नहीं हुआ। अंग्रेजी के शासन काल में विभिन्न सुधार आन्दोलन किए गए जिनका मुख्य उद्देश्य स्त्रियों में व्याप्त अन्धविश्वासों और रूढ़ियों को समाप्त करना था। जन-आन्दोलन का प्रभाव शासन पर भी पड़ा। लेकिन इस क्षेत्र में सरकार ने कोई पहल नहीं की। इसका नतीजा यह हुआ कि स्त्रियों की स्थिति और निर्योग्यताओं में किसी भी तरह का परिवर्तन नहीं हुआ। निम्नलिखित वियोग्यताओं से उस समय की स्त्रियों की स्थिति की कल्पना की जा सकती है–

1. आर्थिक क्षेत्र में उसके अधिकार न के समान थे। यदि कुछ सम्पत्ति सम्बन्धी अधिकार थे तो पुत्र एवं नाती के बाद ही उसे प्राप्त होते थे। नौकरी करने का उसे अधिकार नहीं था, भले ही वह भूखों मर जाय। उन निराश्रित स्त्रियों और विधवाओं की कल्पना कीजिए जिन्हें पारिवारिक सहयोग प्राप्त नहीं था और न ही किसी तरह की मदद ऐसी स्थिति में या तो वे पथ भ्रष्ट हो जाती थीं अथवा आत्महत्या कर लेती थीं।

2. पारिवारिक क्षेत्र में स्त्रियों की स्थिति किसी दासी से अधिक नहीं थी। परिवार की सदस्य होते हुए भी उसके अधिकार कुछ नहीं थे। उसका प्रमुख कार्य परिवार के समस्त कार्य करना और बच्चों को जन्म देना था। पति के अत्याचारों को सहना उसका परम-धर्म बन गया था। केवल पति की नहीं वरन जेठ, ससुर, जेठानी, ननद और देवर की भी आज्ञाओं का उसे पालन करना होता था। दहेज प्रथा, पर्दा प्रथा, बाल-विवाह आदि के कारण स्त्री परिवार की बन्दी बनकर रह गयी थी।

3. सामाजिक क्षेत्र में महिलाओं की दशा और भी ज्यादा खराब थी। उसका समस्त कार्यक्षेत्र परिवार था। बाह्य समाज उसके लिए बन्द था। उसे अन्धविश्वासी और रूढ़िवादी बनाया गया। शिक्षा स्त्री समाज में न के समान थी। राजनैतिक क्षेत्र में उसके अधिकारों का फिर प्रश्न की कहाँ उठता है। 1919 तक स्त्रियों को वोट देने तक का अधिकार नहीं था। 1937 में स्त्री की सामाजिक स्थिति को देखकर कुछ स्त्रियों को मताधिकार प्राप्त हुआ। गांधी जी ने स्त्रियों को स्वतंत्रता आन्दोलन में भाग लेने के लिए प्रेरित किया। इसका नतीजा यह हुआ कि शिक्षित, ऊँचे कुल और मध्य परिवार की स्त्रियों ने घर से निकलकर स्वतंत्रता आन्दोलन में भाग लिया।

उक्त विवरण से यह स्पष्ट मालूम होता है कि वैदिक युग को छोड़कर भारतीय स्त्रियों की आर्थिक-सामाजिक स्थिति में लगातार गिरावट आयी है। इस गिरावट के मुख्य आधार एक तरफ भारतीय धर्म से जुड़े हुए असंख्य अन्धविश्वास हैं जिनका काफी कुछ समर्थन हिन्दू-धर्म ने किया और दूसरी तरफ सामन्तवादी प्रथायें और शासन ने स्त्री समाज को सिर्फ भोग की वस्तु ही समझा। उसके उत्थान के लिए

जो शासन को करना चाहिए था वह नहीं किया। इसलिए आज भी भारतीय स्त्रियों की आर्थिक सामाजिक स्थिति सुदृढ नहीं कह सकते हैं।

भारतीय ग्रामीण समाज में महिलाओं की स्थिति—आप आसानी से यह अनुमान लगा सकते हैं कि भारतीय गाँव जो आर्थिक-सामाजिक रूप से बहुत पिछड़े हुए हैं, गरीबी और बेकारी झोपड़ियों में कराह रही है, व्यक्ति को दो समय का भोजन भी नहीं मिल पाता है। उनके लिए रहने को खुला आकाश और भूमि है, न उनके पास घर है, न खाने को दो समय का भोजन और न शरीर को ढकने के लिए वस्त्र, शिक्षा उनसे काफी दूर है, अन्धविश्वास और रूढियों ने उनकी चेतना को ग्रस रखा है। इन निर्धनों के समाज में स्त्रियों की स्थिति अत्यन्त दयनीय और सोचनीय है। ग्रामीण समाज स्त्रियों में अपने अधिकारों के प्रति जो जागरूकता होनी चाहिए वह नहीं के समान की वहां देखने को मिलती है। शताब्दियों से पिछड़े हुए ग्रामीण-समाज में स्त्रियों की स्थिति आज भी बहुत जर्जर और दयनीय है।

ग्रामीण समाज की महिलाओं की निम्न स्थिति का कारण—ग्रामीण स्त्रियों की निम्न सामाजिक-आर्थिक स्थिति के कारण निम्नवत् है—

1. संयुक्त परिवार—इस परिवार की संरचना में पत्नी का नही वरन पति का महत्वपूर्ण स्थान है। पितृसत्तात्मक परिवार में पुरुष प्रधान है। वह परिवार के सभी प्रकार के कार्यों का संचालक और नियंत्रक भी है। उसके आदेश का पालन किया जाता है। उसकी न कोई अवहेलना कर सकता है और न उचित व अनुचित समझकर किसी बात पर उससे बहस की जा सकती है। पति चाहे जैसा भी होः पूज्य है वह सर्वश्रेष्ठ है।

संयुक्त परिवार में महिला की अपनी कोई इच्छा भी और न उसके कोई अधिकार है। वह प्रातः सबसे पहले उठती है और रात को सबसे बाद में सोती है। वह परिवार के सदस्यों से उलाहने गाली और मार भी खाती है। वास्तव में संयुक्त परिवार ने स्त्री-समाज की संपूर्ण स्वतंत्रता और अधिकार का हनन किया है। उसे दासी बनाकर रखा है। महिलाओं को भाग्यवादी, अन्धविश्वासी और रूढ़िवादी बनाया गया है जिससे कि वह अपने अधिकारों के लिए आन्दोलन न कर सके। उसे तो बचपन से यह सिखया गया है कि जो भाग्य में है वही मिलेगा। बाल विवाह करके कन्यादान का पुण्य प्राप्त किया जा सकता है। इसीलिए असंख्य यातनाओं के सहते हुए भी स्त्री ने पुरुष के अत्याचारों और शोषण के विरुद्ध आवाज नहीं उठायी है। ग्रामीण-स्त्री की स्थिति बिल्कुल गाय की तरह है, जिसका दोहन भी होता है और उसे खूँटी से बांधकर भी रखा जाता है। उसे संयुक्त परिवार में गूँगा और निरीह प्राणी

बनाकर रखा गया है। वह सब कुछ खामोशी से सहती है और कुछ नहीं कहती है। ऐसी है संयुक्त परिवार में स्त्रियों की स्थिति।

2. साक्षरता की कमी—गाँव शताब्दियों से शिक्षा के क्षेत्र में पीछे है। गाँव के ज्यादातर व्यक्ति आज भी इतने साक्षर नहीं हैं कि वे अपना नाम भी लिख सकें। छः सात किलोमीटर चलकर कोई छोटा स्कूल मिलता है अथवा खुले आकाश के नीचे कोई अध्यापक कुछ बच्चों को पढ़ा रहा होता है। लड़कियों को स्कूलों में पढ़ने के लिए सामान्यतया माता-पिता भेजते नहीं है। यह धारणा सी घर कर गयी है कि लड़की को तो जीवन पर्यन्त घर में ही रहना है। उसे कूपमंडूप बनाये रखकर ही उसका शोषण किया जा सकता है। इसीलिए वैद्रिक युग के पश्चात स्त्रियों की शिक्षा में निरन्तर गिरावट आयी और स्मृतियुग तक आते-आते वह न के समान रह गयी। पुरोहितवाद ने स्त्रियों को शिक्षा से वंचित कर दिया और उनका कार्य क्षेत्र परिवार तक सीमित कर दिया। शिक्षा, जो स्त्री में जागृति और चेतना उत्पन्न करती है, उससे उसका अधिकार छीनकर उसे पशु समान परिवार में रखा गया।

3. आर्थिक पराधीनता—समाज का कोई भी वर्ग जो आर्थिक रूप से पराधीन है वह उन्नति नहीं कर सकता है। उसके सम्मुख सबसे प्रमुख समस्या यह है कि वह दो समय का भोजन कैसे प्राप्त करे। ग्रामीण स्त्री अशिक्षित, निर्धन पति पर आश्रित होती है। वह स्वयं भी किसी प्रकार का कार्य नहीं कर सकती जिससे उसकी आर्थिक स्थिति मजबूत हो सके। हमेशा ही स्त्रियों का घर से बाहर जाकर नौकरी करना पारिवारिक सम्मान के विरूद्ध समझा जाता रहा है। अतः आर्थिक मामलों में स्त्रियों को अपने पति पर ही निर्भर रहना पड़ता था। वास्तव में इसी आर्थिक दासता ने स्त्री की आर्थिक-सामाजिक स्थिति को निम्नतम कोटि का बनाके रखा है।

4. विवाह की रूढ़िवादी परंपरा—भारतीय समाज में विवाह के ऐसे कठोर और रूढ़िवादी नियम है कि लड़के और लड़की के परिवार, वंश, गोत्र, पिण्ड, प्रवर, अन्तर्विवाह अनुलोम एवं प्रतिलोम विवाह आदि के सिद्धान्तों से संचालित एवं नियन्त्रित होते हैं इसमें स्त्री ज्यादा से ज्यादा नियमों में जकड़ी हुई है। पुरुष को विभिन्न छूटें दी गई है। स्त्री अपने कुल में विवाह नहीं कर सकती है। विवाह की ऐसी परम्पराएं हैं जिसमें स्त्री ही पिसती है, पुरुष नहीं। ग्रामीण समाज में स्त्री अपनी पंसद से विवाह नहीं कर सकती भले ही वह कितनी भी शिक्षित और कुशल हो। स्त्री की शिक्षा, योग्यता और कुशलता ग्रामीण समाज में महत्व नहीं रखते हैं। ग्रामीण समाज में लड़की के सम्मुख लड़के के चुनाव का कोई प्रश्न नहीं है। अनमेल विवाह से उसकी स्थिति और भी दयनीय होती जा रही है।

5.गरीबी तथा अनमेल विवाह—भारतीय ग्रामीण समाज में गरीबी का नग्न नाच देखा जा सकता है। सामान्य व्यक्ति को वहाँ दो समय का भोजन भी प्राप्त नहीं होता। जाड़ों में फूस में सोते हैं। ओढ़ने को ठण्ड में कोई हल्की चादर हो तो इनका जाड़ा कट जाता है। बरसात में टपकती हुई झोपड़ियाँ इनकी गरीबी की साक्षात कहानी कहती है। ऐसी स्थिति में जिस परिवार में लड़कियाँ हो वह विवाह के लिए दहेज कहाँ से लाए। निर्धनता के कारण कुमारी लड़की अपने से तिगुनी आयु के पुरुष से विवाह करती हैं क्योंकि माता-पिता दहेज देने में समर्थ नहीं है। इस प्रकार के अनमेल विवाह से स्त्री का जीवन-पर्यन्त शोषण ही हुआ है। वह अपनी आर्थिक परिस्थिति से ही ऊपर नहीं उठ पाती फिर उसके उत्थान और प्रगति का प्रश्न ही कहाँ है।

6. बाल-विवाह—शास्त्रों के अनुसार लड़की का विवाह रजस्वला के प्रारंभ होने से पूर्व ही कर दिया जाना चाहिए तभी कन्यादान का फल प्राप्त होता है। इसलिए काफी छोटी आयु में ही लड़की का विवाह कर उस पर गृहस्थी का भार लाद दिया जाता है। छोटी आयु में ही माता बनने के कारण वह रोग-ग्रस्त हो जाती है। रोगी होने के बावजूद निरंतर वह गर्भधारण करती जाती है। परिवार के बड़े होने के साथ वह बड़ी तो नहीं होती पर बूढ़ी अवश्य हो जाती है। इस तरह की परिस्थितियों में स्त्री की स्थिति परिवार और समाज दोनों में दयनीय बनकर रह गयी है।

7. बहुपत्नी तथा अनमेल विवाह—सामन्तयुगीन समाज में राजा, महाराजा, जमींदार एवं तालुकेदार की प्रतिष्ठा इस बात से भी आँकी जाती थी कि उनकी कितनी पत्नियां अथवा रखैल है। यानी स्त्री भी राजा, महाराजाओं के लिए प्रतिष्ठा और भोग की वस्तु बन गयी। गाँव भी इस रोग से बच न सके। पुरुष ने यहाँ भी कई विवाह किए। भले ही उनकी आयु कुछ भी हो पर अपने से आधी आयु की पत्नी लाते रहे। इस बहु-पत्नी और अनमेल विवाह ने स्त्रियों को अपनी स्थिति से ऊपर नहीं उठने दिया और न उन्हें सोचने का अवसर प्रदान किया कि वे किस प्रकार अपनी आर्थिक-सामाजिक स्थिति में सुधार लाएं। पुरुष समाज ने उन्हें ऐसी सुविधा नहीं दी जिससे उनकी स्थिति बदलती बल्कि उनको जहाँ अवसर मिला शोषण ही किया है। पुरुष के इस इरादे ने शताब्दियों से स्त्री को स्वावलम्बी नहीं बनने दिया है।

ग्रामीण महिलाओं की स्थिति में बदलाव के कारण

स्वतन्त्रता के पश्चात् ग्रामीण समाज में स्त्री जगत में विभिन्न प्रकार के परिवर्तन स्पष्ट रूप से देखे जा सकते हैं। शताब्दियों पूर्व ग्रामीण-समाज का जो आर्थिक-सामाजिक ढांचा था, उसमें अनेक परिवर्तन आये हैं। स्त्री समाज का अंग

है। अस्तु इन परिवर्तनों का उस पर भी प्रभाव पड़ा है। भारतीय सरकार यह निरंतर प्रयत्न कर रही है कि ग्रामीण समाज में नियोजित दंग से परिवर्तन लाया जाय तभी गांव स्वावलम्बी बन सकेंगे। ग्रामीण स्त्रियों की स्थिति में परिवर्तन निम्न प्रकार के कारणों द्वारा हो रहे हैं-

1. संयुक्त परिवार का विघटन—ग्रामीण समाज में स्त्रियों की स्थिति में बदलाव लाने में सबसे महत्वपूर्ण कारण संयुक्त परिवार का विघटन है। इस परिवार में स्त्री किसी गुलाम से कम नहीं थी। सुबह से रात तक उसे काम ही काम करना पड़ता था। इसके बावजूद भी उसे डांट, मार और गाली सुनने को मिलती थी। ताने तो संयुक्त परिवार में सामान्य बात थी। आज साधारणतया विवाह के पश्चात् पति-पत्नी अपना घर अलग बसाते हैं और अपनी जिम्मेदारी स्वयं पूरी करना चाहते हैं। इस तरह एक बड़े परिवार के अंदर एक छोटा परिवार भी बसने लगा है। गाँव की स्त्रियाँ अब घर से बाहर निकल रही है। अपने अधिकार तथा कर्त्तव्य को समझने की कोशिश कर रही हैं। विभिन्न प्रकार के अन्धविश्वासों और धार्मिक मान्याताओं में जकड़ी हुई स्थिति से अब अपने आपको निकालने में लगी हुई हैं।

2. शिक्षा—वैदिक युग के पश्चात् स्त्री-शिक्षा का अन्त सा हो गया और स्मृति-युग तक आते-आते यह करीब समाप्त सा हो गया। अंग्रेजी के प्रभाव और सुधारवादी आन्दोलन के कारण स्त्रियों में कुछ जागृति उत्पन्न हुई और धनी परिवारों की लड़कियाँ स्कूल जाने लगी लेकिन यह शिक्षा नगर की सीमाओं तक ही सीमित होकर रह गयी। ग्रामीण समाज में जब पुरुष ही अशिक्षित और निरक्षर हैं तो फिर स्त्री के शिक्षित होने का प्रश्न ही कहाँ उठता है। सन् 1952 की जनगणना के अनुसार भारत में प्रत्येक 1000 स्त्रियों में केवल 89 शिक्षित थी। सन् 1991 की जनगणना के अनुसार प्रत्येक 1000 स्त्रियों में से 392 पढ़ी-लिखी हैं। जबकि 1991 में 52.21 प्रतिशत पुरुष शिक्षित थे। यद्यपि गांवों में भी स्त्री स्वावलम्बी बनना चाहती है पर प्रायः उसकी आकांक्षाओं को दबा दिया जाता है और वह पुरुष समाज के शोषण का शिकार बनी रहती है।

स्वतन्त्रता के बाद भारतीय सरकार शिक्षा और निरक्षरता को दूर करने के लिए गांव-गांव में बेसिक स्कूल, रात्रि पाठशालाएँ और प्रौढ़ शिक्षा की योजनाएँ बनाकर शिक्षा का प्रसार कर रही हैं। कस्बों में लड़कियों के हाई-स्कूल इन्टर तथा डिग्री कालेज तक खोले गये हैं। इनके परिणामस्वरूप अब ग्रामीण समाज में शिक्षित स्त्रियाँ सरलता से देखी जा सकती हैं। ये स्त्रियाँ अपने परिवार में सम्मान भी पा रही हैं और इनकी राय भी पारिवारिक समस्याओं में ली जाती है जबकि पहले मुखिया ही परिवार का

संचालक था। इस तरह शिक्षा के प्रसार से ग्रामीण स्त्रियों की स्थिति में थोड़ा बदलाव आया है।

3. यातायात, प्रेस, तथा संचार के साधनों में प्रगति—प्रेस, यातायात के साधनों में प्रगति होने से गाँव निरंतर कस्बों, नगरों और महानगरों से जुड़ते जा रहे हैं।विकासशील पुस्तकें, पत्रिकाओं, समाचारपत्रों, सिनेमा, टी.वी., केबल इत्यादि माध्यमों द्वारा गांव में नगर की संस्कृति और सभ्यता भी पहुँच रही है। अब ग्रामीण स्त्रियाँ अधिक मात्रा में नगर आकर अपनी आवश्यकता के अनुसार चीजें खरीदती हैं। नगर का सम्पर्क उन्हें आधुनिक, प्रगतिशील और व्यववासी बनाने में सहायक है। इन सभी कारणों से ग्रामीण-स्त्रियों की सामाजिक और पारिवारिक स्थिति में लगातर परिवर्तन आ रहा है।

4. विभिन्न प्रशिक्षण संस्थाएँ—भारतीय सरकार गांव में विभिन्न प्रकार की प्रशिक्षण संस्थाओं की स्थापना कर रही है जिनमें विभिन्न तरह के कार्यों का प्रशिक्षण दिया जाता है। इन प्रशिक्षण संस्थाओं में कपड़ा-सिलना और काटना, कालीन बनाना, चिकन के बारीक काम, दरियाँ बुनना, माचिस बनाना आदि सिखाए जाते हैं। परिवार के कार्यों से मुक्त होकर स्त्रियाँ इन कार्यों से अतिरिक्त आय अर्जित करती हैं। इससे उनकी स्थिति में थोड़ा-बहुत सुधार हुआ है। सबसे महत्वपूर्ण बात यह है कि इनमें धनी बनने की भावना उत्पन्न हुयी है।

5. महिला स्वयं-सेविकायें—आज अनेक प्रकार की योजनाओं में महिला स्वयं-सेविकायें ग्रामीण समाज में कार्यरत हैं। ये स्वयं-सेविकायें घर-घर जाकर स्त्रियों को स्वास्थ्य, परिवार नियोजन, बच्चों के पालन-पोषण, बचत-योजना, बीमारी आदि का ज्ञान कराती है। उन्हें अपने देश की प्रगति से परिचय कराती है। उन्हें रात्रि पाठशालाओं में शिक्षा देने के साथ-साथ परिवार की विभिन्न आवश्यक कार्यों को कैसे करें, इसकी भी शिक्षा देती हैं। इन सभी चीजों का प्रभाव उसके व्यक्तित्व पर पड़ता है और वे नये तरीके से अपनी स्थिति का मूल्यांकन कर समाज के साथ चलने का प्रयास करती हैं। निश्चय ही यह सभी तथ्य उसकी आर्थिक सामाजिक स्थिति, सोच और मानसिकता में भी परिवर्तन लाते हैं।

उक्त तथ्यों से यह ज्ञात होता है कि ग्रामीण समाज की स्त्रियों की स्थिति स्वतंत्रता पूर्व जैसी नहीं रही। उसकी पारिवारिक और सामाजिक स्थिति में विभिन्न परिवर्तन स्पष्ट रूप से दिखायी पड़ते हैं किन्तु अशिक्षा के कारण अभी ग्रामीण स्त्रियां रूढ़िवादी और अन्धवासी हैं। संयुक्त परिवार टूटने से उनके अधिकारों में परिवर्तन आया है और उनकी आर्थिक स्थिति भी मजबूत हुई है फिर भी ग्रामीण स्त्रियाँ काफी

पिछड़ी हुई है। वे गांव जो कस्बों तथा नगरों के निकट हैं जहाँ लड़कियों के स्कूल और कालेज हैं वहाँ लड़कियाँ शिक्षित होकर अपने अधिकारों के प्रति ज्यादा जागरूक हो रही हैं। ये कामकाजी महिलायें बनना चाहती है। ये अपनी आर्थिक-सामाजिक स्थिति को सुधारना चाहती है। ये स्वावलम्बी बनना चाहती हैं ये अपने परिवार को उन सभी चीजों से मुक्त कराना चाहती हैं जो उसके उन्नति में बाधक बनी हुई है किन्तु ऐसी महिलाओं की संख्या नगव्य है।

9

सामाजिक सांस्कृतिक असमानता

समाज चाहे किसी प्रकार का हो वहाँ व्यक्तियों के मध्य असमानताएँ विद्यमान रहती है, जैसा कि अलग-अलग प्रकार के समाज एवं संस्कृति का अध्ययन करने के पश्चात निष्कर्ष निकाला गया है। कहने का अभिप्राय यह है कि प्रत्येक समाज में व्यक्तियों की स्थिति अथवा पद पृथक्-पृथक् होती है। इसका मतलब कि समाज में उच्च या निम्न की स्थिति विद्यमान रहती है और इसी आधार पर एक तरह का स्तरण बन जाता है। ऐसी बात नहीं है कि मात्र वर्तमान या सभ्य समाज में ऊँच-नीच का भेदभाव पाया जाता है। आदिम समाजों में भी कबीला के सरदार, आयु समूह तथा लिंग आदि के आधार पर ऊँच-नीच के भेदभाव से जकड़े हुए थे। धीरे-धीरे समाज का विकास होता गया एवं आबादी में भी बढ़ोतरी होती चली गई जिसके कारण कई आधारों पर समाज में स्तर कायम हो गए। ये स्तर ऊँच एवं नीच के रूप में कायम हुए जिससे समाज में ऊँच-नीच का भेदभाव उत्पन्न हुआ। जब किसी समाज में विभिन्न समूह कतिपय स्तरों में विभाजित हो जाते हैं तब इसी प्रक्रिया को सामाजिक स्तरीकरण कहा जाता है। सामाजिक स्तरीकरण समाज में भिन्न-भिन्न वर्गों अथवा स्तरों के बनने की एक प्रक्रिया है जिनमें आपस में सामाजिक कार्य एवं स्थिति के अनुसार आदर की मात्राओं में भेद पाया जाता है। सामाजिक स्तरीकरण एक प्रक्रिया के साथ-साथ एक दशा भी है जिसमें समाज में कई स्तर पाए जाते हैं। किसी भी वर्गविहीन समाज की कल्पना नहीं की जा सकती। अर्थात् हर समाज में वर्ग पाया ही जाता है। कोई भी स्तरीकरण उच्च से निम्न की तरफ होता है। 'स्तरीकरण' शब्द समाजशास्त्र में भूगर्भशास्त्र से आया। भूगर्भशास्त्र में स्तरीकरण के तहत मिट्टी और चट्टानों को विभिन्न स्तरों में बाँटा जाता है। इसी तरह समाजशास्त्र में भी समाज को कई चरणों में बाँटा जाता है। अर्थात्

समाज में अनेक सामाजिक परतें पाई जाती हैं। कहने का आशय यह है कि प्रत्येक अपने सदस्यों को शिक्षा, आय, व्यवसाय, जाति एवं धर्म के आधार पर अनेक सामाजिक स्तरों में विभाजित करता है। समाजशास्त्र में जब ये सामाजिक स्तर उच्च स्तर से निम्न स्तर की तरफ होते हैं तो इन्हें सामाजिक स्तरीकरण कहा जाता है। जाति एवं वर्ग सामाजिक स्तरण के दो मुख्य रूप कहे जा सकते हैं।

सामाजिक स्तरीकरण की विभिन्न प्रमुख परिभाषाएं

पी० जिसबर्ट (P. Gisbert) ने सामाजिक स्तरीकरण को परिभाषित करते हुए 'Fundamentals of Sociology' में लिखा है, "सामाजिक स्तरीकरण समाज के उन स्थायी समूहों अथवा श्रेणियों में विभाजन है, जो कि उच्चता एवं अधीनता के संबंधों में परस्पर सम्बद्ध होते हैं।" ("Social stratification, therefore, is the division of society in permanent groups or categories, linked with each other by the relationships of superiority and subordination.") इस परिभाषा से भी पता है कि सामाजिक स्तरीकरण में उच्चता एवं अधीनता के रूप में विभाजन होता है।

बर्ट्रेण्ड रसेल (Bertrand Russel) ने सामाजिक स्तरीकरण के विषय में लिखा है, "सामाजिक स्तर एक प्रकार से एक दिए गए समाज में व्यक्तियों का विभाजन है-जैसे कि उच्च वर्ग, गध्यम वर्ग व निम्न वर्ग।"

ए० डब्ल्यू० ग्रीन (A.W. Green) ने सामाजिक स्तरीकरण की व्याख्या करते हुए लिखा है, "समाज हर समय व हर स्थान पर ऊँची या नीची स्थितियों के आधार पर संगठित रहता है। इस प्रकार, स्तरण व्यक्तियों का एक-दूसरे से संबंध में ऊँचा या नीचा स्थान, जो कि प्रजाति, व्यवसाय, राजनीति व सामाजिक वर्ग के आधार पर होता है, बताता है।" इस परिभाषा से स्पष्ट होता है कि सामाजिक स्तरीकरण समाज में विभिन्न आधारों पर किया गया स्तरीकरण है।

लुण्डबर्ग (Lundberg) ने सामाजिक स्तरीकरण की व्याख्या करते हुए लिखा है, "स्तरीकृत समाज वह है, जिसमें असमानता होती है तथा ऐसे विभेद होते हैं, जो उनके द्वारा निम्न और उच्च आँके जाते हैं।" इस परिभाषा से भी ज्ञात होता है कि स्तरीकरण में असमानता एवं उच्च-निम्न का भेदभाव होता है।

पार्सन्स (Parsons) ने सामाजिक स्तरीकरण की परिभाषा देते हुए 'Essays in Sociological Theory' में लिखा है, "किसी समाज व्यवस्था में व्यक्ति का ऊँचे और नीचे क्रम-विन्यास में विभाजन ही स्तरीकरण है।" इस परिभाषा से स्पष्ट होता है कि समाज में क्रम के रूप में ऊँचे से नीचे की तरफ व्यक्ति का विभाजन स्तरीकरण कहलाता है।

रेमण्ड मूरे (Raymond Murray) ने सामाजिक स्तरीकरण की व्याख्या करते हुए लिखा है, ''स्तरीकरण समाज का 'उच्च' तथा 'निम्न' सामाजिक इकाइयों में किया गया समतल विभाजन है।'' ("Stratification is a horizontal division of society into 'higher' and 'lower' social units.")

सामाजिक स्तरीकरण की व्याख्या करते हुए जॉनसन (Johnson) ने लिखा है, ''स्तरीकरण संज्ञा का प्रयोग उस प्रक्रिया अथवा परिस्थिति के लिए करेंगे जिसमें कि व्यक्तियों अथवा समूहों का स्तरीकरण विभेदीकृत ढंग से क्रियान्वित होता है ताकि एक स्तरीकरण में प्रायः समान से कम (पद अथवा रैंक) के कई व्यक्ति अथवा समूह सम्मिलित हो जाएँ।''

सदरलैण्ड एवं वुडवर्ड (Sudherland and Woodward) ने सामाजिक स्तरीकरण की व्याख्या करते हुए 'Introductory Sociology' में लिखा है, ''स्तरीकरण सामान्यतः अंतःक्रियाओं अथवा विभेदीकरण की प्रक्रिया है जिसके द्वारा कुछ व्यक्ति दूसरे व्यक्तियों की तुलना में उच्च श्रेणी में गिने जाने लगते हैं।''

ऑगबर्न तथा निमकॉफ (Ogburn and Nimkoff) ने सामाजिक स्तरीकरण की परिभाषा 'Sociology' में दी है। उनके अनुसार ''वह प्रक्रिया जिसके द्वारा व्यक्तियों एवं समूहों को थोड़ी-बहुत स्थायी परिस्थितियों में उच्चता और निम्नता के क्रम में श्रेणीबद्ध किया जाता है, तो उसे स्तरीकरण के नाम से जाना जाता है।''

उक्त दिए गए विभिन्न परिभाषाओं के आधार पर यह निष्कर्ष निकाला जा सकता है कि सामाजिक स्तरीकरण सभी समाजों में पाया जाता है। सामाजिक स्तरीकरण समाज का धन, व्यवसाय, शिक्षा, जाति एवं धर्म के आधार पर किया गया एक स्तरीकरण अथवा विभाजन है। अर्थात् भिन्न-भिन्न आधारों पर समाज को स्तरों में बाँटा गया है। सामाजिक स्तरीकरण उस स्थिति को कहा जाता है जब समाज का स्तरीकरण उच्च से निम्न की तरफ होता है। इस तरह यह कहा जा सकता है कि समाज का उच्च से निम्न के क्रम में स्तरीकरण सामाजिक स्तरीकरण कहलाता है। सामाजिक स्तरीकरण के कारण समाज में स्थिति एवं कार्यों का विभाजन सरल हो जाता है और समाज का काम-काज सुचारु तौर पर चलता है।

सामाजिक स्तरीकरण की विशिष्टता

सामाजिक स्तरण की अनेक विशेषताएँ बताई जा सकती हैं जो निम्नांकित हैं—

प्रथम विशेषता सामाजिक स्तरीकरण की यह है कि इसमें परस्पर सम्बद्धता पाई जाती है। कहने का आशय यह है कि सामाजिक स्तरीकरण में समाज उच्चता

से निम्नता की तरफ स्तरीकृत होता है। ये समूह एवं श्रेणियाँ उच्चता एवं निम्नता के रूप में परस्पर सम्बद्ध रहते हैं। उदाहरणार्थ, हिंदू सामाजिक व्यवस्था में जातीय स्तरीकरण के तहत सभी जातियाँ एक-दूसरे से परस्पर सम्बद्ध रहती हैं।

दूसरी विशेषता सामाजिक स्तरीकरण की यह है कि इसमें उच्चता से निम्नता की ओर स्तरीकरण का क्रम-विन्यास रहता है। अर्थात् समाज का विभाजन अथवा स्तरीकरण निम्न से उच्च की तरफ न होकर उच्च से निम्न की ओर होता है। हिंदू सामाजिक व्यवस्था में ब्राह्मणों को उच्च एवं शूद्रों को निम्न स्थान प्राप्त है।

तीसरी विशेषता सामाजिक स्तरीकरण की यह है कि इसमें समाज का कई स्तरों में विभक्तिकरण होता है। अर्थात् समाज कई जातियों एवं उपजातियों में विभाजित रहता है। अगर प्राचीन हिंदू सामाजिक व्यवस्था का ही उदाहरण लिया जाए तो उस समय भी समाज ब्राह्मण, क्षत्रिय, वैश्य एवं शूद्र इन चार वर्णों में विभक्त था।

चतुर्थ विशेषता सामाजिक स्तरीकरण की यह है कि इसमें स्थायित्व पाया जाता है। समाज में जो सामाजिक स्तरीकरण होता है उसका रूप स्थायी होता है। अर्थात् जो स्तरीकरण कर दिया जाता है वह स्थायी तौर पर समाज में विद्यमान रहता है। उदाहरण के यह कहा जा सकता है कि हिंदू सामाजिक व्यवस्था का ब्राह्मण, क्षत्रिय, वैश्य एवं शूद्र के रूप में जो स्तरीकरण किया गया वह आज तक किसी-न-किसी रूप में समाज में विद्यमान ही है एवं दृष्टिगोचर होता रहता है।

पांचवी विशेषता सामाजिक स्तरीकरण की यह है कि इसमें सार्वभौमिकता पाई जाती है। अर्थात् सभी समाजों में यह उपस्थित रहता है। आदिम समाज में भी सामाजिक स्तरीकरण का रूप पाया जाता है तरह आधुनिक एवं सभ्य समाज में भी यह स्तरीकरण पाया जाता है। इस प्रकार सार्वभौमिकता सामाजिक स्तरीकरण की एक विशेषता कही जा सकती है।

मैलविन एम० ट्यूमिन (Malvin M. Tumin) ने 'Social Stratification' में सामाजिक स्तरीकरण की पाँच विशेषताओं की चर्चा की है। इनके अनुसार सामाजिक स्तरीकरण की जो विशेषताएँ हैं उन्हें क्रमबद्ध तौर पर इस तरह प्रस्तुत किया जा सकता है—(i) यह पुरातन है, (ii) यह अपनी प्रकृति में सामाजिक है, (iii) यह परिणामिक है।(iv) यह सर्वव्यापी है तथा (v) इसके स्वरूप में विविधता है।

उक्त विशेषताओं से यह निष्कर्ष निकाला है कि यह सभी समाजों में स्थायी रूप से पाया जाता है। समाज में स्तरीकरण उच्च से निम्न की ओर होता है एवं यह कई स्तरों में विभक्त रहता है। साथ ही सामाजिक स्तरीकरण में परस्पर सम्बद्धता भी पाई जाती है।

सामाजिक स्तरीकरण के विभिन्न आधार

सामाजिक स्तरीकरण प्रत्येक समाज में पाया जाता है अर्थात् यह सार्वभौमिक है। लेकिन सभी समाजों में इसके आधारों में विविधता पाई जाती है। इसका मुख्य कारण यह है कि सभी समाजों में आदर्श एवं मूल्य एक समान नहीं पाए जाते हैं अपितु उनमें पृथकूता दृष्टिगोचर होती है जिस तरह से जिस समाज में मूल्यों का निर्धारण होता है उसी के अनुसार किसी समाज में लोगों के उच्चता से निम्नता के क्रम में सामाजिक स्तरीकरण संभव हो पाता है। स्तरीकरण के क्रम-विन्यास के कई आधार हैं। किसी भी समाज में मनुष्यों का स्तरीकरण कई मापदंडों के आधार पर निश्चित किया जाता है। अर्थात् विविध योग्यताओं एवं विशेषताओं के आधार पर समाज में सामाजिक स्तरीकरण होता है। समाजशास्त्रियों द्वारा सामाजिक स्तरीकरण के कई आधारों की चर्चा की गई है। जिनमें निम्नांकित आधार मुख्य हैं—(i) आर्थिक आधार, (ii) जैविकीय आधार (iii) राजनीतिक आधार, (iv) सामाजिक आधार (iv) सांस्कृतिक आधार (v) धार्मिक आधार।

जैविकीय आधार सामाजिक स्तरीकरण का पहला आधार है। इसे प्राणिशास्त्रीय आधार भी कहा जाता है। जैविकीय आधार पर कई प्रकार से सामाजिक स्तरीकरण होता है।

आयु—आयु जैविकीय आधार पर सामाजिक स्तरीकरण का प्रथम आधार कहा जा सकता है। अर्थात् उम्र के आधार पर सामाजिक स्तरीकरण होता है। अम्र किसी भी व्यक्ति की मानसिक परिपक्वता को स्पष्ट करती है। ऐसा माना जाता है कि एक विशेष आयु में प्रवेश करने पर व्यक्ति मानसिक तौर पर परिपक्व हो जाता है। साथ ही उम्र बढ़ने के साथ-साथ मनुष्य का संसारिक अनुभव भी बढ़ता है। तकरीबन सभी समाजों में आयु के आधार पर सामाजिक स्तरीकरण होता है। उम्र के चार स्तर होते हैं जो क्रमशः शिशु, किशोर, युवा तथा प्रौढ़ स्तर के नाम से जाने जाते हैं। किसी भी समाज में शिशु एवं प्रौढ़ की स्थिति एक समान नहीं होती। अर्थात् उनमें उम्र के आधार पर स्तरीकरण होता है। इस प्रकार यह कहा जा सकता है कि आयु सामाजिक स्तरीकरण का आधार है। अक्सर जो वृद्ध होते हैं उनके प्रति परिवार में आदर का भाव पाया जाता है एवं संयुक्त परिवार में परिवार के मुखिया भी वही होते हैं। ऐसा माना जाता है कि आयु बढ़ने के साथ-साथ उनमें सभी तरह की समझदारी भी बढ़ी होगी। इसलिए परिवार में गंभीर विषयों अथवा महत्त्वपूर्ण विषयों में कम उम्र वालों की तुलना में बड़े-बूढ़ों के विचारों को अहमियत दी जाती है। इस तरह का निष्कर्ष सिमन्स (Simons) ने भी अपने अध्ययनों के आधार पर निकाला है। अतएव उम्र सामाजिक स्तरीकरण का एक आधार सिद्ध होता है।

लिंग—लिंग जैविकीय आधार पर सामाजिक स्तरीकरण का दूसरा आधार कहा जा सकता है। लिंग के आधार पर भिन्न-भिन्न समाजों में सामाजिक स्तरीकरण पाया जाता है। स्त्री एवं पुरुष का भेद जैविकीय आधार पर ही है। हर समाज में स्त्री तथा पुरुष में लिंग के आधार पर स्तरीकरण पाया जाता है। अर्थात् विविध समाजों में इनकी स्थिति अलग-अलग होती है। प्राचीन समय से ही स्त्री-पुरुष की स्थितियों एवं भूमिकाओं का निर्धारण लिंग के आधार पर किया जाता रहा है। जहाँ पितृसत्तात्मक समाजों में महिलाओं की तुलना में पुरुषों की स्थिति उच्च मानी जाती है वहीं मातृसत्तात्मक समाजों में पुरुषों की अपेक्षा स्त्रियों की स्थिति उच्च मानी जाती है। अर्थात् पितृसत्तात्मक परिवारों अथवा समाजों में पुरुष ही परिवार के प्रधान होते हैं तथा तकरीबन सभी क्षेत्रों में उनकी सत्ता कायम रहती है। जबकि मातृसत्तात्मक परिवारों अथवा समाजों में स्त्रियाँ ही परिवार की प्रधान होती हैं तथा लगभग सभी क्षेत्रों में उनकी सत्ता कायम रहती है। परम्परागत हिंदू समाज पितृसत्तात्मक समाज का सर्वश्रेष्ठ उदाहरण है। कुछ आदिम समाजों में मातृसत्तात्मक समाज पाया जाता है। खासी जनजाति में मातृसत्तात्मक परिवार पाए जाते हैं जहाँ प्रत्येक क्षेत्र में स्त्रियों का बोलबाला रहता है। जहाँ पितृसत्तात्मक परिवारों अथवा समाजों में पुरुषों की पूजा-पाठ, सामाजिक क्रियाओं तथा अन्य क्रिया-कलापों में प्रधानता रहती है वहीं मातृसत्तात्मक परिवारों में भिन्न-भिन्न क्रिया-कलापों तथा पूजा-पाठ आदि में स्त्रियों की प्रधानता रहती है। इस तरह यह पता चलता है कि लिंग के आधार पर सामाजिक स्तरीकरण का निर्धारण होता है। भले विविध समाजों में इसका रूप भिन्न-भिन्न होता है। किसी समाज में पुरुषों की स्थिति उच्च होती है तो किसी समाज में महिलाओं की स्थिति उच्च होती है।

प्रजाति—प्रजाति जैविकीय आधार पर सामाजिक स्तरीकरण का तृतीय आधार कहा जा सकता है। अर्थात् प्रजाति के आधार पर भी सामाजिक स्तरीकरण होता है। हालाँकि इस आधार पर स्तरीकरण मनुष्य भ्राँति है। लेकिन दुर्भाग्यवश यह भ्रान्ति आज भी समाज में कायम है। यह माना जाता है कि कुछ प्रजातियाँ श्रेष्ठ होती हैं एवं कुछ निम्न। इसी आधार पर प्रजातीय स्तरीकरण होता है। प्रजाति के संबंध में आर० फर्थ ने कहा है कि एक प्रजाति ऐसे मनुष्यों का एक समूह है जिसमें कुछ जन्मानुगत शारीरिक लक्षण सामान्य होते हैं। जिन समाजों में भिन्न-भिन्न प्रजातियाँ मिलकर सामाजिक संरचना का निर्माण करती हैं। ऐसे समाजों में प्रजाति के आधार पर सामाजिक स्तरीकरण होता है। प्रजातिवाद में कतिपय प्रजातियाँ अपने को श्रेष्ठ सिद्ध करने की कोशिश करती हैं। इसी आधार पर प्रजातीय स्तरीकरण होता है। इस स्तरीकरण में सबसे श्रेष्ठ स्थान श्वेत प्रजाति का है, द्वितीय स्थान पीत प्रजाति का है एवं अंतिम स्थान श्याम प्रजाति का है। श्वेत प्रजाति को इसलिए सर्वश्रेष्ठ माना जाता है कि उनका रंग गोरा होता है तथा उनका मानसिक स्तर ऊँचा होता है।

प्रजातीय श्रेष्ठता के कारण ऊँची प्रजाति के लोग खान-पान, वैवाहिक संबंध तथा अन्य संबंधों में निम्न प्रजाति के लोगों से दूरी बनाकर रखते हैं। अमेरिका में नीग्रो प्रजाति के लोगों हेतु पृथक् होटल, स्टेशनों पर पृथक् प्रतीक्षालय तथा बसों में बैठने की अलग व्यवस्था है। इस तरह यह पता चलता है कि प्रजातीय आधार पर भी समाज में ऊँच-नीच का स्तरीकरण पाया जाता है। अतएव प्रजाति भी सामाजिक स्तरीकरण का एक आधार कहा जा सकता है।

जन्म—जन्म जैविकीय रूप से सामाजिक स्तरीकरण का चतुर्थ आधार कहा जा सकता है। अर्थात् जन्म के आधार पर भी सामाजिक स्तरीकरण पाया जाता है। जन्म के आधार पर सामाजिक, स्तरीकरण इस रूप में होता है कि जिस मनुष्य का जन्म ऊँची जाति में होता है उसे समाज में उच्च प्रस्थिति प्राप्त हो जाती है तथा जिस व्यक्ति का जन्म निम्नवत् जाति में होता है उसे समाज में निम्न स्थिति प्राप्त हो जाती है। यह जातिगत संस्तरण जन्म से निर्धारित होता है एवं यह दृढ़ एवं स्थिर है। इसमें कोई परिवर्तन लाना संभव नहीं होता है।

आर्थिक आधार सामाजिक स्तरीकरण का द्वितीय आधार है। इस आधार पर कई रूपों से सामाजिक स्तरीकरण होता है। इस आधार पर मुख्यतः दो रूपों में सामाजिक स्तरीकरण होता है। इसमें पहला सम्पत्ति है एवं द्वितीय व्यवसाय।

आर्थिक आधार पर सामाजिक स्तरीकरण का निर्धारण सम्पत्ति के आधार पर भी होता है। वर्तमान भौतिकवादी युग में सम्पत्ति का महत्त्व काफी ज्यादा बढ़ गया है। हालाँकि कार्ल मार्क्स (Karl Marx) का कहना है कि प्राचीन युग से ही सम्पत्ति के आधार पर समाज में सामाजिक स्तरीकरण देखने को मिलता है। उनके अनुरूप समाज दो वर्गों में विभाजित है। इनमें पहला वर्ग पूँजीपति वर्ग है जो धन अथवा सम्पत्ति का अधिकारी होता है तथा दूसरा वर्ग श्रमिक वर्ग है जो श्रम के द्वारा अपना पालन-पोषण करते हैं। इस तरह सम्पत्ति के आधार पर समाज दो वर्गों पूँजीपति तथा श्रमिक वर्गों में विभाजित है। अर्थात् सम्पत्ति के आधार पर पूँजीपति वर्ग को उच्च स्थान एवं श्रमिक वर्ग को निम्न स्थान प्राप्त रहता है। इस तरह यह कहा जा सकता है कि सम्पत्ति के आधार पर भी सामाजिक स्तरीकरण होता है।

व्यापार आर्थिक आधार पर सामाजिक स्तरीकरण का आधार है। यह सामाजिक स्तरीकरण का एक मुख्य आधार है। आधुनिक युग में व्यवसायों की बहुलता के कारण समाज चार श्रेणियों में विभाजित कहा जा सकता है। यह क्रमशः प्रथम वर्ग, द्वितीय वर्ग, तृतीय श्रेणियों तथा चतुर्थ वर्ग हैं। प्रथम एवं द्वितीय वर्ग में अधिकारी वर्ग, तृतीय वर्ग में कर्मचारी वर्ग एवं चतुर्थ वर्ग में चपरासी वर्ग आते हैं। ये सभी क्रमिक तौर पर एक के पश्चात् एक आते हैं। अर्थात् ये क्रमिक रूप से उच्च से निम्न की तरफ होते हैं। इस तरह यह कहा जा सकता है कि व्यवसाय के आधार पर भी समाज में सामाजिक स्तरीकरण पाया जाता है।

सामाजिक आधार सामाजिक स्तरीकरण का आधार है। इस आधार पर भी समाज में सामाजिक स्तरीकरण मिलता है। इस आधार पर मुख्यतः दो रूपों जातिगत आधार एवं अजातिगत आधार पर सामाजिक स्तरीकरण पाया जाता है।

जातिगत सामाजिक आधार पर सामाजिक स्तरीकरण का प्रथम आधार है। जब एक जातिगत समूह दूसरे जातिगत समूह पर इस रूप में हावी हो जाता है कि उसकी प्रबलता दिखने लगती है तब एक जातिगत स्तरण बन जाता है। भारतीय हिंदू समाज जातिगत स्तरण का एक सर्वोत्तम उदाहरण कहा जा सकता है। इसमें भिन्न-भिन्न जातियों एवं उपजातियों में जातिगत आधार पर स्तरण देखने को मिलता है। कहने का अभिप्राय यह है कि विभिन्न जातियों के बीच ऊँच-नीच के आधार पर एक तरह का स्तरीकरण कायम रहता है और इसी स्तरीकरण को जातिगत आधार पर सामाजिक स्तरीकरण कहा जा सकता है। अतएव जातिगत आधार पर भी समाज में सामाजिक स्तरीकरण पाया जाता है।

अजातिगत आधार सामाजिक आधार पर सामाजिक स्तरीकरण का द्वितीय आधार है। इस आधार में समाज के तहत एक पद स्तरों की व्यवस्था कायम हो जाती है इसके कारण समाज विभिन्न स्तरों में विभक्त हो जाता है। इस संबंध में परेटो (Pareto) ने कहा है कि हर सामाजिक संरचना में किसी-न-किसी आधार पर ऊँच-नीच का संस्तरण अवश्य पाया जाता है। हर समाज में दो तरह के वर्ग होते हैं। इनमें एक वर्ग शासक होता है तथा दूसरा वर्ग शासित। शासक वर्ग को समाज में उच्च स्थिति प्राप्त होती है एवं शासित वर्ग को समाज में निम्न स्थिति प्राप्त होती है। इस तरह अपनी बुद्धि, बल एवं क्षमता के बल पर शासक वर्ग शासित वर्ग पर शासन करते हैं। परेटो ने भी उच्च स्थिति प्राप्त वर्ग को अभिजात वर्ग तथा निम्न स्थिति-प्राप्त वर्ग को गैर-अभिजात वर्ग की संज्ञा दी है। इस तरह यह पता चलता है कि समाज में हमेशा से अजातिगत आधार पर भी सामाजिक स्तरीकरण पाया जाता है।

राजनीतिक आधार सामाजिक स्तरीकरण का चतुर्थ आधार कहा जा सकता है। इस आधार पर भी समाज में सामाजिक स्तरीकरण पाया जाता है। प्राच्य समय में राजा तथा प्रजा के रूप में राजनीतिक आधार पर सामाजिक स्तरीकरण पाया जाता था। इसका रूप शासक और शासित के रूप में भी देखने को मिलता है। वर्तमान राजनीतिक व्यवस्था के तहत भी सामाजिक स्तरण पाया जाता है। प्रजातांत्रिक व्यवस्था में राष्ट्रपति, उपराष्ट्रपति, प्रधानमंत्री, उप-प्रधानमंत्री, कैबिनेट मंत्री एवं राज्य मंत्री के रूप में क्रमशः उच्च से निम्न की ओर संस्तरण देखने को मिलता है। इसी तरह जो राजनीतिक दल सत्ता में होता है उसकी स्थिति उन राजनीतिक दलों की तुलना में ऊँची होती है जो सत्ता में नहीं होते हैं। इस तरह यह कहा जा सकता है कि राजनीतिक आधार पर भी सामाजिक स्तरण देखने को मिलता है।

धार्मिक आधार सामाजिक स्तरीकरण का पंचम आधार कहा जा सकता है। इस आधार पर भी समाज में स्तरीकरण देखने को मिलता है। उदाहरणस्वरूप, ईसाई धर्म ने अपने धर्म को सुचारु तौर पर चलाने के लिए एवं संगठित करने हेतु उच्च से निम्न की तरफ कई धार्मिक अधिकारियों का पद बनाया है। इस धर्म के सर्वोच्च शिखर पर पोप का स्थान है तथा अन्य अधिकारी क्रमवार रूप में इनके तरह उच्च से निम्न की ओर कार्यरत रहते हैं। इस तरह धार्मिक आधार पर भी उच्च से निम्न की ओर सामाजिक स्तरीकरण का स्वरूप देखने को मिलता है।

सांस्कृतिक आधार सामाजिक स्तरीकरण का छठा आधार कहा जा सकता है। इस आधार पर भी समाज में सामाजिक स्तरीकरण पाया जाता है। भाषा, बौद्धिक कुशलता एवं दूसरे कई सांस्कृतिक आधारों पर समाज में सामाजिक स्तरीकरण का रूप देखने को मिलता है। इस प्रकार सांस्कृतिक आधार पर भी सामाजिक स्तरीकरण होता है।

उक्त वर्णन के आधार पर निष्कर्ष निकाला जा सकता है कि समाज में अनेक आधारों पर ऊँच-नीच का संस्तरण पाया जाता है और इस तरह सामाजिक स्तरीकरण समाज में पाया जाता है।

सामाजिक स्तरीकरण के महत्त्वपूर्ण कारक

सामाजिक स्तरीकरण के समाज में अनेक कारक होते हैं। अर्थात् समाज में सामाजिक स्तरीकरण की परिस्थितियों के लिए कई कारक जिम्मेवार होते हैं। कुछ मुख्य कारक निम्नांकित हैं जो सामाजिक स्तरीकरण के लिए परिस्थितियों की रचना करते हैं।

अलग-अलग प्रकार के कार्यों की जरूरत सामाजिक स्तरीकरण का द्वितीय कारक कहा जा सकता है। स्तरीकरण मात्र मानव में आधारभूत भिन्नता के कारण ही जरूरी नहीं होता है अपितु उसके सामाजिक जरूरतों की पूर्ति हेतु भी आवश्यक होता है। मानव की अनेक आवश्यकताएँ हैं, ये आवश्यकताएँ सामाजिक, आर्थिक, धार्मिक या अन्य किसी भी क्षेत्र में हो सकती हैं, ज्यों-ज्यों समाज का विकास होता है मानव की जरूरतें भी बढ़ती जाती हैं। मनुष्य अपनी प्रत्येक जरूरतों की पूर्ति अकेले नहीं कर सकता है। समाज में अलग-अलग कार्यों को संपादित करने के लिए अलग-अलग लोगों की आवश्यकताएँ होती हैं। इसके लिए यह जरूरी है कि लोगों में पृथक्-पृथक् रुचि, योग्यता एवं क्षमता हो ताकि वे अपना काम सुचारु रूप से कर सकें। इन्हीं जरूरतों के फलस्वरूप समाज में स्तरीकरण का निर्माण होता है। जब अलग-अलग व्यक्ति भिन्न-भिन्न कार्य करने लगेंगे तो यह स्वाभाविक है कि समाज में एक स्तरीकरण कायम हो जाएगा। इस तरह विभिन्न कार्यों की जरूरतों के कारण समाज में सामाजिक स्तरीकरण कायम होता है।

मानव की भिन्नता सामाजिक स्तरीकरण का प्रथम कारक कही जा सकती है। जैविकीय रूप में प्रत्येक मनुष्य एक समान होते हैं। जब बच्चा जन्म लेता है तो एक जैविकीय प्राणी के रूप में रहता है। सभी मनुष्यों में भूख, प्यास, एवं यौन-आवश्यकताओं की तृप्ति समान रूप से पाई जाती है। लेकिन इन समानताओं के बावजूद हर मनुष्य एक समान नहीं होते हैं। रंग-रूप, लिंग, आयु, शरीर की संरचना तथा वेश-भूषा के आधार पर प्रत्येक मानव में विविधता पाई जाती है। कोई व्यक्ति कद का नाटा होता है तो कोई काफी लंबा है, कोई मोटा तो कोई पतला, किसी का रंग गोरा होता है तो किसी का श्यामला तथा अन्य कई तरह की भिन्नताएँ हैं जो मानव में आधारभूत भिन्नताओं के रूप में देखी जा सकती हैं। इन्हीं आधारभूत भिन्नताओं के आधार पर सामाजिक स्तरीकरण होता है। अतएव मानव में आधारभूत भिन्नताएँ सामाजिक स्तरीकरण का एक कारक कहा जा सकता है।

सामाजिक संतुलन की जरूरत सामाजिक स्तरीकरण का तीसरा कारक कही जा सकती है। समाज को व्यवस्थित एवं सुचारु तौर पर चलाने के लिए सामाजिक संतुलन की बहुत जरूरत होती है। इसलिए समाज में श्रम-विभाजन किया जाता है। श्रम-विभाजन के कारण स्वाभाविक रूप से समाज में पृथक्-पृथक् स्थिति प्राप्त लोगों का वर्ग बन जाता है। ये वर्ग एक-दूसरे पर पारस्परिक रूप से निर्भर रहते हैं। पारस्परिक निर्भरता से सामाजिक संतुलन कायम होता है। इस तरह यह कहा जा सकता है कि सामाजिक संतुलन की जरूरत समाज में सामाजिक स्तरीकरण का एक कारक है।

सामाजिक तहीकरण की प्रकृति

सामाजिक स्तरीकरण विभिन्न आधारों पर निश्चित होता है। ये आधार आर्थिक, सामाजिक, जैविकीय, राजनीतिक एवं धार्मिक होते हैं लेकिन किसी समाज में सामाजिक स्तरीकरण का कौन-कौन-सा स्वरूप होगा, यह इस बात पर निर्भर करता है कि उस समाज की प्रथा, परंपरा, रीति-रिवाज एवं आदर्श आदि कैसे हैं। इसलिए सभी समाज में सामाजिक स्तरीकरण का एक-सा स्वरूप दृष्टिगोचर न होकर पृथक्-पृथक् रूपों में दृष्टिगोचर होता है। उदाहरणस्वरूप, भारतीय समाज में परंपरागत तौर पर जातिगत स्तरीकरण देखने को मिलता है जबकि अमेरिका जैसे प्रगतिशील समाज में सामाजिक स्तरीकरण का भिन्न स्वरूप ही देखने को मिलता है। अतः यह कहा जा सकता है कि विभिन्न समाजों में सामाजिक स्तरीकरण के पृथक्-पृथक् स्वरूप दृष्टिगोचर होते हैं। सामाजिक स्तरीकरण के इन स्वरूपों को तीन रूपों में देखा जा सकता है जो निम्नांकित हैं—

जातिगत स्तरीकरण सामाजिक स्तरीकरण का प्रथम स्वरूप है। इसका निर्धारण जन्म के आधार पर होता है। अर्थात् जिस जाति में किसी व्यक्ति का जन्म

हो जाता है वह उसका सदस्य हो जाता है। भारतीय समाज में जातिगत तहीकरण का स्वरूप देखने को मिलता है। भारत में हिंदू समाज को चार वर्णों—ब्राह्मण, क्षत्रिय, वैश्य एवं शूद्र में बाँटा गया जो अब कई जातियों एवं उपजातियों में विभाजित हो गए हैं। इन जातियों एवं उपजातियों को हिंदू सामाजिक व्यवस्था में उच्च एवं निम्न स्थान प्राप्त हैं। जातिगत संस्तरण में ब्राह्मण को सर्वोच्च स्थान एवं शूद्र को सबसे निम्न स्थान प्राप्त है। इस तरह समाज में उच्च एवं निम्न के रूप में जातिगत स्तरीकरण का रूप देखने को मिलता है न सिर्फ हिंदू समाज में अपितु मुसलिम समाज में भी जातिगत रूप से ऊँच-नीच का भेदभाव पाया जाता है। इनमें भी शेख, सैयद, मुगल, पठान आदि के तौर पर जातिगत संस्तरण देखने को मिलता है। अर्थात् मुसलिम समाज में भी जातिगत स्तरीकरण का रूप देखने को मिलता है। चूँकि जातिगत स्तरीकरण जन्म पर आधारित होता है इसलिए यह स्थायी एवं दृढ़ होता है। इसमें किसी भी तरह बदलाव करना संभव नहीं होता है। इस तरह यह पता चलता है कि भारत में जातिगत स्तरीकरण का स्वरूप स्पष्ट एवं विस्तृत है। इसका प्रभाव इतना बदलाव है कि बाहर से आकर यहाँ बसने वाले भी इसके प्रभाव से बचे नहीं रह सके हैं। जातिगत स्तरीकरण में किसी भी प्रकार का परिवर्तन संभव नहीं होता है अर्थात् कोई भी अपनी जातिगत स्थिति से ऊँची स्थिति में नहीं जा सकता है एवं न कोई जातिगत स्थिति से नीचे आ सकता है। अतः सामाजिक स्तरण का एक स्वरूप जातिगत स्तरीकरण के तौर पर देखने को मिलता है।

प्रजातीय स्तरीकरण सामाजिक स्तरीकरण का द्वितीय स्वरूप कहा जा सकता है। इसका स्वरूप भी जातिगत स्तरीकरण से मिलता-जुलता है। पॉल एवं वाल्टर (Paul and Walter) तथा रेमण्ड फर्थ (Raymond Firth) आदि विद्वानों ने यह कहा है कि प्रजाति का निर्धारण कतिपय विशेष शारीरिक लक्षणों एवं विशिष्टताओं के आधार पर होता है। अर्थात् कतिपय विशेष शारीरिक लक्षणों के आधार पर उच्च प्रजाति तथा निम्न प्रजाति का निर्धारण होता है। अमेरिकी समाज में प्रजातीय स्तरीकरण का रूप देखने को मिलता है। वहाँ रंग भेद के आधार पर प्रजाति को तीन हिस्सों में विभक्त कर दिया गया है जो क्रमशः श्वेत प्रजाति, पीत प्रजाति तथा श्याम प्रजाति के नाम से जानी जाती है। श्वेत प्रजाति की स्थिति सामाजिक स्तरीकरण में सबसे ऊँची मानी जाती है। उसके पश्चात् क्रमशः पीत प्रजाति एवं स्याम प्रजाति का स्थान है। अर्थात् श्याम प्रजाति अथवा नीग्रो सामाजिक स्तरीकरण में सबसे निम्न स्थान पर है। इस तरह यह पता चलता है कि प्रजाति के आधार पर भी सामाजिक स्तरीकरण का स्वरूप देखने को मिलता है। अतएव प्रजातीय स्तरीकरण सामाजिक स्तरीकरण का स्वरूप कहा जा सकता है।

वर्गगत स्तरीकरण सामाजिक स्तरीकरण का तृतीय स्वरूप कहा जा सकता है। वर्गगत स्तरीकरण न सिर्फ आधुनिक समाजों में पाया जाता है अपितु परंपरागत व

आदिम समाजों में भी इसका स्वरूप देखने को मिलता है। यह मुक्त समाजों की एक विशेषता है। इस तरह के स्तरीकरण का आधार आयु, पेशा, आय, सम्पत्ति, धर्म, शिक्षा तथा राजनीतिक सत्ता आदि हैं। कहने का आशय यह है कि उपरोक्त आधारों पर वर्गगत स्तरीकरण का स्वरूप निर्धारित होता है। इन आधारों पर समाज में व्यक्ति को एक निर्धारित स्थिति प्राप्त होती है एवं समान स्थिति वाले व्यक्ति मिलकर एक स्तर का निर्माण करते हैं। इस तरह समाज में उच्च तथा निम्न स्तर कायम हो जाता है, लेकिन वर्गगत स्थिति एक अस्थिर स्थिति है क्योंकि यह जरूरी नहीं है कि जिन आधारों पर आज समाज में किसी को उच्च स्थिति प्राप्त है वही स्थिति सदा कायम रहे अर्थात् इसमें बदलाव चलता रहता है। अनेक व्यवसायी व्यवसाय के आधार पर समाज में उच्च स्थिति प्राप्त किए हुए है। हो सकता है कल को उसके व्यवसाय में अपूर्णीय क्षति हो जाए तो स्वतः ही वह निम्न स्थिति को प्राप्त हो जाएगा। इसी तरह कोई व्यक्ति अत्यन्त निर्धन है। समाज में उसकी स्थिति निम्न है लेकिन अगर उसे लाटरी का इनाम मिल जाए तो उसकी स्थिति यकायक ऊँची हो जाएगी और वह उच्च वर्ग में सम्मिलित हो जाएगा। इस तरह वर्गगत स्थिति अनिश्चित होती है और साथ ही इसमें व्यक्तियों का एक स्थिति से दूसरी स्थिति में जाना संभव होता है। इस तरह वर्गगत स्तरीकरण सामाजिक स्तरीकरण का एक स्वरूप कहा जा सकता है।

महत्त्व

सामाजिक तहीकरण जैसा कि नाम से ही स्पष्ट होता है समाज को विविध स्तरों में विभाजित करने को कहा जाता है। अर्थात् समाज को उच्च और निम्न स्तर पर में बाँटकर सामाजिक स्तरीकरण किया जाता है। मोटे तौर पर देखने से ज्ञात होता है कि सामाजिक स्तरीकरण के द्वारा समाज को बाँटने तथा ऊँच-नीच का भेद-भाव पैदा करने का काम किया जाता है। परंतु हकीकत ऐसी नहीं है। सामाजिक स्तरीकरण का बहुत बड़ा सामाजिक महत्त्व है। विविध अध्ययनों से पता चलता है कि सामाजिक स्तरीकरण समाज में व्यवस्था एवं एकता बनाए रखने में मददगार साबित होता है। अतः सामाजिक व्यवस्था में इसका महत्त्व बढ़ जाता है। सामाजिक स्तरीकरण के कतिपय सामाजिक महत्त्व निम्नलिखित कहे जा सकते हैं–

प्रथम सामाजिक महत्त्व सामाजिक स्तरीकरण का यह है कि इसके द्वारा सामाजिक जरूरतों की पूर्ति होती है। मानव की जरूरतें अनन्त हैं। उनमें से कुछ जरूरतें ऐसी हैं जिनका पूरा होना आवश्यक होता है। कोई भी व्यक्ति अपनी सभी जरूरतों की पूर्ति स्वयं नहीं कर सकता है इसलिए यह आवश्यक प्रतीत होता है कि समाज का स्तरीकरण हो अपितु इसके आधार पर श्रम-विभाजन का रूप निश्चित हो सके। श्रम-विभाजन के कारण मानव एक-दूसरे की आवश्यकताओं की पूर्ति आसानी से

कर सकता है। इस तरह यह पता चलता है कि सामाजिक स्तरीकरण के द्वारा सामाजिक आवश्यकताओं की पूर्ति होती है जो कि इसका एक सामाजिक महत्त्व है।

द्वितीय सामाजिक महत्त्व सामाजिक स्तरीकरण का यह है कि इसके द्वारा सामाजिक पदों का उचित निर्धारण हो पाता है। हर व्यक्ति की योग्यता एवं क्षमता समाज में एक समान नहीं होती है। उनमें भिन्नता पाई जाती है। समाज का यह दायित्व बनता है कि हर व्यक्ति को उनकी योग्यता और क्षमता के अनुसार पद सौंपा जाए। इसलिए समाज सामाजिक स्तरीकरण के द्वारा प्रत्येक व्यक्ति को उसकी योग्यता एवं क्षमता के अनुसार सामाजिक पद प्रदान करता है। ज्यादा पैसा वाला आदमी यह अपेक्षा करता है कि उसे समाज में उच्च स्थान प्राप्त हो, ज्यादा पढ़ा-लिखा आदमी यह अपेक्षा करता है कि समाज उसे सम्मान की दृष्टि से देखे। अगर सामाजिक स्तरीकरण न हो तो समाज व्यक्तियों को योग्यताओं और क्षमताओं के अनुरूप पद अथवा सम्मान प्रदान नहीं कर सकता है। इस तरह सामाजिक स्तरीकरण का दूसरा सामाजिक महत्त्व यह कहा जा सकता है कि यह सामाजिक पदों का उचित निर्धारण करता है।

तृतीय सामाजिक महत्त्व सामाजिक स्तरीकरण का यह है कि यह समाज में सामाजिक व्यवस्था एवं संगठन कायम करने में मददगार साबित होता है। समाज में प्रत्येक व्यक्ति में जन्मजात ही कुछ-न-कुछ भिन्नताएँ पाई जाती हैं, बड़ा होने पर विविध कारणों से उसमें भिन्नताएँ बढ़ती ही जाती हैं। व्यक्तियों का रहन-सहन, विचार, मनोभाव एवं बौद्धिक क्षमता आदि पृथक्-पृथक् हो जाते हैं। इन आधारों पर उनमें उच्च तथा निम्न का एक स्तर स्वयं कायम हो जाता है। इससे समाज व्यवस्थित हो जाता है। साथ ही उनमें संगठनात्मक प्रवृत्ति भी जागृत होती है क्योंकि एक तरह के विचार मनोभाव तथा बौद्धिक क्षमता वाले व्यक्ति स्वयं एक साथ संगठित हो जाते हैं।

चतुर्थ सामाजिक महत्त्व सामाजिक स्तरीकरण का यह है कि यह समाज की संघर्षो से रक्षा करता है तथा सामाजिक एकीकरण में भी मददगार सिद्ध होता है। सामाजिक स्तरीकरण के कारण समाज का उच्च तथा निम्न स्तरों में विभक्तिकरण होता है। साथ ही समाज में सभी एक-दूसरे की जरूरतों की पूर्ति करते हैं। यह स्थिति सामाजिक एकीकरण करने में मददगार सिद्ध होती है क्योंकि मानव अपनी सभी जरूरतों की पूर्ति स्वयं नहीं कर सकता। अर्थात् सामाजिक स्तरीकरण के कारण समाज में पारस्परिक निर्भरता बढ़ती है। यह पारस्परिक निर्भरता समाज को विभिन्न तरह के संघर्षों से रक्षा करता है तथा सामाजिक एकीकरण करने में भी सहायक सिद्ध होता है। इस तरह यह कहा जा सकता है कि सामाजिक स्तरीकरण समाज की संघर्षों से रक्षा करता है तथा सामाजिक एकीकरण करने में भी सहायक साबित होता है जो इसका एक सामाजिक महत्त्व कहा जा सकता है।

उक्त वर्णन के आधार पर यह निष्कर्ष निकाला जा सकता है कि सामाजिक स्तरीकरण का अपना एक पृथक् सामाजिक महत्त्व है लाभदायक सिद्ध होता है।

सामाजिक स्तरीकरण के प्रमुख कार्य

सामाजिक स्तरीकरण समाज हेत उपयोगी सिद्ध होता है। यह समाज हेतु बहुत ही उपयोगी कार्य करता है, यदि समाज में सामाजिक स्तरीकरण न हो तो समाज का कार्य सुचारु ढंग से नहीं चल पाएगा। अतएव सामाजिक स्तरीकरण समाज के लिए जरूरी है। डेविस तथा मूरे ने भी सामाजिक स्तरीकरण के प्रकार्यवादी विश्लेषण को स्वीकार किया है तथा इसे समाज हेतु लाभदायक बताया है। इस तरह यह कहा जा सकता है कि समाज में कई व्यवस्थाओं को बनाए रखने के लिए सामाजिक स्तरीकरण आवश्यक है। किंसले डेविस तथा विलबर्ट ई० मूरे (Kingsley Davis and Wilbert E. Moore) ने 'Some Principles of Stratification (American Sociological Review)' में सामाजिक स्तरीकरण के प्रमुख प्रकार्यात्मक पक्ष निम्नांकित बताए हैं–

श्रम-विभाजन की व्यवस्था सामाजिक स्तरीकरण का प्रथम महत्त्वपूर्ण कार्य है। सामाजिक स्तरीकरण में समाज कतिपय स्तरों में बँटा रहता है एवं हर स्तर से संबंधित कुछ प्रकार्य भी होते हैं। उस स्तर के सदस्य उस कार्य को पूरा करते हैं। इस प्रकार श्रम-विभाजन की व्यवस्था बनी रहती है। यदि हिंदू सामाजिक व्यवस्था का ही उदाहरण लिया जाए जिसमें जाति प्रथा भी आती है तो इसमें जाति कुछ परतों में विभाजित रहती है एवं प्रत्येक जाति से संबंधित कुछ प्रकार्य भी निर्धारित रहते हैं जिसे उस जाति विशेष के सदस्य हेतु करते हैं।

व्यक्तियों को कठिन श्रम करने हेतु प्रेरित सामाजिक स्तरीकरण का द्वितीय महत्त्वपूर्ण प्रकार्य करना है। प्रत्येक सामाजिक स्तरीकरण से संबंधित कतिपय विशिष्ट मूल्य एवं आदर्श पाए जाते हैं जिन्हें पूरा करने हेतु लोगों को कठिन श्रम करना पड़ता है।

प्रकार्य प्रतियोगिता को संभव बनाना सामाजिक स्तरीकरण का तृतीय महत्त्वपूर्ण होता है। सामाजिक स्तरीकरण में व्यक्ति को उच्च पद और प्रतिष्ठा पाने के लिए प्रतियोगिता करनी पड़ती है। प्रतियोगिता के आधार पर ज्यादा प्रतिभावान व्यक्ति अच्छे पदों को प्राप्त करते हैं।

सामाजिक नियंत्रण करना सामाजिक स्तरीकरण का चतुर्थ महत्त्वपूर्ण प्रकार्य होता है। सामाजिक स्तरीकरण में समाज कई स्तरों में बँटा होता है। समाज में हर स्तर से संबंधित कुछ नियम एवं कानून होते हैं जो व्यक्तियों के व्यवहारों को नियंत्रित करते रहते हैं। इस तरह सामाजिक स्तरीकरण का चौथा प्रकार्य सामाजिक नियंत्रण करना कहा जा सकता है।

व्यक्तियों की कुशलता एवं योग्यता में वृद्धि करने हेतु प्रोत्साहित करना सामाजिक स्तरीकरण का पंचम प्रकार्य है। सामाजिक स्तरीकरण के अंतर्गत प्रत्येक

समाज अपने सदस्यों को कुशलता एवं योग्यता में बढ़ोतरी करने हेतु प्रोत्साहित करता है। जो सदस्य अपने समाज के आदर्शों एवं मूल्यों के अनुसार आचरण करते हैं उन्हें प्रोत्साहित करने के लिए पुरस्कार प्रदान किया जाता है। ये पुरस्कार काम करने की प्रेरणा देकर व्यक्तियों के कुशलता एवं योग्यता में बढ़ोतरी करने का संकल्प प्रदान करते हैं। फलतः व्यक्ति अपने कार्यों एवं प्रयासों से अपनी कुशलता एवं योग्यता में बढ़ोतरी करता है। इस तरह सामाजिक स्तरीकरण व्यक्तियों की कुशलता एवं योग्यता गें बढ़ोतरी करता है।

व्यक्तियों को मनोवैज्ञानिक संतोष प्रदान करना सामाजिक स्तरीकरण का छठा प्रकार्य है। सामाजिक स्तरीकरण के द्वारा हर व्यक्ति को कतिपय स्थिति एवं कार्य प्रदान किया जाता है। व्यक्ति अपनी इस स्थिति एवं कार्य से संतुष्ट रहता है। इस प्रकार व्यक्तियों को मनोवैज्ञानिक संतुष्टि मिलती है। हिंदू जाति व्यवस्था में हर जाति के सदस्य अपने उच्च या निम्न स्थिति एवं उससे संबंधित प्रकार्य से संतुष्ट रहते हैं। अतः यह कहा जा सकता है कि सामाजिक स्तरीकरण मनुष्यों को मनोवैज्ञानिक संतोष प्रदान करता है।

उक्त वर्णन के आधार पर कहा जा सकता है कि सामाजिक स्तरीकरण समाज में व्यक्तियों को भिन्न-भिन्न प्रकार्यों के द्वारा बहुत लाभ पहुँचाता है। अर्थात् यह समाज की भलाई हेतु कार्य करता है। लेकिन जैसा कि स्वाभाविक है कोई भी व्यवस्था सिर्फ गुणों से भरपूर नहीं होती अर्थात् सिर्फ समाज को लाभ ही नहीं पहुँचाती अपितु यह कुछ ऐसा भी कार्य करती है जो समाज हेतु लाभदायक न होकर हानिकारक होते हैं। सामाजिक स्तरीकरण भी इससे अछूता नहीं है। सामाजिक स्तरीकरण के भी कतिपय अकार्य होते हैं जिनका विवरण आगे दिया जा रहा है।

सामाजिक स्तरीकरण के प्रमुख अकार्य

सामाजिक स्तरीकरण के निम्नांकित अकार्य कहे जा सकते हैं—

समाज में सामाजिक विषमता पैदा करना—सामाजिक स्तरीकरण का प्रथम अकार्य यह है कि यह समाज में सामाजिक विषमता पैदा करता है। सामाजिक स्तरीकरण के कारण समाज अनेक स्तरों एवं उप-स्तरों में विभक्त हो जाता है। इसके कारण समाज में ऊँच-नीच की भावना उत्पन्न हो जाती है। हिंदू जाति व्यवस्था में समाज कई जाति एवं उपजातियों में विभाजित है। इन विविध जातियों की स्थिति एक समान न होकर उच्च एवं निम्न है। उच्च एवं निम्न की भावना के कारण समाज में सामाजिक विषमता उत्पन्न होती है जो समाज हेतु लाभदायक नहीं होती है। जाति व्यवस्था में ब्राह्मणों की स्थिति सबसे ऊँची, उसके पश्चात् क्रमशः क्षत्रिय, वैश्य और शूद्र की स्थिति है। अर्थात् शूद्र सबसे निम्न स्थिति में है। अतएव इस विषमता के कारण उसमें असंतोष फैलना स्वाभाविक है। इसी तरह वर्ग व्यवस्था में भी ऊँच-नीच

का स्तर देखने को मिलता है। पूँजीपति वर्ग तथा श्रमिक वर्ग के रूप में इनमें भी स्तरीकरण है जिसके कारण असंतोष उत्पन्न होता है तथा कभी-कभी यह असंतोष एक दावानल के रूप में प्रस्फुटित हो जाता है। प्रजाति में भी यह विषमता देखने 14ण3सामाजिक विभेदीकरण की प्रक्रिया कहलाती है। इस तरह यह पता चलता है कि विभेदीकरण समाज को सुचारु तौर पर चलाने हेतु व्यक्तियों की योग्यताओं एवं क्षमताओं के अति कार्य करने का अवसर प्रदान करता है। यह समाज के लिए अत्यन्त महत्त्वपूर्ण है।

सामाजिक अंतर की विभिन्न परिभाषाएँ

सामाजिक विभेदीकरण की निम्नलिखित परिभाषाएँ दी जा सकती हैं–

ल्यूमले (Lumley) ने सामाजिक विभेदीकरण को परिभाषित करते हुए लिखा है, "विभेदीकरण से हमारा तात्पर्य उस प्रक्रिया से है जिससे कि व्यक्ति विभेदों को विकसित कर लेते हैं और जिससे एकत्रित होकर एक आर्केस्ट्रा के विभिन्न संगीतज्ञों के समान वे मिलकर अधिक पूर्ण और अधिक समन्वित समग्र बनाते हैं।" ("By differentiation we mean that process by which individuals cultivate differences, which put together as the players in orchestra make a fuller and more harmonious whole.")

सामाजिक विभेदीकरण को परिभाषित करते हुए न्यूमेयर (Neumeyer) ने लिखा है, "सामाजिक विभेदीकरण वह प्रक्रिया है जिससे व्यक्तियों और समूहों के जैविकीय, आनुवंशिक और आयु, लिंग, प्रजाति के शारीरिक लक्षण, समजातीय और व्यक्तिगत व्यवसायों की भिन्नताएँ, सामाजिक स्थिति, सांस्कृतिक पृष्ठभूमि, और अर्जित व्यक्तित्त्व-लक्षण तथा समूह को बनाने में और सामाजिक संबंधों में प्राप्ति और विभेद के कारण सामाजिक अंतर पाया जाता है। सामाजिक विभेदीकरण की प्रक्रिया के सोपान और परिणाम दोनों ही हैं।" ("Social differentiation is the process whereby social differences of persons and groups occur due to biological hereditary and physical characteristics—age, sex, race consequences and individual variations in vocations, social status, cultural background and acquired personality, traits and accomplishments and differences in group composition and social relationships. Social differences are both phases and products of the process of differentiation.") इस परिभाषा से ज्ञात होता है कि समाज में भिन्न-भिन्न आधारों पर व्यक्तियों में विभेद पाया जाता है जो उनके सामाजिक जीवन में भी परिलक्षित हो जाता है।

इस परिभाषा से स्पष्ट होता है कि सामाजिक विभेदीकरण में व्यक्ति आर्केस्ट्रा के वाद्य-यंत्रों की तरह भिन्नता लिए रहते हैं, लेकिन जैसे विभिन्न वाद्य-यंत्रों की मददसे आर्केस्ट्रा चलती है वैसे ही भिन्नता में समग्रता उत्पन्न होने से समाज चलती है।

सामाजिक अंतर की प्रमुख विशिष्टताएं

सामाजिक विभेदीकरण की प्रमुख विशेषताओं की चर्चा उपरोक्त परिभाषाओं के आधार पर की जा सकती है जो निम्नांकित हैं–

प्रथम विशेषता सामाजिक विभेदीकरण की यह है कि इससे व्यक्तियों एवं व्यक्तियों के मध्य तथा समूहों एवं समूहों के मध्य विभेदीकरण पैदा होता है। सामाजिक विभेदीकरण में व्यक्तियों की योग्यताओं एवं क्षमताओं के अनुरूप उन्हें विभिन्न तरह का कार्य सौंपा जाता है। इस प्रकार व्यक्तिगत भिन्नता अनुरूप होती है। व्यक्तिगत भिन्नता के आधार पर सामूहिक भिन्नता भी उत्पन्न होती है। इस तरह व्यक्ति तथा समूहों में विभेद उत्पन्न करना सामाजिक विभेदीकरण की विशेषता कही जा सकती है।

दूसरी विशेषता सामाजिक अंतर की यह है कि व्यक्तियों और समूहों में विभिन्न लक्षणों के अंतर होने से सामाजिक विभेदीकरण होता है। व्यक्तियों में आयु, लिंग, जाति, प्रजाति, वर्ग, व्यक्तित्त्व, सामाजिक स्थिति, व्यवसाय और जैविकीय आधार पर अंतर होने से सामाजिक विभेदीकरण होता है। उपरोक्त आधारों पर व्यक्तियों में भिन्नता होना स्वाभाविक है और इसी विविधता के चलते सामाजिक विभेदीकरण होता है।

तृतीय विशेषता सामाजिक विभेदीकरण की यह है कि इसमें सामाजिक विभेद पाया जाता है। अर्थात् सामाजिक विभेदीकरण में सामाजिक अंतर के आधार पर काम किया जाता है। फलतः विभेद का पैदा होना स्वाभाविक है।

उपरोक्त विशेषताओं से पता चलता है कि सामाजिक विभेदीकरण एक स्वाभाविक प्रक्रिया है एवं यह समाज में विद्यमान रहती है। इसी के आधार पर सभी समाज तथा समूह में व्यक्तियों की योग्यताओं एवं क्षमताओं में विभेद किया जाता है। समाज के लिए यह विभेद उपयोगी होता है।

सामाजिक अंतर की प्रकृति

सामाजिक अंतर की प्रकृति अनेक हैं जिनके आधार पर समाज में विभेदीकरण देखने को मिलता है। सामाजिक विभेदीकरण के निम्नलिखित प्रमुख स्वरूप कहे जा सकते हैं–

प्रजाति पर आधारित विभेदीकरण सामाजिक विभेदीकरण का प्रथम स्वरूप कहा जा सकता है। प्रजाति के आधार पर भी सामाजिक विभेदीकरण किया जाता

है। यह एक प्राणिशास्त्रीय आधार है। प्रजाति में व्यक्तियों के वंशानुगत शारीरिक लक्षण काफी हद तक समान होते हैं। प्रजाति का निर्धारण कतिपय विशेष शारीरिक लक्षणों के आधार पर किया जाता है। ये दैहिक लक्षण हैं—कद, काठी, त्वचा का रंग, खोपड़ी की बनावट, आँखों का रंग एवं बनावट, केश की रचना आदि। समान लक्षण वाले व्यक्ति एक प्रजाति के अंदर आते हैं। साथ ही यह एक पीढ़ी से दूसरी पीढ़ी को हस्तांतरित भी होता रहता है। इन्हीं विशिष्ट शारीरिक लक्षणों के आधार पर एक प्रजाति को दूसरी प्रजाति से पृथक् किया जाता है। विदेशों में श्वेत एवं नीग्रो प्रजाति के मध्य विभेदीकरण इसी आधार पर किया जाता है। अतएव प्रजाति भी सामाजिक विभेदीकरण का एक स्वरूप कहा जा सकता है।

उम्र पर आधारित विभेदीकरण सामाजिक विभेदीकरण का दूसरा स्वरूप कहा जा सकता है। अर्थात् आयु-समूह के आधार पर भी समाज में सामाजिक विभेदीकरण किया जाता है। समाज में आयु की विविधता के आधार पर भिन्न-भिन्न उम्र समूह बन जाते हैं। आयु के आधार पर ही समाज में व्यक्ति का पद एवं काम निर्धारित होता है। कहने का अभिप्राय यह है कि आयु के आधार पर बच्चों की स्थिति अथवा पद वृद्धों की तुलना में कम महत्त्वपूर्ण होती है। जितना महत्त्व बुजुर्ग समूह के व्यक्तियों को दिया जाएगा उतना महत्त्व बच्चों के समूह अथवा युवा समूह को नहीं दिया जाएगा। इस आधार पर उनमें विभेदीकरण पाया जाता है। स्थिति एवं पद में भिन्नता इसलिए भी होती है कि उम्र बढ़ने के साथ-साथ व्यक्ति की परिपक्वता भी बढ़ती है। कम उम्र-समूह के लोगों से उस परिपक्वता की आशा नहीं की जा सकती है जितनी परिपक्वता की आशा ज्यादा आयु समूह के लोगों से की जा सकती है। यदि किसी समाज में कम आयु समूह के लोगों को ज्यादा महत्त्व दिया जाता है तो यह जरूरी नहीं कि उसे उतना सम्मान भी दिया जाता हो जितना बुजुर्गों को दिया जाता है। स्थितियों के साथ-साथ कार्य का निर्धारण भी आयु समूह के आधार पर किया जाता है। जनजातियों में युवा गृह की स्थापना एक विशिष्ट आयु समूह के लोगों के लिए ही किया जाता है जहाँ वह अपनी संस्कृति से अनुशासन की शिक्षा पाता है। प्राच्य भारतीय सामाजिक व्यवस्था में चार आश्रमों की व्यवस्था सामाजिक विभेदीकरण का एक अत्यन्त सटीक उदाहरण है जो आयु-समूह पर आधारित विभेदीकरण हैं।

लिंग पर आधारित विभेदीकरण सामाजिक विभेदीकरण का तृतीय स्वरूप कहा जा सकता है। लिंग के आधार पर समाज में विभेदीकरण पाया जाता है। स्त्री एवं पुरुष की शारीरिक रचनाओं में विविधता पाई जाती है और इस कारण उनमें विभेदीकरण होता है। स्त्रियों की प्रकृति कोमल, निर्बल, भावुक एवं धार्मिक मानी गई है एवं अक्सर यह देखने को भी मिलता है जबकि पुरुषों की प्रकृति कठोर, सबल, तुलनात्मक रूप से कम भावुक और तुलनात्मक रूप से कम धार्मिक की मानी

गई है जो अक्सर देखने को भी मिलता है। अर्थात् शारीरिक रचना एवं प्रकृति के आधार पर दोनों में विविधताएं पाई जाती हैं। इसलिए दोनों का कार्य-विभाजन भी इस तरह से किया गया है ताकि वे अपने-अपने कार्यों को सुचारु रूप से कर सकें। अक्सर पुरुषों को बाहर का काम-धंधा सौंपा जाता है तथा स्त्रियों को घर के अंदर का काम-काज सौंपा जाता है। यह इसलिए है कि वे अपनी-अपनी प्रकृति के अनुसार इन कार्यों को सुचारु रूप से कर सकें। हालाँकि आज के प्रगतिशील और आधुनिक युग में स्त्रियाँ बाहर का काम-काज भी करती हैं। वे विभिन्न दफ्तरों में कार्य करती हैं एवं दूसरे क्षेत्रों में भी कार्य करती हैं लेकिन परंपरागत रूप से इनको गृह का काम ही सौंपा गया है। साथ ही महिलाओं एवं पुरुषों में कार्य का विभेदीकरण संस्कृति विशेष में बदल भी जाता है। उदाहरणस्वरूप, आधुनिक समाज या सभ्य समाज में महिलाएं को घर का कार्य तथा पुरुषों को बाहर का कार्य सौंपा गया है जबकि टोडा जनजाति में स्त्रियाँ बाहर का कार्य तथा पुरुष घर का कार्य करते हैं, लेकिन सामाजिक विभेदीकरण तो दोनों ही जगह देखने को मिलता है भले ही कार्य-विभाजन भिन्न-भिन्न है। ऐसा नहीं है कि सभ्य समाज में जो कार्य महिलाएं करती हैं वे पुरुष नहीं कर सकते या जो कार्य पुरुष करते हैं वे स्त्रियाँ नहीं कर सकतीं। लेकिन समाज में कार्यों का विभाजन कर समाज को स्थायित्व प्रदान किया जाता है। इस तरह यह कहा जा सकता है कि लिंग पर आधारित सामाजिक विभेदीकरण, सामाजिक विभेदीकरण का एक स्वरूप है क्योंकि इससे अन्य सामाजिक विभेद भी पैदा होते हैं। समाज को सुचारु रूप से चलाने के लिए भी लिंग पर आधारित विभेदीकरण जरूरी हो जाता है। अतः यह सामाजिक विभेदीकरण का एक मुख्य स्वरूप है।

चौथा सामाजिक विभेदीकरण का धार्मिक विभेदीकरण स्वरूप कहा जा सकता है। धार्मिक आधार पर भी समाज में विभेदीकरण पाया जाता है। विश्व के लगभग सभी देशों में धार्मिक आधार पर विभेदीकरण पाया जाता है। भारतवर्ष में हिंदू, मुसलिम, सिक्ख, ईसाई, बौद्ध एवं जैन आदि न जाने कितने धर्मों के लोग निवास करते हैं। इन सबों के मध्य धार्मिक विभेदीकरण धर्म के आधार पर पाया जाता है। अतएव यह स्पष्ट होता है कि धर्म के आधार पर भी सामाजिक विभेदीकरण का स्वरूप देखने को मिलता है।

वर्ग विभेदीकरण सामाजिक विभेदीकरण का पाँचवाँ स्वरूप कहा जा सकता है। अर्थात् वर्ग के आधार पर भी सामाजिक विभेदीकरण किया जाता है। समाज में विविध आधारों पर अलग-अलग वर्ग पाए जाते हैं। ये आधार, शिक्षा, धन, व्यवसाय आदि होते हैं। शिक्षा के आधार पर समाज में सामाजिक विभेदीकरण पाया जाता है। शिक्षित एवं अशिक्षित व्यक्तियों के मध्य विभेदीकरण होता है। धन के आधार पर भी धनी और निर्धन दो वर्ग समाज में पाए जाते हैं। दोनों का महत्त्व समाज में एक समान नहीं है। इसी प्रकार व्यवसाय या पेशा के आधार पर भी समाज में विभेदीकरण पाया जाता है।

व्यवसाय के आधार पर डॉक्टर, अमिर्यता, प्राध्यापक क्लर्क, चपरासी आदि अनेक विभेदीकरण समाज में पाए जाते हैं। ये सभी पृथक्-पृथक् वर्ग हैं। इनके आधार पर समाज में विभेदीकरण पाया जाता है। अतः वर्ग विभेदीकरण भी सामाजिक विभेदीकरण का एक स्वरूप कहा जा सकता है।

सामाजिक विभेदीकरण आर्थिक आधार पर भी होता है जो इसका छठा स्वरूप कहा जा सकता है। समाज में भिन्न-भिन्न व्यक्तियों की योग्यताएँ एवं क्षमताएँ पृथक्-पृथक् होती हैं। उनकी शिक्षा, मानसिक संरचना, शारीरिक संरचना आदि भिन्न-भिन्न होती हैं। इन्हीं आधारों पर व्यक्ति अपना व्यवसाय चुनता है। पृथक्-पृथक् व्यवसाय अपनाने के कारण उनका अपना पृथक्-पृथक् आर्थिक समूह बन जाता है। विभिन्न समूहों की स्थिति एवं कार्य भी पृथक्-पृथक् होते हैं। इस तरह पता चलता है कि आर्थिक आधार पर भी सामाजिक विभेदीकरण होता है। अतएव आर्थिक आधार सामाजिक विभेदीकरण का स्वरूप कहा जा सकता है।

ग्रामीण एवं नगरीय विभेदीकरण सामाजिक विभेदीकरण का सप्तम स्वरूप कहा जा सकता है। हर समुदाय दो हिस्सों में विभाजित रहता है। ये भाग ग्राम एवं नगर कहे जा सकते हैं। इन दोनों समुदायों को ग्राम्य समुदाय एवं नगरीय समुदाय कहा जाता है। इन दोनों समुदायों में निवास करने वालों को क्रमशः ग्रामीण एवं नगर निवासी के नाम से जाना जाता है। इन दोनों समुदायों के लोगों का जीवन-स्तर एवं रहन-सहन का तरीका पृथक्-पृथक् होता है। इनका जीवन-प्रतिमान भी पृथक्-पृथक् होता है। इस तरह दोनों समुदायों में विभेदीकरण किया जा सकता है। ग्राम्य जीवन में प्राकृतिक वातावरण, सरल और सादा जीवन, सामुदायिक भावना आदि देखने को मिलती है जबकि नगरीय जींवन में कृत्रिम वातावरण, जटिल जीवन, चमक-दमक, घनी आबादी तथा व्यक्तिवादिता आदि ज्यादा देखने को मिलती है। इन्हीं आधारों पर ग्रामीण एवं नगरीय जीवन में पृथक्-पृथक् प्रकृति पाई जाती है। इन आधारों पर ग्रामीण तथा नगरीय विभेदीकरण भी किया जाता है। सामाजिक विभेदीकरण के स्वरूपों में ग्रामीण और नगरीय विभेदीकरण अत्यन्त महत्त्वपूर्ण है।

आठवाँ राजनीतिक समूह सामाजिक विभेदीकरण का आधार कहा जा सकता है। अर्थात् इस आधार पर भी सामाजिक विभेदीकरण मिलता है। विभिन्न राजनीतिक समूहों में विविधता पाई जाती है। उनमें पृथक्-पृथक् विशेषताएँ भी पाई जाती हैं। अतः विभिन्न राजनीतिक समूहों में विभेदीकरण किया जाता है। इस तरह यह स्पष्ट होता है कि राजनीतिक समूह सामाजिक विभेदीकरण का एक स्वरूप है।

नौवाँ स्वरूप सामाजिक विभेदीकरण का भाषा कहा जा सकता है। भाषा के आधार पर भी समाज में कई भाषा-भाषी समूह पाए जाते हैं। अर्थात् एक भाषा बोलने वालों का अपना एक समूह होता है एवं वे दूसरी भाषा बोलने वाले से लगभग

अलग-अलग रहते हैं। इस तरह भाषा के आधार पर भी सामाजिक विभेदीकरण देखने को मिलता है। अतएव भाषा सामाजिक विभेदीकरण का स्वरूप कहा जा सकता है।

दसवाँ स्वरूप सामाजिक विभेदीकरण का शिक्षा के आधार पर विभेदीकरण कहा जा सकता है। शिक्षा के आधार पर भी समाज का विभेदीकरण होता है। शिक्षित और अशिक्षित समुदाय, ज्यादा पढ़े-लिखे तथा कम पढ़े-लिखे का समुदाय, साक्षर एवं निरक्षर समुदाय आदि के आधार पर समाज में विभेदीकरण देखने को मिलता है। अतएव शिक्षा भी सामाजिक विभेदीकरण का स्वरूप कहा जा सकता है।

उपर्युक्त विवरणों से पता चलता है कि सामाजिक विभेदीकरण के कई स्वरूप होते हैं जिनके आधार पर सामाजिक विभेदीकरण किया जाता है।

सामाजिक विभेदीकरण तथा सामाजिक स्तरीकरण के बीच भेद

सामाजिक स्तरीकरण और सामाजिक विभेदीकरण दोनों ही प्रक्रियाएँ समाज को विभिन्न आधारों पर बाँटने वाली प्रक्रियाएँ हैं। इन दोनों में विभाजन का आधार शारीरिक क्षमता, मानसिक क्षमता, धन, उम्र लिंग, जाति एवं प्रजाति आदि हैं। लेकिन दोनों ही प्रक्रियाएँ काफी समान होते हुए भी कुछ विभिन्नताओं को भी लिए हुए हैं। हालाँकि दोनों में श्रम-विभाजन और विशेषीकरण पाया जाता है जिससे समाज को काफी लाभ पहुँचता है। सामाजिक स्तरीकरण एवं सामाजिक विभेदीकरण दोनों में कतिपय अंतर पाए जाते हैं जो निम्नांकित हैं–

प्रथम अंतर सामाजिक स्तरीकरण एवं सामाजिक विभेदीकरण में यह है कि सामाजिक स्तरीकरण में विभिन्न आधारों पर समाज को विभाजित करके उसे समानता आदि के आधार पर एक क्रम देकर क्रमबद्ध किया जाता है जबकि सामाजिक विभेदीकरण में मात्र भिन्न-भिन्न आधारों पर समाज का विभेदीकरण किया जाता है। कहने का तात्पर्य यह है कि सामाजिक स्तरीकरण में समाज को प्राणिशास्त्रीय, सामाजिक अथवा सांस्कृतिक आधार पर न केवल स्तरीकृत किया जाता है अपितु उस स्तर को उच्च एवं निम्न के रूप में क्रमबद्ध भी किया जाता है। इसके उलट सामाजिक विभेदीकरण में सिर्फ विभिन्न स्तरों में विभेदीकरण किया जाता है। उदाहरणस्वरूप सामाजिक स्तरीकरण में भिन्न-भिन्न जातियों को स्तरीकृत कर उसे सामाजिक व्यवस्था में उच्च एवं नीच का दर्जा दिया जाता है जबकि सामाजिक विभेदीकरण में ऐसा नहीं होता है। इस तरह यह पता चलता है कि सामाजिक स्तरीकरण एवं सामाजिक विभेदीकरण में अंतर पाया जाता है।

सामाजिक स्तरीकरण और सामाजिक विभेदीकरण में तीसरा अंतर यह है कि सामाजिक स्तरीकरण में उच्चता एवं निम्नता का स्तर कायम होना जरूरी होता है जबकि सामाजिक विभेदीकरण में मनुष्य एवं मनुष्य में या समूह एवं समूह में सिर्फ भिन्नता का ही आधार जरूरी है। अर्थात् सामाजिक विभेदीकरण में भिन्नता किसी

भी रूप में प्रकट हो सकती है। इसके विपरीत सामाजिक स्तरीकरण में भिन्नता के अतिरिक्त उच्चता एवं निम्नता का संबंध होना भी जरूरी है। इस उच्चता एवं निम्नता के कारण समूह विशेष के सदस्यों को काफी लाभ प्राप्त होते हैं। इस तरह यह कहा जा सकता है कि सामाजिक स्तरीकरण और सामाजिक विभेदीकरण में उच्चता एवं निम्नता के आधार पर विभेद पाया जाता है। सामाजिक स्तरीकरण एवं सामाजिक विभेदीकरण में तीसरा अंतर स्थिरता के आधार पर किया जा सकता है। सामाजिक स्तरीकरण की प्रक्रिया में बंटे स्तरों में स्थिरता पाई जाती है जबकि सामाजिक विभेदीकरण की प्रक्रिया में स्थिरता होना जरूरी नहीं है। सामाजिक स्तरीकरण की प्रक्रिया में ऊँच-नीच की भावना को स्थिरता के आधार पर बनाए रखा जाता है जबकि सामाजिक विभेदीकरण की प्रक्रिया में ऐसा देखने को नहीं मिलता है। इस तरह सामाजिक स्तरीकरण एवं सामाजिक विभेदीकरण की प्रक्रिया में स्थिरता के आधार पर विभेद किया जा सकता है।

उपरोक्त विवरणों से पता चलता है कि यद्यपि सामाजिक स्तरीकरण की प्रक्रिया और सामाजिक विभेदीकरण की प्रक्रिया दोनों ही समाज विभेद समूह को विभिन्न स्तरों में विभक्त करने का काम करती हैं लेकिन दोनों में विभिन्न आधारों पर विभेद भी पाए जाते हैं। वर्तमान युग में समानता पर आधारित समूह की बात की जाती है। अर्थात् ऐसा समाज निर्मित करने की बात की जाती है जिसमें स्तरीकरण नहीं हो एवं ऊँच-नीच का भेदभाव नहीं पाया जाता हो। प्रत्येक को समान मानकर समान सुविधाएँ प्रदान करने की बात की जाती है। वर्गहीन और जातिहीन समाज की कल्पना की जाती है। यदि ऐसी व्यवस्था कायम भी हो जाए जो संभव प्रतीत नहीं होता है तो भी समाज में सामाजिक स्तरीकरण और सामाजिक विभेदीकरण किसी-न-किसी रूप में कायम नहीं रहेगा। यह स्तरीकरण शिक्षित एवं अशिक्षित के बीच, शिक्षक एवं विद्यार्थी के बीच, उच्च अधिकारी एवं आदेशपाल के मध्य, पिता एवं पुत्र के मध्य, माता एवं पुत्री के बीच एवं अन्य किसी-न-किसी रूप में समाज में विद्यमान रहेगा। इसे पूर्णतया खत्म करना संभव नहीं है। दरअसल सामाजिक स्तरीकरण और सामाजिक विभेदीकरण एक ऐसी प्रक्रिया है जो समाज में स्तर कायम कर श्रम-विभाजन एवं विशेषीकरण को प्रोत्साहित कर समाज को आगे बढ़ाने तथा व्यवस्थित करने का काम करती है। इसका प्रभाव समाज पर सकारात्मक रूप में पड़ता है नकारात्मक रूप में नहीं। अतएव इन दोनों प्रक्रियाओं का अपना एक पृथक् सामाजिक महत्त्व है और इनके रहते ही समाज का कल्याण संभव प्रतीत होता है।

10

सामाजिक संरचना एवं ग्रामीण समाज

वर्तमान समय में समाजशास्त्र और मानवशास्त्र दोनों के अध्ययन का उभयनिष्ठ पाठ सामाजिक संरचना है। सामान्य बोलचाल की भाषा में सामाजिक संरचना का तात्पर्य समाज के बनावट से होता है।

समाज का निर्माण अपने-आप नहीं हो पाता है बल्कि यह कई अंगों से मिलकर निर्मित होता है। समाज के विभिन्न अंग व्यवस्थित होकर एक ढाँचा अथवा रूपरेखा का निर्माण करते हैं। इसी ढाँचे अथवा रूपरेखा को सामाजिक संरचना कहा जाता है। सामाजिक संरचना एवं सामाजिक व्यवस्था दोनों ही समाजशास्त्र की मूल अवधारणाएँ हैं। सामाजिक संरचना से समाज की बाह्य रूपरेखा अथवा प्रतिमान का बोध होता है। सामाजिक व्यवस्था समाज की आंतरिक प्रक्रियाओं से संबंध रखती है। इस प्रकार दोनों ही अवधारणाएँ समाजशास्त्रियों हेतु महत्त्वपूर्ण हैं।

सामाजिक संरचना का अभिप्राय

'संरचना' शब्द का अभिप्राय बनावट या संरचना से होता है। इस तरह सामाजिक संरचना का अभिप्राय समाज की बनावट अथवा ढाँचा से होता है। एक तरह से इसे एक प्रतिमान (Pattern) कहा जा सकता है। इसे एक उदाहरण द्वारा समझाया जा सकता है। जब कोई मकान बनाया जाता है तो यह कहा जाता है कि इस मकान की संरचना बहुत अच्छी है। अर्थात् उस मकान की संरचना को अच्छा कहने से तात्पर्य यह है कि उस मकान का ढाँचा या स्वरूप अच्छा है। संरचना शब्द को पहले शरीर विज्ञान में इस्तेमाल किया जाता था। तत्पश्चात् राजनीतिक रूप में भी इसका इस्तेमाल होने लगा। शरीर विज्ञान में शरीर की बनावट अथवा संरचना

जैसे–हाथ, पैर, माथा, नाक, आँख आदि से मानव शरीर की रचना होती है का अध्ययन किया जाता है। इसी रूप में संरचना का इस्तेमाल प्रारंभ हुआ। समाजशास्त्र में संभवतः रेडक्लीफ ब्राउन (Radcliffe Brown) पहले मनुष्य थे जिन्होंने 1910 में दुर्खीम के समाजशास्त्र पर जो व्याख्यान दिए थे उसका शीर्षक सोशल स्ट्रक्चर यानि सामाजिक संरचना रखा था। इसी तरह हरबर्ट स्पेन्सर ने 1958 में संरचना के साथ प्रकार्य का भी उपयोग किया। इस तरह सामाजिक संरचना को समाज की नींव कहा जा सकता है। यदि ढाँचा अथवा नींव मजबूत होगा तभी समाज भी मजबूत होगा। सामाजिक संरचना समाज का ढाँचा है एवं जिस प्रकार का ढाँचा होगा उसी प्रकार का समाज भी होगा। क्रोबर ने संरचना के बारे में कहा है कि यह बड़ा ही गूढ़ अर्थवाला है एवं कुछ समय से यह शब्द अचानक फैशन में आ गया है। सामाजिक संरचना समाज को एक व्यवस्थित दिशा देने में सक्षम है। यह सामाजिक संरचना ही है जो समाज के अस्तित्त्व को कायम रखे हुए है।

एक ओर तो सामाजिक संरचना समाज हेतु उपयोगी है लेकिन दूसरी ओर कतिपय विद्वानों ने समाजशास्त्र एवं मानवशास्त्र में सामाजिक संरचना की अवधारणा के प्रयोग पर आक्षेप किया है और इसे उचित नहीं कहा है। सामाजिक संरचना की अवधारणा को अनिश्चित तथा अस्पष्ट बताते हुए रेमण्ड फर्थ (Raymond Firth) ने "Elements of Social Organization" वर्णित किया है, "प्रत्येक विज्ञान के पास साधारण रूप से इस्तेमाल करने के लिए बहुत-से शब्दों का एक भण्डार होना चाहिए जो कि बहुत निकट रूप से परिभाषित न किए गए हों और संरचना उनमें से एक हो सकता है।" इसी तरह का मिलता-जुलता विचार क्रोबर (Krober) ने 'Anthropology' नामक किताब में वर्णित किया है–इस तरह पता चलता है कि सामाजिक संरचना की अवधारणा पर आक्षेप भी लगाए गए हैं। फिर भी सामाजिक संरचना का उपयोग समाजशास्त्र में एक मुख्य अवधारणा के रूप में हो रहा है।

सामाजिक संरचना की परिभाषा

विविध समाजशास्त्रियों ने सामाजिक संरचना को व्याख्यायित किया है। इनमें से कतिपय परिभाषाएँ निम्नलिखित हैं–

इवान्स प्रिचर्ड (Evans Ptitchard) के मतानुसार–सामाजिक संरचना स्पष्ट रूप से अंतर्वैयक्तिक संबंधों को छोड़ते हुए समूहों का परस्पर संबंध है।" इस परिभाषा से भी स्पष्ट होता है कि सामाजिक संरचना का निर्माण समूहों से होता है।

मेकाईवर तथा पेज (Maciver and Page) के मतानुसार–"सामूहिक संरचनाएँ सद्वस्तु के प्रकार की प्रतिनिधि होती हैं जिसमें कि हम पैदा होते हैं और जिसके अंतर्गत हम काम और मनोरंजन प्राप्त करते हैं, पुरस्कार और दण्ड, संघर्ष और परस्पर सहायता समूहीकरण के सभी विभिन्न प्रकार मिलकर सामाजिक संरचना

का जटिल प्रतिमान निर्माण करते हैं। सामाजिक संरचना के विश्लेषण में सामाजिक प्राणियों की विभिन्न अभिवृत्तियों और रुचियों का कार्यभाग अभिव्यक्त होता है।'' इस परिभाषा से स्पष्ट होता है कि सामाजिक संरचना का निर्माण समूहों के द्वारा होता है। समूहों में मानव को कार्य, मनोरंजन तथा पुरस्कार मिलते हैं। अनेक समूहों को मिलाकर सामाजिक संरचना का निर्माण होता है।

फोर्ड और रैडक्लिफ ब्राउन (Ford and Radcliffe Brown) के अनुसार–''सामाजिक संरचना के अवयव मानव प्राणी हैं, संरचना स्वयं संस्थागत रूप से परिभाषित और नियमित मनुष्यों के संबंधों का प्रतिमान है।'' इस परिभाषा से यह स्पष्ट होता है कि संस्थागत रूप से व्याख्यायित एवं नियमित मनुष्यों के संबंधों का प्रतिमान सामांजिक संरचना कहलाता है।

के. मैनहाइम (K. Mannheim) ने सामाजिक संरचना को व्याख्यायित करते हुए 'Ideology and Utopia' में लिखा है, ''सामाजिक संरचना परस्पर अंतःक्रिया करनेवाली सामाजिक शक्तियों का ताना-बाना है जिससे निरीक्षण और चिन्तन के विभिन्न प्रकारों का उदय हुआ है।'' इस परिभाषा से पता चलता है कि सामाजिक शक्तियों के ताने-बाने से सामाजिक संरचना का निर्माण होता है।

टालकॉट पार्सन्स (Talcott Parson) के मतानुसार–''हम मूर्त जनसंख्या और उसके व्यवहार, एक-दूसरे के प्रति सापेक्ष भूमिका निभाने की शक्तियों के रूप अभिनेताओं अथवा काम करने वालों के बीच में परस्पर संबंधों के प्रतिमान अथवा व्यवस्था के अमूर्तकरण के द्वारा एक समाज की संरचना पर पहुँचते हैं।''

नडेल (Nadel) के मतानुसार–''संरचना अंगों की एक सुव्यवस्थित संरचना दिखलाती है जिसे तुलनात्मक रूप से स्थायी माना जा सकता है जबकि उसके अंग परिवर्तनशील रहते हैं।'' इस परिभाषा से स्पष्ट होता है कि सामाजिक संरचना विविध अंगों की एक सुव्यवस्थित संरचना है।

जिन्सबर्ग के अनुसार–''सामाजिक संरचना का अध्ययन सामाजिक संगठन के प्रमुख रूपों का अध्ययन है, जैसे–समूहों, समितियों और संस्थाओं के प्रकार और इनकी जटिलताएँ जो कि समाजों का निर्माण करती हैं। सामाजिक संरचना के पूर्ण विवरण में तुलनात्मक संस्थाओं के सम्पूर्ण क्षेत्र का पर्यवेक्षण शामिल होगा।'' इस परिभाषा से पता चलता है कि जिन्सबर्ग ने सामाजिक संरचना के तहत समूहों, समितियों एवं संस्थाओं आदि को शामिल किया है।

जॉनसन के मतानुसार–''किसी वस्तु की संरचना उसके अंगों (Parts) के अपेक्षाकृत स्थायी अंतर्संबंधों से निर्मित होती है, स्वयं अंग शब्द से ही कुछ स्थायित्व के अंश का ज्ञापन होता है चूँकि सामाजिक व्यवस्था लोगों के अंतर्संबंधित कृत्यों (Acts) से बनती है, इस कारण उसकी संरचना को इन क्रियाओं में पाई जाने वाली

नियमितता (Regularity) या पुनरावृत्ति (Recurrence) की मात्रा में ढूँढ़ा जाना चाहिए। जॉनसन की इस परिभाषा से स्पष्ट होता है कि सामाजिक संरचना का निर्माण एक से अधिक इकाइयों के संयोग से होता है तथा लोगों द्वारा परस्पर संबंधित क्रियाओं से होता है।

कोजर एवं रोजनबर्ग (Coser and Rosenberg)–"संरचना का तात्पर्य सामाजिक इकाइयों के तुलनात्मक स्थिर एवं प्रतिमानित संबंधों से है।"

ईगन (Eggan)–"अंतःवैयक्तिक संबंध सामाजिक संरचना के अंग हैं। व्यक्तियों द्वारा अधिकृत पद स्थितियों के रूप में ये सामाजिक संरचना को निर्मित करते हैं।"

मजूमदार तथा मदन (Majumdar and Madan)–"पुनरावृत्तीय सामाजिक संबंधों के तुलनात्मक स्थायी पक्षों से सामाजिक संरचना का निर्माण होता है।"

फोर्टस–"सामाजिक संरचना में विभिन्न प्रकृति और परिवर्तनशीलता के अंग और संबंध शामिल हैं और उसका तात्पर्य परिवर्तनशील पहलुओं में सामाजिक घटनाओं और संगठन से होता है।"

सामाजिक संरचना की उपर्युक्त परिभाषाओं को देखने से स्पष्ट होता है कि विभिन्न समाजशास्त्रियों तथा मानवशास्त्रियों ने विभिन्न रूपों में सामाजिक संरचना को परिभाषित किया है। कहने का अर्थ यह है कि सामाजिक संरचना की परिभाषा के संबंध में विभिन्न विद्वानों के विचारों में मतभिन्नता पाया जाता है। फिर भी विभिन्न विद्वानों ने इस बात को माना है कि सामाजिक संरचना कई अंगों अथवा इकाइयों से मिलकर बनती है तथा ये अंग आपस में संबंधित होते हैं। सामाजिक संरचना भी शरीर की रचना की प्रकार है अर्थात् जिस तरह से विभिन्न अंगों के मिलने से शरीर की रचना होती है उसी प्रकार से विभिन्न अंगों अथवा इकाइयों के मिलने से सामाजिक संरचना का निर्माण होता है। सामाजिक संरचना की इकाइयाँ सामाजिक समूह, संस्थाएँ तथा समितियाँ आदि हैं। इस तरह यह कहा जा सकता है कि सामाजिक संरचना सामाजिक समूह, संस्थाओं एवं समितियों से निर्मित एक रचना है।

सामाजिक संरचना की विशेषता

उपरोक्त परिभाषाओं के आधार पर सामाजिक संरचना की विशेषताओं को निम्न रूप मे व्यक्त किया जा सकता है–

इससे समाज के बाह्य स्वरूप का बोध होता है। अर्थात् जब किसी ढांचे की बात की जाती है तो उससे उसके बाहरी स्वरूप का ही बोध होता है। सामाजिक संरचना का निर्माण विभिन्न अंगों अथवा इकाइयों के मिलने से होता है। ये अंग अथवा इकाइयाँ क्रमबद्ध रूप से व्यवस्थित होकर सामाजिक संरचना का निर्माण

करते हैं। इसे एक उदाहरण द्वारा समझा जा सकता है। जिस तरह किसी भवन के निर्माण में ईंट, बालू, सीमेण्ट, छड़, लोहा एवं अन्य चीजों की जरूरत होती है या भवन इन चीजों के मिलने से बनता है उसी तरह सामाजिक संरचना भी विभिन्न अंगों अथवा इकाइयों के योग से बनती है। जिस तरह भवन को देखने से बाह्य स्वरूप का बोध होता है उसी प्रकार से सामाजिक संरचना से भी बाहरी स्वरूप का बोध होता है जो इसकी विशेषता कही जा सकती है।

(1) सामाजिक संरचना अमूर्त होता है। सामाजिक संरचना का निर्माण समिति, संस्था और सामाजिक प्रतिमान आदि के द्वारा होता है। वे सभी अमूर्त हैं। इन इकाइयों का भौतिक वस्तुओं की तरह मूर्त रूप नहीं होता है। अमूर्त इकाई से अमूर्त व्यवस्था का ही निर्माण हो सकता है। अतएव सामाजिक संरचना अमूर्त है। मेकाईवर, पेज एवं पार्सन्स आदि समाजशास्त्रियों ने भी सामाजिक संरचना की इस विशेषता का उल्लेख किया है।

(2) सामाजिक संरचना में सहयोगी तथा असहयोगी दोनों ही सामाजिक प्रक्रियाओं का विशिष्टता होता है। कहने का अर्थ यह है कि सामाजिक संरचना का निर्माण सहयोगी एवं असहयोगी दोनों ही प्रक्रियाओं के मदद से होता है। सहयोगी सामाजिक प्रक्रियाएँ, यथा—सहयोग अनुकूलन, व्यवस्थापन आदि तथा असहयोगी सामाजिक प्रक्रियाएँ यथा—प्रतिस्पर्द्धा और संघर्ष आदि दोनों ही के कारण सामाजिक संरचना का निर्माण होता है।

(3) सामाजिक संरचना में उपसंरचनाएँ पाई जाती हैं। कहने का अर्थ यह है कि सामाजिक संरचना कोई अखण्ड व्यवस्था नहीं है। अर्थात् सामाजिक संरचना का निर्माण परिवार, जाति, वर्ग, शिक्षण संस्थाएँ, धार्मिक संस्थाएँ एवं आर्थिक संस्थाएँ आदि से मिलकर होता है। इस तरह अनेक उप-संरचनाओं से इसका निर्माण होता है जो इसकी एक विशेषता कही जा सकती है।

(4) सामाजिक संरचना में गतिशील निरन्तरता पाई जाती है। इस बात का वर्णन रैडक्लीफ ब्राउन (Radcliffe Brown) ने 'Structure and Function in Primitive Society' में किया है। सामाजिक संरचना सदैव गतिशील रहती है। जिस तरह शारीरिक संरचना के ढाँचे में हमेशा बदलाव होता रहता है उसी तरह सामाजिक संरचना में भी हमेशा बदलाव होता रहता है। इसके सभी अंगों में हमेशा परिवर्तन होता रहता है। पार्सन्स ने भी इस विशेषता की पुष्टि की है।

(5) सामाजिक संरचना सांस्कृतिक संरचना से भिन्न है। कतिपय लोगों ने इसे सांस्कृतिक संरचना के रूप में भी व्याख्यायित किया है जो सर्वथा गलत है। इस संबंध में हर्सकोविट्स (Herskovits) एवं नडेल (Nadel) के विचार उल्लेखनीय हैं। हर्सकोविट्स (Herskovits) ने 'Man and His Work' में कहा है, "संस्कृति की संरचना, लक्षण, जटिलता, क्षेत्र एवं प्रतिमान के शब्दों में प्रमुख रूप से दिखलाई

गई है। यह एक तर्कयुक्त प्रगति है। लक्षण, न्यूनतम इकाई जो कि देखी जा सकती है, एक जटिलता का निर्माण करने के लिए अन्य लक्षणों से मिलती है। जटिलताएँ इस तरह की होती हैं ताकि संस्कृति को विशेष रूप में मिले जो कि प्रतिमान कहलाती है। एक दिए हुए क्षेत्र में समान रूप से प्रतिमानित जीवन के तरीकों के वितरण से संस्कृति क्षेत्र बनता है।'' हर्सकोविट्स ने सामाजिक संरचना को ही सांस्कृतिक ढांचे की संज्ञा दे दी है जो बिल्कुल गलत है।

(6) सामाजिक संरचना में विघटन के भी तत्त्व पाए जाते हैं। चूँकि इसमें विघटन के तत्त्व पाए जाते हैं इसलिए इसमें विघटन की मुश्किल भी बनी रहती है। इस विषय में राबर्ट मर्टन (Robert Merton) एवं दुर्खीम (Durkhim) ने विसंगति (Anomie) का उल्लेख किया है तथा बताया है कि अनेक बार सामाजिक संरचना स्वयं समाज में विसंगति की स्थिति उत्पन्न करती है। इस तरह यह कहा जा सकता है कि सामाजिक संरचना में विघटन के तत्त्व भी पाए जाते हैं।

(7) सामाजिक संरचना अपेक्षाकृत स्थिर तथा स्थायी होती है। इसका कारण यह है कि सामाजिक संरचना का निर्माण जिन समूहों तथा उपसमूहों से होता है वे स्थिर और स्थायी होते हैं। सामाजिक संरचना का निर्माण समूहों समितियों एवं संस्थाओं आदि से होता है जो अपेक्षाकृत स्थिर एवं स्थाई होते हैं। अतः इनसे निर्मित सामाजिक संरचना भी स्थायी एवं स्थिर होती है। साथ ही इसमें किसी पदार्थ के संपूर्ण अंगों एवं आयामों के पारस्परिक संबंधों का अध्ययन किया जाता है जो अपने-आप में स्थिर है। अतएव सामाजिक संरचना भी स्थिर एवं स्थायी होती है। नडेल एवं जॉनसन आदि विद्वानों ने भी सामाजिक संरचना की इस विशेषता का वर्णन किया है।

(8) सामाजिक संरचना एक से ज्यादा इकाइयों से मिलकर निर्मित होती है। अर्थात् सामाजिक संरचना किसी एक इकाई अथवा अंग से निर्मित नहीं हो जाती बल्कि एक से ज्यादा इकाइयों या अंगों से मिलकर निर्मित होती है। दूसरे शब्दों में यह कहा जा सकता है कि सामाजिक संरचना भिन्न-भिन्न सामाजिक समूह, समितियों एवं संस्थाओं आदि इकाइयों से मिलकर बनती है।

(9) सामाजिक संरचना संस्थागत संरचना होती है। सामाजिक संगठन की अभिव्यक्ति सामाजिक संरचना में होती है। संस्थाएँ समूहों एवं समितियों के स्वरूप को निर्धारित करती हैं साथ ही संस्थाओं के द्वारा ही मनुष्यों के संबंध भी निश्चित होते हैं। अतएव यह कहा जा सकता है कि सामाजिक संरचना संस्थागत संरचना है या इसके सही अध्ययन के लिए संस्थागत संरचना का अध्ययन करना आवश्यक प्रतीत होता है।

(10) सामाजिक संरचना की एक प्रमुख विशेषता विशिष्ट क्रमबद्धता है। इस विशेषता का वर्णन पार्सन्स ने किया है। अर्थात् सामाजिक संरचना समूहों, समितियों

आदि की क्रमबद्धता के परिणामस्वरूप देखने को मिलती है। क्रमबद्ध होने के कारण इनका एक निर्धारित प्रतिमान हो जाता है। सामाजिक संरचना को देखा अथवा छूआ नहीं जा सकता है। यह वास्तविक वस्तुओं से सम्बद्ध न होकर उनसे संबंधित प्रतिमान से सम्बद्ध होते हैं अर्थात् उसी में दिखाई पड़ते हैं।

सामाजिक संरचना की उपरोक्त विशेषताओं का अवलोकन करने से पता चलता है कि इसकी कई विशेषताओं में गुण हैं तथा कई में अवगुण भी हैं।

सामाजिक संरचना के प्रारूप

सामाजिक संरचना के प्रकार का उल्लेख पार्सन्स ने पुस्तक 'The Social System' में किया है। इन्होंने सामाजिक संरचना के चार प्रारूपों का वर्णन किया है जो चार प्रकार के सामाजिक मूल्यों पर आधारित हैं। ये चार प्रकार के सामाजिक मूल्य सार्वभौमिक सामाजिक मूल्य (Universalistic Social Value), विशिष्ट सामाजिक मूल्य (Particularistic Social Value), अर्जित सामाजिक मूल्य (Achieved Social Value) एवं प्रदत्त सामाजिक मूल्य (Ascribed Social Value) हैं।

पार्संय के मतानुसार सार्वभौमिक सामाजिक मूल्य से तात्पर्य ऐसे सामाजिक मूल्य से है जो प्रत्येक व्यक्तियों पर लागू होता है तथा सभी समाजों में पाया जाता है।

विशिष्ट सामाजिक मूल्य ऐसे सामाजिक मूल्य होते हैं जो विशिष्ट सामाजिक संबंधों पर आधारित रहता है एवं सभी जगह नहीं पाया जाता है।

अर्जित सामाजिक मूल्य ऐसे सामाजिक मूल्य होते हैं जिन्हें मानव अपने प्रयासों से अर्जित सामाजिक प्रस्थिति के द्वारा प्राप्त करता है।

प्रदत्त सामाजिक मूल्य ऐसे सामाजिक मूल्य होते हैं जिन्हें मनुष्य समाज द्वारा प्रदत्त प्रस्थिति के आधार पर प्राप्त करता है। इन्हीं चार सामाजिक मूल्यों के आधार पर पार्सन्स ने सामाजिक संरचना के चार प्रारूपों का वर्णन किया है जो निम्नांकित हैं—(i) सार्वभौमिक-प्रदत्त प्रतिमान, (ii) सार्वभौमिक-अर्जित प्रतिमान (iii) विशिष्ट-प्रदत्त प्रतिमान (iv) विशिष्ट-अर्जित प्रतिमान।

(i) सार्वभौमिक-अर्जित प्रतिमान—इस प्रतिमान के तहत सार्वभौमिक तथा अर्जित दोनों तरह के सामाजिक मूल्यों को सम्मिलित किया जाता है। सार्वभौमिक मूल्यों के कारण जहाँ व्यक्ति को कतिपय पदों की प्राप्ति होती है वहीं सामाजिक गतिशीलता में कमी आती है। अर्जित सामाजिक मूल्य मनुष्य अपने परिश्रम से अर्जित करता है। इस पर प्रथा और परंपरा आदि का विशेष प्रभाव नहीं पड़ता है। पूँजीवादी अर्थव्यवस्था अर्जित मूल्यों का एक उदाहरण है। इस तरह पार्सन्स के अनुसार सार्वभौमिक मूल्यों एवं अर्जित मूल्यों दोनों को मिलाकर सार्वभौमिक अर्जित

प्रतिमान का जन्म होता है। पार्सन्स ने इस तरह के प्रतिमान के रूप में औद्योगिक समाजों की संरचना का वर्णन किया है जो दोनों के समावेश से निर्मित होता है।

(ii) सार्वभौमिक-प्रदत्त प्रतिमान—उनका कहना है कि इस तरह के प्रतिमान का निर्माण सार्वभौमिक सामाजिक मूल्यों तथा प्रदत्त मूल्यों के संयोग से निर्मित होता है। इसमें अतीत तथा भविष्य से संबंधित प्रतिमानों का समावेश होता है। पार्सन्स ने इस तरह के प्रतिमान का उदाहरण आधुनिक वैज्ञानिक समाज को कहा है क्योंकि इनमें दोनों तरह के मूल्यों का समावेश होता है।

(iii) विशिष्ट-अर्जित प्रतिमान—इस तरह के प्रतिमान में विशिष्ट सामाजिक मूल्यों तथा अर्जित सामाजिक मूल्यों का समाविष्ट होता है। विशिष्ट सामाजिक मूल्य विशेष सामाजिक संबंधों पर आधारित होते हैं। पार्सन्स ने इस तरह के प्रतिमान का उदाहरण प्राच्य भारतीय सामाजिक संरचना एवं चीनी सामाजिक संरचना को बताया है।

(iv) प्रारूप विशिष्ट-प्रदत्त प्रतिमान—इस तरह के प्रतिमान का निर्माण विशिष्ट मूल्यों एवं प्रदत्त मूल्यों के संयोग से होता है। इस प्रकार की संरचना में नैतिकता का महत्त्व होता है। साथ ही इस तरह की सामाजिक संरचना में रक्त-संबंध और स्थानीय समुदायों पर आधारित समूह पाए जाते हैं। पार्सन्स ने स्पेन की सामाजिक संरचना को इसका उदाहरण बताया है।

संरचना और कार्य

संरचना के साथ-साथ समाजशास्त्र में प्रकार्य की अवधारणा भी महत्वपूर्ण है। यह दोनों एक-दूसरे से गहरे तौर पर संबंधित हैं। इन दोनों अवधारणाओं में इतना घनिष्ठ संबंध है कि दोनों का अध्ययन भिन्न-भिन्न नहीं किया जा सकता। प्रकार्य के बिना संरचना महत्त्वहीन है और ठीक उसी तरह संरचना के बिना प्रकार्य अस्तित्त्वहीन है। दूसरे शब्दों में यह कहा जा सकता है कि दोनों एक-दूसरे के लिए जरूरी हैं। इसी कारण समाजशास्त्र में 'संरचनात्मक-प्रकार्यात्मक उपागम' (Structural Functional Approach) का विकास हुआ। ढांचा एक स्थायी प्रतिमान है जबकि प्रकार्य उस संरचना में विद्यमान गतिशील प्रक्रिया है। इसे एक उदाहरण द्वारा समझा जा सकता है। शरीर का यदि उदाहरण लिया जाए तो यह हाथ, पैर, नाक, आँख, कान आदि की एक संरचना है। शरीर के इन सभी अंगों के अपने-अपने काम होते हैं जो इसके प्रकार्य हैं। अर्थात् यह कहा जा सकता है कि संरचना एक स्थायी प्रतिमान है जबकि प्रकार्य उस ढांचे में विद्यमान गतिशील प्रक्रिया है। इसका कारण यह है कि शरीर एक स्थायी प्रतिमान का रूप है जबकि इसके विविध अंग गतिशील रहकर इसको संचालित करते हैं। जिस तरह शरीर के विविध अंगों से मानव संरचना का निर्माण होता है उसी प्रकार सामाजिक संरचना का निर्माण भी विविध अंगों के

मिलने से होता है। इन अंगों के कार्य भी निश्चित होते हैं। अर्थात् सामाजिक संरचना के हर अंग एक-दूसरे से प्रकार्यात्मक आधार पर संबंधित रहते हैं। सामाजिक संरचना का निर्माण समूह, समुदाय, समिति एवं संस्थाओं आदि से होता है। ये सभी अंग गतिशील रहते हुए समाज की जरूरतों के अनुसार सदैव कुछ-न-कुछ करते रहते हैं। अपने इस प्रकार्यात्मक पहलू के कारण ही वे एक-दूसरे से सहयोग के आधार पर सम्बद्ध रहते हैं। साथ ही इन सभी अंगों का संबंध मानव से रहता है इसलिए उनके कार्य अलग न होकर सम्बद्ध रहते हैं। इस तरह यह कहा जा सकता है कि इन अंगों में प्रकार्यात्मक एकता पाई जाती है समाज के संरचनात्मक पक्ष तथा प्रकार्यात्मक पक्ष दोनों एक-दूसरे के साथ आपस में संबंधित रहकर सामाजिक संरचना का निर्माण करते हैं। सामाजिक संरचना में उसके प्रकार्यात्मक पहलू के कारण ही एक प्रकार का संतुलन कायम रहता है। यदि सभी अंग अपना-अपना कार्य न करें तो स्वाभाविक है कि असंतुलन की स्थिति उत्पन्न हो जाएगी जो समाज एवं मनुष्य के लिए हानिकारक सिद्ध होगी। इस संबंध में रैडक्लीफ ब्राउन (Radcliffe Brown) ने भी अपना मंतव्य दिया। प्रकार्यवाद एवं सावयवी वाद में एक अटूट संबंध है। एक के बिना दूसरे का महत्त्व नहीं है। ब्राउन प्रकार्यवाद के प्रबल समर्थक हैं। इसी प्रकार राबर्ट मर्टन (Robert Merton) ने भी प्रकार्य के बारे में लिखा है, ''प्रकार्य वे अवलोकित परिणाम हैं जो किसी व्यवस्था में अनुकूलन एवं समायोजन में सहायक होते हैं।''

प्रकार्य के बारे में जॉनसन (Johnson) ने 'Sociology' में वर्णित किया है– ''किसी भी आंशिक संरचना (Partial Structure), जैसे–एक उप-समूह, एक भूमिका, एक सामाजिक नियम या एक सांस्कृतिक मूल्य का वह योगदान जो वह एक सामाजिक व्यवस्था या उप-व्यवस्था की एक या ज्यादा जरूरतों की पूर्ति करे 'प्रकार्य' कहलाता है।''

इस परिभाषा से ज्ञात होता है कि प्रकार्य द्वारा सामाजिक आवश्यकताओं की पूर्ति की जाती है। इस तरह यह कहा जा सकता है कि समाज के विभिन्न निर्णायक तत्त्व या इकाइयाँ अपनी-अपनी निर्धारित भूमिका को अदा करते हुए संपूर्ण सामाजिक व्यवस्था अथवा संगठन की स्थिरता अथवा निरंतरता को बनाए रखने में जो अंशदान करते हैं उसे प्रकार्य कहते हैं। प्रकार्य की विशेषताएँ भी हैं जो निम्नांकित हैं–

(1) प्रकार्य सामाजिक संरचना की निर्णायक इकाई है। अर्थात् संरचना का वजूद तभी संभव है जब उसका प्रकार्य सही ढंग से हो। अतः सामाजिक संरचना की निर्णायक इकाई के रूप में प्रकार्य को रखा जा सकता है।

(2) प्रकार्य सामाजिक संगठन एवं सामाजिक व्यवस्था को बनाए रखने में मददगार साबित होता है। सामाजिक संगठन एवं सामाजिक व्यवस्था तभी कायम

रह सकती है जब उसका कार्य सुचारु रूप से चल सके। इस तरह प्रकार्य सामाजिक संगठन एवं सामाजिक व्यवस्था को बनाए रखने में सहायक साबित होता है।

(3) प्रकार्य की प्रवृत्ति सकारात्मक होती है। अर्थात् प्रकार्य कभी नकारात्मक कार्य नहीं करता। इसके द्वारा सामाजिक संरचना के लिए सकारात्मक काम ही किए जाते हैं।

(4) प्रकार्य समाज के द्वारा मान्य कार्यों का प्रतिनिधित्व करते हैं। अर्थात् जो कार्य समाज विरोधी हैं अथवा समाज जिसे गलत समझता है उसे प्रकार्य के तहत शामिल नहीं किया जा सकता है।

(5) प्रकार्य समाज द्वारा प्रसंशित होता है। चूँकि प्रकार्य समाज के हित में होता है इसलिए स्वाभाविक है कि समाज द्वारा इसकी प्रसंशा की जाए।

(6) प्रकार्य यह एक गतिशील अवधारणा है। चूँकि प्रकार्य का संबंध कार्य करने से है इसलिए यह सदैव गतिशील रहती है।

(7) प्रकार्य यह कई क्षेत्रों में देखा जा सकता है। उदाहरणस्वरूप सामाजिक, धार्मिक, राजनीतिक, आर्थिक कई क्षेत्रों में प्रकार्य को देखा जा सकता है।

(8) प्रकार्य स्पष्ट और प्रकट होते हैं तथा यदा-कदा अस्पष्ट एवं अप्रकट होते हैं। अर्थात् यदा-कदा प्रकार्य द्वारा समाज के इच्छित एवं मान्य उद्देश्यों की पूर्ति होती है एवं यदा-कदा कुछ ऐसे परिणाम भी आ जाते हैं जो समाज में सोचा नहीं गया था। इच्छित और मान्य उद्देश्यों की जब पूर्ति होती है तब उसे प्रकट एवं स्पष्ट कहा जाता है एवं जब अनपेक्षित परिणाम निकलते हैं तब उसे अप्रकट एवं अस्पष्ट कहा जाता है।

(9) सभी प्रकार्य समाज हेतु लाभदायक ही नहीं होते हैं। कुछ प्रकार्य पूर्णतः लाभकारी होते हैं, कुछ अंशतः लाभकारी होते हैं तथा कुछ पूर्णतः हानिकारक भी होते हैं।

(10) प्रकार्य का कोई-न-कोई उद्देश्य जरूर होता है। अर्थात् प्रकार्य मानव की किसी-न-किसी जरूरत की पूर्ति करती है। प्रकार्य मानव के सामाजिक एवं मानसिक जरूरतों की पूर्ति करती है। जॉनसन (Johnson) ने भी जरूरत इस विशेषता को स्वीकार किया है।

प्रकार्य की परिभाषा एवं विशेषताओं से प्रकार्य का स्परूप स्पष्ट हो जाता है। थोड़े में हम कह सकते हैं कि प्रकार्य अपने कार्यों के द्वारा समाज में उन्नति एवं प्रगति का अवसर पैदा कर सामाजिक व्यवस्था को गतिशील एवं प्रगतिशील बनाने का काम करते है। प्रकार्य सामाजिक व्यवस्था को चुस्त दुरस्त रखने का काम करते है। प्रकार्य को समाज द्वारा मान्यता भी प्राप्त होती है। यहाँ यह भी कहा जा सकता है कि प्रकार्य समाज मे गतिशील रहकर समाज को जीवंत बनाए रखता है और समाज को गतिमान और व्यवस्थि बनाए रखने में सहायक सिद्ध होता है।

11

ग्रामीण-धर्म

ग्रामीण समाज के अध्ययन का एक बहुत ही महत्त्वपूर्ण विषय ग्रामीण धर्म है। इसकी महत्ता के कई कारण हैं। प्रमुख कारणाों पर आगे प्रकाश डाला जा रहा है—

1. ग्रामीण लोगों का धार्मिक दृष्टिकोण भावनात्मक बौद्धिक, क्रियात्मक जीवन पर बहुत अधिक प्रभाव डाला है। जीवन के किसी भी ऐसे अंग को खोज निकालना कठिन है जो धर्म से ओत-प्रोत एवं अनुरंजित न हो। उनका पारिवारिक जीवन, जातीय जीवन, सामान्य सामाजिक जीवन, उनका आर्थिक एवं आमोद-प्रमोदमय जीवन भी न्यूनाधिक रूप में धार्मिक प्रवेश-विधि एवं धार्मिक नियमों से शासित है। धार्मिक धारणाएँ ही ज्यादातर उनके नैतिक स्तर, उनकी चित्रकला, मूर्तिकला, भवन निर्माण कला, लोकगीत एवं अन्य ऐसी ही कलाओं के रूप एवं सामग्री पर और साथ ही उनके सामाजिक एवं आर्थिक पर्वों पर अपना प्रभुत्व बनाये रखती है।

यह विशेष रूप से उन समाजों के लिए सत्य है जो पूँजीवादी युग से पूर्व की भरण-पोषणात्मक व्यवस्था में समा गया था तथा जब मानव की लौकिक वैज्ञानिक जानकारी शरीर-विज्ञान, चिकित्सा, ज्योतिष, गाणित, कृषि विज्ञान, यान्त्रिकी, समाजशास्त्र, नीतिशास्त्र आदि सब कुछ धर्म से सम्बद्ध था एवं पुरोहित जाति के एकाधिकार में थे।

2. सर्वप्रथम तो सम्पूर्ण विश्व के समाजशास्त्रियों द्वारा यह मान लिया गया है कि नगरीय जनता की तुलना में ग्रामीण जनता की धर्म की ओर अधिक प्रवृत्ति होती है। ग्रामीण क्षेत्र के आधारभूत व्यवसाय कृषि में मानव द्वारा प्रकृतिक शक्तियों पर निर्भर होना एवं वैज्ञानिक पद्धतियों के प्रयोगे का ग्रामीण जनता में अभाव होना, प्राकृतिक एवं सामाजिक जगत की सही व्याख्या को दर्शाती है। यही दो मुख्य कारण

है जो उनमें अधिकाधिक धार्मिकता पैदा करते हैं। संसार की बहुत अधिक रूढ़िवादी धारणाओं से निर्मित परम्परागत धर्म ने ही उनके मस्तिष्क को जकड़ रखा है। आत्मवाद, जादू-टोना, भूत-प्रेत पर विश्वास एवं बहुदेववाद आदिकालीन धर्मों के अन्य रूप नगरीय जनता की तुलना में ग्रामीण जनता में तुलनात्मक रूप से अधिक प्रबल है।

3. भरण-पोषणात्मक अर्थव्यवस्थाओं पर आधारित भारतीय समाजों में ग्रामीण जीवन के सभी क्षेत्रों में नेतृत्व पुरोहित वर्ग एवं ब्राह्मणों द्वारा प्रस्तुत किया जाता था। ये लोकाचार या रूढ़ियां वर्ग व्यक्तिगत आचरण द्वारा तय होती थी। इसलिए सभी क्षेत्रों में ग्राम समष्टि का जीवन धार्मिक विचारों और मतों की भावना में ढाला जाता था एवं धार्मिक संस्थाओं तथा नेताओं द्वारा नियंत्रित होता था।

वर्तमान युग में ब्रटिश शासन से आगमन के वर्तमान भारत में एक नवीन विकास हुआ। ग्राम के सामाजिक, आर्थिक एवं राजनैतिक जीवन में एक प्रगतिशील बदलाव हुआ। पूंजीवादी आर्थिक विधियों के विकास एवं प्रसार ने आत्मनिर्भर ग्राम की भरण-पोषणात्मक अर्थव्यवस्था को विशृंखलित कर दिया। इसके अलावा एक नवीन तथा धर्म-निरपेक्ष केन्द्रीय राज्य ने ग्राम प्रशासन को उन ग्राम-पंचायतों तथा जातीय समितियों से अपने हाथों में ले लिया, जिनका दृष्टिकोण मूल रूप से धार्मिक था तथा जिनका पथ-प्रदर्शन लौकिक मामलों में भी धार्मिक धारणाओं एवं कसौटियों द्वारा होता था।

नई आर्थिक और राजनैतिक वातावरण में से मूलरूपेण धर्मनिरपेक्ष और उदार जनतान्त्रिक तत्वज्ञान से निर्मित नियम उद्‌भव हुए तथा अधिकाधिक रूप से अधिकारवादी धार्मिक नियमों का स्थान लेने लगे जो युगों से ग्रामीण जनता के लौकिक जीवन पर भी शासन करते थे। इतिहास में सबसे प्रथम बार ग्रामीण लोगों ने लौकिक और जनतान्त्रिक एवं समानतावादी विचारों का संघात अपनी चेतना पर अनुभव किया। उनमें एक नवीन हलचल होने लगी जो क्रमबद्ध उनके उस जीवन एवं दृष्टिकोण को प्रभावित करती रही है जो अब तक धर्म से अनुरंजित रही। इसके अलावा नवीन लौकिक संस्थाएं तथा समितियां, नवीन लौकिक नेतृत्व एवं सामाजिक नियंत्रण का उद्‌भव ग्रामीण समाज में होने लगा।

इसका प्रतिफल यह हुआ कि धीरे-धीरे लेकिन क्रमबद्ध रूप में ग्रामीण जनता के ऊपर धार्मिक नेताओं का नियंत्रण कायम हो गया एवं तथ्य पर आधारित बौद्धिकवाद का पतन होता चला गया।

लेकिन यह ध्यान में रखना जरूरी है कि धर्म अब भी ग्रामीण लोगों के मस्तिष्क पर प्रबल आधिपत्य जमाये हुए है एवं कई लौकिक क्षेत्रों में उनके आचरण को तय

करता है। इतना होने पर भी ऐसी आधुनिक भौतिक तथा विचारधारा संबंधी शक्तियों के प्रयोग के फलस्वरूप, जैसे—मोटर-बस, रेलवे आदि आधुनिक परिवहन के साधन एवं जनतान्त्रिक लौकिक विचारों तथा ग्रामीण-जन-सामान्य के लौकिक आर्थिक तथा राजनैतिक आन्दोलनों की वृद्धि के कारण, ऐतिहासिक प्रवृत्ति ग्रामीण जनता के लौकिक जीवन के अधिकाधिक भागों को एवं शुद्ध लौकिक विषयों के प्रति उनकी प्रवृत्ति को धर्म से दूर ले जा रही है।

हमारे देश का समसामयिक ग्रामीण समाज दो शक्तियों के बीच संघर्ष का रण-क्षेत्र बन गया है उनमें से एक ओर तो धार्मिक कट्टरता एवं आविष्कारवादी सामाजिक धारणाओं की शक्ति है एवं दूसरी ओर लौकिक जनतान्त्रिक प्रगति की शक्ति है। भारतीय ग्रामीण समाज के अध्येता के लिए यह बहुत ही जरूरी है कि वह इस संघर्ष को भली प्रकार समझे।

ग्रामीण-धर्म बनाम नगरीय-धर्म

मूल रूप से धर्म के दो रूप होते हैं—संस्कृत रूप और असंस्कृत रूप। धर्म के असंस्कृत रूप जिनमें आत्मवाद, बहुदेववाद, जादू टोना, पुराण विद्या, भूत-प्रेत पर विश्वास आदि शामिल है और जो ग्रामीण जनता के मस्तिष्क पर आधिपत्य जमाये हुए हैं। उनको धर्म के सुसंस्कृत तथा अति सूक्ष्म रूपों एवं नगरीय बुद्धिजीवियों में प्रचलित धार्मिक तत्व ज्ञान से अलग करना चाहिए। इन सुसंस्कृत एवं अति सूक्ष्म धर्मों तथा धार्मिक दर्शनों का प्रसार बड़े आदर्शवादी विचारकों के माध्यम से उनके साहसपूर्ण दार्शनिक चिन्तन के आधार पर जीवन की ऐसी मौलिक समस्याओं पर हुआ जो ग्रामीण वातावरण में उत्पन्न सीधे सादे धार्मिक विश्वासों से उनको बिल्कुल ही पृथक कर देती है।

ग्रामीण-धर्म की प्रवृत्ति असंस्कृत एवं मूर्त्त रूप की ओर प्रवृत्त होती है। जबकि ग्रामीण जनता उसकी विश्व संबंधी आत्मवादी धारणा से प्रकट नाना तरह की देवी देवताओं के समक्ष दण्डवत एवं पूजा करती है। नगरीय मानवता का सुसंस्कृत एवं शिक्षित भाग विश्व की आदर्शवादी विचारधारा को अपनाता है एवं ऐसे विचारणीय विषयों पर वाद-विवाद करता है, उदाहरण के लिए ब्रह्म का स्वरूप, इच्छा-स्वातन्त्र्य आदि। इसके अलावा आलोचनात्मक बुद्धिवाद तथा दार्शनिक भौतिकवाद भी अल्पसंख्यक दार्शनिक धाराओं के रूप में नगरीय केन्द्रों में विकास करते हैं।

ग्रामीण समाजशास्त्र को असंस्कृत, गतिहीन ग्रामीण-धर्म एवं सुसंस्कृत अत्यन्त अमूर्त्त नगरीय-धर्म के बीच भेदों को खोज निकालना चाहिए। नगरीय धर्म की ऊंची

कल्पना वाले विचार-विमर्श के समतापीय मंडल में उड़ता है तथा ज्ञानशास्त्र, सत्ताशास्त्र तथा तत्वज्ञान की अन्य मौलिक समस्याओं से संघर्ष करता है। इसके अलावा उसको यह भी ध्यान में रखना चाहिए कि नगरीय समाज में पाई जाने वाली बुद्धिवादी एवं भौतिकवादी दार्शनिक विचारधाराओं का ग्रामीण क्षेत्र में ज्यादातर अभाव ही रहता है।

ग्रामीण धर्म की जड़ें मूल रूप से ग्रामीण जनता की अज्ञानतायें और उसके फलस्वरूप उनमें विद्यमान पर्यावरण की शक्तियों के डर में निहित है। सुसंस्कृत नगरीय धर्म, चाहे वह संसार की मिथ्या आदर्शवादी व्याख्या पर ही आधारित क्यों न हो, मात्र डर का परिणाम नहीं है। ग्रामीण एवं नगरीय धर्मों के मनोवैज्ञानिक मूल तत्व संबंधी यह भेद महत्वपूर्ण है।

ग्रामीण-धर्म के अंग

ग्रामीण धर्म के निम्नांकित तीन महत्त्वपूर्ण अंग हैं—

1. संसार के प्रति एक विशिष्ट दृष्टिकोण
2. ग्रामीण जनता के लिए धार्मिक क्रियाओं की संहिता
3. एक संस्थात्मक-संकुल के रूप में

1. संसार के प्रति दृष्टिकोण—संसार के प्रति जो दृष्टिकोण ग्रामीण धर्म ने प्रस्तुत किया है उसमें ऐसे तत्व सम्मिलित हैं उदाहरण के लिए जादू-टोना संबंधी धारणाएँ, आत्मवाद, भूत-प्रेत युक्त विलक्षण जगत की धारणा, पूजनीय मृतके, पूर्वजों की मृत्यु के पश्चात् जगत संबंधी धारणा तथा पुराण विद्या।

ग्रामीण धर्म का विशिष्ट लक्षण संसार की गतिशीलता की धारणा है। इसका ऐसे विश्व से आशय है जो चेतन तथा स्वतन्त्रतापूर्वक कार्य करने वाले अवयवों की पारस्परिक क्रीड़ा का रंगमंच है। ग्रामीण धर्म ऐसे लोकों का उद्घाटन करता है यथा—पितृ-लोक, प्रेत-लोक, देव-लोक एवं बैकुण्ठ धाम।

देवताओं का संसार तथा दिव्य-जगत। इसके अलावा यह इस प्रकार के जगत की भी कल्पना करता है जिसमें ऐसे देवता निवास करते हैं सही मायने में, ग्रामीण धर्म लगभग सभी दृश्यमान पदार्थों के पीछे अशरीरी आत्माएं देखता है और आत्माओं के रहस्यमय लोकों के मायाजाल का सृजन करता है।

इस तरह का जगत सम्बन्धी दृष्टिकोण प्रकृति एवं मानव की शक्तियों की अमूर्त्त अज्ञानता से ही मौलिक रूप में पैदा हुआ है। अज्ञानता डर पैदा करती है और ये दोनों असंस्कृत ग्रामीण धर्म के माध्यम से निर्मित जगत सम्बन्धी दृष्टिकोण के दो परम्पर सम्बन्धी स्रोत हैं।

ग्रामीण जनता के लिए धार्मिक क्रियाओं की संहिता के रूप में

ग्रामीण धर्म द्वारा निम्न धार्मिक क्रियाओं की संहिता बहुत प्रभावोत्पादक है। ये क्रियाएं निम्न तीन समूहों में विभक्त की जा सकती हैं:–

(क) प्रार्थनाएं : व्यक्ति अनेक देवी देवताओं का अपने घर में तथा घर के बाहर प्रार्थना करे। घर पर उसके लिए पारिवारिक देवी देवताओं की प्रार्थना करना जरूरी है। परिवार के सदस्यों के द्वारा पारिवारिक वेदी के सामने प्रार्थना होनी चाहिए ऐसा आदेश दिया गया है।

सामान्य रूप से जाति एक विशेष देवी-देवता की पूजा करती है एवं जहां तक संभव हो जाति के मन्दिर बनाये जाते हैं जिनमें उस देवी-देवता की प्रतिमा स्थापित होती है। जाति के सभी सदस्यों को नियमित रूप से उस देवी अथवा देवता की प्रार्थना करने के लिए प्रोत्साहित किया जाता है।

इसके अलावा ग्रामीण गली या मोहल्ले में अपना देवी-देवता होता है और सामान्य रूप से एक देवी होती है जो मुहल्ला माता कहलाती है। जिसकी मुहल्ले के निवासियों को विशेषतः नवरात्र के धार्मिक त्योहार के दिनों में, प्रार्थना करनी होती है।

मुहल्ला के समान ही ग्राम का भी अपना मन्दिर होता है जिसमें ग्राम-देवता स्थापित किया जाता है। वहाँ सामूहिक प्रार्थनाएं की जाती हैं।

इसके अलावा अगर ग्राम नदी के किनारे बसा हुआ हो तो नदी की देवी को वन देवी एवं उस स्थान के अन्य देवी-देवता की प्राथनाएं की जाती हैं।

इसके साथ ही साथ, सभी हिन्दुओं के जो देवी-देवता होते हैं उनमें से कुछ अथवा सभी की प्रार्थनाएं की जाती हैं।

ग्रामीण धर्म के प्रार्थना, पूजा आदि अंगों का सतर्कतापूर्वक अध्ययन होना जरूरी है। क्योंकि हिन्दुओं के कुछ भाग जैसे अछूत वर्ग जिनको मन्दिर में प्रवेश के अधिकार से वंचित रखा गया गया था इस अधिकार को पाने के लिए इस वर्ग द्वारा कई आंदोलन किये गये सार्वजनिक मन्दिरों में प्रवेश करने तथा देवी-देवताओं की पूजा-प्रार्थना आदि करने के सवाल ने एक राजनैतिक प्रश्न का रूप ले लिया है।

(ख) यज्ञ : ग्रामीण धर्म नाना प्रकार के यज्ञ-सम्बन्धी कार्य तय करता है जो जल की कुछ बूंद छिड़कने एवं पत्ते अथवा अनाज के दाने देवी-देवीताओं के सामने बिखेरने से लेकर पशु एवं मानव के बलिदान तक भी पहुंच जाता है। यद्यपि वर्तमान समय में इसका चलन बहुत ही कम हो गया है। ग्रामीण धर्म में विभिन्न उपधर्मों का सम्मिलन हो जाता है और हर उपधर्म अपने अनुयाइयों के विशिष्ट प्रकार के यज्ञ-सम्बन्धी कार्य तय करता है।

यज्ञ विभिन्न देवी-देवताओं को समर्पित किये जाते हैं। अन्न देवता, वर्षा देवता, धन देवी, विद्या देवी, सृष्टि पालकर्ता, नदी देवी तथा अन्य देवताओं का यहाँ बाहुल्य है। यज्ञ उनको प्रसन्न करने के लिए किये जाते हैं और यज्ञ के द्वारा उनके कोप को शान्ति करने या उनके अनुग्रह को प्राप्त करने का प्रयास किया जाता है।

ग्रामीण लोगों की रोग, बाढ़ एवं अन्य विनाशकारी घटनाओं के कारण संबंधित धारणाओं को समझने के लिए यज्ञों का समाजशास्त्रीय विश्लेषण करना जरूरी है। इससे हमें उन सामाजिक आदतों एवं जीवन के ढंग के सम्बन्ध में भी संकेत प्राप्त होते हैं। यह उनके जगत तथा जीवन के प्रति मनोभावना को व्यक्त करता है। इससे समाजशास्त्री को यह समझने में भी मदद प्राप्त होती है कि किस तरह जातियों में विभिन्न प्रकार के यज्ञ-सम्बन्धी कृत्यों का अनुसरण करते हुए जाति की माला में संस्तरण सम्बन्धी धारणा का विकास होता है। एवं अन्त में यह उसे भारतीय समाज के प्राचीन, सामाजिक, आर्थिक तथा सांस्कृतिक इतिहास को समझने में भी मदद करता है। यज्ञों की धारणा एव अनुष्ठान जिसकी सावयवी प्रशाखा है। विशिष्ट दैवी देवताओं के लिए किये जाने वाले यज्ञों के विशेष लक्षण होते हैं और इसलिए यज्ञ हर देवी देवता की पूर्व कल्पित विशिष्ट धारणा दर्शाता है। समाज के सामाजिक-आर्थिक विकास की विशिष्ट स्थिति में इन देवी-देवताओं का उद्‌भव मानव चेतना के रूप में हुआ। सही मायने में पुराण विद्या ही प्रतीकवाद के रूप में समाज का इतिहास है तथा चूंकि समाज में बदलाव होता है, इसलिए देवियों और देवताओं के कुल में भी बदलाव होता रहता है।

आज ग्रामीण समाज रूढ़िवादी तथा सुधारवादी धार्मिक प्रवृत्तियों एवं आन्दोलनों के बीच संघर्ष का रंगमंच बन गया है। रूढ़िवादी सामाजिक समूह प्राचीन धार्मिक क्रियाओं को सुरक्षित बनाये रखने का प्रयत्न करते हैं जबकि सुधारवादी सामाजिक समूह उन क्रियाओं के रूप में प्रतिपादित करते हैं। वे जीवन की समस्याओं को सही रूप में जानने प्रवृत्ति अपनाने की सलाह देते हैं। इस संघर्ष को तर्कसंगत बनाने के लिए इन यज्ञों का अध्ययन बहुत जरूरी हो जाता है। विशेषतः इस कारण कि वे ग्रामीण जनता के जीवन में एक महत्वपूर्ण भूमिका निभाते हैं। ग्रामीण जनता की संस्कृति प्रवल रूप से धार्मिक है एवं यज्ञ भी उन ग्रामीण लोकवार्ताओं का विषय है जो उनकी संस्कृति का महत्वपूर्ण भाग है।

(ग) विधि-विधान : शुद्धता की धारणा का विकास प्राचीन भारतीय समाज में इस सीमा तक हुआ कि यह सही मायने में एक सिद्धान्त ही बन गया। विधि विधान तो वे धार्मिक साधन हैं जिनके द्वारा व्यक्तिगत तथा सामाजिक जीवन की

शुद्धता का निश्चित आश्वासन प्राप्त होता है। वंश क्रमानुगत प्राप्त ग्रामीण धर्म व्यक्तियों तथा विभिन्न सामाजिक समूहों के लिए जीवन के सभी क्षेत्रों में आचरण के जटिल प्रतिमान प्रस्तुत करता है। ये जटिल इस कारण से हैं कि विधि-विधान उनकी कई महत्वपूर्ण तथा साथ ही महत्वहीन क्रियाओं से संबद्ध है। विशिष्ट जाति या उपजाति समूह के लिए विशिष्ट विधि-विधानों का इतना प्रबल आदेश दिया गया है कि उन सामाजिक समूहों या उपसमूहों द्वारा पालित विधि-विधानों के विशिष्ट विभेदों में ही उनको एक दूसरे से अलग किया जा सकता है। सामाजिक निन्दा और जातिच्युत करने की धमकी में भी उनके सदस्यों में विधि-विधानों के कठोरतापूर्वक पालन किये जाने का आदेश रहता है।

ग्रामीण जीवन में ये विधि विधान लगभग सभी क्रियाओं से आते हैं। जब कभी भी कोई व्यक्ति या सामाजिक समूह किसी क्रिया को शुरू करता है तो उसके लिए विधि-विधान निश्चित किया जाता है चाहे वह क्रिया भविष्य में बार-बार दुहराई जाने वाली ही क्यों न हो। कोई ब्राह्मण थाली में रखे भोजन का उपभोग शुरू करे इसके पूर्व उसके लिए यह जरूरी होता है कि वह अपनी थाली के चारों ओर एक जादू का वृत खींचे एवं पके हुए चावल के कुछ दाने देवी एव देवताओं के लिए पृथक रूप से रखे। ऐसी अनेक साधारण सांसारिक तथा धर्मनिरपेक्ष क्रियाओं के लिए भी विधि-विधान तय किये जाते हैं। स्थान तथा धन्धों के लिये विधि-विधान होते हैं। जब कोई व्यक्ति किसी नवीन ग्रह में निवास करना शुरू करता है, जब कोई कृषक बीज बोना एवं फसल काटना शुरू करता है तो उनके लिए पृथक-पृथक् विधि विधानों को करना पड़ता है। कृषि-उत्पादन की प्रक्रिया की सभी मुख्य घटनाएँ विशिष्ट विधि-विधानों से जुड़ी हुई है।

शुभ मुहूर्त के दिनों में तथा नवीन ऋतु के शुरूआत के भी विधि-विधान तय होते है। जब बालक पहली बार विद्यालय जाता है तो इस विधि का पालन किया जाता है।

सही मायने में, ग्रामीण मानव का जीवन क्रमशः विधि विधानों का सिलसिला मात्र है जो उन क्रियाओं के अनुसार होते हैं, जिनमें वह सुबह से शाम तक एक महीने से दूसरे महीने तक, एक वर्ष से दूसरे वर्ष तक एवं जन्म से मृत्यु तक लगा रहता है। यहाँ तक कि मृत व्यक्ति को भी अकेला नही रखा जाता है। उसकी मृत्यु के बाद भी विशिष्ट विधिविधान का अनुपालन किया जाता है।

यह कहा जा सकता है कि यह पता लगाना बहुत कठिन है कि हिन्दू समाज में कहाँ धार्मिक कर्म-काण्डों का अन्त होता है और कहाँ धर्मनिरपेक्ष क्रियाओं की शुरूआत होती है।

संस्थात्मक-संकुल रूप में हिन्दू धर्म, जिसके अनुयाइयों में भारत तथा विदेशों में बसे लोग भी शामिल हैं, अनेक उपधर्मों तथा धार्मिक मतों का एकीकरण है।

इन कई उपधर्मों एवं धार्मिक मतों को संस्थात्मक रूप दे दिया गया है। इन संस्थापक उपधर्मों एवं धार्मिक मतों के अनुसार ही कई धार्मिक संगठन विद्यमान हैं।

इसमें से कुछ अन्तर्राष्ट्रीय स्तर पर, कुछ राष्ट्रीय स्तर पर कुछ प्रान्तीय स्तर पर और अन्य स्थानीय स्तर पर कार्य करते हैं। वे अपने मठ, आश्रम तथा मन्दिर रखते हैं, जहां उनके अनुयायी नाना प्रकार के देवी-देवताओं की पूजा करने तथा धार्मिक प्रवचन सुनने के लिए जमा होते हैं।

इन धार्मिक संगठनों की निजी सम्पत्ति होती है जो कभी पर्याप्त मात्रा में होती है। वे पुरोहितों तथा प्रचारकों का स्थायी कार्यकर्त्ता मंडल रखते हैं जो उन उपधर्मों तथा धार्मिक मतों के सिद्धान्तों का प्रचार-प्रसार करते हैं।

हमारे देश में कई ऐसे धार्मिक संगठन हैं, यथा—शंकराचार्य, वल्लभाचार्य रामानुज, सहजानन्द तथा अन्य के अनुयायियों की अध्यक्षता में है और इन सब में दार्शनिक तथा विधिविधान सम्बन्धी अति सूक्ष्म तत्व होते हैं।

कुछ उपधर्म एवं धार्मिक पंथों ने संस्थाओं का रूप नहीं धारण किया है। उनके नेता एवं प्रचारक अभी नियमित संगठनों के सूत्र में नहीं बंध पाये हैं।

हमारे देश में राजकीय धर्मों का अभाव यहां के धर्म का विशेष लक्षण है। यह ईसाई धर्म एवं इसलाम के विपरीत है जो यूरोप और एशिया के कई देशों में राजकीय धर्म बन गये हैं। भारत में धर्म समुदाय से न कि राज्य से सम्बन्धित माना गया। धार्मिक संगठन सदैव ही राज्य से पृथक तथा विशिष्ट ही रहा, चाहे हिन्दू राजा अपने निजी जीवन में धर्म का क्यों न समर्थन करता हो।

जैसा कि इतिहास से प्रमाण मिला है कि यूरोप में स्थिति इससे भिन्न थी। मध्य में कैथोलिक और उसके उपरांत कैथोलिक तथा प्रोटेस्टेन्ट राज्य अस्तित्व में आये। जब तक कमालपाशा ने राज्य को धर्म से अलग नहीं किया तब तक तुर्की देश एक धार्मिक मुसलिम राज्य था।

अतएव हम भारतीय इतिहास में ऐसे संघर्ष नहीं पाते हैं, जैसे कैथोलिक धर्म के अन्तर्राष्ट्रीय संगठन के अध्यक्ष पोप एवं इंग्लैंड के राजा हेनरी सप्तम के बीच हुए। पोप कैथोलिक राज्यों की प्रणाली को बनाये रखने का प्रयास कर रहा था जबकि हेनरी सप्तम ने कैथोलिक धर्म के विरूद्ध विद्रोह का झंडा खड़ा किया एवं इंग्लैंड प्रोटेस्टेन्ट राज्य में बदल दिया।

हमारे प्राचीन समाज के जीवन का एक महत्वपूर्ण लक्षण यह था कि यहाँ बड़े-बड़े जनतान्त्रिक सार्वजनिक आन्दोलनों ने धार्मिक आन्दोलनों का रूप धारण

किया तथा महान् धार्मिक नेताओं द्वारा ये धर्म समुदाय के विरूद्ध चलाये गये थे राज्य के विरूद्ध नही चलाये गये थे। भक्तों ने उन आन्दोलनों का नेतृत्व किया। इनका उद्देश्य लोगों को अपने कार्य क्रमों की ओर आकर्षित करना था और उनके नेतृत्व तथा कार्य द्वारा समाज का सुधार करना था।

जबकि यूरोप में ये आन्दोलन धर्म के विलय हेतु चलाये गये थे। इन भक्ति आन्दोलनों के लोकप्रिय जनतान्त्रिक लक्षण का प्रमाण इस तथ्य से प्राप्त होता है कि सामान्य रूप से वे हिन्दू समाज के जनतंत्रीकरण का अर्थात् जाति या जातिगत असमानताओं की समाप्ति का समर्थन करते थे जिससे कि हिन्दुओं को, जिनमें स्त्रियाँ भी शामिल थी, ब्राह्मण पुरोहित वर्ग की मध्यस्थता के बिना ईश्वर की उपासना तथा धार्मिक संस्कृति का लाभ प्राप्त हो सके। इसके अलावा इन भक्तों ने देशी भाषाओं का विकास किया जिसको सामान्य जन जानते और बोलते थे और उन्होंने स्वयं विशाल साहित्य की रचना इन भाषाओं में की। इस तरह उन्होंने सामान्य जनता तक संस्कृति को पहुंचा दिया।

तब भी यह ध्यान में रखना चाहिए कि हिन्दू-बौद्ध या मुसलिम शासक अपनी राज्य की शक्ति तथा साधनों को जिस धर्म विशेष को वे मानते थे उसके प्रचार-प्रसार के लिए उपयोग में लाते थे। फिर भी मुसलिम शासन काल को छोड़कर हिन्दू या बौद्ध शासन काल में राज्य का रूप धर्म पर आधारित राज्य के रूप में नहीं था।

आवश्यक है मनुष्यों के उस समूह का वर्णन यहाँ पर जो पूर्ण रूप से धर्म के कार्यों में लगे हुए थे। यह समूह दो भागों में विभक्त किये जा सकते हैं पुरोहित और संन्यासी। पुरोहित जिनका निश्चित निवास होता है एवं संन्यासी जो स्थान-स्थान पर भ्रमण करते रहते हैं।

पुरोहित कई तरह के होते हैं। परिवार के पुरोहित होते हैं जो परिवार की धामिक ज़रूरतों की पूर्ति करते हैं। जाति तथा उपजाति के पुरोहित होते हैं। जो विभिन्न जातियों तथा उप जातियों की कई तरह की पूर्ति करते हैं। ग्राम पुरोहित ग्राम के मन्दिर की देखरेख करते हैं सम्पूर्ण ग्राम समुदाय के धार्मिक जरूरतों की पूर्ति करते हैं।

ये पुरोहित समूह ग्रामीण जनता के धार्मिक एवं लौकिक जीवन पर प्रबल प्रभाव रखते हैं, क्योंकि लौकिक जीवन की प्रक्रियाएं भी धर्म से अनुरंजित होती हैं तथा धार्मिक क्रियाएं करने से पूर्व विधिविधान के माध्यम से धार्मिक दृष्टि से उन्हें पवित्र बनाया जाता है। अब भी ग्रामीण जनता के लौकिक जीवन के तानेबाने में धर्म ज्यादातर गुंथा हुआ है।

ऐतिहासिक प्रवृत्ति से यह अभिव्यक्त होता है कि ग्रामीण जनता के लौकिक जीवन पर पुरोहित वर्ग का जो प्रभुत्व था वह पतनोन्मुख हो रहा है।

भारत में पुरोहितों के साथ ही साथ अधिक संख्या संन्यासियों की है जो ग्रामीण क्षेत्र में भ्रमण करते हैं। उनमें से कुछ अपने-अपने धार्मिक मतों के प्रचार-प्रसार का कार्य करते हैं। ये पवित्र मानव हैं जो अपनी यात्रा द्वारा ग्राम को पवित्र बनाते हैं और कुछ समय के लिए ग्रामीणों के आतिथ्य को स्वीकार करते हैं।

ग्रामीण क्षेत्र में मन्दिर का महत्व

यहाँ ग्रामीण जीवन मे ग्राम-मन्दिर की भूमिका का मूल्यांकन आवश्यक है। केवल यह नहीं कि मन्दिर पूजा एवं प्रार्थना के स्थान के रूप में कार्य करता है बल्कि वह ग्राम के कार्यकलापों का मुख्य केन्द्र तथा उनको शुरू करने वाला होता है। वर्तमान समय में भी वह ग्रामीण जीवन में महत्वपूर्ण भाग लेता है।

ग्राम मन्दिर शिक्षा सम्बन्धी कार्यों से भी संबद्ध है। युगों तक वहाँ पाठशालाएँ चलाई जाती रहीं जहाँ उच्च जाति के अल्पवयस्क धार्मिक एवं लौकिक शिक्षा प्राप्त करते थे। वहाँ ग्रामीण लोगों के लिए धार्मिक प्रवचन तथा कथाओं का आयोजन होता था।

ग्राम मंदिर गांव में परोपकारी तथा समाज कल्याण का कार्य भी करता था। वह ग्रामवासियों से रूपये-पैसा एवं वस्तुएं एकत्रित करता और उससे उन लोगों को मदद करता जिनको इसकी जरूरत होती थी।

मन्दिर सामूहिक, सामाजिक एवं धार्मिक समारोहों का आयोजन करता था। इसके तत्वावधान में विवाह-संस्कार सामाजिक और धार्मिक त्योहार होते थे जिनमें सभी ग्राम का सहभोज शामिल होता था और नववर्षोत्सव जैसे महत्वपूर्ण दिवस मनाये जाते थे। सही मायने में ग्राम के सामूहिक धार्मिक एवं लौकिक जीवन का अत्यधिक भाग मन्दिर के चारों ओर ही घूमता रहता था।

मंदिर में सभी परम्परागत साहित्यक एव कलात्मक संस्कृति का न केवल मूर्त्तस्वरूप था बल्कि परम्परागत साहित्यिक एवं कलात्मक संस्कृति का न केवल मूर्त्तस्वरूप था बल्कि वह उसका संरक्षक भी था। कभी-कभी इसके अपने गायक, नर्तक एवं संगीतज्ञ भी रहते थे। यह भी ध्यान में रखना चाहिए कि प्राचीन संस्कृति ज्यादातर धार्मिक थी और उसका लौकिक अंग भी धार्मिक वेश-भूषा से आच्छादित था। इसलिए मंदिर इस वंशक्रमागत संस्कृति से सम्बन्धित था एवं उसका संरक्षण करता था। इस तरह ग्राम का मन्दिर ग्राम की संस्कृति का महत्त्वपूर्ण केन्द्र था और

ग्राम का सांस्कृतिक जीवन, चाहे वह धार्मिक व लौकिक, कलात्मक व साहित्यिक हो, मन्दिर के चारों ओर घूमता था।

ग्राम मन्दिर नैतिक मूल्यों का स्रोत था एवं ग्रामीण जनता के जीवन को नियंत्रित करता था। ग्राम मन्दिर ग्राम-निवासियों का कठोर नैतिक आलोचक एवं नियंत्रक था, यद्यपि वर्तमान समय में यह नियंत्रणा कम होता जा रहा है।

ग्राम मन्दिर ग्राम के आर्थिक जीवन में भी महत्वपूर्ण भूमिका अदा करता था। कृषि उत्पादन की प्रक्रिया के सभी बदलाव थे। यह प्रक्रिया आज भी जारी है। कई अवसरों पर जैसे बीज बोना, फसल काटना आदि धार्मिक विधि-विधान होते थे। जब कोई शिल्पकार अपना धन्धा शुरू करता है तो अवश्यम्भावी रूप से इस घटना के साथ किसी विधि का विधान जुड़ जाता है। अपने पुरोहित प्रतिनिधि के द्वारा मन्दिर कृषक के हल को, शिल्पकार के औजारों को पवित्र बनाता है। मन्दिर, जो ग्रामीण धर्म की मूर्तिमान अभिव्यक्ति है, ग्रामीण समाज के आर्थिक जीवन में महत्वपूर्ण भूमिका निभाता है।

ग्राम मन्दिर न्याय भी करता है। वह ग्रामीण लोगों के बीच जो झगड़े विवाद होते हैं उन्हें धर्म की सत्ताधारी वाणी के द्वारा निपटाता है। भीषण लौकिक अपराधों के लिए भी वह प्रायश्चित के धार्मिक तरीके तय करता है।

इतना ही नहीं, मन्दिर अपने पुरोहित प्रतिनिधि के द्वारा भावी घटनाओं के सम्बन्ध में भविष्यवाणियां भी करता है।

ग्राम मन्दिर सामाजिक केन्द्र के रूप में भी कार्य करता है। ग्राम का हर क्रिया प्रलाप भी ज्यादातर मन्दिर के अहाते में या उसके आसपास होता है।

साधारणतया सार्वजनिक सभाएँ भी मन्दिरों या उसके समीप ही होती हैं क्योंकि ग्राम में यही सबसे महत्वपूर्ण तथा विशाल स्थान होता है।

मन्दिर ने प्राचीन समय में अधिकांश और अब भी कुछ सीमा तक ग्राम के लिए शिक्षक, चिकित्सक, नीति सदाचार सम्बन्धी नेता, कथाकार, गायक, ज्योतिषी, लेखक तथा भविष्यवक्ता दिये हैं।

शिक्षण के मन्दिर होते हैं। ग्राम में न केवल जातियों एवं उपजातियों के मन्दिर होते हैं बल्कि ऐसे देवी देवताओं के मन्दिर भी होते हैं जिनकी पूजा ग्राम के लोग सभी हिन्दू समुदाय के साथ करते हैं। कुछ ऐसे देवी-देवताओं के मन्दिर भी होते हैं जो शक्ति आदि विशिष्ट धार्मिक मतों के होते हैं। इनके अलावा ऐसे मन्दिर भी होते हैं जहाँ स्थानीय ग्राम देवी-देवता प्रतिष्ठित होते हैं। कुछ ग्राम-मन्दिर सार्वजनिक होते हैं एवं कुछ निजी होते हैं।

ग्रामीण धर्म के अध्ययन की जरूरत

वर्तमान ग्रामीण धर्म का अध्ययन बहुत जरूरी है, क्योंकि यह भारतीय जनता के प्राचीन सांस्कृतिक विकास का समन्वित चित्र उपस्थिति करता है। भारतीय संस्कृति का इतिहास अब भी कई खण्डों में बिखरा हुआ है तथा अपूर्ण रूप में है। भारतीय संस्कृति की उत्पत्ति एवं परवर्ती विकास की अवस्थाओं के सम्बन्ध में अब भी वाद-प्रतिवाद चल रहा है। इस विषय पर कई मत सामने आये हैं। इनके अलावा ऐसी समस्याएँ भी विवाद का क्षेत्र बनी हुई हैं, उदाहरण के लिए इसका प्रचार-प्रसार कैसे हुआ आदि। भारतीय संस्कृति का उद्भव कहां हुआ और कैसे हुआ?

प्रादेशिक ग्रामीण-धर्म अध्ययन की जरूरत

हमारे देश के विभिन्न ग्रामीण धर्मों का अध्ययन कुछ सामान्य लक्षण व्यक्त करता है, देवियों और देवताओं के सामान्य प्रतिमान, विधि-विधान, पूजा के समान्य लक्ष्य तथा सामान्य धार्मिक धारणाएं एवं पुराण कथाएं। फिर भी इन लक्षणों मे से कई प्रादेशिक विभिन्नताएं प्रदर्शित करते हैं।

इसके प्रादेशिक ग्रामीण धर्म कुछ ऐसे लक्षण भी रखता है जो बिल्कुल अलग तथा उनके अपने हैं और जो दूसरों से कोई समानता नहीं रखते हैं।

इससे दो बातें सामने आती हैं। प्रथम तो यह है कि इन ग्रामीण धर्मों के सामान्य लक्षण यह संकेत करते हैं कि प्राचीन काल में उनका मूल स्रोत सामान्य भारतीय संस्कृति के विभिन्न प्रमाण के रूप में मौजूद है। विशेष बात यह है कि समान पूर्वज होते हुए भी वे विभिन्न ग्रामीण क्षेत्रों के सुनिश्चित रूप से विभिन्न ग्रामीण धर्म हैं क्योंकि वे कुछ स्वतंत्र लक्षण एवं तत्व रखते हैं।

समसामायिक प्रादेशिक ग्रामीण धर्मों की इस प्रचुर विभिन्नता का सतर्क समाजशास्त्रीय विश्लेषण उनके विकास के क्रम को ढूंढ निकालने में मदद करेगा। इसके अलावा वह उन ग्रामीण धर्मों की उत्पति की खोज करने में भी मददगार होगा जो कृषक समुदायों के अनेक बार होने वाले देशान्तरण के साथ-साथ भारत के एक भाग से दूसरे भागों में फैल गया।

हमारे देश की विभिन्नतापूर्ण भौगोलिक दशाओं ने भी भारतीय ग्रामीण धर्म एवं उसके विभिन्न प्रादेशिक रूपों को निश्चित करने में एक महान् भूमिका अदा की है। महान् नदियों, पर्वतीय प्रदेशों, निर्णायक व्यापारिक मार्गों ने इन धर्मों के गुणों एवं लक्षणों को प्रभावित किया। आधुनिक रेलवे के प्रसार ने, जिसके कारण वर्तमान समय में स्थल रूप-रेखा सम्बन्धी एवं भौगोलिक उपदानों का जो लोगों के सांस्कृतिक जीवन

को नियंत्रित करने में भाग होता है, उसे प्रभावहीन बना दिया है। इसलिए अब हमारे लिए प्राचीन भारतीय संस्कृति के निर्माण में इन उपादानों के महत्व को समझना कठिन हो गया है।

हमारे देश में हिन्दू ग्रामीण धर्म का अध्ययन विशेष रूप से आकर्षक है क्योंकि इसकी सामग्री में पर्याप्त विविधता है। हिन्दू धर्म धार्मिक विश्वासों एवं विधि विधानों का एक विशाल एवं विभिन्नता पूर्ण मिश्रण है। उसके असामाजिक रूप में यह धार्मिक मतों तथा क्रियाओं की मानव समाज के विकास की सभी अवस्थाओं की समष्टि है।

ग्रामीण धर्म वैज्ञानिक भारतीय इतिहास के निर्माण में मददगार

भारतीय ग्रामीण धर्म का समाजशास्त्रीय विश्लेषण अपने प्रतीकवादी रूप में भारत के प्राचीन राजनैतिक, सामाजिक, आर्थिक, इतिहास को व्यक्त करता है। यह परस्पर विरोधी प्राचीन सामाजिक समूहों के आर्थिक तथा अन्य तरह के संघर्षों और विभिन्न सामाजिक राजनैतिक तथा सांस्कृतिक समिश्रण को भी व्यक्त करता है।

इसका कारण यह है कि धार्मिक जगत् की छाया समाज की वास्तविक गतिविधि को प्रतिबिम्बित करती है।

मिस्र, बेबिलोनिया, यूनान तथा अन्य देशों के मोरेट, मेसपेरो, ब्रेस्टेड फ्रेन्क, गोर्डन चाइल्ड, थोमसन तथा अन्य प्रख्यात विद्वानों द्वारा जो अध्ययन किये गये हैं, उन्होंने यह बताया है कि किस तरह जनजातियों के गोत्र चिन्हों एवं जादू-टोनों के विश्वास से कई राष्ट्रीय देवताओं के विकास के क्रमबद्ध एवं व्यवस्थित अध्ययन से उनके जनजातीय समाज से प्रादेशिक राजनैतिक समाज के रूप में परिवर्तित होने की प्रक्रिया को दर्शाता है। भारत में ग्रामीण धर्म की विचारधारा एवं पुराण विद्या के अध्ययन से भारतीय समाज के विकास की विभिन्न अवस्थाओं में जो बदलाव हुए उनके रहस्य का उद्घाटन हो जाता है।

हमारे देश में ग्रामीण समाजशास्त्री को ऐसी समस्याओं का अध्ययन करना चाहिए जैसे भारत में शैव मत का विस्तार क्यों हुआ, शाक्त मत ने विभिन्न क्षेत्रों में विभिन्न रूप क्यों धारण कर लिए आदि। देवियों एवं देवताओं का प्रवजन जनता के प्रवजन का भी सूचक है। देवियों तथा देवताओं का सम्मिश्रण लोगों के सम्मिश्रण की ऐतिहासिक प्रक्रिया को व्यक्त करता है। देवियों देवताओं के वर्ग विभक्त संस्था का होना और कुछ देवी-देवताओं को अकल्याणकारी घोषित करना और दूसरों की परोपकारी के रूप में प्रशंसा करना, पौराणिक संज्ञा में विभिन्न नवशीय

समूहों में तथा जनता में सघर्ष एवं वास्तविक ऐतिहासिक संघर्षों में कुछ का दूसरों के अधीन होना है।

यहां यंह बात ध्यान देने योग्य है कि कारण की विस्तृत व्याख्या की गई है। साथ ही साथ इसलाम, ईसाई धर्म तथा पारसी धर्म भी भारतीय समाज में विद्यमान थे इसलिए ग्रामीण समाज शास्त्री के लिए यह भी जरूरी है कि इनका भी इसी प्रणाली के अनुरूप अध्ययन करें जिससे ग्रामीण जनता के जीवन में धर्म की भूमिका का पूर्ण मूल्यांकन हो सके।

12

ग्रामीण शिक्षा

वर्तमान समय में शिक्षा

वर्तमान समाज में शिक्षा का महत्वपूर्ण स्थान है। समाज के निर्वाह तथा विकास के लिए शिक्षित जनता का होना एक पूर्वापेक्षा है। वर्तमान सामाजिक जीवन के विविध क्षेत्रों (आर्थिक, राजनैतिक, सामाजिक, नैतिक तथा अन्य) में जनता के लिए शिक्षा की अत्यन्त आवश्यकता मानी गई है। यहाँ हम शिक्षा की जरूरत पर प्रकाश डालेंगे।

आर्थिक आधार

स्वावलंबी ग्रामीण अर्थव्यवस्था प्राचीन समुदायों के आर्थिक जीवन का निर्माण करती थी। उनके विपरीत आज की जनता की अर्थव्यवस्था का आधार राष्ट्रीय है। इसके अतिरिक्त यह राष्ट्रीय अर्थव्यवस्था भी इन्हीं दशकों में सभ्य व्यवहार के प्रतिकूल हो गई तथा संसार की अर्थव्यवस्था का पूरक बन गई। वास्तव में राष्ट्रीय एवं अन्तर्राष्ट्रीय दोनों बाजारों के लिए करती है। परिणामस्वरूप, विभिन्न वस्तुओं के संसार भर के मूल्यों का उतार-चढ़ाव ही अन्तिम रूप से विभिन्न उत्पादन केन्द्रों में उनकी मात्रा तथा मूल्य का निर्धारण करता है। इसीलिए समस्त मानव जाति के जटिल आर्थिक जीवन का सही एवं तार्किक अवबोधन सभी उत्पादकों के लिए जरूरी हो जाता है।

प्राचीन समाज में ऐसा नहीं था। ब्रिटिश पूर्व भारत में गांव का कृषक समूह उतना ही उत्पादन करता था जितना गांव की जनता के जरूरतों की पूर्ति तथा गांव द्वारा सामूहिक रूप से राज्य को भूमिकर अदा करने के लिए आवश्यक होता था।

उत्तर ब्रिटिश भारत में गांव का कृषक समूह स्थानीय, राष्ट्रीय तथा अन्तर्राष्ट्रीय बाजार के लिए भी उत्पादन कर रहा है। यदि गांव के किसान को दुनिया के बाजार की कठिनाइयों का शिकार नहीं होना है तो उसके लिए इतना शिक्षित होना जरूरी है जिससे वह राष्ट्रीय तथा अंतर्राष्ट्रीय अर्थव्यवस्थाओं की गतिविधि को समझे सके।

1. राजनैतिक आधार—वर्तमान ग्रामीण समुदाय के लिए राजनैतिक तथा प्रशासकीय कारणों से भी शिक्षित होना जरूरी है। प्राचीन काल में राज्य की संप्रभुत्ता नाममात्र की थी। वह प्रशासकीयतंत्र में गहराई तक पहुंचकर कार्य नहीं करता था। गांव, पंचायत तथा जाति-समितियाँ ही जनता के जीवन को नियंत्रित करती थी। वर्तमान समाज में गांव अति केन्द्रित राज्य के राजनैतिक तथा प्रशासकीय तंत्र का अविरल अंग बन गया। चूंकि वर्तमान शासन तंत्र का प्रमुख कार्य निर्माण करना है, इसीलिए ग्रामीण जनता के लिए यह काफी आवश्यक हो गया है कि वह उसके शासन तंत्र का अध्ययन करे। ग्रामीण जन के लिये न्यायिक तथा प्रशासकीय प्रतिक्रियाओं को शासित करने वाले न्यूनतम कानून तथा राज्य के सभी अंगों की शक्तियों का अध्ययन करने की जरूरत है। इसके अलावा इन्हीं दशाब्दियों में ग्रामीण क्षेत्र में विभिन्न राजनैतिक दलों का आरंभ हुआ। राज्य पर नियंत्रण स्थापित करने के उद्देश्य से ये दल ग्रामीण जनता का समर्थन प्राप्त करने के लिए आपस में संघर्ष करते हैं। इसलिए ग्रामीण जनता को इन राजनैतिक दलों के कार्यक्रम तथा नीतियों का अध्ययन करना चाहिए। इन दोनों कारणों से उनका शिक्षित होना आवश्यक हो जाता है।

2. सामाजिक आधार—सामाजिक कारणों से भी ग्रामीण जनता का शिक्षा प्राप्त करना आवश्यक है। वर्तमान समाज में नागरिकों के मध्य सभी सामाजिक संबंध अनुबन्ध के सिद्धान्त से शासित होते हैं न कि प्रस्थिति के द्वारा जैसा कि पहले होता था। अनुबन्धीय सामाजिक संबंध जटिल तथा बहुसंख्यक होते हैं और वे नागरिक से यह उम्मीद करते हैं कि वह वर्तमान समाज की आधारभूत संरचना का ज्ञान प्राप्त करे और इसलिए शिक्षा आवश्यक हो जाती है। नागरिकों के बीच आर्थिक संबंध, परिवार के सदस्यों के बीच संबंध तथा अन्य प्रकार के सामाजिक संबंध, जो सम्पूर्ण रूप से वर्तमान समाज के जटिल रंग-बिरंगे प्रतिमान का संश्रयन करते हैं, उन कानूनों से शासित होते हैं जो अनुबन्ध के सिद्धान्त पर टिके हैं। केवल शिक्षित नागरिक ही इस प्रकार के विभिन्नतापूर्ण अनुबन्धीय संबंध व्यवस्था को समझ सकता है।

3. नैतिक आधार—वर्तमान समाज में व्यक्ति तथा सामाजिक समूह का जीवन मध्य कालीन धार्मिक सिद्धान्तों की अपेक्षा अधिकाधिक रूप से लौकिक एवं

मानवीय सिद्धान्तों पर आधारित होता जा रहा है। सभी मानवों की समानता, व्यक्तिगत स्वातन्त्र्य, मानव व्यक्तित्व का विकास, मानव-आचार अथवा व्यवहार के निर्धारक रूप में विवेक बुद्धि ये ऐसी प्रमुख धारणायें है जो व्यक्ति तथा सामाजिक समुदाय के आचरण की अधिकाधिक रूप से निर्धारित करती हैं। इन मौलिक धारणाओं को समझने के लिए शिक्षा नितांत आवश्यक है।

4. सांस्कृतिक आधार–देश की मूल्यवान संस्कृति तथा उसे आत्मसात करने वाले, जिनसे आधुनिक युग का विकास हुआ है, शिक्षा एक पूर्वापेक्षा है। प्राकृतिक जगत के मानवीय ज्ञान ने आधुनिक समय में काफी उन्नति की है और मनुष्य को प्रकृति पर प्रभुत्व प्रदान कर दिया है। इसी तरह सामाजिक जीवन के क्षेत्र में भी ज्ञान की काफी वृद्धि हुई और उसके द्वारा मनुष्य अपने सामूहिक सामाजिक जीवन को अधिक सचेतन रूप से ढालने में सक्षम बना है। इसके अलावा कलात्मक संस्कृति के क्षेत्र में भी काफी उन्नति हुई है। इस मूल्यवान आधुनिक संस्कृति के एक अंग ने विश्व की संस्कृति का रूप धारण कर लिया है। विश्व की इस शक्तिशाली संस्कृति को आत्मसात करने के लिए शिक्षा की अनिवार्य रूप से आवश्यकता है जो व्यक्ति के बौद्धिक तथा भावनात्मक जीवन को समृद्ध बनाने और उसके द्वारा समाज की प्रगति में योगदान करने के सक्षम बनाती है।

वर्तमान संस्कृति का आधार मानव स्वातन्त्र्य तथा सामाजिक सहयोग पर काफी ध्यान देता है, क्योंकि दोनों ही मानव के व्यक्तित्व तथा सामर्थ्य के विकास एवं सामाजिक प्रगति के लिए अत्यन्त आवश्यक है। वह नागरिक, जो ऐसी संस्कृति को आत्मसात कर लेता है, अपने आप में ऐसे समाज के निर्माण की प्रबल प्रेरणा प्राप्त करेगा जो सामाजिक वैमनस्य तथा मतभेद से परे हो एवं सामाजिक एकता तथा व्यक्ति स्वातन्त्र्य पर आधारित हो।

5. अन्य आधार--शिक्षा द्वारा ही किसान उन्नतिशील कृषि-तकनीकी के लाभों को समझ सकता है जैसे–ट्रेक्टर, उर्वरक, फसल काटने तथा भूसी निकालने वाले।

यह भी ध्यान में रखना आवश्यक है वर्तमान समाज में ऐसी विशिष्ट समस्याएं पैदा हो जाती हैं जिनकी केवल आधुनिक ज्ञान के द्वारा ही सफलतापूर्वक हल किया जा सकता है उदाहरणस्वरूप, चाणक्य के अर्थशास्त्र में आर्थिक अथवा राजनैतिक व्यवस्था का ज्ञान धरती से उत्पन्न आर्थिक तथा राजनैतिक समस्याओं को हल करने में सहायता नहीं कर सकता और वर्तमान शिक्षा ही आधुनिक ज्ञान को प्राप्त करने का एकमात्र साधन है।

प्राचीन ज्ञान आधुनिक समस्याओं को सुलझाने में सहायक नहीं है, उसी प्रकार प्राचीन शिक्षण के तरीके आधुनिक ज्ञान को आत्मसात करने में सहायक नहीं हो सकते। आधुनिक ज्ञान प्रदान करने के लिए शिक्षा के आधुनिक विज्ञान, शिक्षण के आधुनिक तरीके तथा आधुनिक स्कूलों की जरूरत होती है।

देश की अधिकांश जनता घोर अज्ञान तथा अशिक्षा के अन्धकार में डूबा हुआ है। करोड़ों अपठित ग्रामीणों को शिक्षित एवं जागरूक नागरिकों में बदल देना एक बड़ी समस्या है और उसे हल करना अभी बाकी है, यदि भारतीय समाज को भौतिक तथा सांस्कृतिक उन्नति के पथ पर अग्रसर होना है तो इन समस्याओं का अविलंब निदान निकालना आवश्यक है।

ब्रिटिश पूर्व भारत में शिक्षा का स्वरुप

ब्रिटिश पूर्व भारतीय ग्रामीण समाज भरण-पोषण अर्थव्यवस्था पर आधारित था।

प्राचीन पीढ़ी को कृषि, उद्योग धन्धे संबंधी शिक्षा स्कूलों में नहीं दी जाती, बल्कि परिवारजनों द्वारा उन धन्धों में सीधे क्रियात्मक भाग लेने की प्रक्रिया के द्वारा दी जाती थी।

सामाजिक अनुकूलन की शिक्षा परिवार तथा जाति के द्वारा दी जाती थी, क्योंकि गांवों की जनता का सामाजिक जीवन, परिवार एवं जाति के व्यूह के अंदर ही व्यतीत होता था।

युवा पीढ़ी अपनी नैतिक एवं बौद्धिक शिक्षा प्रायः पुरोहितों, कथाकारों तथा सन्तों से और कुछ सीमा तक परिवार से भी ग्रहण करती थी।

लौकिक तथा धार्मिक समारोह, त्योहार और उत्सव, जिन्हें परिवार जाति तथा ग्राम-समुदाय आयोजित करता था और जिनमें गांव के नवयुवक भाग लेते थे, उनकी सौन्दर्यात्मक शिक्षा के लिए स्कूल का कार्य करते थे।

शिक्षा के द्वारा जो सांस्कृतिक दृष्टिकोण विकसित किया जाता था वह मूल रूप से धार्मिक था। वह दुनिया की ईश्वर से उत्पत्ति तथा सभी घटनाओं एवं दृश्यों को निर्धारित करने वाली ईश्वर की स्वतन्त्र इच्छा की धारणा का प्रचार करता था। एक सर्वोच्च ईश्वर के अलावा वह देवताओं के अनेक समूह तथा सभी महत्वपूर्ण एवं दृश्यों के पीछे आत्माओं की विद्यमानता में विश्वास करना भी सिखाता था। ग्रहण, भूकम्प तथा महामारियों की वैज्ञानिक ढंग से व्याख्या नहीं की जाती थी, अपितु उन्हें अपकारी देवियों तथा देवताओं की क्रोधपूर्ण क्रियाओं का परिणाम माना जाता था। उदाहरणस्वरूप, राहु तथा केतु नामक दो राक्षसों द्वारा सूर्य को अस्थायी रूप से निगल लेने को ग्रहण की संज्ञा दी गई, भूकम्प को अपने विशाल फण पर पृथ्वी को धारणा

करने वाले शेषनाग की गति का परिणाम। चेचक से फूट निकलने को 'बालिया काका' (अथवा शीतला माता) के प्रकोप का परिणाम घोषित किया गया, जिसकी शान्ति के लिए उचित विधि-विधान किये जाते थे। उस समय की शिक्षा आत्मवाद या जीववाद में और वृक्षों, पर्वतों तथा नदियों में देवी-देवताओं की विद्यमानता में विश्वास को भी बढ़ावा देती थी।

अतः आधुनिक धार्मिक समाज के उदय से पूर्व की ग्रामीण जनता की संसार संबंधी धारणा धार्मिक तथा अवैज्ञानिक थी।

प्राचीन भारतीय शिक्षा अधिकतर पुराण विद्या पर आधारित थी। उसमें देव-नृपों को अतिमानव (अथवा अलौकिक) कार्यकलापों का वर्णन होता था। देवता पर आधारित भी इन देव-नृपों के बीच होने वाले सामारिक युद्धों में हिस्सा लेते थे। ऐसा इतिहास प्राचीन काल की जनता के सामाजिक, आर्थिक तथा राजनैतिक जीवन के विकास का क्रमबद्ध तथा तर्कसंगत वर्णन नहीं दे सकता था और न ही लौकिक कारण से उत्पन्न ऐतिहासिक कारणों को मानव समझा सकता था।

तत्कालीन शिक्षा मानव को संयुक्त परिवार, जाति तथा ग्रामीण सामुदायिक जीवन की जरूरतों के अनुकूल बना देती थी। चूंकि समस्त ढांचा अधिकारवादी समग्र रूप से संयुक्त परिवार, जाति अथवा ग्रामीण समुदाय के अधीन बनाने के लिए प्रोत्साहित करती थी। वह उसे इन संस्थाओं की सेवा में अनुशासित करती थी। इस प्रकार की सामाजिक शिक्षा कठिनाई से ही व्यक्ति-स्वातंत्र्य की सेवा करने अथवा मनुष्य व्यक्तित्व का विकास करने में सहायक हो सकती थी।

कृषि तथा शिल्प संबधी प्रयोगत्मक विधि से प्राप्त की जाती थी और प्राचीन समय से वंशक्रमानुगत रूप से पीढ़ी दर पीढ़ी चले आ रहे ज्ञान का भंडार होता था। यह युवकों को मौखिक रूप से दी जाती थी और अधिकतर कला, शिल्प तथा कृषि के अभ्यास की प्रक्रिया के रूप में तथा सामाजिक जीवन में हिस्सेदारी के रूप में होती थी। उस समय वहां कोई तकनीकी संस्थाएं, संगीत तथा अन्य कला सम्बन्धी अकादमी अथवा सामाजिक विज्ञान के स्कूल क्षेत्र नहीं होते थे। कहीं काफी दूर शहरी में कुछ शैक्षणिक तथा प्रशिक्षण संस्थाएं विद्यमान थी।

ब्रिटिश काल में शिक्षा का स्वरूप

साधारणतः पश्चिम तथा विशेषतः ब्रिटेन संघात तथा अंग्रेजों के आगमन के परिणामस्वरूप भारत में आधुनिक समाज का उदय हुआ तथा भारतीय जनता में आधुनिक शिक्षा का विस्तार हुआ।

नई शिक्षा मूल रूप में धर्मनिरपेक्ष और भावना तथा परिमाण में उदारवादी थी, अर्थात शिक्षा का स्वरूप धार्मिक तथा अधिकारवादी से पृथक धर्मनिरपेक्ष और

उदारवादी हो गया। आधुनिक शिक्षा का प्रसार काफी हद तक नगरीय समाज के बीच तथा उच्च स्तरों तक ही सीमित था। कम ही ग्रामों में स्कूलें थीं और जहाँ कहीं भी वे विद्यमान थी, ग्रामीण जनता की निर्धनता ने उनके लिए शैक्षणिक सुविधाएं अधिक व्ययसाध्य होने के कारण उनका लाभ उठाना असंभव बना दिया। इसके अलावा चूंकि आधुनिक शिक्षा को अंग्रेजों ने मुख्य रूप से अपने प्रशासकीय तंत्र तथा उद्योगों के लिये कार्यकर्त्ताओं की माँग की पूर्ति हेतु आरम्भ किया था, इसलिए इसके उदारवादी उद्देश्य धुँधले रह गये अथवा उन्हें तोड़-मरोड़ दिया गया। इसने अपने समक्ष यह आदर्श नहीं रखा कि आधुनिक ज्ञान से युक्त ऐसे नागरिक उत्पन्न किये जाएं तो उस ज्ञान को अपने देश की अबाधित भौतिक तथा सांस्कृतिक उन्नति के लिए इस्तेमाल करें। वह राष्ट्रीय भावना तथा आदर्शों से रहित थी फिर भी यह मानना पड़ेगा कि इन कमियों के बावजूद नवीन शिक्षा के आरम्भ ने भारतीयों को आधुनिक युग की उदारवादी जनतांत्रिक तथा बुद्धिवादी विचारधारा के सम्पर्क में ला खड़ा किया। ब्रिटिश पूर्व काल की शिक्षा का स्थान आधुनिक शिक्षा ने ले लिया, जो दूषित होते हुए भी भारतीय इतिहास में बड़े महत्व की रही। डा. राधाकिशन की विश्वविद्यालय आयोग प्रतिवेदन सजीव रूप से ब्रिटिश काल में प्रयुक्त आधुनिक शिक्षा पद्धति की उपलब्धियों तथा न्यूनताओं का दिग्दर्शन कराती है।

वर्तमान शिक्षा के लाभों का विस्तार मुश्किल से ही ग्रामीण भारत तक हो पाया। ग्रामीण इलाके में शिक्षा की समस्या थी और अंग्रेजों ने इस ओर बिल्कुल ही ध्यान नहीं दिया। जैसा कि इस तथ्य से प्रकट होता है कि सम्पूर्ण भारतीय जनसंख्या का 56 प्रतिशत ब्रिटिश शासन के डेढ़ सौ वर्षों के बाद भी अशिक्षित ही बना रहा जिसमें उन्नतिशील नगरीय लोगों का भी एक भाग सम्मिलित था। भारत में शिक्षा प्रचार में अनेक संस्थाओं ने हिस्सा लिया। ब्रिटिश सरकार, विभिन्न विदेशी मिशनरी संस्थाएं, भारतीय सामाजिक सुधारक एवं संगठन और उनके बाद भारतीय राष्ट्रीय कांग्रेस जैसी राजनैतिक संस्थाएं मुख्य थी।

ये सभी संस्थाएं ग्रामीण क्षेत्र में कोई विशेष सफलता प्राप्त नहीं कर सकीं।

यहाँ यह कहना उचित होगा कि ग्रामीण शिक्षा की समस्या को अपनी समस्त जटिलता के साथ सोचा ही नहीं गया।

आजाद भारत में शिक्षा की समस्याएँ

देश के स्वतंत्रता के साथ ग्रामीण शिक्षा की समस्या ने लोगों का ध्यान आकर्षित किया। स्वतंत्र भारतीय जनता ने जनतान्त्रिक प्रगतिशील राष्ट्रीय जीवन

के निर्माण में अपने आपको समार्पित कर दिया है। यह कार्य निश्चय ही तब तक नहीं हो सकता जब तक कि करोड़ों ग्रामीण लोग अशिक्षित अज्ञानी तथा अन्धविश्वासी हों।

समर्पित ग्रामीण जनता निरक्षरता विरूद्ध प्रबल आन्दोलन करना आज की सबसे बड़ी जरूरत है। इसके अतिरिक्त आधुनिक ज्ञान के मूल्यवान भंडार को उनकी पहुंच में लाना है, तभी वे राष्ट्रीय पुनर्निर्माण के रचनात्मक कार्य में सक्रिय भागीदारी निभा सकते हैं।

ग्रामीण शिक्षा को व्यापक बनाने के लिए अनेक समस्याओं को जो उससे सम्बद्ध है, सुलझाना होगा। ये समस्याएँ निम्न हैंः–

1. शिक्षा का उद्देश्य
2. शिक्षा का ढांचागत स्वरूप
3. शिक्षा के विस्तार के तकनीकी तथा अन्य साधन
4. पूंजी तथा कार्यकर्त्ता।

शिक्षा का उद्देश्य

नगरीय शिक्षा की वर्तमान प्रणाली विद्यार्थी के व्यक्तित्व के शारीरिक, भावनात्मक तथा नैतिक विकास की तुलना उसके बौद्धिक शिक्षण पर अधिक जोर देती है। ऐसी शिक्षा के परिणामस्वरूप नई पीढ़ी का एंकागी और दूषित विकास होता है। यह एक ऐसे पूर्ण मानव का निर्माण करने में असफल रहती है जिसके व्यक्तित्व का सर्वांगीण विकास हुआ हो।

आधुनिक शिक्षा प्रणाली सामान्य ज्ञान के महत्व पर जोर देती है। यह वास्तविक जीवन की ठोस समस्याओं से जुड़ी नहीं है। परिणामतः जब एक शिक्षित नवयुवक शिक्षा प्राप्ति के बाद जीवन के क्षेत्र में प्रविष्ट होता है तो वह वास्तविक जीवन की ठोस समस्याओं से निपटने में कठिनाई अनुभव करता है।

शिक्षाविदों का मत है कि शिक्षा के सामने उदारतावादी तथा मानवतावादी आदर्श होना चाहिए। कुछ लोग शिक्षा के तकनीकी तथा क्रियात्मक अंग पर अधिक बल देते हैं।

कुछ ऐसे भी लोग हैं जो यह घोषित करते हैं कि शिक्षा का उद्देश्य मानव के व्यक्तित्व का विकास होना चाहिए। कुछ अन्य लोग छात्र में आदर्श नागरिक के गुणों तथा सदाचारों को विकसित करने के महत्व पर जोर देते हैं।

कुछ ऐसे लोग भी हैं जो यह मानते हैं कि लौकिक शिक्षा को धार्मिक शिक्षा के साथ जोड़कर उसे मजबूत बनाया जाए। कुछ लोग इस विचार का विरोध करते हैं तथा दृढ़ता से धर्मनिरपेक्ष शिक्षा का समर्थन करते हैं।

कुछ मजबूत शिक्षा के समन्वयात्मक रूप का समर्थन करते हैं जो छात्र का बौद्धिक भावनात्मक, नैतिक तथा सामाजिक अर्थात् सर्वांगीण विकास करे और उसे सर्वांगसम्पन्न मानव बनाने में सहायता प्रदान करे।

आज वह विचार प्रबल होता जा रहा है कि वर्तमान शिक्षा निम्न स्तर की है एवं अधिक जोर लेखन-पठन-गणन पर देती है। इस प्रकार यह छात्र के बौद्धिक विकास से ही संबंध रखती है। वे यह सुझाव देते हैं कि इसके स्थान पर हस्त, हृदय और मस्तिष्क तीनों की शिक्षा पर ध्यान देना चाहिए। उनका कथन है कि इससे छात्र का सर्वांगीण विकास होगा। ऐसी शिक्षा के परिणामस्वरूप ऐसे नागरिकों का उद्‌भव होगा जो शारीरिक दृष्टि से स्वस्थ एवं शक्तिशली, भावनात्मक दृष्टि से समृद्ध, बौद्धिक दृष्टि से सचेत तथा सामाजिक सहयोग के अनुकूल होंगे। वे समाज के लिए बहुमूल्य सम्पत्ति सिद्ध होंगे।

संविधान की प्रस्तावना में यह बतलाया गया है कि उसका उद्देश्य सामाजिक, आर्थिक तथा राजनैतिक न्याय, विचार, अभिव्यक्ति, विश्वास, धर्म, उपासना सम्बन्धी स्वतंत्रता, परिस्थिति तथा अवसर की समानता पर आधारित एक जनतान्त्रिक समाज का निर्माण करना है। इसके अतिरिक्त इसका उद्देश्य सभी नागरिकों में भातृत्व व्यक्तित्व की प्रतिष्ठा तथा राष्ट्र की एकता का आश्वासन देना है।

इसका अर्थ ऐसे समाज का निर्माण है जो सभी प्रकार की असमानताओं तथा शोषण से परे व्यक्ति-स्वातंत्र्य, सामाजिक एकता तथा सहयोग पर आधारित हो।

इस लक्ष्य की प्राप्ति के लिए यह जरूरी है कि शिक्षा की धारणा तथा उसका कार्यक्रम उसके अनुकूल हो और उससे उद्‌भूत हो।

डॉ. राधाकृष्णन ने सामाजिक आदर्श का विस्तृत चित्र अंकित किया है और साथ ही यह भी बतलाया है कि किस प्रकार देश के शिक्षा के आदर्श के रूप में इसकी अभिव्यक्ति एवं व्याख्या की जा सकती है।

उनके वर्णित सामाजिक आदर्शों की भावना को लेकर सम्पूर्ण भारतीय समाज के पुनर्निर्माण का अभिप्राय उसी आदर्श की भावना में भारतीय ग्रामीण समाज का भी पुनर्निर्माण करना होगा। अतः ग्रामीण शिक्षा के नवीन तथा उच्चतर ग्रामीण समाज के सृजन का जो रूप चित्रित किया गया है उसकी जरूरतों के अनुकूल बनाना चाहिए।

शिक्षा समाज की आवश्यकताओं और आदर्शों की पूर्ति करती है। आत्मनिर्भर अर्थव्यवस्था पर आधारित समाज की शिक्षा प्रणाली उस समाज की जरूरतों तथा आदर्शों की पूर्ति करती थी। इसी प्रकार वर्तमान शिक्षा-प्रणाली स्पर्धामूलक तथा बाजार अर्थव्यवस्था और उसके सामाजिक आदर्शों पर आधारित वर्तमान पूँजीवादी समाज की आवश्यकताएं पूरी करती है।

यदि सहयोगात्मक सामाजिक आर्थिक सम्बन्धों के आधार पर नए समाज का सृजन करना है तो नवीन शिक्षा प्रणाली की रचना करना होगा। उसे अपने नवीन पीढ़ी के सदस्यों में सामाजिक एकता तथा सामाजिक सहयोग के गुणों को भरना होगा, असामाजिक व्यक्तिवाद को मिटाना होगा, सामाजिक भावनाओं से उन्हें अनुप्राणित करना होगा तथा उनमें सामाजिक सहयोग की भावना पैदा करनी होगी।

ग्रामीण समाज का वह स्वरूप जिसके निर्माण का कार्यक्रम तैयार किया गया है, ग्रामीणों की शिक्षा प्रणाली को निर्धारित करता है।

ग्रामीण जनता के लिये नवीन शिक्षा प्रणाली का सुझाव देते समय शिक्षा शास्त्रियों को इस तथ्य पर अत्यधिक ध्यान देना होगा।

शिक्षा का ढांचाजन्य स्वरूप

शिक्षा से जुड़ी योजना की सफलता उस तंत्र पर निर्भर है जिसकी रचना उसे पूरा करने के लिए की जाती है। यह संभव है कि योजना वैज्ञानिक तथा सामाजिक दशाओं के वास्तविक रूप में अनुकूल तथा उसमें उच्च सामाजिक आदर्श की धारणा निहित होने के बाद भी असफल हो जाए यदि उसकी पूर्ति के लिए उपयुक्त ढांचे की रचना की गई है।

अशिक्षित निरक्षर तथा अज्ञानी, ग्रामीणों के लिये वैज्ञानिक तथा विस्तृत शिक्षा-योजना के संगठनात्मक तंत्र को विस्तारित करने का कार्य अत्यन्त महत्त्वपूर्ण है। ग्रामीण जनता में निरक्षरता को दूर करने के न्यूनतम कार्यक्रम को पूरा करने के लिए उपयुक्त तंत्र की रचना की समस्या हमारे मार्ग में कठिनाइयाँ उत्पन्न कर देती है।

किस प्रकार की प्राथमिक स्कूलें बालकों के लिए स्थापित की जांय? किस प्रकार इनका समन्वय उन स्कूलों से किया जाय जो निरक्षर वयस्कों के लिए खोली जाती है? प्राथमिक स्कूलों की माध्यमिक स्कूलों तथा उच्चतर शिक्षण-संस्थाओं के साथ सम्पर्क कैसे कायम किया जांय।

क्या ग्रामीण क्षेत्र में स्कूलें खुली हवा में हो अथवा वे एक-एक कमरे की स्कूल हो? क्या वे विशिष्ट तथा अलग तथा प्रकार की हों या बहुउद्देशीय हो? और अन्त में, किस प्रकार स्कूल के समय को कृषि तथा शिल्प सम्बन्धी श्रमिकों की जरूरतों के अनुकूल किया जाय, विशेषतः जबकि उसमें न केवल ग्रामीण वयस्क अपितु अल्पवयस्क भी भाग लेते हैं?

शिक्षा की योजना में ऐसी समस्यायें भी पैदा होंगी जैसे स्कूलों की क्रमिक प्रणाली, सामाजिक आदर्श की भावना को सामने रखते हुए उपयुक्त विषय तथा अध्ययन सामग्री की रचना करना।

शिक्षा के विस्तार के तकनीकी तथा अन्य साधन

मानव समाज ने तकनीक के क्षेत्र में काफी प्रगति की है, उसने रेलवे, स्टीमर, हवाई जहाज, तार व टेलीफोन, रेडियो, सिनेमा तथा अन्य साधनों का आविष्कार कर डाला है। साधन मानव समाज को एक इकाई के रूप में जोड़ने तथा राष्ट्रीय और अन्तर्राष्ट्रीय स्तर पर समृद्ध एवं संगठित आर्थिक तथा सांस्कृतिक जीवन का निर्माण करने में बहुमूल्य साबित होते हैं।

आरंभ में स्कूल क्रियात्मक रूप से शिक्षा का प्रभावशाली साधन थे। इन आश्चर्यजनक आविष्कारों के बाद स्कूल का समर्थन अन्य साधनों से भी हो सकता है।

ज्ञातव्य है कि इन आधुनिक साधनों को अभी तक हमारे देश के शिक्षण तथा सांस्कृतिक कार्यों में पर्याप्त रूप से उपयोग में नहीं लाया गया है।

यहाँ हम उन साधनों का उल्लेख करेंगे जो स्कूल के साथ ही साथ हमारी जनता की शिक्षा में द्रुतगति से उन्नति करने तथा सांस्कृतिक विकास के लिए उपलब्ध है।

1. स्कूल
2. पुस्तकालय
3. अजायबघर
4. चलचित्र
5. रेडियो
6. भ्रमणशील वाहन
7. जिमनेजियम तथा खेलों के केन्द्र

इनका आधिकारिक तथा एक ही समय में उपयोग होने से ग्रामीण जनता में शिक्षा तथा संस्कृति के प्रसार की प्रक्रिया में निश्चित रूप से गति आएगी।

यहाँ हम संक्षेप में इन विभिन्न साधनों के विशिष्ट कार्यों का उल्लेख करेंगे—

1. स्कूल— शिक्षा का मुख्य साधन होना चाहिये। यह प्रतिमान युक्त तथा आयोजित औपचारिक शिक्षा के साधन के रूप में कार्य कर सकती है।

2. पुस्तकालय—यह विभिन्न विषयों का वैज्ञानिक ढंग से विवेचन करने वाली पुस्तकों, स्थानीय राष्ट्रीय तथा अन्तर्राष्ट्रीय महत्व के समाचार पत्रों, मासिक पत्रों एवं तालिकाओं व मानचित्रों से युक्त हो, विभिन्न प्रकार के सामाजिक, राजनैतिक, तकनीकी अर्थिक तथा सांस्कृतिक ज्ञान का समृद्ध भण्डार सिद्ध हो सकता है। यह ग्रामीण लोगों की निर्णायक राष्ट्रीय तथा अन्तर्राष्ट्रीय घटनाओं को समझने सक्षम भी बना सकता है। पुस्तकालय का कला विभाग उसे परिष्कृत सौन्दर्यानुभूति एवं

कलात्मक अभिरुचि विकसित करने में सहायक हो सकता है। पुस्तकालय का यदि उपयोग किया जाए तो वह उसके दृष्टिकोण को विशाल बनाने, उसकी कल्पना शक्ति को बढ़ाने उसके ज्ञान की सीमाओं को विस्तृत करने तथा स्थानीय घटनाओं को एक सम्पूर्ण संगठित दुनिया की घटनाओं के अमिन्न भाग के रूप में समझने में सहायता प्रदान कर सकता है। इससे वह लगातार राष्ट्रीय तथा अन्तर्राष्ट्रीय चेतना का भी निर्माण कर सकेगा।

गांव में पुस्तकालय विशेष रूप से आवश्यक है, क्योंकि इसके अभाव में जो थोड़े से लोग प्रारम्भिक ग्रामींण स्कूली शिक्षा के द्वारा साक्षर हो गये हैं उनमें से बहुत अपनी पढ़ने की योग्यता को नहीं बनाये रख सकते और इसलिए निरक्षरता के गड्ढे में गिर जाते हैं। जैसे शरीर के किसी अंग के कार्य करने की सामर्थ्य लगातार अभ्यास के अभाव में घटती जाती है। वही बात शिक्षा पर भी लागू होती है।

पुस्तकालय की व्यवस्था का कार्यक्रम अनेक समस्याएँ कर देता है। हमारे देश मे सहस्त्रों गांवों के लिए वास्तव में बड़ी संख्या में पुस्तकालयों की जरूरत होगी। इसके अतिरिक्त ग्रामीण पुस्तकालय में अधिकांश भाग ऐसे साहित्य का होना चाहिए जो ग्रामीण जनता की विशिष्ट मनोवैज्ञानिक प्रवृत्ति, निम्न सांस्कृतिक स्तर तथा उसके जीवन की जरूरतों के अनुकूल हो। ऐसे साहित्य का निर्माण भी एक अत्यन्त महान कार्य है। उसकी विषय-सामग्री को लिपिबद्ध करने की समस्या निष्णात शिक्षा विशारदों के लिए सिर-दर्द है।

3. अजायबघर—राष्ट्रसंघ द्वारा जो अध्ययन एवं अनुसंधान किये गये है उनमें ग्रामीण जनता के शिक्षा के कार्यक्रम में अजायबघर के महत्व को भलीभांति प्रदर्शित किया गया है। स्थानीय जरूरतों की पूर्ति करने वाला अजायबघर ग्रामीण जन की ज्ञानवृद्धि में बड़ा महत्व रखता है। वह इनका वर्णन भूगोल, भूगर्भशास्त्र, स्थानीय प्रदेश, उसके पेड़-पौधे व जीव-जन्तु, उनके निवासियों की नस्लें, उसकी कला व शिल्प तथा उसके ऐतिहासिक अभिलेखों तथा अवशेषों से प्राण्य भूतकाल के सम्बन्ध में बहुमूल्य जानकारी उपलब्ध करा सकता है। यह ग्रामीणजन को इस लायक बना देगा कि वह स्थानीय जीवन तथा संस्कृति जिसका वह स्वयं एक भाग है, सजीव तथा सांगोपांग चित्र है।

इस प्रकार वह अपने में उस ऐतिहासिक भावना को विकसित करने में सहायक होगा और इसके द्वारा ग्रामीण जन भूत और वर्तमान काल के कार्य कारण सम्बन्ध को पहचान पाएंगे। इसके अतिरिक्त अपनी कल्पना शक्ति को गहरी तथा जागृत करेगा, उसके गुणों को परखने की योग्यता बढ़ा देगा तथा उसके अवलोकन

की क्षमता को सशक्त बना देगा। वह सामाजिक तथा प्राकृतिक जगत में, उसकी अभिरुचि को गहरी बना देगा। इससे उसमें इनको परिवर्तित करने की प्रेरणा पैदा होगी। यह न केवल शिक्षा के गुण और परिमाण में वृद्धि करेगा बल्कि जनता के सच्चे बहुपक्षीय इतिहास की रचना करने में साम्रगी तथा तथ्यों के बहुमूल्य स्रोत के रूप में कार्य करेगा।

4. चलचित्र—शिक्षा का उत्कृष्ट साधन है। साथ ही यह अत्यन्त प्रभावशाली भी है क्योंकि यह सैकड़ों लोगों को शिक्षा तथा संस्कृति के दर्शन मात्र से हृदयंगम करने योग्य बना देता है। कम से कम समय में सिनेमा अधिक से अधिक उपयोगी तथा सांस्कृतिक जानकारी प्रदान कर सकता है। इसके अतिरिक्त चूंकि यह शब्दों द्वारा व्याख्या किये गये दृष्टिगत चित्रों के अनुक्रम के द्वारा कार्य करता है, इसलिए उन चित्रों के शैक्षिणक तथा सांस्कृतिक सामग्री से मनोरंजन भी करता है। ज्ञान को विस्तारित करने का यह अत्यन्त व्यय साध्य साधन है क्योंकि इसमें अधिक संख्या में शिक्षकों के नियुक्त होने की आवश्यकता नहीं होती।

सिनेमा भारत में सामान्य जनता की शिक्षा के लिये उपयोगी नहीं हो पाया है। ग्रामीण जनता को कम से कम समय में शिक्षित करने के लिए और उनके समसामयिक, कलात्मक तथा बौद्धिक संस्कृति की अपार सम्पत्ति उपलब्ध कराने के लिये जितनी शीघ्रता से सम्भव हो उतनी शीघ्रता से इसे उपयोग में लाना चाहिए।

रेडियो—रेडियो ग्रामीण जनता की शिक्षा के लिए स्कूल के सहायक साधन के रूप में प्रयोग किया जा सकता है। आदर्श तो यह होना चाहिए कि प्रत्येक ग्राम का केन्द्रीय स्थान रेडियो से सुसज्जित हो। महान कलाकारों के रेडियो द्वारा पुनः प्रसारित गीत ग्रामीण जन के लिए न केवल मनोरंजक तथा भावनात्मक पोषण के रूप में मूल्यवान होंगे बल्कि उसकी सौन्दर्य बोध की क्षमता को भी विकसित करेंगे। इसके साथ ही रेडियो उसे नित्य होने वाली राष्ट्रीय तथा अन्तर्राष्ट्रीय घटनाओं से परिचित रखेगा। विभिन्न विषयों पर प्रख्यात व्यक्तियों तथा विशेषज्ञों द्वारा की गई वार्ताएं ग्रामीण जनता को महत्वपूर्ण ज्ञान प्रदान करेंगी।

6. भ्रमणशील वाहन—ग्रामीण जनता में ज्ञान के विस्तार की शीघ्र वृद्धि करेगी इससे एक ग्राम से दूसरे ग्राम में जाया जा सकता है और ग्रामीण जनता के द्वार पर ज्ञान की ज्योति को प्रकाशित कर सकता है। वे ग्रामीणों के ऐसे भाग को भी जो निश्चेष्ट है तथा जिनमें स्कूलों अथवा पुस्तकालयों में जाने के लिए पर्याप्त उत्साह का अभाव है, आधुनिक संस्कृति के व्यूह (Matrix) में ले आएंगी।

7. जिमनाजियम शारीरिक रूप से बलिष्ट तथा ताकतवर ग्रामीण जनता का निर्माण करने में सहायता प्रदान करते हैं। इसके अतिरिक्त वे लोगों को प्राणदायी

एवं आनंददायक सामूहिक कार्यकलापों की ओर आकर्षित करते हैं और उनमें सामाजिक संगठन, सहयोगात्मक आदतें तथा सामाजिक अनुशासन जैसे गुणों का विकास करते है। यह तथ्य संसार भर के शिक्षा विशारदों तथा समाजशास्त्रियों द्वारा स्वीकार कर ली गई है। सामान्य तकनीक की उन्नति के कारण आधुनिक समय में शारीरिक विकास तथा खेल-कूद की तकनीक का महत्व तथा परिणाम काफी बढ़ गया है। आधुनिक जिमनाजियम प्राचीन समाजों की अपेक्षा अधिक जटिल तथा वैविध्य पूर्ण यंत्रों से सुसज्जित है। खेल-कूद जैसे—क्रिकेट, लॉन तथा टेबुल टेनिस, बेडमिन्टन, हॉकी तथा अन्य भी इनसे जुड गये हैं।

पूर्व में जिमनाजियम तथा खेल-कूद अलग-अलग तथा स्थानीय कार्य-कलाप मात्र थे। इसके विपरीत अब इन्होंने राष्ट्रीय तथा अन्तर्राष्ट्रीय महत्व प्राप्त कर लिया है, जैसा कि वर्तमान राष्ट्रीय तथा अन्तर्राष्ट्रीय स्पर्धाओं से सिद्ध हो जाता है। न केवल आधुनिक खेलकूद ही अधिकाधिक रूप में विभिन्न तथा विशेष रूप से आयोजित किये जाते हैं अपितु वे समाज के जीवन का स्थायी लक्षण भी बन गये हैं। प्राचीन काल मे ऐसी संभावना ही नही थी जब से खेलकूद केवल कभी-कभी होने वाली घटनाएं होती थी और जो महत्वपूर्ण सामाजिक एवं धार्मिक उत्सवों के सहायक समारोहों के रूप में जुड़ी हुई थी।

घ्यातव्य है कि आधुनिक खेलकूद क्रियात्मक रूप से पश्चिम से यहाँ आए और वे ग्रामीण क्षेत्र में अभी प्रवेश नहीं कर पाये हैं। इसका मुख्य कारण यह है कि वे अति व्ययसाध्य हैं।

देशी खेलकूद तथा व्यायाम जो भारत को विरासत के रूप में प्राप्त हुए हैं वे अब भी ग्रामीण क्षेत्र में विद्यमान हैं।

आज आवश्यकता इस बात की है कि शारीरिक विकास तथा खेलकूद की संस्कृतियों के सर्वश्रेष्ठ तत्वों का सर्जनात्मक मिश्रण हो।

ऐसे समन्वयात्मक शारीरिक तथा खेलकूद की संस्कृति की योजना को दृष्टिगत रखते हुए गांवों में जिमनाजियम की स्थापना ग्रामीण जनता की शिक्षा के कार्यक्रम का एक हिस्सा होना चाहिए।

निष्कर्षः—कहा जा सकता है समस्या बड़ी जटिल है तथा कार्य भी अत्यन्त विशाल है। फिर भी इस समस्या को हल करने की जरूरत है ताकि शक्तिशाली पीढ़ी का निर्माण हो सके जो आधुनिक ज्ञान से सुजज्जित हो। केवल ऐसे लोग ही जनतान्त्रिक तथा सहयोगत्मक सामाजिक आर्थिक सम्बन्धों पर आधारित तथा समृद्ध सांस्कृतिक जीवन से स्थापित ग्रामीण समाज के निर्माता हो सकते हैं।

इस महत्वपूर्ण कार्य को पूरा करने के लिए यह जरूरी है कि न केवल ग्रामीण शिक्षा की प्राचीन धारणा को अपितु उसके प्रसार के साधन का भी परित्याग किया जाय। न केवल ग्रामीण क्षेत्र के स्कूलों और पुस्तकालयों की ही अपितु अजायबघर एवं सिनेमा घरों की भी स्थापना करना आवश्यक है। इन सिनेमाघरों में शैक्षणिक फिल्में दिखाई जाएं तथा रेडियो सेट के द्वारा सामयिक खबरें पुनः प्रसारित की जाएं इनके अतिरिक्त जिमनाजियम तथा खेलकूद के केन्द्र स्थापित किये जाएं। अनेक भ्रमणशील वाहनों का बेड़ा भी संगठित किया जाए जो पुस्तकालयों, फिल्मों तथा ध्वनि विस्तारक यन्त्रों से सुसज्जित हो तथा लगातार भ्रमणशील शैक्षणिक एवं सांस्कृतिक आन्दोलन में लगे हैं।

पूंजी तथा कार्यकर्त्ता

ग्रामीण शिक्षा तथा संस्कृति के कार्यक्रम को सफलतापूर्वक पूरा करने के लिए मुख्य पूर्वापेक्षा हमारे सामने यह है कि सर्वप्रथम पूँजी जमा की जाए। इतने विशाल साहसिक कार्य के संचालन के लिए कार्यकर्त्ता मंडल तैयार किया जाए।

जीवन के विभिन्न क्षेत्रों में प्रगतिशील योजनाओं को कार्यान्वित करने के लिए जो आर्थिक साधन किसी भी राष्ट्र के हाथ में होते हैं वे उसकी सामाजिक अर्थव्यवस्था की उत्पादन शक्ति पर निर्भर होते हैं। उनका निर्धारण देश के प्राकृतिक साधनों, उद्योग एवं कृषि में उत्पादन की तकनीक और इन सबसे ऊपर उस सामाजिक अर्थव्यवस्था के लक्षण पर निर्भर है जिसके अन्तर्गत उत्पादन की प्रक्रिया का संचालन होता है। सीमा तक सामाजिक अर्थव्यवस्था किसी भी समाज की उत्पादक शक्तियों के स्वतन्त्र तथा विकास में सहायक अथवा बाधक हो सकते है। इसलिए ग्रामीण समाजशास्त्रियों को देश में प्रचलित आर्थिक प्रणाली में अभिरुचि लेनी होगी और उसका अध्ययन करके यह तय करना होगा कि क्या जनता की आर्थिक उन्नति और उसके परिणामस्वरूप उनकी भौतिक सम्पत्ति की वृद्धि को दृष्टिगत रखते हुए इसका संशोधन अथवा जांच-पड़ताल किया जाए केवल तब ही समुदाय अपने सुधार अथवा पुनर्निर्माण के कार्यक्रम के लिए आवश्यक पूंजी जनता की भौतिक समृद्धि तथा सामाजिक व आर्थिक प्रगति एक दूसरे से इतनी गहरी जुड़ी हुई है कि उन्हें पृथक नहीं किया जा सकता। संस्कृति तो सामाजिक अर्थव्यवस्था की सुगन्ध है।

शिक्षण तथा निर्देशन कर्मियों को जुटाना दूसरी बड़ी समस्या है। बड़ी संख्या में ऐसे शिक्षकों को इस विशाल शिक्षण योजना को पूरी करने के लिए आवश्यकता होगी जिन्होंने आधुनिक संस्कृति को आत्मसात कर लिया है और जिनमें सामाजिक उत्साह भरा हुआ हो।

ग्रामीण समाज में परिवर्तन

दूसरे सभी दृश्य विषयों की तरह गाँव समाज भी इसके आंरभ के साथ ही बदल रहा है। इसकी तकनीक, अर्थव्यवस्था तथा सामाजिक संस्थाएं इसकी विचारधारा, कला एवं धर्म हमेशा रहे हैं। यह बदलाव कभी-कभी इतनी तेज गति से हुआ जिसके कारण एक तरह के ग्रामीण समाज रूपान्तरण दूसरे तरह के ग्रामीण समाज में हो गया।

किसी भी पद्धति में बदलाव देखने के लिये, उसकी दशा जानने के लिये, उस लक्ष्य को समझने के लिये तथा उन व्यक्तिपूरक बल को खोजने के लिये, जो उसे पैदा करती हैं, और सचेतन रूप से बदलने की क्रिया है को वैज्ञानिक प्रवृत्तियों की मदद से तेज बनाने के लिये यह जरूरी है कि वैज्ञानिक पद्धति से विषय की तरफ आगे हो उस प्रणाली के जीवन में सक्रिय सर्जनात्मक हस्तक्षेप किया जा सके।

बदलाव के कारण

यदि हम लोग उस चेतन या अचेतन बल एवं कारकों का वर्णन करेंगे जो गांव के समाज में बदलाव पैदा करते हैं। समाजशास्त्रीय अनुसंधान करने वालों ने जिन बलों तथा कारकों को इस सम्बन्ध में बतलाया है उनमें से प्रमुख बलों तथा कारकों को नीचे दिया जाता है–

भूकम्प, बाढ़, अकाल तथा दूसरे प्राकृतिक बल उस प्रादेशिक क्षेत्र को प्रभावित करते हैं, जिसमें गांव के लोग रहते हैं। इनका उस क्षेत्र के पेड़-पौधे तथा जीव-जंतुओं पर अतेयंत घातक प्रभाव पड़ता है। जिससे उनका आर्थिक जीवन बदल जाता है और गंभीर रूप से भूकम्प के समय बड़े स्तर पर मानव-जीवन का नुकसान तथा भौतिक सम्पदा नष्ट हो जाती हैं। ग्रामीण समष्टि एक विशिष्ट भौगोलिक एवं भू-तत्वीय वातावरण में रहती थी और कृषि, खान-खुदाई तथा दूसरे कार्य प्रणाली द्वारा उनका उपयोग करती थी। इसलिए धरती की संरचना में ज्यादा बदलाव उसकी जीवन-प्रक्रियाओं को संशोधित कर देता है और कभी-कभी तो उन्हें क्षुब्ध भी कर देता है। ये प्राकृतिक शक्तियाँ ही होती हैं गांव में बदलाव लाती हैं। इसके अलावा मानवीय कारक भी होते हैं जो समाज को बदल देते हैं।

प्रौद्योगिक एवं तकनीकी कारक

मनुष्य वातावरण के विरूद्ध अपनी लड़ाई औजारों के द्वारा पूरा करता है। इसलिए वह हमेशा पुराने औजारों को सही और नये औजारों का आविष्कार करने में लगा हुआ रहता है। यद्यपि अन्वेषक लोग सचेतन रूप से नये औजारों का निर्माण

करते हैं, तथापि वे उनके सामाजिक परिणामों के संबंध में भविष्यवाणी करने में सक्षम रहते हैं, जो कभी-कभी ज्यादा प्रभाव डालने वाले होते हैं। नये औजारों, परिवहन तथा संचार के नये साधनों का अविष्कार तथा लौह जैसे नवीन पदार्थों, नवीन रासायनिक वस्तुओं आदि की खोज गांव की जनता के जीवन, उनकी अर्थव्यवस्था तथा उनके सामाजिक ढाँचों एवं राजनैतिक संबंधों में बदलाव लाती है। हल, वाष्प इंजन आदि प्रमुख आविष्कारों के दूरगामी परिणामों के संबंध में उनके आविष्कारों ने भी कोई भविष्यवाणी नहीं की और न कभी कर सकते थे।

प्रो० ऑगबर्न का कहना है कि रेडियो के आविष्कार ने लगभग 150 बड़े-बड़े बदलाव सामाजिक जीवन में कर दिये हैं।

यूरोप में वाष्पचालित यंत्रों के आविष्कार का परिणाम आधुनिक उद्योगों के विकास के रूप में हुआ, जिनको अपने विकास की विशिष्ट अवस्था में विदेशी बाजार की जरूरत हुई। जिसके कारण ब्रिटेन का राजनैतिक तथा आर्थिक विस्तार हुआ और ब्रिटिश साम्राज्य का उदय तथा विकास हुआ। जब शक्ति संचालन की तकनीकी का आविष्कार हो गया तो दूसरे देशों ने भी इसे अपना लिया। पश्चिमी देशों में लगातार एक के बाद एक आधुनिक उद्योगों का विकास हुआ और अपने-अपने औद्योगिक उत्पादनों के लिये विदेशी बाजार की माँग के कारण उन्होंने दूसरे देशों को जीता तथा साम्राज्यों का निर्माण किया। इसने न केवल उन राष्ट्रों के आर्थिक तथा राजनैतिक जीवन को ही बल्कि उनको भी, जो उनके गुलाम थे बदल दिया। शासक तथा शासित दोनों देशों के समाज या तो पूर्ण रूप से बदल गये या बहुत कुछ संशोधित हो गये।

राष्ट्रीय समाज के लिये जो सही है, वही गांव, समाज के लिये भी सही है क्योंकि वह राष्ट्रीय समाज का अभिन्न अंग है।

विभिन्न संचेतन पद्धतियाँ

सामाजिक समूहों एवं संगठनों द्वारा सचेतन रूप से ग्रामीण जगत में बदलाव या रूपान्तर लाने के लिए संचेतन पद्धतियां प्रयोग में लाये गयी हैं।

समाजशास्त्रियों ने उन भिन्न-भिन्न प्रकार की तकनीकों तथा तरीकों का संग्रह और वर्णन किया है जिनका इन समूहों एवं संगठनों ने उपयोग किया। निम्नलिखित उनमें मुख्य हैं:–

1. प्रेरक पद्धति–इसके समर्थक गांव की जनता को गांव के समाज की तकनीकी, आर्थिक सामाजिक आदि विभिन्न क्षेत्रों में संगठित प्रचार के आन्दोलन द्वारा बदलाव लाने की आवश्यकता के विषय में सन्तुष्ट करने की कोशिश करते हैं।

वे उनमें ग्रामीण सुधार अथवा ग्रामीण पुनर्निर्माण के कार्यक्रमों को लोकप्रिय बनाने तथा उन्हें इन कार्यक्रमों को पूरा करने के लिए प्रेरित करते हैं।

इसकी विशेषता इसी बात में है कि इसके पृष्ठ पोषक अपने प्रयास को केवल अपने कार्यक्रम के प्रचार तक ही सीमित रखते हैं। वे खुद उन कार्यक्रमों को न तो आगे बढ़ाते हैं और न उनमें सम्मिलित होते हैं। वे यह कार्य ग्रामीण जनता पर ही रहने देते हैं।

कतिपय व्याख्याकारों को अपनी तर्क शक्ति में अधिक विश्वास है। उनका विचार यह है कि सही कार्य विधि के द्वारा यह संभव है कि ग्रामीण जनता को गांवों की सामाजिक संरचना में बदलाव की आवश्यकता के बावजूद संतुष्ट किया जाये, उनमें ऐसे बदलाव के लिए प्रेरणा दी जाये, उनमें ग्रामीण सुधार अथवा पुनर्निर्माण का सही कार्यक्रम लोकप्रिय बनाया जाये और इसके द्वारा उनको यह कार्यक्रम पूरा करने के संबंध में सक्रिय कदम उठाने के लिए प्रेरित किया जाये।

2. प्रदर्शक पद्धति—इसे उदाहरण या कार्य द्वारा संचालित प्रचार के तरीके के रूप में जाना जाता है। इस तरीके के व्याख्याता अपने ग्रामीण पुनर्निर्माण या विशिष्ट सुधार कार्यक्रम को छोटे स्तर पर पूरा करके लोकप्रिय बनाने की कोशिश करते हैं। वे यह घोषित करते हैं कि ग्रामीण जनता ग्रामीण सुधार के कार्यक्रम के लाभों के बावजूद अधिक आसानी से सन्तुष्ट हो जायेगी, यदि उनको सक्रिय रूप से प्रदर्शित कर दिया जाये। वे इस तरीके को, मौखिक तथा विकसित प्रचार की तुलना में अधिक प्रभावशाली समझते हैं।

प्रदर्शक क्षेत्रों को संगठित कर उसके द्वारा किसानों को कृषि उत्पादन की नयी तकनीक तथा तरीकों की उत्तमता के बावजूद सन्तुष्ट कर देते हैं। वे सहयोगात्मक सिद्धान्त के आधार पर आदर्श कृषि-बस्तियां स्थापित करते हैं और किसानों को सहयोगात्मक कृषि के आर्थिक लाभों को मान्यता देने के लिए प्रोत्साहन करते हैं ताकि स्वयं अपने आप ही शामिल हों या अपने व्यक्तिगत अलाभकारी अथवा अर्धलाभकारी जोतों (Holdings) को इकट्ठा कर ले और सहयोगात्मक अथवा सामूहिक कृषि के मार्ग की तरफ अग्रसर हो जावें। वे कुछ शैक्षणिक तथा स्वास्थ्य संबधी केन्द्र भी स्थापित करते हैं ताकि ग्रामीण जनता शिक्षा तथा सफाई के लाभों को जाने तथा इसके बाद वे स्वयं सम्पूर्ण ग्रामीण क्षेत्र में स्कूल एवं स्वास्थ्य संबंधी केन्द्र का निर्माण करें।

3. अनिवार्य पद्धति—इसमें राज्य स्वयं हस्तक्षेप करता है और कानून का निर्माण करके ग्रामीण जीवन या ग्रामीण सामाजिक संरचना में बदलाव ले आता है।

इसमें न केवल ग्रामीण जनता का बल्कि राज्य का भी संकल्प तथा आगे बढ़ने का उत्साह होता है। युद्ध के समय में ''ग्रामीण अमेरिका पर दूसरे भागों के साथ प्रतिरोधक तरीके लागू किये गये थे। दूसरे बातों के साथ ही साथ उत्पादन जरूरी कर दिया गया, मूल्य निर्धारित किये गये, भोज्य सामग्री का विक्रय निश्चित कर दिया गया तथा कार्य करने का समय कानून द्वारा नियंत्रित हो गया।''

देश के विभिन्न राज्यों में इन्हीं दिनों जमींदारी उन्मूलन कानूनों की रचना ग्रामीण क्षेत्रों में भूमि-संबंधों को परिवर्तित करने के लिये की गई है।

आधुनिक समय में इस तरह के गांव से जनता के जीवन में ''अनिवार्य'' हस्तक्षेप बढ़ता जा रहा है।

4. सामाजिक दबाव की पद्धति—यह पद्धति ग्रामीण व्यक्ति, समूह, श्रेणी, ग्रामीण जनता के जीवन अथवा ग्रामीण सामाजिक अथवा आर्थिक ढांचे में अभीष्ट बदलाव लाने के लिए उपयोग में लाया जाता है। जिन साधनों का उपयोग होता है, वे एक दूसरे से बहुत अलग होते हैं। इनमें आवेदन, निष्क्रिय, व्यक्तिगत एवं सामूहिक सत्याग्रह, जुलूस तथा अभियान, हड़ताल और प्रदर्शन तथा व्यक्तिगत आंतकवाद—उदाहरणस्वरूप ऋण दाता साहूकारों अथवा भूस्वामियों की कृषकों अथवा जोतदारों द्वारा हत्या सामूहिक विरोध, राज्य क्रान्तियाँ आदि शामिल होती हैं।

इस तरह के दबाव तथा सशस्त्र संघर्ष आधुनिक समय में ज्यादा से ज्यादा फैलते जा रहे हैं।

समाज शास्त्रियों को सतर्कतापूर्वक संघर्ष के इन रूपों का विश्लेषण तथा अध्ययन करना होगा, क्योंकि ये इस समसामयिक युग में विभिन्न देशों के ग्रामीण समाजों को परिवर्तन करने में महत्वपूर्ण भूमिका निभा रहे हैं।

5. सम्पर्क पद्धति—इसमें यह मान लिया गया है कि सामाजिक बदलाव का अत्यधिक प्रभावशाली तरीका संस्कृतियों के सम्पर्क में पाया जाता है जहां विभिन्न प्रकार की संस्कृतियों के लोग एक दूसरे के नजदीक आते हैं और दो विभिन्न प्रकार के बीजो से उत्पन्न उर्वरता का आविर्भाव होता है।

पूर्वकाल में कस्बे तथा गाँव स्वतंत्र सामाजिक, आर्थिक तथा सांस्कृतिक जीवन बिताते थे। यह पृथकतावाद परिवहन तथा संचार के आधुनिक साधनों की लम्बी-चौड़ी शाखाओं के रूप में पूरे देश में फैल जाने कारण अधिकाधिक घनिष्ठ सम्पर्क उत्पन्न हो गया। इसके अलावा ग्राम्य अर्थव्यवस्था रूपान्तरित हो गई और वह राष्ट्रीय ही नहीं बल्कि अन्तर्राष्ट्रीय अर्थव्यवस्था का अंग बन गई। इससे शहरी तथा ग्रामीण समाजों और जनसमूहों में सम्पर्क बढ़े। इससे ग्रामीण समाज की सामाजिक संरचना में बदलाव होने शुरू हुए।

ऐतिहासिक प्रवृत्ति एवं नगरीय शक्तियों द्वारा ग्रामीण समाज पर ज्यादा प्रबल संघात डालने के कारण ग्रामीण समाज शहरीकरण की तरह बढ़ती जा रही है।

6. शैक्षणिक पद्धति—स्कूलों तथा शिक्षा संस्थाओं की स्थापना के जरिये आधुनिक शिक्षा का बढ़ता हुआ प्रसार जनता में गांव के जीवन एवं ग्रामीण ढांचे में परिवर्तन लाने में बहुत प्रभावशाली सिद्ध हुआ है। जब ग्रामीण जीवन तथा जगत की वैज्ञानिक जानकारी प्राप्त करना शुरू कर लेगी तो उसके लिए उन अन्धविश्वासों से अलग होना सरल हो जायेगा जो उसकी चेतना को प्रभावित करते हुए उसे रूढ़िवादी बनाये जा रहा है।

चिंतकों का एक वर्ग इस शैक्षणिक तरीके को ग्रामीण बदलाव लाने में निर्णायक महत्व का मानता है।

निष्कर्ष

उपरोक्त वर्णित तरीकों का उन लोगों को सतर्कतापूर्वक अध्ययन करना चाहिए जो ग्रामीण सुधार अथवा पुनर्निर्माण के कार्यक्रम की रचना करना चाहते हों। उन्हें इन तरीकों का मूल्यांकन करना चाहिए और ऐसे कार्यक्रम का विस्तार करते हुए उनको अनुपातानुसार महत्व देना चाहिए।

13

भारत में लघु समुदाय तथा लोक संस्कृति

छोटे समुदाय की अवधारणा को प्रकट करने का श्रेय राबर्ट रेडफील्ड को जाता है। उन्होंने अपनी किताब 'The Little Community' में इस अवधारणा को प्रस्तुत करते हुए लिखा है, "लघु समुदाय मानवता के समस्त इतिहास में मानव जीवन का सर्वाधिक प्रबल स्वरूप है।" जैसा की नाम से ही स्पष्ट है कि लघु समुदाय एक छोटा समुदाय है जिसमें सामुदायिक जीवन की समस्त विशेषताएँ पाई जाती हैं। भारतीय गाँव को लघु समुदाय का सर्वोत्तम उदाहरण माना जा सकता है। लघु समुदाय के ठीक विपरीत बड़े अथवा दीर्घ समुदाय होते हैं। महानगर जैसे—दिल्ली, कोलकाता, मुम्बई, चैन्नई आदि इस समुदाय के उदाहरण हैं। इनमें लघु समुदाय की तरह न तो सामुदायिक संगठन पाया जाता है एवं न ही समुदाय की सभी विशेषताएँ पाई जाती हैं। इनमें समानताएँ कम एवं असमानताएँ ज्यादा पाई जाती हैं।

भारत की लगभग 75% आबादी गाँवों में निवास करती है। अतएव भारत जैसे कृषि प्रधान देश में लघु समुदाय का अपना अलग ही महत्त्व है। ग्रामीण समाज जो एक लघु समुदाय है, कि अपनी पृथक् पहचान है। यह पहचान समान धर्म, प्रथाओं और परंपराओं से आँकी जाती है। संभवतः यही कारण है कि राबर्ट रेडफील्ड ने लघु समुदायों के महत्त्व को स्वीकार किया एवं इसकी विस्तृत विवेचना की। इस संबंध में उन्होंने लिखा है, "लघु समुदाय इन प्रचलित और स्पष्ट स्वरूपों का दूसरा रूप है जिसमें मानवता सरलता से हमारे सम्मुख प्रकट होती है। विश्व के सम्पूर्ण हिस्सों में एवं समस्त मानव इतिहास में सदैव लघु समुदाय विद्यमान रहे हैं।"

उक्त विचार जो रेडफील्ड द्वारा व्यक्त किए गए है उससे यह प्रतीत होता है कि लघु समुदाय सार्वभौमिक एवं सर्वकालिक है। इससे ज्ञात होता है कि यह एक नयी अवधारणा न होकर प्राचीनतम अवधारणा है। भले ही पहले यह दूसरे नाम से जाना जाता रहा हो।

छोटे समुदाय की विशिष्टताएँ

लघु समुदाय की कतिपय विशेषताएँ भी पाई जाती हैं जो निम्नांकित हैं–

1. लघुता–इस समुदाय पत्र छोटा होना अपने आपमें एक विशिष्टता है। हालाँकि इस समुदाय को कितना छोटा होना चाहिए इस संबंध में कोई सीमा निश्चित नहीं है। लेकिन इस संबंध में यह जरूर कहा जा सकता है कि यह समुदाय इतना छोटा जरूर होना चाहिए जिसमें सभी व्यक्ति परस्पर व्यक्तिगत स्तर पर जुड़े हों। अर्थात् वे एक-दूसरे से भलीभाँति परिचित हों। एक-दूसरे से परिचित रहने पर सामाजिक स्तर पर संबंध स्थापित करने में किसी भी तरह के कठिनाई का अनुभव नहीं होता है। यदि लघु समुदाय अपनी सीमाओं को तोड़कर बड़ा आकार धारण करता है तो वैयक्तिक संबंध टूटने लगते हैं एवं व्यक्ति एक-दूसरे से परिचित नहीं रह पाते। तब लघु समुदाय दीर्घ समुदाय में बदल जाता है क्योंकि इसमें सदस्यों के बीच कोई सामाजिक संबंध नहीं रह पाता है। हालाँकि ज्यादातर भारतीय गाँव लघु समुदाय के ही उदाहरण कहे जा सकते हैं लेकिन जब इनकी आबादी बहुत अधिक बढ़कर कस्बाई रूप धारण कर लेती है तब वे दीर्घ समुदाय में परिवर्तित हो जाते हैं। इस प्रकार यह कहा जा सकता है कि लघु समुदाय की एक विशिष्टता लघुता है।

2. विशिष्टता–लघु समुदाय दूसरे समुदायों की तुलना में अपनी पृथक् पहचान रखता है। इसलिए इसे विशिष्ट कहा जा सकता है ग्राम्य समुदाय जो कि एक लघु समुदाय है, में एकरूपता, संभावना एवं सरलता आसानी से देखा जा सकता है। इस समुदाय का हर व्यक्ति एक-दूसरे से परिचित होते हैं एवं परस्पर घनिष्ठ रूप से जुड़े होते हैं। दीर्घ समुदायों में इस प्रकार की विशेषताएँ नहीं पाई जाती हैं। वहाँ लोग एक-दूसरे को जानते भी नहीं हैं तथा यदि जानते भी हैं तो उन्हें एक-दूसरे से कोई विशेष मतलब नहीं होता है। उनमें सामूहिक भावना का अभाव पाया जाता है एवं वे महज औपचारिकताओं का पालन करते हैं। इसके विपरीत भले ही भारत में उत्तर के गाँव दक्षिण से या मैदान के गाँव पहाड़ से भिन्न हों लेकिन उनमें से सभी गाँवों के सदस्यों में तीव्र सामुदायिक भावना पाई जाती

है। साथ ही उनके आचार-विचार, रहन-सहन, पहनावे एवं संस्कृति आदि में साम्यता दिखाई पड़ती है। इस तरह यह कहा जा सकता है कि लघु समुदाय की एक विशेषता है।

3. आत्म-निर्भरता—यह समुदाय अपने आप में एक इकाई है। जब कोई समुदाय इकाई बनता है तो इसका आशय होता है कि वह अपने जीवन की सामान्य जरूरतों की पूर्ति हेतु दूसरे समुदाय पर निर्भर नहीं है। यही बात लघु समुदाय पर लागू होती है। अर्थात् समुदाय अपनी जरूरतों की पूर्ति अपने आप कर लेती है। समुदाय के प्रत्येक व्यक्ति अपनी विभिन्न आवश्यकताओं की पूर्ति समुदाय में ही कर लेते हैं। इस प्रकार यह कहा जा सकता है कि इस समुदाय में आत्म-निर्भरता पाई जाती है। संभवतः इसीलिए रेडफील्ड ने लिखा है, "लघु समुदाय जन्म से मृत्यु तक का प्रबंध है।" इनका मत ग्रामीण समुदाय पर अक्षर सः लागू होता है। अर्थात् ग्रामीण समुदाय में लोग अपनी अधिकतर जरूरतों की पूर्ति स्वयं कर लेते हैं। लेकिन ऐसा भी नहीं है कि ग्रामीण समुदाय अपने किसी भी जरूरत की पूर्ति बाहर से नहीं करती है। यह समुदाय भी वृहद् समुदायों से कभी-कभी कुछ लेता है। लेकिन इसकी संभावनाएँ काफी कम रहती हैं क्योंकि ग्रामीण समुदाय के लोगों की जरूरतें अत्यंत सीमित होती हैं। इसलिए ये वे किसी बाहरी समुदाय पर अपनी जरूरतों की पूर्ति हेतु निर्भर नहीं करते हैं। यदि यह कहा जाए कि ग्रामीण समुदाय जन्म से लेकर मृत्यु पर्यन्त अपने सभी सदस्यों की जरूरतों की पूर्ति करती है तो इसमें कोई अतिशयोक्ति नहीं होगी। यह भारत के गाँवों में आसानी से दिखाई पड़ता है। भोजन, वस्त्र एवं आवास संबंधी जरूरतों की पूर्ति ग्रामीण स्वयं ग्राम में ही कर लेते हैं। अक्सर भारतीय गाँवों में भिन्न-भिन्न व्यवसायों को करने वाले जाति के लोग निवास करते हैं। इसलिए अक्सर उनकी जरूरतों की भिन्न-भिन्न वस्तुएँ गाँव में ही उपलब्ध हो जाती हैं। लेकिन इसका आशय यह कदापि नहीं है कि वे शहर से कुछ खरीदते ही नहीं हैं। नगर से भी वे सामान लेते हैं लेकिन कम मात्रा में। अर्थात् बहुत हद तक लघु समुदाय (ग्रामीण समुदाय) में आत्मनिर्भरता अथवा स्वावलम्बिता पाई जाती है। विशेषकर प्राथमिक जरूरतों की पूर्ति के लिए उन्हें बाहरी समुदायों पर निर्भर नहीं रहना पड़ता है। इस प्रकार यह पता चलता है कि स्वावलंबन या आत्मनिर्भरता लघु समुदाय की एक विशिष्टता है।

4. समरसता—समरसता का अभिप्राय होता है अनेक चीजों में समानता। लघु समुदाय में यह देखने को मिलती है। इस समुदाय में खान-पान, वेश-भूषा,

आचार-विचार, धर्म, परंपरा, लोकरीति, लोक-संस्कृति और भाषा आदि में लघु समुदाय दीर्घ समुदायों से अलग है। समरसता संबंधी विशेषताएँ लघु समुदायों को छोड़कर कहीं देखने को नहीं मिलती है। अर्थात् दीर्घ समुदायों में इसे नहीं देखा जा सकता है। हालाँकि लघु समुदायों में भी खान-पान, रहन-सहन और आवास संबंधी असमानताएँ पाई जाती हैं। लेकिन मोटे रूप में उनमें एक से प्रतिमान पाए जाते हैं। अगर यह कहा जाए कि लघु समुदाय की एक विशेषता जीवन और संस्कृति तथा धर्म एवं विश्वास आदि में समरसता है तो इसमें कोई अतिशयोक्ति नहीं होगी। इस प्रकार यह पता चलता है कि लघु समुदाय की एक विशेषता समरसता है।

निष्कर्ष—इन विशेषताओं के आधार पर यह कहा जा सकता है कि इस समुदाय का अपना विशिष्ट व्यक्तित्त्व होता है। इस संबंध में **रेड फील्ड** (Red field) ने लिखा है, "तात्पर्य यह है कि शिकारियों का एक झुंड या एक अच्छी तरह स्थापित गाँव संगठित होता है। जैसा कि एक व्यक्तित्त्व संगठित होता है एवं व्यक्तित्त्व के समान ही उसका अपना विशिष्ट चरित्र होता है।"

लघु समुदाय एक व्यक्तित्त्व या चरित्र का निर्माण करता है। ऐसा इसलिए संभव हो पाता है क्योंकि उसमें सदस्यों के विचार, विश्वास, धारणाएँ, सोचने एवं रहने के तरीके में समरूपता पाई जाती है। इसी समतुल्यता के कारण लघु समुदाय एक विशिष्ट चरित्र का निर्माण करता है। इस समुदाय का चरित्र लगातार बदलता नहीं है एवं शीघ्र बाह्य जगत् के प्रभाव में भी नहीं आता है। लघु समुदाय को एक संगठित पूर्ण समुदाय की संज्ञा दी जा सकती है। इसकी पुष्टि समाजशास्त्रियों और मानवशास्त्रियों ने भी की है। लघु समुदाय समाज की संस्कृति का प्रतिनिधित्व करती है। क्योंकि उसमें बदलाव की गति तीव्र नहीं होती है। वे सामाजिक विरासत के संरक्षक भी होते हैं। यहाँ यह बताना भी अनुचित नहीं प्रतीत होता है कि लघु समुदाय की जितनी विशेषताएँ हैं वे उन्हीं गाँवों में पाई जाती है जो शहर के संपर्क से दूर हैं या जिन पर नगर का प्रभाव नगण्य है। जो गाँव शहर के निकट में हैं उन पर नगरीय प्रभाव के कारण लघु समुदाय की सभी विशिष्टताओं का पाया जाना संभव नहीं होता है। साथ ही सामाजिक बदलाव के कारण भी लघु समुदाय क्रमशः विशाल समुदाय का रूप धारण करते जा रहे हैं। इसलिए लघु समुदाय एवं विशाल समुदाय के मध्य कोई स्पष्ट विभाजक रेखा खींच पाना एक दुष्कर कार्य है। लघु समुदाय की अपनी पृथक् विशेषताएँ होती हैं।

इस समुदाय की विशेषताओं की चर्चा करते हुए रेड फील्ड ने लिखा है "इससे भी अधिक पृथक् समूह अथवा ग्राम के सदस्य के लिए समुदाय जीवन का एक क्षेत्र है, एक दुनिया है जहाँ पर क्रियाएँ तथा संस्कार एक से सभी दूसरों का मार्ग प्रदर्शन करते हैं ताकि ग्राम निवासी के लिए समुदाय यंत्रों और प्रथाओं की सूची मात्र न हो, वह एक एकीकृत पूर्णता होती है।"

इसी तरह **ऑस्कर लेविस** (Oscar Lewis) ने लघु समुदाय के संबंध में लिखा है, "प्रत्येक अपने विशेष ढंग से विस्तृत सामाजिक सांस्कृतिक पद्धति का एक अंग है अथवा एक व्यापक पूर्णतया प्रदेश और राष्ट्र जिसके द्वारा यह समझा जाना चाहिए।"

लोक संस्कृति

आम तौर पर देखा जाता है कि लोग लोक-संस्कृत दोनों को लोग एक ही समझते हैं, जो कि गलत है। यदा-कदा लोक-संस्कृति को ग्रामीण, जन-जातीय एवं पिछड़े हुए अंचलों से भी जोड़कर देखा जाता है। लेकिन हकीकत इससे अलग है। मानव शास्त्र में लोक संस्कृति का वृहद् अध्ययन किया गया है। लोक संस्कृति का आशय जानने से पहले लोक का अर्थ जानना अनिवार्य प्रतीत होता है। 'Folk' अंग्रेजी का शब्द है जिसे विविध भाषाओं में भिन्न-भिन्न नामों से जाना जाता है। डच भाषा में इसे 'Role' के नाम से जाना जाता है। जबकि जर्मन भाषा में इसे 'Volk' के नाम से जाना जाता है इसी प्रकार ऐंग्लो सेक्शन में इसे 'Fole' के नाम से जाना जाता है। लेकिन इन सभी शब्दों का आशय किसी आदि युगीन सामाजिक अथवा राजनीतिक संगठन से लगाया जाता है। इस प्रकार लोक-संस्कृति प्रमुखतया आदि युगीन सामाजिक या राजनीतिक संस्कृति से संबंधित है।

अनेक विद्वानों ने लोक-संस्कृति के अर्थ को स्पष्ट करते हुए इसे परिभाषित किया है। इनमें से कतिपय विद्वानों द्वारा लोक-संस्कृति के संबंध में व्यक्त किए गए विचारों को यहाँ प्रकट किया जा रहा है–

शंकर सेन गुप्त ने लोक-संस्कृति के विषय में लिखा है, "लोक-समूह व्यवहार प्रतिमानों और संस्कृति दोनों का प्रतिनिधित्व करते हैं और ग्रामीण और नगरीय दोनों ही क्षेत्रों में पाए जा सकते हैं।"

हावर्ड ओडम ने लोक-संस्कृति के विषय में लिखा है, "इस समूह में पिछड़े हुए लोगों और आधुनिक नगरीय समूहों में मध्य ठहरने वाला समाज है या इनमें वे आंशिक रूपी लोक-समूह आते हैं जो विशाल नगरीय क्षेत्रों में पाए जाते हैं।"

डॉ. के.बी. दास के विचार में, "लोक के अंतर्गत उन सभी व्यक्तियों को सम्मिलित किया जा सकता है जो किसी न किसी सीमा तक आदि युगीन प्रभावों की सीमाओं से पृथक् रहते हैं।"

डॉ. संपूर्णानंद के विचार में, "लोक संस्कृति वह जीती-जांगती चीज है, जिसके द्वारा लोक की आत्मा बोलती है।"

गिरिजा कुमार माथुर के विचार मे, "जन-संस्कृति (लोक-संस्कृति) अनुभूति, भावना, एवं विचार की अदृश्य किंतु अमिट डोर के समान है जिसे एक पीढ़ी दूसरी पीढ़ी को थमाती हुई चली जाती है। गीतों, नृत्यों, कथाओं, कहावतों, रीति-रिवाजों, ऋतु-पर्वों का रूप धरकर लोक-संस्कृति एक अमर-यात्री की तरह जगह-जगह पर भ्रमण करती है तथा टिक जाती है। टिककर एक नयी दुनिया अपने में बाँधकर, नया रूप धारण कर फिर भ्रमण करने लगती है। जीवन के समस्त पक्षों को समेटकर चलती हैं।"

लोक-संस्कृति के विषय में उक्त विद्वानों द्वारा व्यक्त किए गए विचारों का अगर विश्लेषण किया जाए तो यह ज्ञात होता है कि–

1. 'लोक' शब्द से पिछड़ेपन का बोध होता है। अतएव यह ग्रामीण, जनजातीय, आदिवासी एवं कबीला संस्कृति का प्रतिनिधित्व करता है।

2. लोक-संस्कृति से ही किसी भी देश की वास्तविक संस्कृति का मान होता है। यह विश्व के सभी देशों में किसी न किसी रूप में विद्यमान रहता है। यह वर्तमान समाज में भी जीवित रह सकता है बशर्ते उसमें प्राच्य एवं पिछड़ी हुई संस्कृति के तत्त्व जीवित हों।

3. लोक-संस्कृति एवं नगरीय संस्कृति के मध्य स्पष्ट विभाजक रेखा नहीं खींची जा सकती है।

4. लोक-संस्कृति समूह में मनुष्यों के व्यवहार करने के प्रकार परंपरात्मक लोक विश्वासों पर आधारित होते हैं। इस प्रकार यह पता चलता है कि लोक-संस्कृति संपूर्ण मानव संस्कृति का एक भाग है।

5. मुख्यतया किसी भी देश की संस्कृति को दो भागों में विभाजित किया जा सकता है। इसमें प्रथम ग्रामीण, जनजातीय पिछड़ी एवं परंपरात्मक समूह की संस्कृति है तथा दूसरा महानगरीय समाज की भौतिकवादी संस्कृति।

6. अक्सर दोनों प्रकार की संस्कृतियों में अंतर पाया जाता है। जहाँ ग्रामीण, जनजातीय और आदिवासी समूह की संस्कृति, परंपरा, रीति-रिवाज, रहन-सहन, लोक

रीति, लोक-व्यवहार, खान-पान एवं पेश-भूषा आदि सरल होती है वहीं महानगरीय एवं भौतिकवादी संस्कृति की प्रत्येक बातें जटिल एवं चकाचौंधपूर्ण होती हैं।

7. लोक-संस्कृति को लोकाचार प्रधान संस्कृति की भी संज्ञा दी जा सकती है। भारतीय ग्रामीण और कृषक समाज एवं जनजातीय समाज की संस्कृति को लोक-संस्कृति की संज्ञा दी जा सकती है।

8. लोक-संस्कृति एवं महानगरीय संस्कृति दोनों मिलकर किसी राष्ट्र की संपूर्ण संस्कृति का निर्माण करती है। कई जगहों पर दोनों के मिले-जुले रूप भी देखे जा सकते हैं।

लोक-संस्कृति की प्रमुख विशिष्टताएँ

सोरोकिन, जिमरमैन तथा गालपिन आदि विद्वानों ने लोक-संस्कृति की विशेषताओं की चर्चा अपने-अपने तरह से अलग-अलग रूप में की है। इन विद्वानों ने लोक-संस्कृति की कई विशेषताओं की चर्चा की है। इनके अलावा कोपर ने भी लोक-संस्कृति की विशेषताओं की चर्चा की है। विभिन्न विद्वानों द्वारा बताई गई लोक-संस्कृति की विशेषताओं के आधार पर इसकी निम्नांकित विशेषताओं की चर्चा की जा सकती है–

1. **सामूहिकता की भावना है**–लोक-संस्कृति किसी व्यक्ति विशेष की संपत्ति नहीं है। इसमें संपूर्ण समाज के मदद की जरूरत होती है। साथ ही संपूर्ण समाज की संपत्ति होती है। यदि आज भी लोक-संस्कृति जीवित है एवं इसका अस्तित्त्व कायम है तो इसका सबसे बड़ा कारण यह है कि इसमें सामूहिक प्रेरणा, सामूहिक हिस्सा लेने की भावना तथा सामूहिकता पाई जाती है। इस प्रकार यह पता चलता है कि सामूहिकता की भावना लोक-संस्कृति की एक विशिष्टता है।

2. **सरलता**–इसमें किसी भी तरह का बनावटीपन, दिखावा और औपचारिकता नहीं पायी जाती है। इसमें सहजता, सरलता एवं ग्राह्यता देखने को मिलता है। ग्रामीण एवं जनजातीय समाजों की संस्कृति काफी सरल होती है। इस प्रकार की संस्कृति में जीवन व्यतीत करने वाले लोग भी सरल होते हैं तथा उनका जीवन स्तर भी सहज होता है। साथ ही इनकी भाषा भी सरल होती है तथा उसे अभिव्यक्त भी सरल तरीके से किया जा सकता है। इस प्रकार यह पता चलता है कि सरलता लोक-संस्कृति की एक विशिष्टता है।

3. **कृषि पर आधारित**–लोक-संस्कृति की यह है कि यह खेती पर आधारित होती है। विशेषकर भारतीय लोक-संस्कृति कृषि पर निर्भर होती है। ग्रामीण समाज में

ज्यादातर उत्सव, मेले एवं घाट, ग्रामीण देवी-देवताओं की पूजा, पूजा-पाठ, लोक-गीत और लोक-नृत्य आदि कृषि से संबंधित होते हैं। यह कहा जा सकता है कि ये सभी लोक-संस्कृति के हिस्से बन गए हैं। ज्यादातर लोक-संस्कृतीय विश्वास कृषि व्यवसाय के विविध स्वरूपों से ही संबंधित है। इस तरह यह पता चलता है कि कृषि पर आधारित होना लोक-संस्कृति की एक विशिष्टता है।

4. मौखिक परंपरा—लोक-संस्कृति मौखिक परंपरा पर आधारित होती है। यही कारण है कि शताब्दियों से कई परंपराएँ रीति-रिवाज, लोक-विश्वास, जनरीतियाँ, अनुष्ठान और अनुष्ठानिक पद्धतियाँ आदि एक पीढ़ी से दूसरी पीढ़ी को हस्तांतरित होती रही है। यह हस्तांतरण लिखित रूप में नहीं अपितु मौखिक रूप में होती रही है। इस प्रकार यह पता चलता है कि मौखिक परंपरा लोक-संस्कृति की एक विशेषता है।

5. परिवार और समुदाय लोक-संस्कृति के संरक्षक है—परिवार एवं समुदाय को लोक-संस्कृति का वास्तविक संरक्षक कहा जा सकता है। ग्राम्य क्षेत्रों में आज भी परिवार एवं समुदाय अपने सभी रीति-रिवाजों, उत्सवों एवं पर्वों आदि को लोक-संस्कृति के विश्वासों के आधार पर करते हैं। इस प्रकार यह पता चलता है कि परिवार एवं समुदाय लोक-संस्कृति के संरक्षक होते हैं, जो इसकी एक विशिष्टता है।

6. विविध स्वरूप—यही कारण है कि एक गाँव से दूसरे गाँव की लोक-संस्कृति में भेद देखा जा सकता है। यह विभिन्न ग्रामीण एवं जनजातीय क्षेत्रों में अपनी-अपनी सीमाओं से बँधी रहती है। उदाहरणस्वरूप जो लोक संस्कृति अवध के ग्राम्य क्षेत्रों में दिखाई देती है वहीं लोक-संस्कृति बुंदेलखंड के ग्राम्य क्षेत्रों में नहीं दिखाई देती है। अर्थात् दोनों क्षेत्रों की लोक-संस्कृतियों में विविधताएँ पाई जाती हैं। इस प्रकार यह कहा जा सकता है कि लोक-संस्कृति के कई स्वरूप होते हैं जो कि इसकी एक विशेषता है।

7. पिछड़े हुए समाज की संपत्ति है—चूँकि लोक-संस्कृति पिछड़े हुए समाजों से जुड़ी हुई है। अतएव इसे पिछड़े हुए समाज की संपत्ति कहा जा सकता है। इसका जन्म ही जनजातियों, कबीलों और कृषि-समाज में हुआ है। सभ्यता एवं संस्कृति के विकास के साथ यह भी विकसित हुआ है। लेकिन अपने ही समुदाय की सीमाओं में यह प्रभावी तौर पर कार्य करती रही है। इसलिए लोक-संस्कृति में जितनी भिन्नताएँ हैं उतनी शहरी संस्कृति में नहीं। इस तरह यह पता चलता है कि पिछड़े हुए समाज की संपत्ति लोक-संस्कृति की एक विशिष्टता है।

8. **कला—कला हेतु है व्यवसाय के लिए नहीं**—लोक-संस्कृति से जुड़ी कई कलाएँ होती हैं। इन कलाओं में लोकगीत, लोक नृत्य, लोक नाटक, एवं नाहक दरे आदि मुख्य हैं। लोक-संस्कृति से जुड़े कलाकार अपनी कला का प्रदर्शन कला का जौहर दिखाने के लिए करते हैं। उनमें व्यवसायिकता का कोई पुट नहीं होता है। अर्थात् वे अपनी कला का व्यवसाय नहीं करते। वे उसे बेचते नहीं हैं। इस प्रकार यह पता चलता है कला—कला के लिए व्यवसाय के लिए नहीं, लोक संस्कृति की एक विशिष्टता है।

उपरोक्त विशेषताओं के आधार पर कहा जा सकता है कि लोक-संस्कृति किसी भी देश की वास्तविक संस्कृति को जानने का एक विश्वसनीय साधन है। अर्थात् किसी भी देख की वास्तविक संस्कृति की जानकारी तभी हो सकता है जब उस देश की लोक-संस्कृति को जाना जाए। लोक-संस्कृति का स्पष्ट संबंध जनजातीय एवं कृषक समाज से होता है। संभवतः इसीलिए सोरोकिन (Sorokin) ने लोक-संस्कृति के संबंध में अपने विचार व्यक्त करते हुए कहा है, "कृषि के लक्षण ग्रामीण गीतों, संगीत, नृत्य, कहानियों, कहावतों, पहेलियों, साहित्य, नाटकों, पर्वों, अभिनय क्रियाओं और अन्य किसी प्रकार की कलाओं में पाए जाते हैं। यद्यपि ये कृषि लक्षण ग्रामवासियों के द्वारा बनाई गई आकृतियों, अलंकारों, भवन-निर्माण तथा नक्काशी आदि में अधिक स्पष्ट नहीं हो पाते हैं। फिर भी यदि ठीक ढंग से इनकी व्याख्या की जाए तो यहाँ भी कृषि की छाप दिखाई देती है।" इस तरह हम यह कह सकते हैं कि लोक-संस्कृति किसी भी देश का एक ऐसा दर्पण हे जिससे उस देश की संस्कृति वास्तविक रूप में प्रतिबिम्बित होती है।

लोक-संस्कृति में प्रमुख बदलाव

लोक संस्कृत में परिवर्तन के लिए एक नहीं बल्कि कई कारण उत्तरदायी हैं। आज का युग औद्योगीकरण, नगरीकरण, विज्ञान एवं तकनीकी का युग अछूता है। इसके कारण समाज में अनेक बदलाव हो रहे हैं। ग्रामीण समाज भी इससे नहीं है। लोक-संस्कृति में निम्नांकित बदलाव दृष्टिगोचर हो रहे हैं—

1. ग्रामीण क्षेत्रों में बढ़ते हुए राजनीतिक गुटवाद और जातिवाद के कारण भी लोक-संस्कृति का लोप होता जा रहा है। लोक-संस्कृति से सामूहिकता की भावना भी खत्म होती जा रही है।

2. भिन्न-भिन्न पर्वों, जैसे—तीज-त्योहार, एवं अन्य व्रतों के मौके पर जो आनुष्ठानिक कला बनाई जाती है, उनका भी तेजी से लोप होता जा रहा है। इसके कारण लोक-संस्कृति बदलती होती जा रही है।

3. सामुदायिक विकास योजनाएँ और प्रखण्ड कल्याण के कार्यक्रमों के कारण भी लोक-संस्कृति का ह्रास होता जा रहा है।

4. संयुक्त परिवार के टूटने के कारण भी लोक-संस्कृति का लोप होता जा रहा है। इस तरह के परिवारों में लोक-संस्कृति को सामूहिक रूप से जीवित रखा जाता था। इस परिवार में सामूहिकता की भी भावना पाई जाती थी। लेकिन इसके टूटने के कारण लोक-संस्कृति से जुड़ी अटूट सामूहिक भावना आज लुप्त प्राय होती जा रही है।

5. भौतिकवादी संस्कृति के प्रचलन के कारण भी लोक-संस्कृति का लोप होता जा रहा है। इस संस्कृति के प्रभाव के कारण लोगों की अपनी संस्कृति के प्रति आस्था कमती जा रही है। परिणामतः लोक-संस्कृति का दिनानुदिन ह्रास होता जा रहा है। जो आस्था एवं जागृति आज से पचास वर्ष पहले अपने लोक संस्कृति के प्रति पाई जाती थी वह आज दिखाई नहीं दे रही है। ऐसा भौतिकवादी और पश्चिमी संस्कृति के प्रभाव के कारण है।

6. शिक्षित युवा पीढ़ी के नकारात्मक रवैये के कारण भी लोक-संस्कृति में बदलाव हुआ है। यह पीढ़ी लोक-संस्कृति से जुड़े कई तत्त्वों को नकारती जा रही है तथा प्रगतिशीलता के नाम पर इसकी आलोचना कर रही है। इस प्रकार शिक्षित युवा पीढ़ी के नकारात्मक रवैये के कारण लोक-संस्कृति में बदलाव हो रहा है।

7. शहर के अत्यधिक समीप के ग्रामीण समाजों की लोक-संस्कृति में काफी बदलाव हो रहे हैं। इसका कारण यह है कि इन पर औद्योगीकरण तथा नगरीकरण का अत्यधिक प्रभाव पड़ता है।

8. सिनेमा और रेडियो के प्रभाव के कारण भी लोक-संस्कृति परिवर्तित हो रही है। इसके प्रभाव के कारण लोक-गीतों की धुनों में भी परिवर्तित हुआ है। साथ ही युवा पीढ़ी लोक गीतों में उतनी ज्यादा रुचि नहीं रखती है जितनी फिल्मी गानों में रखती है। इस प्रकार यह पता चलता है कि सिनेमा एवं रेडियो के प्रभाव के कारण लोक-संस्कृति परिवर्तित हो रहा है।

9. कहावतें, चुटकुले, बुझौअल, लोक-कहानियाँ एवं मुहावरे आदि के कारण भी लोक-संस्कृति में बदलाव हो रहा है। आज इनमें किसी की भी अभिरुचि नहीं रह गई है। अतएव धीरे-धीरे इनका लोप होता जा रहा है। एवं लोक-संस्कृति परिवर्तित होती जा रही है।

10. यातायात के साधनों में बढ़ोतरी के कारण भी लोक-संस्कृति में बदलाव हो रहा है। जो ग्रामीण क्षेत्र यातायात के साधनों द्वारा सीधे शहरों एवं महानगरों से

जुड़ गए हैं वहाँ की लोक-संस्कृति बदल गई है क्योंकि उन पर नगरीय एवं महानगरीय सभ्यता का प्रभाव पड़ गया है।

11. लोक-नृत्य एवं अन्य लोक-कलाओं में तेजी से गिरावट आ रही है। इसके कारण भी लोक-संस्कृति में बदलाव हो रहा है।

उपरोक्त विवरणों के आलोक में कहा जा सकता है कि लोक संस्कृत में विभिन्न प्रकार के कारणों से परिवर्तन हुए है। इसके प्रति जो आस्था पूर्व में पाई जाती थी। वह आज कहीं दिखाई नहीं दे रही है। आज पश्चिमीकरण का अंधाधुंध अनुकरण किया जा रहा है। इसकी चकाचौंध ने लोक-संस्कृति के स्वरूप को बहुत हद तक परिवर्तित कर दिया है। इससे बचने की जरूरत है। किसी भी देश की पहचान उसकी संस्कृति से होती है। बाहर से आयात की गई संस्कृति से उसकी पहचान करना संभव नहीं है। अतएव जरूरत इस बात की है अपने देश की संस्कृति की रक्षा किसी भी कीमत पर की जाए। इसलिए हमारा पुनीत कर्तव्य है कि हम अपनी लोक संस्कृति की मिटने से रक्षा करें और तभी भारतीय संस्कृति सुरक्षित रह सकेगी। हमें अपनी संस्कृति की पहचान को किसी कीमत पर त्यागना नहीं चाहिए।

14

भूदान एवं सर्वोदय

भारत की सभ्यता तथा संस्कृति की पृष्ठभूमि में जितने भी सामाजिक विचारकों ने अपने विचार व्यक्त किये है, उनमें महात्मा गाँधी का नाम सर्वप्रथम है। इतना ही नहीं, भारतीय दृष्टिकोण से भारतीय समस्याओं का स्पष्टीकरण तथा भारतीय आदर्शों का मूल्यांकन जितने विविध व विस्तृत रूप में गाँधीजी के लेखों में मिलता है। उतना शायद और कहीं नहीं। शायद कोई ऐसी समस्या या आदर्श रह गया हो जिस पर गांधीजी ने अपने विचार प्रकट न किए हो। जनसेवा गांधीजी की विचारधारा का आधार थी। इस विचार को मूर्त्त रूप देने के लिए उन्होंने सर्वोदय शब्द की रचना की।

सर्वोदय का अर्थ एवं परिभाषा

आदर्श समाज या राज्य का अन्तिम ध्येय 'सर्वोदय' शब्द का इतिहास यह है कि जिन पुस्तकों ने गांधीजी के जीवन में महत्वपूर्ण रचनात्मक बदलाव कराए, उनमें सबसे मुख्य रस्किन (Ruskin) द्वारा लिखित Unto the last थी। गांधीजी ने इसका गुजराती में अनुवाद किया और वह 'सर्वोदय' के नाम से छपी।

गांधीजी ने लिखा है कि "मैं सर्वोदय के सिद्धान्तों को इस तरह समझता हूँ –

(1) सबकी भलाई में हमारी, भलाई निहित है।

(2) वकील और नाई दोनों के काम की कीमत एक जैसी होनी चाहिए क्योंकि आजीविका का अधिकार सबको बराबर है।

(3) हमेशा मेहनत-मजदूरी करने वाले अर्थात् किसान का जीवन ही सच्चा जीवन है। पहली चीज मैं जानता था दूसरी को मैं धुँधले रूप में देखता था। तीसरी का मैंने विचार नहीं किया था। सर्वोदय ने मुझे दिये की तरह दिखा दिया कि पहली चीज में दूसरी दोनों चीजें बसी हुई हैं।

अतः 'सर्वोदय' का अर्थ जीवन के सभी पक्षों की सम्पूर्ण प्रगति है। श्री विनोबा भावे के शब्दों में, 'सर्वोदय' कुछ का या बहुतों का या अधिकतम का उत्थान नहीं चाहता। हम ज्यादा सुख से संतुष्ट नहीं है। हम तो केवल एक की तरह सबकी, ऊँचे और नीचे की, सबल और निर्बल की, बुद्धिमान और बुद्धिहीन की भलाई से ही सन्तुष्ट हो सकते हैं। सर्वोदय शब्द एक उत्कृष्ट और सर्वव्यापक भावना को अभिव्यक्त करता है।" इसीलिए गांधीजी उन्नीसवीं शताब्दी के उपयोगितावादियों (Utilitiarians) के 'अधिकांश' लोगों का ज्यादा सुख' के सिद्धान्त से सहमत नहीं थे क्योंकि इस सिद्धान्त को स्वीकार करने का अर्थ तो यह होगा कि 51 प्रतिशत लोगों के सुख के लिए 49 प्रतिशत लोगों के सुख का बलिदान किया जा सकता है। गांधीजी के अनुसार इस तरह यह एक हृदयहीन सिद्धान्त है, जिसने मानवता का अपकार किया है। सर्वोदय या सबसे अधिकतम हित का सिद्धान्त सर्वोत्तम है। गांधीजी ने स्पष्ट ही लिखा है कि "बात तो यह है कि अहिंसा का पुजारी बड़ी से बड़ी संख्या का ज्यादा से ज्यादा हित का समर्थन नहीं कर सकता। वह तो 'बहुजन हिताय' अर्थात् सबके लिए ही प्रयास करेगा और इस आदर्श की प्राप्ति के प्रयत्न में मर जाने के लिये भी तैयार रहेगा। इस तरह वह इसलिए मरना चाहेगा कि दूसरे जी सकें। दूसरों के साथ-साथ वह अपनी सेवा भी खुद मरकर करेगा। सबके सुख में अधिकांश का अधिकतम सुख भी शामिल है।"

सर्वोदय का आदर्श—इसका आदर्श है अद्वैत और उसकी नीति है समन्वय। मानवकृत विषमता का यह निराकरण करना चाहता है और प्राकृतिक विषमता को कम करना चाहता है। सर्वोदय की दृष्टि में जीवन एक विद्या भी है, और कला भी। जीवन के लिए, प्राणी मात्र के लिए समादर, प्रत्येक के प्रति सहानुभूति ही सर्वोदय का भाव है। (Milk of Human Sympathy) जीवन मात्र के लिए सहानुभूति का यह अमृत जब जीवन में प्रवाहित होता है, तो सर्वोदय की लता में सुरभिपूर्ण सुमन खिल उठते हैं। दूसरों को अपना बनाने के लिए प्रेम का विस्तार करना मूल्यों की स्थापना करना होगा, अहिसा का विकास करना होगा। सर्वोदय बराबरी पर आधारित समाज की रचना और व्यापक, मूल्यों की स्थापना करना और मूल्यों का निराकरण करना चाहता है। यह कार्य न तो विज्ञान द्वारा सम्भव है और न संतों द्वारा।

"सर्वोदय ऐसे वर्ग-विहीन, जाति-विहीन और शोषण-विहीन समाज की स्थापना करना चाहता है, जिसमें व्यक्ति और समूह को अपने सर्वांगीण विकास के साधन और अवसर मिलेंगे। यह क्रान्ति अहिंसा और सत्य द्वारा ही सम्भव है। सर्वोदय इसी का प्रतिपादन करता है।" सभी की इस सर्वांगीण उन्नति में गरीबों का उत्तम स्थान

हैं। गांधीजी ने लिखा है, "मेरा स्वराज्य का सपना गरीबों के स्वराज्य का है। उनके लिए जीवन की जानी वस्तुएँ वैसे ही आसान होनी चाहिए जैसे की धनवान और राजाओं को। इसका अर्थ नहीं कि उनके लिए राजाओं के जैसा महल होने चाहिये। सुखी जीवन के लिए महल नहीं। मैं या तुम (साधारण जन) तो उनमें रास्ता ही भूल जायेंगे। लेकिन जीवन की साधारण सुविधायें सर्वसुलभ होने चाहिये। मैं निःसंदेह कह सकता हूं कि जब तक ये सुविधायें सुलभ न हों तब तक स्वराज्य 'पूर्ण स्वराज्य' नहीं होगा।

इसके अलावा सर्वोदय का विश्वास राजनीति में नहीं है। "वह लोकनीति का पक्षपाती है। राजनीति में जहां शासन मुख्य है, वहाँ लोकनीति में अनुशासन। राजनीति में जहाँ सत्ता जारी है वहाँ लोकनीति में स्वतन्त्रता। राजनीति में जहाँ नियन्त्रण मुख्य है, वहाँ लोकनीति में संयम। राजनीति में जहाँ सत्ता की स्पर्द्धा, अधिकारों की स्पर्द्धा मुख्य है, वहाँ लोकनीति में कर्तव्य का आचरण। सर्वोदय का क्रम यही है कि शासन में अनुशासन की तरफ सत्ता से स्वतंत्रता की नियन्त्रण से संयम की तरफ सत्ता और अधिकारों की स्पर्द्धा से कर्त्तव्यों के आचरण की तरह बढ़ो।" गांधीजी के अहिंसात्मक सर्वोदय समाज में सभी के सर्वांगीण विकास की वही दिशा और आदर्श होगा।

विकासात्मक समाज में धर्म, व्यवसाय, संगठन तथा सेवा-कार्य इन्हीं के आधार पर उन्नति की कल्पना की जाती है। सभ्यता की उन्नति-अवनति का मापदण्ड भी यही है। सर्वोदय समाज में इन चारों की क्या स्थिति होगी। इसका संक्षिप्त वर्णन जरूरी है।

आधुनिक काल में धर्म एक मुख्य विषय है। पुराने समय में यह कहा जाता था कि हमारे देशवासी सम्पूर्ण त्याग कर सकते थे लेकिन धर्म पर जुल्म नहीं सहन कर सकते थे, लेकिन आज यह प्रवृत्ति बहुत-कुछ बदल गई है। आज धार्मिक संस्थायें समाज में उस दृष्टि से नहीं देखी जाती जैसे हमारे पूर्वज उन्हें देखते थे। समाज आज उस तरफ से अधिक उदासीन हो चुका है। आज धर्म को उपेक्षा की दृष्टि से देखा जाता है। इस विरोधाभास का कारण कुछ तो इनकी आन्तरिक दुर्बलतायें हैं और कुछ हमारे मनोभाव हैं। भारतीय समाज अपने को जिस धार्मिक सूत्र में बंधा हुआ समझता है वह प्रेम का बधन है। उसमें किसी सम्प्रदाय या देशी-विदेशी का भेदभाव नहीं है। मनुष्य होने के कारण हम सबको उस दृष्टि से देखें जिससे सबका कल्याण हो। धर्म व्यक्तिगत विश्वास की वस्तु है। जातीय रूढ़ियों को विजातीय लोगों पर लादने के लिए धर्म की दुहाई देना समाज में कटुता फैलाना है। भारतीय इतिहास में मानव धर्म के उदाहरण अनेक कार्यों पर पाये जाते हैं।

रोजगार—रोजगार की व्यवस्था सामाजिक निर्माण में जरूरी है। हमारे विचार कितने ही उज्ज्वल क्यों न हों, यदि हमारा व्यवसाय ऊँचा नहीं है तो हमारी क्रियाएं विचार विरूद्ध होंगी। प्रत्येक मनुष्य अपनी इच्छानुसार काम करे यह व्यवस्था सबसे ऊंची और कठिन है। यदि मन के अनुरूप व्यवसाय नहीं मिलता तो हमारे आध्यात्मिक विकास में सफलता नहीं मिलती। मापदण्ड से एक किसान का जीवन फैक्ट्री के एक बड़े मैनेजर से कहीं ऊँचा है। एक का व्यवसाय खुद से बना है और दूसरे का परावलम्बी। सर्वोदय समाज में प्रत्येक व्यक्ति और कुटुम्ब स्वावलम्बी जीवन व्यतीत करेगा। वह दूसरों पर आश्रित न रहकर जरूरत की सभी सामग्री का स्वयं ही उपार्जन करेगा। देश-देशान्तरों में व्यवसाय के लिए भ्रमण करने की लालसा उसकी इच्छा के विरूद्ध होगी। उसका ध्येय उत्पादन करना होगा, शोषण करना नहीं।

संगठन—किसी भी संगठन में बहुत तरह के संगठनों का समूह होता है। समुदाय के योग को ही समाज कहते हैं। समुदाय विभिन्न उद्देश्यों की पूर्ति के लिए बनाए जाते हैं और पूर्ति होने के बाद उनकी उपयोगिता जाती रहती है। यही कारण है कि समाज में बहुत समुदाय बनते और बिगड़ते रहते हैं। इन्हीं समुदायों से समाज की उन्नति अथवा अवनति का पता चलता है। जब देश में पुस्तकालय, स्कूल, स्वास्थ्य गृह, अन्वेषण गृह आदि बढ़ते हैं तो इससे समाज उन्नति के रस्ते पर आगे की ओर होता है। इसके उलट राजनीतिक दलबन्दी, अस्त्र-शस्त्र की वृद्धि, व्यावसायिक होड़ तथा अन्य समुदाय समाज को अवनति की गहराई में गिराते हैं। ये समुदाय सभ्यता के विकास के लिए बनने चाहिए। सेवा, त्याग, विचारों, की वृद्धि-इनके आधार पर संगठन बनाना सर्वोदय समाज की सपना है।

सेवा-कार्य—आजकल मदद के नाम पर स्वार्थ-पूर्ति का बोलबाला है। समाज में मदद की दुहाई दी जाती है। सेवा कठिन काम है। इसमें जिस कष्ट और त्याग की जरूरत है वह वर्तमान समाज के कुछ ही लोगों में पाया जाता है। सेवा उस वक्त करनी चाहिए जबकि व्यक्ति अपने स्वार्थ को भूल जाए। इसी सेवा-भाव से प्रेरित होकर महात्मा गांधी ने भारतीय स्वतंत्रता की लड़ाई में अहिंसा और शान्ति के साथ एक ऐसे संगठन का निर्माण किया जिसके तहत उसके सदस्य हर तरह के कष्ट सहन करते रहे। उन्हीं की त्याग-भावना का परिणाम है जिससे स्वतंत्रता प्राप्ति हुई।

सर्वोदय मानवीय विभूति के विज्ञान में विश्वास करता है। वह मानता है कि फल-निरपेक्ष कर्त्तव्य हमारा धर्म है। उनकी मान्यता है—मेहनत इन्सान की, दौलत भगवान की। मेहनत करना हमारा कर्त्तव्य है, फल समाज का। वह पड़ोसी के लिए जीने, पड़ोसी के लिए उत्पादन करने और पड़ोसी का सुख-दुख बांटने की कला

सिखाता है। वह यह मानता है कि बुरे आदमी में अच्छाई होती है। सर्वोदय के इन्हीं आदर्शों को लेकर गांधीजी आजीवन सामाजिक बुराइयों के विरूद्ध लड़ाई करते रहे और हरिजन, विधवा, स्त्री शिक्षा, बाल-विवाह, पंचायत राज, नशाखोरी आदि से सम्बन्धित अनेक सुधार-आन्दोलनों को सक्रिय बनाया। उनके बाद यह काम आचार्य विनोबा भावे ने अपने ऊपर लेकर उसे और सक्रिय बनाया था।

भूदान आंदोलन

सूत्रपात—यह आंदोलन भारतीय भूमिहीन कृषि मजदूरों की समस्या को सुलझाने के लिए आचार्य विनोबा भावे द्वारा शुरू किया गया एक क्रान्तिकारी आन्दोलन है। 'भूदान' का विचार विनोबा जी के दिमाग में अप्रैल सन् 1951 में हैदराबाद राज्य के तेलंगाना प्रदेश का दौरा करते समय आया था। उन दिनों उस प्रदेश में भूमिहीन समस्या के कारण भारी खून-खराबा हो रहा था। विनोबा जी उसी खून-खराबा को बन्द करवाने के लिए वहाँ गये हुए थे। 18 अप्रैल, सन् 1951 में वहाँ पोचमल्ली गाँव में जब उन्होंने संध्या समय अपनी प्रार्थना सभा में अपने विचार प्रकट करते हुए हरिजनों से उनकी मांग पूछी तो परिजनों ने उनसे 80 एकड़ भूमि सरकार से दिलाने की प्रार्थना की। विनोबा जी यह सोचकर कि शायद सभा में उपस्थित कुछ लोगों के पास अधिक भूमि हो और ये स्वयं उसे देने के लिए तैयार हो जायें, सभा में बैठे लोगों से कुछ भूमि की याचना की। उसी समय एक जमींदार श्री रामचन्द्र रेड्डी 100 एकड़ भूमि देने के लिए तैयार हो गया। विनोबा जी ने यह दान स्वीकार कर वह जमीन गरीब भूमिहीन लोगों में बाँट दी। इस घटना से विनोबा जी को भूमिहीन किसानों की समस्या का हल करने के लिए एक नये मार्ग का ज्ञान हुआ और उन्होंने भूदान-यज्ञ आन्दोलन शुरू किया

भूदान आंदोलन का अर्थ—इसके द्वारा अहिंसात्मक तरीके से समाज में सामाजिक, आर्थिक और आध्यात्मिक क्रान्ति और सर्वोदय समाज की स्थापना संभव है। इस आन्दोलन के विषय में आचार्य विनोबा भावे का कहना है—"न्याय और समानता के सिद्धान्त पर आधारित समाज में भूमि सब की होनी चाहिए। इसलिए हम भूमि की भिक्षा नहीं मांग रहे हैं, बल्कि उन गरीबों का हिस्सा मांग रहे हैं, जो भूमि प्राप्त करने के सच्चे अधिकारी हैं।" इसी दृष्टिकोण से श्री जयप्रकाश नारायण जी ने लिखा है, "भूदान आन्दोलन यह बताता है कि हमारे पास जो कुछ भी है, वह वास्तव में अपना नहीं है। हम तो केवल उस धन के उन साधनों को जो ईश्वर या समाज ने मिलकर बनाये हैं, रक्षक मात्र है।"

समाचार में भूदान का अभिप्राय भूमिहीन व्यक्तियों में बाँटने के लिये लोगों से उनकी अपनी भूमि 1/6 भाग का स्वेच्छा से दान करने का अनुरोध करना है। कृषिविहीन क्षेत्रों में यह आन्दोलन सम्पत्ति दान, बुद्धिदान, जीवनदान, साधनदान तथा गृहदान का रूप लेता है।

लक्ष्य तथा प्रगति—भूदान आन्दोलन का लक्ष्य 5 करोड़ एकड़ भूमि प्राप्त करने का था, ताकि भारत के लगभग 1 करोड़ भूमिहीन कृषि-श्रमिक परिवारों में से प्रत्येक परिवार को लगभग 5 एकड़ भूमि दी जा सके। इस लक्ष्य को पूरा करने में सहायता देने के लिये देश के भूस्वामियों से अपील करते हुए श्री मसरूवाला ने कहा था कि यह आन्दोलन भारतीय संस्कृति और परम्परा के अनुसार 'तप', 'यज्ञ' और 'दान' इन तीन आधारों पर आधारित है। भूमिहीन कृषि-श्रमिक शताब्दियों से प्रत्येक दुख और कष्टों को झेलते हुए 'तप' करते आये है, विनोबा जी ने 'यज्ञ' का आयोजन किया है, जब भूस्वामियों का यह पुनीत कर्तव्य है कि वे यथाशक्ति भूमि का 'दान' देकर इस प्रक्रिया को पूरा करें। इस आन्दोलन का प्रमुख उद्देश्य "हृदय परिवर्तन द्वारा समाज में पाई जाने वाली सामाजिक और आर्थिक विषमताओं को बिना किसी कटु संघर्ष को दूर करना है।"

अगस्त सन् 1970 तक पूरे देश में प्रायः 9 लाख दाताओं से 67 लाख एकड़ भूमि दान में प्राप्त हो गई थी। इस दिशा में बिहार राज्य का स्थान सबसे ऊपर है। वहाँ 40 लाख एकड़ भूमि दान में प्राप्त की गई।

सहकारी मदद ग्रामदान वाले गांवों की प्रगति के सम्बन्ध में प्राप्त व्यावहारिक सफलता सहकारी ग्राम-विकास के लिये अधिक महत्वपूर्ण रहेगी। सितम्बर सन् 1957 में यलवाल मैसूर राज्य में अखिल भारत सर्व सेवा संघ द्वारा आयोजित एक सम्मेलन में इस बात पर जोर दिया गया था कि सामुदायिक विकास कार्यक्रम तथा ग्रामदान आन्दोलन के बीच निकटतम सम्बन्ध स्थापित किया जाए। सामुदायिक विकास मंत्रालय के एक दल ने इस विषय पर विचार किया और मई 1958 में माउंट आबू में हुए विकास आयुक्त सम्मेलन में भूदान और ग्रामदान के बीच निकटतम सम्बन्ध स्थापित करने का निर्णय किया गया। सामुदायिक विकास के अन्य नए कार्य शुरू करने के सम्बन्ध में ग्रामदान वाले गांवों को प्राथमिकता दी जाया करेगी।

भूदान प्राप्त करने तथा ऐसी भूमि को बांटने की व्यवस्था करने का उद्देश्य आन्ध्र प्रदेश, बिहार, गुजरात, मध्य प्रदेश, मैसूर, उड़ीसा, पंजाब, राजस्थान, उत्तर प्रदेश दिल्ली और हिमाचल प्रदेश में कानून मौजूद है तथा वित्तीय मदद दी जा रही है। ग्रामदान के विकास के लिए ऋण देने की व्यवस्था आन्ध्र प्रदेश, असम, गुजरात, केरल, तमिलनाडु, मद्रास तथा महाराष्ट्र राज्यों में है।

इस आन्दोलन के लिये राज्य सरकारों ने जो वित्तीय मदद दी है उसमें सबसे पहला स्थान उड़ीसा राज्य का है।

आलोचना—इस आंदोलन के विरूद्ध कुछ आपत्तियाँ भी है—

1. सबसे पहली बात तो यह है कि इस आन्दोलन द्वारा खेतों का और भी खण्ड विभाजन होगा और खेतों के टुकड़े-टुकड़े और बिखरे होने की जो समस्या पहले से ही ज्यादा गंभीर है, इस आन्दोलन से और भी गम्भीर हो जाएगी। जिसके कारण भारत में जोतों का आकार पहले की तुलना में छोटा और अनार्थिक हो जाएगा जिससे कि प्रति एकड़ उत्पादन बहुत घट जाएगा और कृषि का विकास बहुत कुछ रूक जायेगा।

2. दूसरी आपत्ति यह है कि जो भूमि दान के रूप में लोग साधारणतया दे रहे है या जो दी है वह या तो बिल्कुल बेकार है या बहुत ही खराब किस्म की है। निर्धन भूमिहीन मजदूर परिवार ऐसी भूमि को सुधार कर खेती कर सकेंगे। यह आशा करना भी बेकार है। कुछ भूमि तो ऐसी है जो उलझा हुआ है और जिस पर दान देने वाले व्यक्ति के अधिकार निश्चित नहीं है। ऐसी भूमियों पर खेती शुरू होने पर मिट्टी का कटाव तेल रूप धारण कर सकता है तथा समतल मैदानों में बाढ़ो का भय बढ़ सकता है।

3. निर्धन भूमिहीन मजदूर परिवार को केवल भूमि दे देने से ही वे खेती करने, कमाने खाने नहीं लगेंगे क्योंकि खेती के लिए केवल भूमि की ही नहीं हल-बैल, बीज, खाद आदि की भी जरूरत होती है जिन्हें जुटाना उन गरीब परिवारों के लिये बहुत मुश्किल होगा। आन्दोलन ने सम्पत्ति दान, कूप-दान, श्रम-दान और साधन दान को इतना महत्व नहीं दिया जितना कि उनको मिलना चाहिये था। इससे भी भूदान आन्दोलन के वास्तविक उद्देश्य की पूर्ति नहीं हो रही है।

आन्दोलन की प्रगति वास्तव में बहुत धीमी है। अब तक तो भूमि दान में प्राप्त हुई है, उसे देखते हुए यह कहा जा सकता है कि 5 करोड़ एकड़ भूमि दान में प्राप्त करने में कम से कम सौ वर्ष लग जायेंगे क्योंकि ८स वर्ष (1951 से 1961 तक) केवल 4 लाख एकड़ भूमि दान में प्राप्त हो सकी है। ऐसी स्थिति में यह आशा करना अनुचित होगा कि भूमिहीन श्रमिक तब तक प्रतिज्ञा करता रहे और पहले की ही स्थिति में पशुओं जैसा जीवन गुजारे।

जैसा और जितनी भूमि अब तक मिल पाई है, उसका बहुत कम भाग (प्रायः 20 प्रतिशत) अभी तक भूमिहीन श्रमिकों को बाँटा गया है। इसका मतलब यह हुआ कि भूदान से प्राप्त ज्यादातर भूमि खेती करने के योग्य होते हुए भी बेकार पड़ी है जबकि आजकल भारत को बहुत बड़ी मात्रा में कृषि उपजों की जरूरत है। कृषि-योग्य

भूमि का इस तरह से बेकार पड़ा रखना निःसन्देह भारी राष्ट्रीय हानि है। इस प्रकार भूमि का उचित वितरण न होना भूदान आन्दोलन का सबसे कमजोर पक्ष तथा आलोचना का विषय है।

ग्रामीण पुनर्निर्माण में योगदान—भूदान आन्दोलन की अपनी कुछ सीमाएं है पर उस हद तक नहीं जितना कि इसके आलोचक मानते हैं। उदाहरणार्थ, यह कहना पूर्णतया सही न होगा कि भूदान आन्दोलन द्वारा भारत में खेती के टुकड़े तथा बिखरे होने की समस्या और भी गंभीर हो जाएगी। खेतों का आकार छोटा होने पर भी सघन खेती करना सम्भव हो सकता है, जिससे खेतों की उपज बहुत बढ़ जाती है। चीन और जापान में ठीक ऐसा ही हुआ है। साथ ही यह भी भूल नहीं जाना चाहिये कि भूदान आन्दोलन का अन्तिम रूप ग्राम दान है। जिससे भूमि के छोटे टुकड़ों की कोई समस्या नहीं होगी। भूदान आन्दोलन के कारण भारत में जो वातावरण पैदा हो रहा है, उससे सहकारी खेती को बहुत प्रोत्साहन मिलेगा और छोटे और अलग खेतों की समस्या अपने आप ही समाप्त हो जायेगी। इस दृष्टिकोण से ग्रामीण पुनर्निर्माण में भूदान आन्दोलन का महत्व कम नहीं है।

यह तथ्य भी बेकार की है और अगर ऐसा है तो भी उससे कोई काम नहीं निकाला जा सकता है। आज वैज्ञानिक युग में यह कोई समस्या नहीं रह गई है कि घटिया किस्म की भूमि को कैसे सुधारा जाये। वैज्ञानिक पद्धति द्वारा आज भूमि का सुधार और संरक्षण सम्भव है। इससे खेती योग्य भूमि का विस्तार होगा और ग्रामीण जनता की आर्थिक स्थिति सुधरेगी। उसी प्रकार बेकार भूमियों को कम्पोस्ट खाद के लिए, खेल स्थिति के मैदान, सामुदायिक चरागाह या अन्य किसी सामाजिक कार्य के लिए इस्तेमाल किया जा सकता है। इस रूप में भी भूदान आन्दोलन का पर्याप्त योगदान ग्रामीण पुनर्निर्माण कार्य में ही सकता है।

इसके द्वारा भूमिहीन श्रमिकों को जमीन मिल जाने से उनकी आर्थिक स्थिति में सुधार होना जरूरी है। अगर ऐसा हो पाया तो पुनर्निर्माण के एक महत्वपूर्ण उद्देश्य की पूर्ति हो सकेगी। यह सत्य है कि भूदान से प्राप्त भूमि का उचित बंटवारा नहीं हुआ है, फिर भी अब भूदान के नेतागण इस तरफ पर्याप्त सचेत हैं और आशा की जा सकती है कि वितरण कार्य भी जल्दी से चलता रहेगा।

दूसरे भूदान, आन्दोलन अब केवल भूमि के दान तक ही सीमित नहीं है, भूमि के साथ-साथ बनवा कई तरह के दान भी इसमें शामिल हैं जैसे—सम्पत्ति दान, श्रमदान, बुद्धिदान, जीवनदान आदि। जिनके पास भूमि नहीं है वे भूमि खरीद कर दे सकते हैं, कुएँ बनवा सकते हैं, बैल खरीदकर दे सकते हैं। जिसके पास न भूमि

है और ... पैसा वे बुद्धि दान या श्रमदान कर सकते हैं। ये सभी दान ग्रामीण पुनर्निर्माण में, विशेषतः भूमिहीन श्रमिकों के जीवन में महत्वपूर्ण हैं। इस कारण यह आलोचना भी पूरी तरह सच नहीं है कि भूदान आन्दोलन में भूमिहीन श्रमिकों को केवल भूमि देने का ही लक्ष्य रखा गया है।

अतः स्पष्ट है कि ग्रामीण पुनर्निर्माण कार्य में भूदान आन्दोलन से एकाधिक महत्व व योगदानों का उल्लेख किया जा सकता है–

(1) इस अहिंसात्मक स्थिति से भूमि के पुनर्वितरण की समस्या हल हो सकेगी।

(2) भूमिहीनों को भूमि मिल जाने से उनकी आर्थिक स्थिति में सुधार होना अवश्यंभावी है।

(3) अब तक जो भूमि बेकार पड़ी रहती थी उस पर खेती होने लगेगी और जरूरी पैदावार बढ़ेगा

(4) इस तरह जो भूमि-सुधार और पुनर्वितरण होगा उसके लिए राज्य पर कोई बोझ या खर्चा नही पड़ेगा क्योंकि दान में प्राप्त भूमि के लिये भूस्वामियों को खर्च नही देना पड़ेगा।

(5) इससे सहकारी खेती को भी प्रोत्साहन मिलेगा।

(6) अन्त में, इस व्यापक आन्दोलन से धनियों और निर्धनों के भेद मिट जायेंगे, गरीबों में धनिकों के प्रति जो ईर्ष्या रहती है वह मिट जायेगी। दोनों वर्गों में प्रेम और मित्रतापूर्ण सम्बन्ध स्थापित हो सकेगा और एक वर्गहीन एवं शोषणविहीन समाज की स्थापना हो सकेगी।

श्री मन्नारायण के शब्दों में, “भूदान यज्ञ देश में महत्वपूर्ण भूमि सुधारों के लिये स्वस्थ एवं अनुकूल वातावरण उत्पन्न करने में गौरवता के साथ सफल हुआ है। इस आन्दोलन ने संसार को यह बता दिया कि भूमि की समस्या शान्तिपूर्ण ढंग से भी हल की जा सकती है।”

गाँवों में ऋणग्रस्तता की समस्या

सामाजिक-आर्थिक कारण

गाँवों में ऋणग्रस्तता की समस्या एक अत्यंत महत्वपूर्ण समस्या है। अतः धनी लोगों द्वारा निर्धन लोगो को सम बनाने की कोशिश भी करनी है।

भारत में आश्चर्यजनक रूप से प्रचुर प्राकृतिक साधनों उसकी उपजाऊ तथा विभिन्नतापूर्ण भूमि, उसके खनिज भंडार उसकी विशाल जनसंख्या के होते हुए भारत

की अर्थव्यवस्था ग्रामीण हो रही है, उसकी कृषक जनता निर्धनता तथा विपत्ति के पाश में बंधी हुई है, उसकी कृषि का स्तर तीव्र गति से गिरता चला जा रहा है।

हमारे देश में समृद्धिशील कृषि के सभी तत्व विद्यमान हैं: विशाल मात्रा में कृषि योग्य भूमि, विभिन्न प्रकार की फसलों के बोने और उपजाने के उपयुक्त विभिन्नतापूर्ण उष्ण जलवायु, महान् जल प्रदाय की विद्यमानता परिश्रमी कृषक जनता का भारी समुदाय आदि।

फिर भी भारतीय कृषि पिछड़ी तथा गिरी हुई स्थिति में है। भारतीय तथा उसकी परिश्रमी जनता पर भयंकर निर्धनता की छाप अंकित है।

इसके लिए उत्तरदायी मुख्य कारणों को ढूंढ निकालना मुश्किल नहीं है। अर्थशास्त्रियों राजनीतिज्ञों, मानवहितवादियों क्रान्तिकारियों के साथ ही साथ सरकारी अधिकारियों ने एक मत से निम्नलिखित मुख्य कारणों को बतलाया है: कृषि सम्बन्धी तकनीक का निम्न स्तर, भूमि का निम्नांकित उपविभाजन तथा खंडीकरण, राज्य की कार्य करने तथा न करने सम्बन्धी त्रुटियां और इन सबसे ऊपर कृषक जनता का वंशक्रमागत रूप से इकट्ठा असहनीय तथा गला घोटने वाला ऋण का भार।

इस अन्तिम कारण अर्थात ग्रामीण जनता की विशाल ऋणग्रस्तता के सम्बन्ध में हम यहां विचार करेगे।

कृषक जनता की ऋणग्रस्तता उनकी गरीबी से इतनी जुड़ी हुई है कि बढ़ती हुई गरीबी उन्हें ज्यादा से ज्यादा ऋण लेने और बढ़ती हुई ऋणग्रस्तता उन्हें ज्यादा से ज्यादा निर्धन बना रही है। ग्रामीण ऋणग्रस्तता के इस स्वरूप को समझने के लिए यह जरूरी है कि हम उन बहुत से कारणों का अध्ययन करें जो कृषकों में निर्धनता उत्पन्न करती है।

उष्णकटिबन्धीय जलवायु, उपजाऊ भूमि और समृद्ध प्राकृतिक साधनों का लाभ होते हुए भी ऐसा क्यों है कि भारतीय कृषक इतने असाध्य रूप से निर्धन हैं और भारतीय कृषि निरंतर गिरावट की ओर बढ़ती जा रही है।

हम यहां समसामयिक भारत का सामाजिक आर्थिक चित्र प्रस्तुत करने का प्रयत्न करेंगे। हम उन सामाजिक-आर्थिक परिस्थिति का अध्ययन करेंगे जिसके कारण ऋणग्रस्तता की स्थिति उत्पन्न होती है।

उपनिवेश भारत मुख्य रूप से कृषि प्रधान है और ग्रामीण जनता भारतीय जनता का प्रमुख भाग है।

इस तरह सम्पूर्ण जनसंख्या का 87 प्रतिशत भाग ग्रामों में निवास करता है और करीब-करीब पूर्ण रूप से कृषि पर ही निर्भर है।

भारत का जो बहुत थोड़ा औद्योगिक विकास हो पाया, उसका कारण कोई प्राकृतिक बाधा नहीं है। देश के औद्योगीकरण की समस्त भौतिक पूर्वापेक्षाएं औद्योगिक कच्चा माल यथा—लोहा, कोयला, रूई, जूट, रेशम आदि और यहां तक कि रासायनिक तथा धातुशोधन सम्बन्धी उद्योगों के निर्माण एवं विकास हेतु भी कच्चामाल देश में विद्यमान है। यहां जलप्रदाय की भी इतनी प्रचुर मात्रा में व्यवस्था है कि जिससे ऐसी बिजली की शक्ति उत्पन्न की जा सकती है जो एक ही केन्द्र से कई भारतीय उद्योगों के लिये प्रचुर कार्यशक्ति प्रदान कर सकती है। शाक्तिशाली ट्रेक्टर उद्योग की स्थापना तथा विकास के लिए ऐसी भौतिक स्थिति यहां विद्यमान है कि जो आज की आदिकालीन तकनीक पर आधारित कृषि को यांत्रिक कृषि की स्थिति तक पहुंचा सकती है।

इसके अलावा देश में लाखों करोड़ों जनों की बेकार श्रम शक्ति अत्यधिक प्रचुर मात्रा में विद्यमान है।

इसके साथ ही, जैसा कि सभी लोग ठीक तरह से जानते हैं, इसका सामाजिक कारण भी है कि क्यों भारत प्रबल सांघातिक रूप से कृषि प्रधान है, क्यों यहां का औद्योगिक विकास इतने निम्न स्तर पर तथा धीमी गति से है, क्यों यहां का यांत्रिक उद्योग तथा धातुशोधन करीब-करीब अविकसित सा ही है और क्यों यहां के असीम प्राकृतिक भूमि-सम्बन्धी साधनों का पूर्ण उपयोग नहीं हो रहा है?

वास्तव में इसका सामाजिक कारण है कि भारत ब्रिटिश पूंजीवाद का आर्थिक उपनिवेश रहा है और ब्रिटिश लोगों के हित साधन में ही इसका उपयोग हुआ।

ब्रिटिश पूंजीवाद के हित में यह नहीं था कि भारत का निर्बाध रूप से विकास होने देते। यह ब्रिटिश पूंजीवाद के हितों के विरूद्ध पड़ जाता, यदि भारत में विशाल रासायनिक कपड़ा, इस्पात, यंत्र तथा धातु सम्बन्धी उद्योग पनपते। क्योंकि स्पष्ट रूप से वे उनके समानान्तर ब्रिटिश उद्योगों की प्रतिस्पर्धा करते तथा उनके पतन के कारण बनते। यह तथ्य इतना सीधा-सादा तथा स्पष्ट है कि ब्रिटिश लोगों के लिए यह जरूरी था कि भारत को अपने उपभोक्ता पदार्थों तथा उत्पादक-पदार्थों की खपत के लिए मुख्य बाजार के रूप में सुरक्षित रखते और इसीलिए भारत में उद्योगों का विकास-उन्होंने नहीं होने दिया। भारत में ब्रिटिश साम्राज्यवाद की सदैव एक सी ही नीति रही और वह थी उनकी मजबूती और भारतीय उद्योगों के स्वतन्त्र औद्योगिक विकास में बाधाएं उपस्थित करने की नीति।

यह इतने तक ही सीमित नहीं था। ब्रिटिश पूंजीवाद के लिए न सिर्फ भारत के औद्योगिक विकास को नष्ट-भ्रष्ट करना ही जरूरी था अपितु उसके लिए यह भी

आवश्यक था कि भारत के कृषिप्रधान स्वरूप को बनाये रखें तथा आगे बढ़ाएं चूँकि ब्रिटिश पूंजीवाद को अपने देश के उद्योगों के लिए अत्यधिक मात्रा में सस्ते कच्चे माल की जरूरत थी, रूई, जूट आदि। ब्रिटिश उद्योगों के कृषि-प्रधान पिछलगुए के रूप में भारत को बने रहना था ताकि वह उनके उद्योगों के लिए कच्चे माल का भंडार सिद्ध हो।

ब्रिटिश साम्राज्यवाद के जीवन के हितो की भी यही मांग थी कि भारत मुख्य रूप से कृषि प्रधान देश बना रहे और ब्रिटिश उद्योगों की आवश्कताओं की पूर्ति करता रहे ऐसी स्थिति में यह अपेक्षा करना कि ब्रिटिश साम्राज्यवाद इस आधारभूत नीति को भारत के विस्तृत औद्योगीकरण के लिए त्याग देता यह उनकी मूर्खता के अतिरिक्त और क्या हो सकता था।

भारत के इस अप औद्योगिक विकास का अवश्यम्भावी परिणाम यह हुआ कि कृषि पर ज्यादा दबाव पड़ा। जबकि जनसंख्या हर वर्ष बढ़ती जा रही थी और लाखों देशी शिल्पकार आधुनिक उद्योगों की प्रतिस्पर्धा के कारण आर्थिक रूप से बर्बाद होकर अपनी जीविका खो रहे थे, भारतीय उद्योग पर्याप्त रूप से बढ़ती हुई जनसंख्या तथा विनष्ट शिल्पकारों के समूह को अपने में खपा नहीं पा रहे थे। इसका नतीजा इसके अतिरिक्त और कुछ भी नहीं होने को था कि या तो व भिक्षुक बन जाते अथवा कृषि पर अपने अस्तित्व के लिए निर्भर रहने वालों की संख्या बढ़ाते।

भारतीय समाज पर ब्रिटिश पूंजीवाद का सांघातिक प्रभाव

इतिहास की दृष्टि से जिस प्रकार ब्रिटिश पूंजीवाद भारत में प्रवेश हुआ और जिस प्रकार उसका परिणाम भारतीय जनता की बढ़ती हुई निर्धनता में निकला, जिसका लक्षण ग्रामीण ऋण ग्रस्तता में प्रकट हुआ। इस प्रक्रिया का यहां संक्षेप में वर्णन करना जरूरी है।

पूर्व ब्रिटिश काल में भारतीय समाज का जो आर्थिक ढांचा था वह उससे एकदम भिन्न था जिसका ब्रिटिश लोगों ने भारत की विजय के पश्चात् अपना आधिपत्य स्थापित करके यहां निर्माण किया।

भारतीय अर्थव्यवस्था के मौलिक स्तम्भ कृषि तथा शिल्प-उद्योग (Handicraft) थे। ग्राम एक आत्म-निर्भर आर्थिक इकाई था। विनियम के संबंध कम विकसित हो पाए थे और स्थानीय उत्पादन अर्थात् कृषि तथा शिल्प के द्वारा उत्पादित पदार्थ का उसी स्थान में उपयोग हो जाता था। उसका सिर्फ थोड़ा सा अंश शासन करने वाली शक्ति अथवा परोपजीवी भू-सामन्तीय मध्यस्थ द्वारा नकदी अथवा माल के रूप में छीन लिया गया था। चूँकि स्थानीय उत्पादन स्थानीय उपयोग हेतु होता

था, इसलिए उसका उपभोग वहीं हो जाता था। अर्थव्यवस्था की इन दो शाखाओं अर्थात् कृषि तथा शिल्प के आनुपातिक विकास के बीच सर्वदा संतुलन रहता था।

मार्क्स ने अपने ग्रंथ "पूंजी" के प्रथम भाग में पूर्व-ब्रिटिश कालीन भारतीय ग्रामीण समुदायों का निम्नांकित ढंग से सजीव वर्णन किया हैः–

" ये लघु तथा अत्यन्त ही प्राचीन समुदाय, जिनमें से कुछ अब भी चले आ रहे हैं, भूमि के सम्मिलित आधिपत्य कृषि एवं शिल्प के मिश्रण तथा अपरिवर्तनीय श्रम विभाजन पर आधारित हैं। ये समुदाय जब कभी नवीन समुदाय का प्रारंभ होता है, तब तैयार योजना के रूप के कार्य करते हैं। इन समुदायों में से हर एक समष्टि के रूप में एक सौ एकड़ से कई हजार एकड़ तक भूमि अपने आधिपत्य में रखते हुए अपनी जरूरत के अनुसार सब कुछ उत्पादन करता है। उत्पन्न पदार्थों का मुख्य भाग स्वयं समुदाय के अपने सीधे उपयोग के लिए होता है और वह व्यापार की वस्तु का रूप नहीं धारण करता हे। इसीलिए यहाँ उत्पादन उस श्रम विभाजन से एकदम स्वतंत्र है जो सम्पूर्ण भारतीय समाज में वस्तुओं के विनियम से उत्पन्न होता है। यह सिर्फ बचा हुआ भाग ही है जो व्यापार की वस्तु बनता है। भारत के विभिन्न भागों में इन समुदायों का गठन भिन्न-भिन्न रूप में हुआ है। सामान्यतया भूमि सामूहिक रूप से बोई तथा जोती जाती है और उत्पादन सदस्यों में विभक्त हो जाता है। साथ ही कताई और बुनाई हर परिवार में मददगार उद्योग के रूप में होती है। इस सामान्य जन-समूहों के साथ, जो इस प्रकार एक से ही कार्य में लगे हुए हैं, हम एक 'मुख्य निवासी' को भी यहाँ देखते हैं जो अकेला ही न्यायकर्त्ता, पुलिस तथा भूमिकर संग्राहक है। इसके अलावा बही-खाता रखने वाला मुनीम होता है जो जुताई (Tillagle) का हिसाब रखता है और तत्संबंधी सभी बातें दर्ज करता है। एक दूसरा अधिकारी और होता है जो अपराधियों को दंड देता है तथा यात्रा करने वाले विदेशियों की रक्षा करता और उन्हें दूसरे ग्राम सुरक्षित पहुँचाता है। एक सीमा-अधिकारी होता है जो पड़ोस के समुदायों से सीमा को सुरक्षा प्रदान करता है। एक जलपर्यवेक्षक होता है जो सिचांई के लिए सम्मिलित तालाब से जल का वितरण करता है। एक ब्राह्मण होता है जो विभिन्न प्रकार धार्मिक सेवाएं करता हे। एक स्कूल का अध्यापक होता है जो मिट्टी पर बालकों को लिखना और पढ़ना सिखाता है। एक जंत्री ब्राह्मण अथवा ज्योतिषी होता है जो बोने, फसल काटने तथा अन्य हर कृषि कार्य के लिए शुभ तथा अशुभ दिनों का संकेत करता है। एक लोहार तथा खाती होता है जो सभी कृषि संबंधी औजारों का निर्माण तथा उनकी मरम्मत करता है। एक कुम्हार होता है जो ग्राम के लिए मिट्टी का बर्तन आदि बनाता है। एक नाई तथा कपड़े धोने के लिए धोबी

और आभूषण निर्माण के लिए सुनार होता है। कहीं-कहीं कवि भी होता है जो कुछ समुदायों में सुनार का तथा अन्य ऐसे होते हैं जिनका निर्वाह सभी समुदाय द्वारा होता है। यदि जनंसख्या में वृद्धि हो जाती है तो एक नवीन समुदाय की स्थापना अनाधिकृत भूमि पर पुराने प्रतिमान के आधार पर हो जाती है। इन आत्मनिर्भर समुदायों में उत्पादन के संगठन में बड़ी सादगी होती है तथा अकस्मात् नष्ट होने पर उसी स्थान पर उसी नाम तथा रूप में निरंतर इनकी पुनर्रचना हो जाती है। यह सादगी एशिया के समाजों की अपरिवर्तनीयता को कुंजी प्रदान करती है। यह अपरिवर्तनीयता एशिया के राज्यों के निरंतर विलयन तथा पुनर्स्थापना एवं राजवंशों के सदा होते रहने वाले परिवर्तनों के एकदम विपरीत है। राजनैतिक क्षितिज के तूफानी बादलों से समाज के आर्थिक तत्वों की संरचना अप्रभावित ही रहती है।''

चूँकि पूर्व ब्रिटिश काल में, जबकि पूँजीवाद आर्थिक पद्धतियों का भारतीय आर्थिक जीवन में प्रवेश तथा आाधिपत्य नहीं हो पाया था, सभी उत्पादन मुख्य रूप से उपयोग के लिए था, इसलिए न तो सामूहिक बेकारी थी, न स्थायी अथवा चक्राकर (Cyclic) आर्थिक संकट ही था और न दरिद्र अथवा आज की भाँति गरीबी की ओर अग्रसर होते हुए कृषक ही थे। ऋणग्रस्तता के पाश में बंधे हुए कृषक-उत्पादकों के समूह का आज जैसा भयंकर दृश्य भी तब उपस्थित नहीं था। असल में मार्क्स के कथनानुसार ग्राम समुदायों के ये 'रूढ़िबद्ध ढाँचे (Steroptyped Forms) निष्क्रियता तथा बौद्धिक प्रतिक्रिया के दुर्ग थे, फिर भी उनमें आर्थिक रूप से निर्धनता तथा सम्पन्नता की ऐसी विपरीतताएं विद्यमान नहीं थी जैसे कि हम आजकल देखते हैं। यह सही है कि उस समय भी उन ग्राम समुदायों में ऋणदाता साहूकार होता था, लेकिन आज के ऋणदाता का यह पूर्वज शोषक होते हुए भी सापेक्षिक रूप से आज जितना हानिकारक नहीं था। आज तो ऋणदाता साहूकार ने ग्राम की सभी जनता को ऋणदान के द्वारा दास बनाते हुए अपने फँदे में जकड़ रखा है।

अब हम काफी संक्षेप में पूर्व ब्रिटिश काल के आत्मनिर्भर ग्राम का आज के ग्राम के रूप में जो परिवर्तन हुआ है उसकी प्रक्रिया का वर्णन करेंगे। आज का ग्राम संसार के बाजार के लिए उत्पादन करते हुए, तीव्र वर्ग-विरोधों में छिन्न-भिन्न है और गरीबी, क्षुधा, विपत्ति, भुखमरी, सामाजिक तथा आर्थिक उत्पीड़न एवं कृषि-विद्रोह की संभावित अग्निकुंड बन रहा है।

ब्रिटेन के त्वरित औद्योगिक विकास के द्वारा भारत में ब्रिटिश उद्योगों के उत्पादित पदार्थों को लगातार बढ़ते हुए प्रवाह की प्रक्रिया शुरू हो गई और भारत धीमे-धीमे ब्रिटिश उत्पादन के बाजार के रूप में बदल गया। ब्रिटिश पूँजीवाद से

कठोरतापूर्वक भारत को अपने सर्वाधिकार पूर्ण बाजार में परिवर्तित शिल्प-उद्योग के हितों के बीच संघर्ष उत्पन्न हुआ। अब तक भारतीय शिल्प-उद्योग ही ग्रामों में रहने वाली भारतीय जनता की कपड़े की जरूरत पूरी करती थी। कुछ समय तक ग्रामों का शिल्प-उद्योग स्थानीय सुविधाओं तथा ब्रिटिश उद्योगों के विकास का निम्न स्तर तथा यातायात के अपर्याप्त साधन होने के कारण यंत्रोत्पादित पदार्थो के साथ सफलतापूर्वक प्रतिस्पर्धा में टिक सका। ब्रिटिश पूँजीवाद ज्यादा कठोर था और उसने सभी तरह के शारीरिक तथा राजनैतिक उत्पीड़न का उपयोग इस प्रतिस्पर्धा को रोकने में किया। ढाका के निर्षपात शिल्प विशेषज्ञ के अंगूठे को काट देने का कलंकपूर्ण उदाहरण तो सिर्फ इस बात का द्योतक है कि किस सीमा तक ब्रिटेन का उदीयमान औद्योगिक पूँजीवाद अपन बाजार छीनने के लिए नृशंस हो गया। लेकिन शीघ्र ही औद्योगिक तकनीक का विकास हुआ तथा रेलवे एवं वाष्प इंजन के निर्माण के फलस्वरूप परिवहन खर्च कम हो जाने से कच्चे माल के मूल्य में कमी हो गई और इस प्रकार ब्रिटिश उद्योग के यंत्रोत्पादित पदार्थ भारतीय बाजार में शिल्प-उद्योग के पदार्थों की तुलना में सस्ते बिकने लगे। यह भारतीय शिल्प-उद्योग, जो शताब्दियों से चला आने के कारण सदैव विद्यमान रहने वाला मालूम होता था, आधुनिक यांत्रिक उद्योग की प्रतिस्पर्धा सहन करने में असमर्थ होकर समाप्त हो गया।

पिछले सौ वर्षों का इतिहास उन लाखों शिल्प-औद्योगिकों, शिल्पकारों आदि की बर्बादी का इतिहास है जो ब्रिटिश सरकार द्वारा ब्रिटिश उद्योगों के हित-संरक्षण में यहाँ के आनुपातिक औद्योगिक विकास में विघ्न डालने के कारण भूमि की ओर बढ़े और पहले से ही पतनोन्मुख कृषि पर अपने निर्वाह के लिए निर्भर हो गये। बर्बाद हुए शिल्पकारों की इस सेना ने पहले से ही कृषि पर निर्भर रहने वाले लोगों की संख्या को बढ़ाया और ग्रामीण जनता की निर्धनता को आर्थिक रूप से तीव्र बना दिया जो उसकी भीषण ऋणग्रस्तता का प्रमुख कारण है।

ब्रिटिश लोगों की विजय के प्रभाव ने भारत में अन्य परिणाम भी उत्पन्न किये। आत्मनिर्भर ग्रामीण समुदाय का विश्रृंखलन करके इसने कृषक उत्पादनकर्ता की सुरक्षा तथा स्थिरता को नष्ट कर दिया, उसे गरीब बना दिया और उसे ऋणदाता साहूकार के ऋणदास की स्थिति में जा पटका। यह इस प्रकार से हुआः—

ब्रिटिश काल से पहले के पृथक-पृथक कृषक से व्यक्तिगत रूप में नहीं बल्कि सम्पूर्ण ग्रामीण समुदाय से भूमिकर वसूल करता था। ग्राम द्वारा उत्पन्न पदार्थों का कुछ भाग नकदी अथवा उपज के रूप में राज्य को सौंपा जाता था। ग्राम-समुदाय ही राज्य को चुकाये जाने वाले इस कर में हर सदस्य का भाग निर्धारित करता था। यह विभाजन प्रत्येक कृषक परिवार के उत्पादन के अनुसार होता था। इसका निर्णय यह

होता था कि कृषक परिवार संकटग्रस्त नहीं होता था और प्रतिकूल समय में भी उसे अत्यधिक ऋण अर्थात् अपने साधारण उत्पादन संबंधी असानी से चुकाये जा सकने वाले ऋण से अधिक ऋणदाता साहूकार से नहीं लेना पड़ता था। कुछ समय बाद जब ब्रिटिश सरकार ने ग्राम-समुदाय को ग्राम सामूहिक प्रतिनिधि तथा व्यवहार करने वाला मानने से इंकार कर दिया और हर कृषक से व्यक्तिगत रूप से पृथक-पृथक अनुबन्ध किये(रैयतवाड़ी प्रथानुसार) तथा वास्तविक, वार्षिक उत्पादन पर नहीं बल्कि सरकारी अधिकारियों द्वारा अनुमानित भूमि की उत्पादक शक्ति के आधार पर अकाल, सूखा आदि संकटपूर्ण वर्षों का ध्यान नहीं रखते हुए (जो सिंचाई की विस्तृत प्रणाली के अभाव में भारत जैसे देश में अवश्यम्भावी है) ज्यादा भारी भूमि कर लागू कर दिया।

कृषक का इस तरह राज्य से सीधा सम्बन्ध होने, नगदी के रूप में उत्पादन के आधार पर भूमि-कर का निर्धारण, भूमि-कर की बढ़ी मात्रा के कारण कृषकों की आर्थिक स्थिति में गिरावट आती जा रही थी, भारत की पूँजीवादी ब्रिटिश सरकार के इस सिर्फ एक कार्य ने कठोर श्रम करने वाली ग्रामीण जनता को ग्रामीण साहूकार के गला घोंट फन्दे में लाने तथा कृषक जनता की ऋणग्रस्तता उत्पन्न करने में निर्णायक भूमिका अदा की।

नई प्रणाली के अनुसार कृषक को भूमि कर के रूप में सरकार को प्रतिवर्ष एक निश्चित रकम अदा करनी पड़ती थी चाहे वार्षिक फसल सफल हुई हो या नहीं हो। भारत जैसे देश में, जहां विस्तृत शाखाओं में विभक्त वर्षा की कमी अथवा अपर्याप्त में सुरक्षा का आश्वासन देने वाली सिंचाई की प्रणाली हो, जहां कृषक अति कम मात्रा में रकम भारत में अथवा संसार के बाजार में प्राप्त करता हो, यह अवश्यंभावी है कि शीध्र अथवा विलम्ब से कृषक राज्य की मांग पूरी करने में असमर्थ होने पर ऋण लेने हेतु बाध्य होकर साहूकार का अधिक स्थायी ऋणी हो जाता है।

इस तरह से भारतीय कृषकों की काफी लम्बी चौड़ी (Colossal) कभी छुटकारा नहीं देने वाली तथा गला घोंट ऋणग्रस्तता की क्रूर कहानी सीधी सादी है। अब हम अन्य कारणों को प्रदर्शित करेंगे। जिन्होंने ऋणग्रस्तता को द्रुत गति तथा तीव्रता प्रदान की है।

ब्रिटिश काल से पूर्व कृषि तथा उद्योग में एकता थी। आत्मनिर्भर ग्रामीण अर्थव्यवस्था शिल्प-उद्योग तथा कृषि की एकता पर आधारित थी। कृषक ग्राम के जुलाहे से अपने उत्पादन के एक भाग के विनिमय में अपने परिवार के लिए कपड़ा प्राप्त करता था। ज्यादातर कृषक परिवार स्वयं अपनी जरूरत को पूरी करने के लिए कपड़ा उत्पन्न कर लेता था।

मशीनों से बने पदार्थों को गाँव के बाजार में खपाने वाली यह एकता समाप्त हो गई। निरंतर शिल्प-उद्योग की ग्राम में गिरावट आ गई और कृषि यंत्रोत्पादित पदार्थों पर आश्रित हो गई जो केवल रुपये से ही खरीदे जा सकते थे। एक तरफ तो राज्य की कठोर तथा ज्यादातर मांगों ने जो भूमि कर के समय अलग समय पर होने वाले संशोधन से बढ़ती ही जाती थी और जिन्हें कृषक को सरकार को अदा करना ही पड़ता था, कृषक की आय निरंतर गिरती ही चली गई। दूसरी ओर, यन्त्रोत्पादित पदार्थों के ग्राम पर दुर्दम्य आक्रमण से ग्राम शिल्प उद्योग की बर्बादी हो जाने के कारण कृषक को रुपये पैसे की आवश्यकता होने लगी चूँकि उससे वह अपने लिए कपड़ा तथा जरूरी पदार्थ खरीद सकता था, जो पहले उसे स्थानीय शिल्पकारों से उसके कृषि सम्बन्धी पदार्थों के विनिमय में प्राप्त हो जाते थे।

इससे कृषकों के लिए यह और भी जरूरी हो गया कि वे उसी साहूकार के बार-बार तथा बाद में स्थाई रूप से ऋण लें जिससे ऋणादान के लूट-खसोट करने वाले कार्यों के थुथने (Tantacles) कठोर परिश्रमी ग्रामीण जनता को चारों तरफ से घेरते जा रहे थे।

जहां तक हो हमने उस कृषक समूह की परिस्थितियों का विश्लेषण किया जो भूमि के छोटे-छोटे स्वामी थे और वे स्वयं अपनी भूमि को जोतने-बोते थे तथा सरकार को सीधे ही भूमिकर अदा करते थे। ये वे कठोर परिश्रमी व्यक्ति थे जो अपने उत्पादन के साधन यानी भूमि के स्वामी थे लेकिन जो ऊपर वर्णित कारणों से भारी तथा निरंतर बढ़ते जाने वाला भूमि कर, जिनको वे अपनी गरीबी के कारण त्यागकर ज्यादा उन्न्त औजार नही ले सकते थे, संसार व्यापी कृषि-संकट जिसने औपनिवेशिक कृषक आदि की अत्यन्त न्यून आय को और भी घटा दिया था, भंयकर गरीबी की स्थिति में हैं।

यह कृषि रैयतवाड़ी पद्धति के तहत होती है। इस पद्धति से अभिप्राय उस भूमिकर प्रणाली से है जिसमें कृषक सरकार से सीधा व्यवहार रखता है।

जमींदारी पद्धति के तहत जो ब्रिटिश भारत के एक तिहाई भाग में प्रचलित थी, कृषक का सीधा सम्बन्ध राज्य से नहीं होता था। कृषक जमींदार का जोतदार (Tenats) मात्र होता था और जमींदार भूमि का स्वामी होता था।

इस पद्धति के तहत जमींदार अथवा भूस्वामी कृषक से भूमिकर वसूल करता और वह राज्य को एक तय वार्षिक रकम अदा करता था।

इन लाखों स्वामियों की भूमि जोतने वाले जोतदारों (Tenants) की स्थिति भारत के एक तिहाई से ज्यादा भाग में जिसमें बंगाल, बिहार, उड़ीसा, यू. पी. तथा मद्रास का भाग शामिल है, जमींदारी प्रथा प्रचलित थी। कृषक काफी निर्धन थे।

परोपजीवी भूस्वामियों द्वारा इनसे इतनी कठोर माँगे की जाती थी कि इनका जीवन असहनीय हो गया था। किसी व्यक्ति को भूमि लगान पर देने और उस व्यक्ति द्वारा फिर किसी दूसरे को भाड़े पर देने की प्रथा ने परोपजीवी मध्यस्थों की शृंखला उत्पन्न कर दी जो कृषकों के काफी अमानवीय शोषण से पनपते थे। इन लुटेरे शोषणकर्ताओं की माँगों को पूर्ण करने के लिए कृषक को काफी समय पहले से ही ऋण लेने के लिए बाध्य होना पड़ता था और वह पहले से ही सूदखोर ग्राम साहूकार का स्थायी रूप से ऋण-दास हो गया था। यह ग्राम साहूकार अक्सर वही जमींदार होता था जिसकी भूमि वह जोतता-बोता था।

जमींदारी प्रथा की एक विशेषता यह थी कि यद्यपि, जमींदारों को एक निश्चित रकम वर्ष में कर के रूप में सरकार को अदा करनी पड़ती थी, फिर भी कानूनी तीर से उन पर कोई सीमा लागू नहीं की गई थी कि जहाँ तक वे जोतदारों से बटोर सकें। जमींदारी प्रथा की ही तरह स्थायी भूमि बन्दोबस्त जिसने बंगाल के भूस्वामियों में श्रेणी उत्पन्न किया, जमींदार से जो लगान वसूल करने का था वह बढ़ाया नहीं जा सकता था लेकिन वह प्रति बारहवें वर्ष जोतदारों से लगान वसूल करता था वह बढ़ाया नहीं जा सकता था लेकिन वह प्रति बारहवें वर्ष जोतदारों का लगान बढ़ा सकता था। इस लगान बढ़ाने की कानूनी स्वतंत्रता के साथ एक बात और थी और वह यह कि उसके लोभ की कोई सीमा नहीं थी। इसका नतीजा यह हुआ कि जोतदारों का रक्त-शोषण होने लगा और सदा भूखों मरने की नौबत आने लगी तथा वह ज्यादातर सूदखोर ग्राम-साहूकार के कठोर शिकंजे में फँसता चला गया।

जमीदारों की लूटने वाली श्रेणी उत्पन्न करके ब्रिटिश साम्राज्यवाद ने जमींदारी प्रथा के तहत रहने वाले भारतीय कृषकों के शोषण को और बढ़ा दिया। लाखों कठोर परिश्रमी जोतदारों, जमींदारों के भू-दासों तथा सूदखोर साहूकार के ऋणदासों को न सिर्फ साम्राज्यवादी सरकार को भूमि कर देना पड़ता था जो उस लगान में शामिल था तथा जो वे जमींदारों को देते थे अपितु लगातार बढ़ने वाला लगान स्वयं जमींदार को भी देना पड़ता था। जबकि इनके गैर जमींदारी, रैयतवाड़ी क्षेत्र के भूमि जोतने-बोने वालों को साम्राज्यवादी सरकार की माँगें ही पूरी करनी पड़ती थी, इन जोतदारों यानी भूमि-दासों तथा ऋणदासों को न सिर्फ सरकार की सुनिश्चित भू-राजस्व जमींदारों को देना पड़ता था जिसे जमींदार राज्य को सौंपते थे अपितु परोपजीवी भूस्वामियों के जोतदारों को भी संतुष्ट करना पड़ता था। इस जमींदारी तथा ब्रिटिश साम्राज्यवाद के इस दोहरे शोषण ने जो प्रायः विभिन्न प्रकार का हो जाता था, चूँकि अन्य व्यक्ति को ठेका देने की प्रथा ने विभिन्न परोपजीवी मध्यस्थों को मुख्य परोपजीवी जमींदार

तथा परिश्रमी जोता के बीच उत्पन्न कर दिया था इन कृषकों को निर्धनता तथा ऋणग्रस्तता के निम्नतम गर्त में ढकेल दिया था।

भूमि-कर के अलवा, जो पहले से ही अहसनीय था, सामान्य उपभोग के पदार्थों पर विभिन्न प्रकार के कर लगते थे जो कृषक को देने पड़ते थे। साइमन आयोग प्रतिवेदन (Report) ने 'करों के वितरण में प्रचलित गंभीर असमानताओं का विवरण दिया है।

एक निर्धन कृषक की, जो न केवल भूमि से होने वाली अपनी आय का बहुत बड़ा भाग राज्य को देता है बल्कि शक्कर, मिट्टी के तेल, नमक तथा सामान्य उपभोग के अन्य पदार्थों पर लगे हुए करों को सहता हैः जमींदार अथवा भू-अधिपति से स्थायी बन्दोबस्त वाले क्षेत्रों में बहुत भिन्न बर्ताव मिलता प्रतीत होता है। ज़मींदार का स्वामित्व विशाल जागीर पर होता है जिसके लिए वह राज्य को एक शताब्दी पूर्व निश्चित हुआ कर और सदा के लिए अपरिवर्तनीय नाममात्र का लगान देता है उसकी कृषि सम्बन्धी रूप आयकर से भी मुक्त है।

एकाधिकार वनों पर राज्य का जनता को ईंधन के रूप में अथवा निर्माण कार्य में उपभोग में लाने हेतु लकड़ी बनाने का निषेध करता और इससे कृषक को गोबर को खाद के रूप में उपयोग करने के स्थान पर उसको ईंधन के रूप में उपयोग करने को अदशोधित करता है। यह उन कारणों में से एक है जिनसे हमारी भूमि का उपजाऊपन कम होता जा रहा है। इससे भूमि का उत्पादन घटता है तथा भारतीय कृषक की गरीबी और भी ज्यादा बढ़ती है।

यह साफ है कि वह कृषक जो स्वयं अपने तथा अपने परिवार के भोजन की समुचित व्यवस्था नहीं कर सकता है, वह अपने पशु-समुदाय को (जो स्वयं उसके तथा उसके परिवार के साथ ही उसकी समस्त श्रमशक्ति का भाग है) कभी समुचित अवस्था में नहीं रख सकता है। इस प्रकार बैलों की बढ़ोतरी तो होती जाती परन्तु उनका पोषण घटता जाता है। इसका नतीजा यह होता कि ग्राम दुर्दशाग्रस्त भुखमरे, पशु समुदाय के अति संचित होने के कारण भूमि की उत्पादन क्षमता की समाप्ति की ओर तीव्रगति से बढ़ता जाता है।

इन कारणों के साथ ही बढ़ती हुई जनसंख्या तथा लाखों शिल्पकारों की बढ़ती हुई बर्बादी को भी जोड़ देना चाहिए, चूँकि अतिरिक्त जनसंख्या की खपाने के लिए समृद्धिशील तथा द्रुतगति से फैलते हुए उद्योगों के अभाव में केवल भूमि पर आश्रित रहने वालों की संख्या बढ़ती है। इसका परिणाम यह हुआ कि ज्यादा से ज्यादा रूप से भूमि का खंडीकरण होने लगा और औसत रूप से कृषक की जोत सिर्फ पाँच एकड़ ही रह गई।

इस छोटे से जोत के आधार पर, आदिकालीन हल तथा निर्बल बैलों से, वैज्ञानिक खाद अथवा उन्नतिशील साधनों के रूप में राज्य की सहायता के बिना, कृषि कर्म करते हुए कृषक को न सिर्फ स्वयं अपने आप, अपने परिवार तथा बैलों के निर्वाह की व्यवस्था करनी पड़ती थी अपितु भू-राजस्व, जलकर तथा विभिन्न स्थानीय उप-कर चुंगी (cass) राज्य को अथवा लगान तथा अन्य भेंट (Tribute) के रूप में जमींदार को देना पड़ता था। इसमें उसकी फसल का काफी बड़ा भाग समाप्त हो जाता था। उसकी आय जरूरत पूर्ति के लिए कम पड़ती थी। इसके कारण मांग एवं पूर्ति में निरन्तर विद्यमान तथा बढ़ती रहने वाली विषमता उसको ऋण लेने के लिए मजबूर करती थी जिसका सूद चुकाने में भी वह असमर्थ रहता था।

इसीलिए एक तरफ तो उस पर साम्राज्यवादी सरकार, जमींदार तथा सूदखोर साहूकार का भार बढ़ता जा रहा था और दूसरी तरफ भूमि की उत्पादन क्षमता घट जाने से उपयुक्त खाद के अभाव में, पशु समुदाय के लिए हीन स्थिति पैदा हो गयी थी जिसे वह बदल नहीं सकता था तथा भूमि पर निर्वाह के लिए आश्रित रहने वालों की वृद्धि होने (यह कृषि पर काफी दबाव को प्रकट करता है) से कृषक की आय गिरती जा रही थी। औपनिवेशिक भारतीय कृषक की आय सन 1926 के संसार-व्यापी आर्थिक मंदी के कारण कृषि सम्बन्धी पदार्थों के मूल्यों में भंयकर गिरावट हो जाने से और भी गिर गई। संसार प्रसिद्ध अर्थशास्त्री 'बार्ग' ने औपनिवेशिक उत्पादकों पर इस संकट के प्रभाव को इस प्रकार वर्णन किया है–

"इस संकट से उपनिवेश अत्यन्त ही तीव्र रूप से प्रभावित हुए हैं साम्राज्यवादी देशों से पूंजी संकट के बहुत कुछ भार को उपनिवेशों में खिसका दिया जाता है और इसलिए वहां संकट विशेष रूप से गहरा तथा विनाशकारी होता है। इस स्थिति के अत्यन्त महत्वपूर्ण कारण निम्नलिखित है–

(अ) उपनिवेशों तथा अर्द्ध-उपनिवेशों की प्रबल रूप से बहुसंख्या कृषक देशों की है। इसलिए वे इस औद्योगिक संकट के परिणामस्वरूप दीर्घ स्थाई कृषि संकट की प्रबल शक्ति तथा तीव्रता के कष्ट भोगते हैं।

(ब) साम्राज्यवाद ने अधिकतर उपनिवेशों को अपने देशों के कच्चे माल के आपूर्तिकर्ता क्षेत्र के रूप में परिवर्तित कर दिया है। अनेक उपनिवेश तथा अर्द्ध-उपनिवेश एक फसल वाले देश हैं। उनका आर्थिक जीवन पूँजीवादी संसार में उनकी एक या अनेक वस्तुओं की बिक्री पर निर्भर है इन देशों को आर्थिक जोड़तोड़ के अत्यन्त ही सीमित अवसर प्राप्त होते हैं। अत्यधिक उत्पादन से मूल्यों में एकदम भारी गिरावाट हो जाती है। जो उनकी बर्बादी का कारण होता है। संकट के पूर्व जितनी रकम प्राप्त

होती थी उतनी ही प्राप्त करने के लिए अब उनकी दोगुनी से छहगुनी तक अपनी मुख्य वस्तु औद्योगिक देशों को बेचनी पड़ती है। इसके परिणामस्वरूप उनके निर्यात का अतिरिक्त भाग (Surplus) उनके विदेशी ऋण के सूद को चुकाने के लिए भी पर्याप्त नहीं होता। उनकी अदायगी का सन्तुलन बिगड़ जाता है और इसीलिए उनको अपने सोने के थोड़े से सुरक्षित कोष का उपयोग साम्राज्यवादी सूदखोरों को चुकाने में व्यय करने के लिए बाध्य होना पड़ता है। इस प्रकार उनको मुद्रा-प्रसार के कारण मूल्यों के अधिक चढ़ जाने से अधिकाधिक रूप से इस पर आश्रित होना पड़ता है जिससे ऋण का भार विदेशी मुद्रा में और भी अधिक भारी हो जाता है।

(स) 'मूल्यों की कैची' का, जिसने कृषि प्रधान देशों में संकट को तीव्रता प्रदान की, आघात उपनिवेशों पर विशेष प्रबल रूप से पड़ता है।

(द) औपनिवेशिक तथा अर्द्ध औपनिवेशिक देशों में अधिकतर या तो चांदी की मुद्रा अथवा चांदी का कानूनी रूप से प्रचलन है तथा वही देश में रकम चुकाने का माध्यम है। (कभी-कभी चीन में ताँबा भी चलता है) जबकि विदेशों से व्यापार करने में औपचारिक रूप से सोने का माध्यम विद्यमान है। संकट के समय चाँदी के मूल्यों में भयंकर गिरावट हो जाने से साम्राज्यवादी देश इन देशों से अत्यन्त ही निम्न मूल्यों में कच्चा माल प्राप्त करने में समर्थ हुए है।"

"इन कारणों के परिणामस्वरूप औपनिवेशिक कृषक समुदाय की निर्धनता द्रुत गति से बढ़ती चली गई। भूस्वामियों में भूमि की भूख बढ़ी तथा तीव्र वेग से भूमि का हस्तांतरण उनके नाम होने लगा। ग्रामीण क्षेत्र में जनसंख्या की अतिशय वृद्धि हुई जिसका कारण देशी पूँजीवादी उद्योंग तथा विदेशी प्रतिस्पर्धा से बराबाद हुए नगरीय शिल्पकारों और औद्योगिक संकट से बेकार हुए श्रमिकों का अपने ग्रामों की ओर लौटना था।

"कृषकों के अनेक प्रकार के शोषण से उनकी निर्धनता और भी तीव्र हो गई। सामन्तीय भू-स्वामी, ग्रामीण सूदखोर, साहूकार, देशी तथा साम्राज्यवादी पूँजीजीवी वर्ग (Bourgeoisie) औपनिवेशिक कृषकों का विभिन्न प्रकार से शोषण करते हैं।

"पूँजीवादी उत्पादन में उत्पादक को अपनी वस्तु के नकदी मूल्य पर आश्रित रहना पड़ता है। अतः पूँजीवादी ढंग के उत्पादन की हानियां उन हानियों से मेल खाती है जो पूँजीवादी उत्पादन के अपरिपक्व विकास से उत्पन्न होती है।

"औपनिवेशिक आर्थिक व्यवस्था के जो सामान्य लक्षण मार्क्स ने बतलाये हैं वे इस संकटकालीन समय में अधिक सही रूप से लागू होते है। दीर्घकालिक भुखमरी

तथा पुनरावर्तनशील अकाल तो अब करोड़ों कृषकों के भाग्य में ही लिखा हुआ है सो हो गया है। दासता बढ़ती जा रही है। अपनी पुत्रियों को दासियों के रूप में बेचना तो माता-पिता के लिए प्रतिदिन की घटना ही हो गई है।

"कृषि की गिरावट उपनिवेशों में विशेष रूप से स्पष्ट है। कृषकों के अनेक प्रकार के शोषण ने उनकी अत्यधिक श्रम से अर्जित आय को इतनी बुरी तरह छीन लिया है कि वे अपने सीधे-सादे पुनरुत्पादन की प्रक्रिया को चालू रखने में असमर्थ हैं।

'बार्ग' इस संकट के सामाजिक प्रभावों को निम्न रूप में प्रदर्शित करते हैंः—

"यद्यपि मूल्यों की गिरावट, बहुत ऊँचे लगान के बढ़ते हुए भार, असहनीय ऋण तथा करों से सभी कृषि उत्पादक प्रभावित हुए हैं तथापि यह तो सामान्य सी बात है कि इस संकट से (कृषि श्रमिकों को छोड़कर) मध्य तथा छोटी श्रेणी के कृषकों पर सबसे अधिक विपरीत प्रभाव डाला है। इसके निम्नलिखित कारण हैंः—

(अ) छोटे क्षेत्र का उत्पादन व्यय पूंजीवादी बड़े पैमाने के क्षेत्र से ऊँचा है। मूल्यों की आज की स्थिति में कृषि सम्बन्धी वस्तुओं के मूल्यों का जो स्तर है उसके कारण कृषक का उत्पादन हानिकारक सिद्ध होता है और बड़े क्षेत्रों को उनसे लाभ मिलता है।

(ब) जो लगान प्रति एकड़ के हिसाब से कृषक जोत के रूप में भूस्वामी को देता है। सूदखोरी का लगान इस अर्थ में होता है कि वह सदा न केवल औसत लाभ के ऊपर हस्तगत किये गये मूल्य के अतिरिक्त भाग को बल्कि समूचे लाभ तथा पारिश्रमिक (wages) को भी निगल जाता है।

(स) सूद की जो दर पश्चिमी कृषक प्रान्तीय 'सेविंग बैंक' तथा ग्राम के साहूकार को देता है वह सूदखोर का ब्याज है। यह उस सूद की दर से बहुत अधिक साहूकार को देता है वह सूदखोर का ब्याज है। यह उस सूद की दर से बहुत अधिक है जो बड़ा भूस्वामी अपनी भूमि के रहन (MOrtgage) पर देता है।

(द) 'मूल्य की कैंची' मध्य और निम्न कृषक को बड़े उत्पादक की अपेक्षा अधिक कठोर आघात पहुँचाती है क्योंकि कृषक को अपनी वस्तुएँ प्रान्तीय व्यापारी को प्रचलित बाजार भाव से नीचे में बेचनी पड़ती है (जिसका कि वह ऋणी होता है) अन्यथा उसकी बिक्री का भाव बड़े एकाधिकारियों द्वारा निर्धारित होता है। इसके साथ ही वह अपनी निर्मित वस्तुएं मध्यस्थ के द्वारा ऊँचे भाव पर खरीदता है। अतः

परिश्रमी कृषकों के लिये 'मूल्य की कैंची' का अन्तर, थोक भावों पर आधारित अधिकृत सूचनांको से, अत्यधिक व्यापक है। यद्यपि हर कृषि उपज के निम्नतम मूल्यों का निर्धारण राज्य द्वारा होता है तथापि इन मूल्यों के वास्तविक निर्धारणकर्ता बड़े भूस्वामी तथा धनवान कृषक होते हैं, जबकि मध्यम तथा छोटे कृषकों को अपनी उपज को सस्ते भावों पर बेचनी पड़ती है।

(इ) परिश्रमी कृषकों द्वारा दिये जाने वाले कर भूस्वामियों तथा धनिक कृषकों द्वारा दिये जाने वाले करों से उनकी आय के अनुपात में तथा प्रति एकड़ ज्यादा होते हैं। ये धनिक कृषक तथा भूस्वामी अपनी राजकीय तथा सामुदायिक कार्य-केन्द्रों में प्रभुत्वशाली स्थिति के द्वारा तथा अपने विशिष्ट सम्बन्धों के द्वारा इस योग्य होते हैं कि वे कर-भार का अधिकार परिश्रमी कृषकों के कंधों पर डाल देते हैं।

(ई) पूंजीवादी राज्य द्वारा 'कृषि' के नाम पर कम ब्याज पर दी जाने वाली उधार, ऋणों के भुगतान, आर्थिक सहायता तथा अन्य रूपों में, दी जाने वाली निन्यानवे प्रतिशत सहायता इन बड़े भूस्वामियों तथा धनिक कृषकों को उपलब्ध होती है तथा ये बेचारे परिश्रमी कृषक हाथ मलते रह जाते हैं।

"परिणामतः यह कृषि-संकट मध्यम तथा गरीब कृषकों पर इसी तरह अत्यधिक तेजी से प्रहार करता है।

"अतः इस कृषि-संकट के प्रभावों को नियमानुसार वर्ग दृष्टिकोण से व्ययस्थित किया जा सकता है–

"मध्यम तथा गरीब कृषकों के भाग का सर्वहारा एवं ग्राम के निर्धन वर्ग में विलयन तथा एक अति लघु भाग का धनिक कृषकों के वर्ग में उदय–पूंजीवाद के लक्षण के रूप में निरन्तर विभेदीकरण की प्रक्रिया कृषि-संकट में इस सीमा तक तीव्रतम हो गई है कि गरीब तथा मध्यम कृषकों का विनाश हो रहा है। जैसे-जैसे भूमि बैंकों, सूदखोर महाजनों तथा फाटकेबाजों (Speclators) के हाथों में जाती जा रही हैः वैसे-वैसे स्वामी अब शोषित जोता बनते जा रहे हैं जिनकी स्वयं पहले अपनी भूमि थी।

"कृषि की अधोगति अधिकांशतः तथा लघु कृषकों को समान रूप से प्रभावित करती है। कर, किराया तथा ब्याज चुकाने के उपरान्त उनकी आय इतनी पर्याप्त नहीं होती कि वे सम्पूर्ण परिवार के कड़े परिश्रम तथा व्यक्तिगत विपदाओं के उपरान्त भी केवल पुनरुत्पादन कर सकें। जीर्ण-शीर्ण यंत्रों का नवीनीकरण नहीं किया जा सकता, पशुधन जिसका विनाश हो जाता है उसको स्थानापन्न नहीं किया जा सकता है। कृषक निरन्तर शोक के अथाह समुद्र में डूबते जाते हैं।

"यह स्वतन्त्र मध्यम तथा छोटे कृषकों के लिये भी सत्य है। निर्धन गाँव के व्यक्ति की स्थिति निराशापूर्ण है जो कि बिना अतिरिक्त आय के रह नहीं सकता है। यह अतिरिक्त आय वह श्रम-मजदूरी के रूप में प्राप्त करता है।"

अगर हम संकट के पूर्व के वर्षों का सिंहावलोकन करें तो हमें उस अति भयावह तथ्य के विषय में जानकारी होती है कि किस रूप में पिछले वर्षों में कृषकों पर असह्य कर द्वारा ऋणग्रस्तता लगातार बढ़ती गई। यहां तक कि ग्रामीण जनसंख्या के समृद्ध अप्रभावशाली वर्ग को भी अपनी खास अच्छे मूल्य की अन्तिम संचित सोने तथा चाँदी की एकत्रित धनराशि को इस संकट से निकालने हेतु काम में लाना पड़ा, इसमें कोई आश्चर्य नहीं है कि भूमि श्रमिकों की लगातार बढ़ती हुई संख्या सहित कृषकों के निम्न तथा मध्यम वर्ग को निराशाजनक उधार के हथियार को अपनाना पड़ा जिससे इन लोगों को ऋणदाता के आशाहीन तथा स्थाई ऋण-दासों के रूप में परिवर्तित होना पड़ा।

इन ऋणों के सम्बन्ध में एक वर्णनीय बात यह है कि कृषक ऋण के ब्याज के हेतु, जिसे या तो वह आंशिक अथवा पूर्णतः चुका नहीं पाता या बीजों एवं अन्य सभी प्रकार की वस्तुओं के खरीदने के लिए धन की जरूरत के कारण अपनी सभी प्रकार के उपज को अग्रिम यहां तक कि उपज के पैदा होने के पहिले ही, ऋणदाता को बेच देता है। ऋणदाता कृषक की उस असहाय तथा आवश्यकता की स्थिति का अमानवीय रूप में शोषण करता है। तथा उपज को आगामी आशाजनक या प्रचलित मूल्यों से कम दर पर खरीदता है। इससे कृषक को उपज का सामान्य बाजार मूल्य भी नहीं प्राप्त हो पाता। यह उसकी निर्धनता तथा वर्तमान प्रणाली में उसके कम्पनहीन निर्भरता में लगातार वृद्धि करती है।

इस प्रकार अराजक पूंजीपति संसार के बाजार की अचेतन क्रिया से लेकर साम्राज्यवादी राज्य, जमींदार एवं सूदखोर की चेतन क्रिया तक तथा कृषि योग्य भूमि की समाप्ति, बैलों तथा सामान्य पशुधन का विनष्ट होना, यही नहीं, बल्कि उपनिवेशिक देश की आर्थिक जीवन के आधार स्तम्भ तथा स्वरूप अर्थात् ग्रामीण अर्थव्यवस्था की अधोगति आदि विभिन्न कारक (Factors) भारतीय कृषक की गरीबी की व्याख्या करते है। आय घटती है, मांग बढ़ती है तथा कृषक हर वक्त उधार माँगने वाला (ऋणी) बना रहता है।

ऋणग्रस्तता की गम्भीर समस्या को सर एम. विश्वेश्वरैया ने निम्न रूप में प्रदर्शित किया हैः-

"ग्रामीण ऋणग्रस्तता के नतीजे तथा भारतवर्ष की कृषि-अर्थव्यवस्था पर इसके प्रभाव का अंकन अभी कुछ वर्षों में कई जांच-समितियों द्वारा किया गया है यह ऋण रू 650 करोड़ आंका जा सकता है अर्थात् ब्रिटिश भारत की कृषक जनसंख्या पर करीब प्रति व्यक्ति रू 50 के हिसाब से। यह अनुमान तीन वर्ष पूर्व किया गया था। यह अनुमान लगाया गया कि इस बीच में (तीन वर्षों में) ऋण में वृद्धि नहीं हुई है। लेकिन कृषि-मूल्यों की भारी गिरावट के कारण पिछले ऋण का अब कृषक पर भार सामान्य वर्ष से कही अधिक डेढ़ गुणा हो गया होगा। इस संख्या (अनुमान) को केवल भारत के कृषकों की प्रति व्यक्ति आय, जो कि लगभग 50 वार्षिक है, के संदर्भ में उनके भारी कर-भार की कठिनाई को पूर्णतः समझने के हेतु स्वीकार करना चाहिये।"

प्रो. ब्रजनारायण ने भी भारत में ग्रामीण ऋणग्रस्तता के परिमाण के विषय मे निम्न विचार प्रस्तुत किये हैः—

"केन्द्रीय अधिकाधिक जाँच-समिति ने भारत की ग्रामीण ऋणग्रस्तता को करीब रू 600 करोड़ आंका है। जांच-समिति के द्वारा विभिन्न प्रान्तों के अनुसार की गई ऋण की गणना निम्नानुसार हैः—

प्रान्त	*कुल ग्रामीण-ऋणग्रस्तता*
असम	20 करोड़
बंगाल	100 करोड़
बिहार व उड़ीसा	155 करोड़
बम्बई	81 करोड़
बर्मा	50-60 करोड़
मध्य भाग	60 करोड़
मध्य प्रान्त	36 करोड़
कुर्ग	35-55 लाख
मद्रास	150 करोड़
पंजाब	135 करोड़
संयुक्त प्रान्त	125 करोड़

"ये अनुमान सन् 1926 से मूल्यों में भारी गिरावट के कारण वास्तविक ऋण-भार में महत्वपूर्ण वृद्धि हुई है। उदाहरणार्थ, पंजाब का सन् 1926 का 135 करोड़ ऋण वर्तमान समय के 270 करोड़ से अधिक के बराबर है।

कूट-निदान

ग्रामीण जनता की स्थाई गरीबी की वृद्धि तथा ग्रामीण क्षेत्र में उत्पादक शक्तियों के द्रुत गति से विनाश को सार्वभौमिक रूप में स्वीकार कर लिया गया है। पिछले अनेक वर्षों से कृषि समस्या के समाधान के लिए विभिन्न प्रकार के कार्यक्रमों के सुझाव प्रस्तुत किए तथा उन्हें कार्यान्वित किया गया है, जिससे कृषि की बढ़ती हुई अवनति को रोका जा सके, कृषक-श्रमिकों की उत्पादनशीलता में वृद्धि की जा सके, कृषक-ऋणग्रस्तता के भार को कम किया जा सके, तथा कृषक जनता की आय तथा क्रय-शक्ति में वृद्धि की जा सके।

तथापि, यह समस्या यहां तक कि इन कार्यक्रमों को प्रारम्भ करने वाले भी यह स्वीकार करेंगे कि समस्या जैसी की तैसी बनी रही। वास्तव में, इसने लगभग स्फिकस् सदृश्य (एक कल्पित प्राणी जिसका मस्तक मानव के समान तथा शरीर सिंह के सदृश माना जाता है।) अपना भ्रमात्मक रूप धारण कर लिया है।

पूर्व के कुछ वर्षों से, विभिन्न समूहों ने कृषि की सोचनीय स्थिति का समाधान करने तथा उन्नतशील तथा समृद्ध ग्रामीण-क्षेत्र के स्वप्नों को साकार करने हेतु विभिन्न प्रकार के कार्यक्रमों को कार्यान्वित किया। कृषक जनता के विभिन्न हितैषियों सरकार, सुधारवादी संगठन जैसे 'सर्वेन्ट्स आफ इन्डिया एण्ड पीपुल्स सोसाइटीज' 'हॉली क्रिश्चयन मिशनरी' तथा भारतीय जनता का विश्वसनीय मित्र 'गांधी' के नेतृत्व में 'भारतीय राष्ट्रीय कांग्रेस' आदि विभिन्न संगठनों ने कृषि समस्या का समाधान करने का भरसक प्रयत्न किया।

लेकिन समस्या ने सभी प्रकार के समाधानों को निरर्थक बना दिया। समृद्धि तथा उन्नतिशील ग्रामीण-क्षेत्र के स्वप्न अभी तक स्वप्न बने रहे। इसके विपरीत, कृषि अर्थव्यवस्था के अचानक गिरने का दुःस्वप्न तथा कृषि-आन्दोलन के प्रेत का उदय हो रहा है।

ग्राम सहकारी समितियों तथा ऋणबन्धक अधिकोषों को स्थापित किया गया। निर्धन कृषको को उत्तेजित करने वाली 'आदर्श खलियान योजना' खेतों के आधुनिकरण के रूप में शुरू की गई और अन्त में, कृषक तथा जमींदार दोनों के निष्पक्ष मित्र के रूप में कांग्रेस ने ग्रामीण समस्या समाधान करने के लिए प्राचीन मृत प्रायः उद्योगों के प्रेत को पुनजीवन द्वारा 'ग्राम पुनर्निर्माण कार्यक्रम' कार्यन्वित किया।

सिर्फ यही नही, बल्कि देश में कुछ ऐसे समूहों का उद्भव हुआ है जो गम्भीर विश्लेषण के पश्चात् इस निष्कर्ष पर पहुँचे हैं कि जनता की समस्त आर्थिक दुखों का कारण उनकी अज्ञानता तथा नैतिक विशेषता की कमी है। इन समूहों द्वारा प्रेषित

सुधार योजनानुसार नैतिक तथा सांस्कृतिक मद्यपान के बहिष्कार, तृप्ति, संतोष तथा ग्राम-साक्षरता जैसे कार्यक्रम के साथ किया गया। फिर भी समस्या निदान में बाधा डालती है। यही नहीं, बल्कि जैसे-जैसे समय बीतता जाता है समस्या अति जटिल हो रही है।

उक्त समस्त कार्यक्रमों का सामान्य बिन्दु यही रहा है कि इन्होंने कृषि समस्या को वर्तमान आर्थिक व्यवस्था के ढांचे में, बिना वर्तमान आर्थिक सम्बन्धों में बाधा डाले तथा बिना भूस्वामियों तथा सूदखोर वर्गों को प्रभावित किये, निदान करने का प्रयत्न किया।

आर्थिक समस्याओं को आवश्यक रूप में समाधान करने के लिए 'निरक्षरता की समाप्ति' जैसा स्पष्ट तथा निरर्थक कार्यक्रम की व्यर्थता को सिद्ध करने तथा इसके विषय में पता लगाने की कोई जरूरत नहीं है।

हम यहाँ सिर्फ उन कार्यक्रमों का मूल्यांकन करेंगे जो यद्यपि निरर्थक है, लेकिन जिनका आर्थिक महत्व है तथा देश में जिनको आदर प्राप्त है।

उन कार्यक्रमों में प्रमुखतः अखिल-भारतीय ग्राम-उद्योग समिति की ग्राम पुनर्निर्माण योजना तथा राजकीय कृषि कार्यक्रम है।

मशीनों द्वारा बने हुए माल पर निर्भर ग्राम के उद्धार के लिए मृत अथवा मृतप्राय पूर्व-पूँजीवादी शिल्प तथा अन्य उद्योगों को पुनर्जीवित करने हेतु ग्राम आत्मनिर्भरता जिसमें ग्राम सभी प्रकार की वस्तुओं का उत्पादन स्वयं करेगा तथा बाह्य संसार से अति न्यून सम्बन्ध रखेगा, की योजना के द्वारा ग्रामीण जनता की गरीबी को समाप्त करने के घोषित उद्देश्य हेतु गाँधी जी के नेतृत्व में 'अखिल भारतीय ग्राम उद्योग समिति' का संगठन किया गया। गाँधी जी तथा उनके सहकार्यकर्त्ताओं के अनुसार उपरोक्त निर्मित कार्यक्रम समस्त कृषि समस्या का समाधान करेगा, ग्रामीण क्षेत्रों में व्याप्त बेकारी तथा गरीबी को दूर करेगा तथा ग्राम निवासी को आर्थिक सुरक्षा, नैतिक समृद्धि एवं शारीरिक बल प्रदान करेगा।

यह आर्थिक प्रतीपगामी कार्यक्रम इतिहास तथा जीवन के आधारभूत तथ्यों की अवहेलना करता है। यह प्रभावहीन मूलभूत आर्थिक नियमों के विपरीत जाने की कोशिश करता है जो सामाजिक अस्तित्व को नियन्त्रित करता है। यह उस तकनीक तथा आर्थिक संगठन को पुनर्जीवित करने की कोशिश करता है जिसे ऐतिहासिक विकास में अति उन्नत तकनीक तथा आर्थिक संगठन ने बहुत पीछे छोड़ दिया है। यह कार्यक्रम अपने आपको जीवन के तथ्यों, इतिहास तथा जीवन की अग्रगामी प्रवृत्ति के सामने कुंठित करता है।

यही वजह है कि देश में इस संगठन के प्रधान के रूप में एक 'महात्मा' होते हुए भी यह कार्यक्रम पुनर्जीवित (Pre-capitialist) शिल्प तथा अन्य ग्राम-उद्योग जिन्हें यह कार्यक्रम पुनर्जीवित करना चाहता था। आधुनिक यन्त्र संचालित उद्योगों की ऐतिहासिक शक्ति यह तथ्य प्रस्तुत करती है कि इनसे निर्मित वस्तुएं हस्त-उद्योगों की वस्तुओं से सस्ती पड़ती थी। वस्तुओं के विनिमय पर आधारित समाज में आर्थिक संघर्ष में उत्पादित वस्तुओं के उन प्रकारों का ही चयन होता है जो निम्नतम श्रम से मानव की जरूरतों की पूर्ति कर सकें। बाजार पर आधारित समाज में सस्ती उत्पादित वस्तुएं महंगी वस्तुओं को बाहर निकाल फेंकती है।

आर्थिक प्रवरण के इस लौह नियम की प्रक्रिया के कारण ही शिल्प-उद्योग विलुप्त हो गये तथा आधुनिक यन्त्र संचालित उद्योग आकर जम गये हैं।

मध्य युग की मृत अथवा मृतप्राय उद्योगों को किस तरह पुनजीर्वित किया जा सकता है?

क्यों आज भी करीब कृषक बाजार में मशीन से बने हुए माल को हस्तउद्योग से निर्मित वस्तुओं से प्राथमिकता देकर खरीदता है? यह सिर्फ इसलिए है कि मशीन-निर्मित वस्तुएँ हस्त उद्योग से सस्ती पड़ती हैं।

इसमें कोई शक नही कि मशीन से निर्मित वस्तुएँ हस्त उद्योगों से सस्ती पड़ती है। इसीलिये 'अ. भा. ग्रा. उ. स.' के प्रचार तथा नैतिक आधारों पर की गई महात्मा गाँधी की व्यक्तिगत घोषणा के पश्चात भी निर्धन ग्रामीण जनता मशीन निर्मित वस्तुओं को खरीदती है।

जैसा कि कुछ लोग यह तर्क प्रस्तुत करते हैं कि चूंकि ग्रामीण जनता अपने हितों को समझती नहीं है अतः वह आर्थिक दृष्टि से उन्हें विनष्ट करने वाली वस्तुओं को खरीदती है। लेकिन यह सही नहीं है। गरीब कृषक जिसकी मासिक आय अति मुश्किल से तीन रूपया है, वह बाजार में उपलब्ध सस्ती वस्तुओं को ही खरीद सकता है, जब भी वह खरीदने योग्य होता है।

यदि ग्राम-उद्योग वास्तव में उपभोक्ता के हित में है तब ग्रमीण व्यक्तियों को इनकी (ग्राम-उद्योग) सलाह नहीं दी जानी चाहिये जबकि वे घोर गरीबी के बन्धनों में जकड़े हुये हैं। ऐसी स्थिति में, ग्रामीण जनता स्वाभाविक रूप में करीब मूलप्रवृत्यात्मक रूप में मशीन-निर्मित वस्तुओं को खरीदती है।

इतिहास ने इन ग्रामोद्योगों का निरसन कर दिया क्योंकि ये कम मितव्ययी थे। इनको पुनर्जीवित करना संभव नही है, चूंकि निर्धनता ग्रसित लाखों व्यक्तियों के पास इतने साधन नही हैं कि वे इन मृतप्राय गृह उद्योगों के विकास में इनके द्वारा बनी हुई वस्तुओं को महंगे मूल्य पर खरीद कर मदद प्रदान कर सकें।

यह वे कर भी कैसे सकते हैं जबकि इन्हें पेट भरने योग्य मात्र भोजन भी समुचित मात्रा में उपलब्ध नहीं हो पाता।

ऐतिहासिक विकास की सामान्य धारा में विनष्ट हुई आर्थिक-प्रणाली को पुनर्जीवित करना संभव नहीं है। ऐतिहासिक विकासावस्था में आधुनिक उद्योगों ने पूर्व-पूँजीपति हस्त उद्योग का स्थान ले लिया।

अलग-अलग प्रकार की प्रणालियों के संघर्ष में अत्यधिक श्रम-उत्पादनशीलता के कारण आर्थिक प्रणाली का चयन किया जाता है। यही वजह है कि लेनिन ने रूस में साम्यवादियों को यह चेतावनी दी थी कि शक्ति-प्राप्ति के उपरान्त जब तक समाजवादी अर्थव्यवस्था व्यावहारिक रूप में यह साबित नहीं कर देती है कि इसके पास पूँजीवादी अर्थव्यवस्था से ज्यादा श्रम-उत्पादनशीलता, है तब तक यह सर्वहारा वर्ग के हाथों में शक्ति होते हुए भी पूँजीवाद को पराजित तथा निर्मूल नहीं कर सकती।

लेकिन भारतवर्ष में गाँधीजी तथा अन्य लोग पिछड़ी हुई तकनीक एवं उपलब्ध उत्पादन की पद्धतियों पर आधारित हस्त-उद्योगों को पुनर्जीवित करना चाहते हैं जिनकी आधुनिक उद्योगों से अति निम्न श्रम-उत्पादनशीलता है। ये आधुनिक उद्योग पूँजीवादी प्रणाली के संगठन के पश्चात् भी उन्नत यान्त्रिक तकनीक तथा ठोस संगठन पर आधारित है और यह भी बिना किसी राज्य की शक्ति को हाथ में लिये हुए।

ये सब सामान्य आर्थिक विकास की धारा के विपरीत अनैतिहासिक प्रयत्न है। यही कारण है कि ये प्रगति नहीं कर पाते हैं।

उपरोक्त अधिकांश ऐतिहासिक कारणों के अलावा भारतीय जनता की अपरिमित निर्धनता का दूसरा कारण है, जिसके कारण अ. भा. ग्रा. उ. स. का प्रतिक्रियात्मक कार्यक्रम सफल नहीं हो सका जबकि 60 प्रतिशत जनता भुखमरी के कगार पर विचरण कर रही है, उनके पास इतना पैसा भी नही कि वे मशीन निर्मित वस्तुएं भी खरीद सकें, तब वे कैसे ग्रामोद्योगों द्वारा निर्मित वस्तुओं को खरीद सकें जो कि अपनी पिछड़ी हुई तकनीक की वजह से महंगी पड़ती है?

यह तर्क करना कि ग्रामोद्योग को मजबूत बनाने से निर्धनता समाप्त हो जायेगी, ग्रामीण-जनता को दोषरोपित करता है कि वे अपने आर्थिक हितों को नहीं समझते हैं। यह कठोर सत्य है कि मशीन निर्मित माल ग्रामोद्योग के माल से सस्ता होता है। यही वजह है कि जनता मशीन-निर्मित माल को खरीदती है तथा ग्रामोद्योगों का द्रुत गति से ह्रास होता जा रहा है।

जैसा कि हमने पहले देखा है कि वास्तव में, कृषकों की निर्धनता का मूल कारण ज्यादा भूमिकर, उच्च लगान तथा भंयकर ऋणग्रस्तता है जिससे कि वह ग्रसित है।

अ. भा. ग्रा. उ. स. के कार्यक्रमों में कृषकों की गरीबी को दूर करने के लिये इन मूलभूत कारकों के सम्बन्ध में एक शब्द भी नहीं कहा गया है।

वास्तव में, ये ग्राम सूदखोर जो कि आजकल रक्तपान करने वाले हैं, परिश्रमी ग्रामीण जनता का रक्त-पान कर उन्हें सफेद बना रहे हैं। 'अखिल भारतीय कांग्रेस समिति' द्वारा प्रकाशित 'ग्रामीण ऋणग्रस्तता' नामक पुस्तिका में प्रो. मालनी ने निम्न शब्दों में इन रक्त पिपासु सूदखोरों की भूरिभूरि प्रशंसा की है :

"सूदखोर ग्रामीण-साख की आधारशिला हैं तथा वह कृषि कार्यों में वित्तीय सहायता देने में अपरिहार्य होता है। साहूकार (सूदखोर) कृषि-साख का निस्संदेह प्रधान आश्रयकर्ता होता है तथा बिना इसकी सहायता के कृषि कार्यों को चलाना कल्पनातीत मुश्किल कार्य होता है। यद्यपि यह सही है कि यह ब्याज की अत्यधिक ऊंची दर पर रूपया उधार देता है, तथापि भारतीय कृषक की गरीबी अज्ञानता तथा अनियमितता के कारण इसे भारी आर्थिक हानि भी उठानी पड़ती है। ब्याज का एक ठोस प्रतिशत वास्तव में पूंजी की हानि की संभावना में एक यथान्याय बीमा का मूल्य (किस्त) है। साहूकार असमानता का कोई प्रेत नहीं है, जैसी कि साधारणतया उसके विषय में कल्पना की जाती है लेकिन अपने वातावरण द्वारा बना हुआ ऐसा प्राणी है जिसमें भारतीय कृषक की असहायता सूदखोरों को विनष्ट करने में नहीं है, बल्कि उनके साथ प्राचीन मैत्रीय समबन्धों को पुनः स्थापित करने में है, साहूकार ग्रामीण अदूरदर्शिता तथा असहायता के एक विस्तृत रेगिस्तान में अल्पव्ययी तथा सामर्थ्य का एक लघु मेरूद्यान है।"

चाहे कितना ही अविश्वसनीय क्यों न हो, लेकिन यह चित्रण गाँव के सबसे घृणित व्यक्ति साहूकार का है। साथ ही, यह भी ध्यान रखने योग्य बात है कि यह विचार भारतीय राष्ट्रीय कांग्रेस के नेताओं की मान्यता प्राप्त विचारधारा का प्रतिनिधित्व करता है। इस सबसे ज्यादा निर्दय शोषक की प्रशंसा "निर्धनता तथा असहायता के 'रेगिस्तान' में अल्पव्ययी तथा सामर्थ्य के मरू-उद्यान के रूप में की गई है। अवश्य ही वह मितव्ययिता का मूर्तिमान आदर्श है जो भूभुक्षित किसान से एक-एक पाई छीनकर अपना घर भरता है। यह है सामर्थ्य का चमत्कार जो अपने चंगुल में फंसे हुए शिकार के साथ व्यवहार में असीम गरीबी का प्रदर्शन करती है।

'आखिल भारतीय ग्रामोद्योग संघ' का कार्यक्रम ग्रामीण जनता की गरीबी तथा ऋणग्रस्तता के वास्तविक कारणों को छूता भी नहीं है। ग्रामीण उद्योग धंधों के

आधुनिक उद्योगों की होड़ में टिके रहने की रत्तीभर भी संभावना नहीं है। इसीलिए गाँवों की बेकारी की समस्या का समाधान करने का दावा झूठा है। गांवों की बेकारी हस्तकला में लगे लाखों शिल्पकारों का नतीजा है। और आजकल के यांत्रिक उद्योगों की होड़ में से इन हस्तकला सम्बन्धी उद्योग-धंधों को नष्ट होने से रोकना संभव नहीं है। इसलिए इन लाखों ग्रामीणों को काम देने का एक ही उपाय है और वह यह है कि देश में उद्योग-धंधों का विस्तृत विकास किया जाये। लेकिन ब्रिटिश सरकार ऐसा करती थी, चूँकि वह ब्रिटिश उद्योगों की रक्षा करती थी। चूँकि अपने हित में भारतीय उद्योगों का ऐसा अबाध और विस्तृत विकास करना उसके लिए संभव भी नहीं था। यह ब्रिटिश निर्माताओं से होड़ करके उनके माल को देश से बाहर निकालने का कारण बन जाता। इसलिए गांवों की बेकारी की समस्या का समाधान अब भी करना बाकी रह गया है। भारत के औद्योगिक तथा आर्थिक विकास में जो राजनैतिक बाधाएं हैं उनसे दृढतापूर्वक लोहा लेने के बजाय अखिल भारतीय ग्रामोद्योग संघ के स्थापन कर्त्ता प्रतिक्रियावादी तरीकों को अपनाकर इस विषय स्थिति से निकलना चाहते हैं जो एक तरह से भूतकाल की ओर लौटने का मार्ग है। लेकिन भारत संसार के बाजार के घेरे में पहले से ही आ चुका है और इसलिए आत्मनिर्भर ग्राम की रचना यदि आवश्यक हो तो भी संभव नहीं है।

'आखिल भारतीय ग्रामोद्योग संघ' के नेताओं के कार्यक्रम में सुझाई गई प्रणाली के आधार पर कृषक अपने द्वारा उत्पादित पदार्थों को किस तरह स्वतन्त्रतापूर्वक अपनी तथा अपने ग्रामनिवासियों की जरूरतों की पूर्ति करने हेतु बेच सकता हैं, जबकि साहूकार अपने ब्याज को वसूल करने के लिए उसकी फसल जब्त कर लेता है। किस तरह किसान अपनी फसल को 'अखिल भारतीय ग्रामोद्योग संघ' के कार्यक्रम को पूरा करने हेतु रोक सकता है, जबकि उसको भूमि कर अथवा जमींदार का लगान अदा करने हेतु फसल को बाजार में बेचना पड़ता है। किसान को अपनी भूमि के उत्पादन का स्वतंत्र आर्थिक उपयोग करने की कानूनी स्वतंत्रता कहां है?

यदि ग्रामीण अर्थव्यवस्था का पुनर्संगठन 'अखिल भारतीय ग्रामोद्योग संघ' द्वारा प्रतिपादित प्रणाली के अनुरूप भी किया जाये तो उसमें सभी प्रकार के ऋण तथा लगान को समाप्त करना और भूमि कर को पर्याप्त मात्रा में कम करना पहले ही जरूरी हो जाता है। तभी ग्रामीण आत्मनिर्भरता के इस प्रतिक्रियावादी तथा अराजक स्वप्न को पूरा करने का पूर्वाधार प्राप्त होता है।

'अखिल भारतीय ग्रामोद्योग संघ' का सभी कार्यक्रम कल्पित तथा आदर्शवादी है और इससे शोषित किसानों में आर्थिक स्वतंत्रता का मिथ्या भ्रम उत्पन्न होता है,

जबकि किसान की सदैव घटती रहने वाली और थोड़ी सी आय पर जो शोषक जमींदारी, सूदखोर पूंजी तथा सरकार के असहनीय दावे वैसे ही बने रहते हैं।

चूंकि यह कार्यक्रम ग्रामीण गरीब के प्रमुख कारणों को नहीं छूता है, इसलिए इसकी ग्रामीण जन समूह पर कोई उत्साहवर्धक प्रतिक्रिया नहीं उत्पन्न हुई। असल में, वर्षों तक व्यवस्थित रूप से जो प्रबल आन्दोलन पर्याप्त खर्च करके इस कार्यक्रम को लोकप्रिय बनाने तथा इसे पूरा करने हेतु चलाया गया है उसके प्रति ग्रामीण जनसमूह का अक्सर उपेक्षात्मक भाव ही रहा है। इसके विपरीत यह जनसमूह किसान सभाओं के कार्यक्रम की तरफ द्रुत गति से बढ़ता चला जा रहा है। ये किसान सभाएं वर्ग आधारित संघर्ष में उनका नेतृत्व करती है। उनकी गरीबी तथा दुःखों को दूर करने का यही उपाय वे मानती हैं।

अब हम सरकार की भूमि-सुधार सम्बन्धी कार्यक्रम पर विचार करेंगे।

भूमि-सुधार कार्यक्रम

सरकार ने गिरती हुई भूमि अर्थव्यवस्था को ऊपर उठाने तथा ग्रामीण ऋणग्रस्तता की समस्या को हल करने के लिए दो विभिन्न कानून बनाये और कृषि सम्बन्धी अनेक कार्यक्रम अपनाने के प्रयत्न किये वे सब असफल ही रहे।

कृषि के सम्बन्ध में जो राजकीय आयोग गाँवों की दशा की छानबीन करने हेतु नियुक्त किया गया उसने ऋणग्रस्तता को रोकने हेतु किये गये कानून-निर्माण सम्बन्धी प्रयत्नों का मूल्यांकन निम्नलिखित शब्दों में किया:—

"बहुत कुछ सीमा तक भारत में किसान न तो लाभ के लिए, न कुछ प्राप्ति के लिए, बल्कि केवल भरण-पोषण के लिए परिश्रम करता है। भूमि से जीवन-यापन करने वालों की अत्यधिक संख्या, आजीविका प्राप्त करने के लिए दूसरे साधनों का अभाव, बचाव के लिए कोई भी मार्ग ढूंढने में कठिनाई और छोटी आयु में ही परिवार का बोझ, ये सब बात मिलकर किसान को इसके लिए बाध्य करती है कि वह जहां कही भी भूमि मिले, चाहे वह किसी भी शर्तों पर क्यों न हो, वहां अन्न उपजाये। जब उसकी भूमि उसके साहूकार के अधिकार में चली जाती है तो कोई भी कानून उसकी जरूरत की पूर्ति नहीं कर सकता तथा कोई भी भू-धारणा कानून उसकी रक्षा नहीं कर सकता। भूमि के लिए उसको साहूकार के सामने प्रार्थना करनी पड़ती है जिसका ऋण उसकी सभी पूंजी से भी अधिक ही होता है। साहूकार अधिकतर भिन्न श्रेणी का भूस्वामी होता है जिसका उसकी भू-सम्पति से कोई स्वाभाविक अथवा ऐतिहासिक

सम्बन्ध नहीं होता और जो सिर्फ अपने अधिकार में आई हुई सम्पत्ति के तात्कालिक शोषण में ही दिलचस्पी रखता है।"

किस तरह से लगातार बढ़ती हुई ऋणग्रस्तता ऐसे स्तर पर पहुंच जाती है कि वह किसान को भूस्वामी साहूकार का वास्तविक दास ही बना देती है इसका वर्णन (Report) प्रतिवेदन में निम्न प्रकार किया गया है :–

"किस सीमा तक आर्थिक दासता पहुंच सकती है और कितना कठोर साहूकार का चंगुल हो सकता है। इसके दो उदाहरण दिये जा सकते हैं। हमें बतलाया गया है कि बिहार तथा उड़ीसा में एक प्रथा 'कमियाटी' के नाम से प्रसिद्ध है जो हजारीबाग जिले के उत्तर में तथा पलामू जिले और बिहार के कुछ अन्य भागों में प्रचलित है और जो एक तरह से दासों द्वारा की गई कृषि ही है।" 'कमिया' अपने स्वामियों के बन्धे हुए अनुचर हैं। ऋण के बदले में वे अपने आपको किसी भी निम्न श्रेणी की सेवा जो उनके स्वामी ऋण के ब्याज को वसूल करने के लिए मांगें, करने के लिए बाध्य होते हैं। वे भूस्वामी, जिनकी अपनी निजी भूमि पर कृषि करने हेतु श्रमिकों को जरूरत होती है, श्रमिकों पर इस प्रकार का बन्धन रखना अधिक पसन्द करते हैं। और इसलिए यह प्रथा चल पड़ी कि जिसमें श्रमिकों को पहिले रकम ऋण के रूप में देकर इस शर्त पर बांध लिया जाता है कि वे कृषि कार्य के लिए स्वामी की सेवा में सदैव तत्पर रहेंगे। इस प्रकार के श्रमिक, जितने दिन अपने ऋणदाता के लिए कार्य करते हैं, दैनिक वेतन वस्तु के रूप में दी जाती है और बाकी दिनों में, जब उनकी ऋणदाता को जरूरत न हो, वे कहीं भी किसी अन्य व्यक्ति के लिए कार्य कर सकते हैं। व्यावहारिक रूप से यह प्रथा 'कमिया' लोगों का पूर्णरूप से पतन कर देती है। सबसे पहली बात तो यह है कि 'कमिया' अपने वेतन हेतु सौदेबाजी नहीं कर सकता। उसको वही वेतन स्वीकार करना पड़ता है जो भूस्वामी इस प्रकार के श्रमिक वर्ग को प्रचलित प्रथा के अनुसार देता है। वह वेतन स्वतंत्र श्रमिक के वेतन का सिर्फ एक-तिहाई भाग होता है। उदाहरणार्थ हम उस वेतन को ले सकते है जो ठेकेदार सड़क की मरम्मत के काम के लिए देते हैं। यदि 'कमिया' की पत्नी भी अपने स्वामी की खातिर कार्य करती है तो उसे उससे कुछ कम ही पारिश्रमिक दिया जाता है और दोनों का सम्मिलित वेतन उनके तथा उनके परिवार की सन्तान के भरण-पोषणा के लिए पर्याप्त नहीं होता है। 'कमिया' को रुपये पैसे देखने को भी कभी नहीं मिलते। सिर्फ कभी-कभी कुछ पैसे उसके हाथ में उस कार्य से आते हैं जो वह अवकाश के वक्त करता है। इसका परिणाम यह होता है कि उसको अपने ऋण की मूल रकम से पीछा छुड़ाने का भी कभी मौका नहीं प्राप्त होता जिससे कि

वह स्वतंत्र व्यक्ति बन सके। इसलिए 'कमियाटी ऋण पत्र' (Bond) एक तरह से जन्म कैद हो जाती है।

"यह दशा पैतृक हो जाती है। यद्यपि पुत्र अपने पिता के ऋण के लिए उसकी मृत्यु के उपरान्त जिम्मेवार नहीं होता है, किन्तु पुत्र की ओर से उसके विवाह के अवसर पर नवीन ऋण का अनुबन्ध (Contract) करना पड़ता है जिससे वह जीवन भर के लिए 'कमिया' बन जाता है। स्वामी की तरफ से दैनिक कार्य का कोई आश्वासन उसे नहीं दिया जाता और जब कोई कार्य करने को नहीं होता तो उसे खाने के लिए अन्न भी नहीं दिया जाता। इसका नतीजा यह होता है कि स्वामी 'कमिया' से वर्ष के ज्यादा भाग में रक्त-शोषक वेतन पर कार्य कराता है। लेकिन जिस समय कृषि-कार्य करने को नहीं होता और 'कमिया' को दैनिक वेतन पर कार्य करने का अन्यत्र कहीं भी मौका नहीं मिलता तो 'कमिया' को उसके भाग्य पर छोड़ दिया जाता है। उसको जहाँ कहीं भी कार्य मिले, जाने की स्वतंत्रता होती है, लेकिन वह कार्य की खोज में अपने ग्राम को नहीं छोड़ सकता। चूँकि यह भय बना रहता है कि वह कही भाग न जाय। वास्तव में उसकी स्थिति इतनी बदतर हो जाती है कि उसे ईंधन और घास एकत्रित करके उसकी बिक्री से अपनी आजीविका चलानी पड़ती है। उसके आवागमन पर प्रतिबन्ध होने से 'कमिया' की स्थिति एक दास से अच्छी नहीं होती। भागे हुए 'कमिया' को उस क्षेत्र के किसी भाग में आश्रय भी नहीं मिलता, जहां यह प्रथा प्रचलित होती है। जिले के उत्तर-पश्चिम में 'कमिया' लोगों की कय-विक्रय की प्रथा भी अप्रचलित नहीं है। 'कमिया' के ऋण की रकम ही उसका मूल्य होता है।

"आर्थिक गुलामी का दूसरा उदाहरण उन छोटे-छोटे उद्योग धन्धों से लिया जाता है जहाँ कारीगर ऋणदाता पूँजीपतियों के लिए जीवन भर कार्य करते हैं। पूँजीपति कच्चा माल देता है, भरण-पोषण हेतु रूपया उधार देता है और तैयार माल बिक्री हेतु प्राप्त करता है। ऋण अक्सर चुकाया नहीं जाता और कारीगार का एक पूंजीपति से दूसरे पूंजीपति के पास हस्तान्तरण हो जाता है कि जो व्यावहारिक रूप से क्रय और विक्रय का रूप ही धारण कर लेता है। उसको इस प्रकार अपनी कार्य-कुशलता अथवा प्रभावोत्पादकता बढ़ाने का भी प्रोत्साहन नहीं प्राप्त होता, क्योंकि जो कुछ भी वह कमाता है वह उसके ऋण के बदले समझ ली जाती है।

जो उदाहरणा हमने दिये हैं वे रूपये-पैसे की अनियंत्रित शक्ति के सबसे बुरी प्रभाव का दिग्दर्शन कराते हैं। दोनों के परिणामस्वरूप में जो सबसे ज्यादा गंभीर बात है वह है इसका पैतृक तत्व और फलस्वरूप असहायवस्था जो इन निर्धन वर्गों को भोगनी पड़ती है जबकि वे अपनी चुकाने की शक्ति से बाहर ऋण के भार से दबे हुए होते हैं।"

ग्रामीण दिवालियापन को मानते हुए प्रतिवेदन निम्नलिखित सुझाव प्रस्तुत करती है–

"अब भविष्य की ओर अग्रसर होते हुए हमें हमारा यह विश्वास प्रकट करने में कुछ भी हिचकिचाहट नहीं है कि ग्रामीण जनता को ऋण के कुचलने वाले भार से मुक्ति प्राप्त करने की सबसे बड़ी आशा ऐसे स्वस्थ और सुसंगठित सहकारिता आन्दोलन की वृद्धि तथा विकास पर निर्भर है जो ग्रामीणों की अपनी सतर्कतापूर्ण और सुव्यवस्थित शिक्षा पर आधारित हो। इस सहकारिता के सम्बन्ध में आगे विस्तृत रूप से वर्णन किया जायेगा, परन्तु यहाँ पर हमें हमारी सम्मति प्रकट कर देनी चाहिए, वह यह है कि ऋण के प्रश्न से बिल्कुल ही अलग सहकारी उधार (Co-operative credit) ही कृषि को सही मार्ग पर पूंजी की सहायता देने का एकमात्र संतोषजनक मार्ग है। प्रत्येक न्यायसम्मत तरीके से मितव्ययिता को प्रोत्साहन दिया जाना चाहिए, क्योंकि मितव्ययिता से कृषि-जीवियों को जो बचत होगी वह उनकी आवश्यक पूंजी का सर्वोत्तम आधार होगा। यदि ग्रामीण समुदाय को संतोषी, सुखी और समृद्ध बनाना हो तो स्थानीय सरकारों को सहकारिता आन्दोलन को सब प्रकार से ऐसे प्रोत्साहन के योग्य मानना चाहिए जिसे प्रदान करना उनकी सामर्थ्य में हो।"

वे लोग, जिन्होंने सहकारिता-आन्दोलन की प्रगति का देश के अलग-अलग भागों में अध्ययन किया है, इस बात को ठीक तरह जानते हैं कि वह बुरी तरह से असफल रहा है।

जबकि ग्रामीण क्षेत्र में यह विपत्ति बुरी तरह फैल रही है, जबकि ऋण की रकम की पूर्ण संख्या असीमित अंकों तक पहुंच गई है, जबकि भूमि संबंधी संकट इस सीमा तक आ गया है कि किसान की थोड़ी सी आय और भी निम्न स्तर पर चली गई है, जबकि किसान के दिवालिया हो जाने की गति इतनी तीव्र हो गई है कि भूस्वामी किसान भूमिहीन-श्रमिक अथवा दरिद्र हो गये हैं और जबकि कृषक जनता की आर्थिक बर्बादी का यह भयंकर प्रवाह इतनी घातक तीव्रता से उठ रहा है, तब सहकारिता आन्दोलन का कमजोर बाँध किस प्रकार प्रभावकारी साबित हो सकता है?

सहकारिता आन्दोलन इस समस्या को एक किनारे से भी नहीं छू सकता है और वह इस भूमि संबंधी विशाल संकट के एक अंश मात्र को भी हल नहीं कर सकता है।

किसान की आय विभिन्न कारणों से लगातार घटती जा रही है जिनका उल्लेख पूर्व में किया जा चुका है, जैसे संसार के बाजार में पदार्थों के मूल्यों में कमी,

भूमि-संबंधी संकट, लगान तथा भूमि-कर में बढ़ोतरी, अच्छी खुराक के अभाव में बैलों की थकावट से तथा यंत्रों में समय-समय पर परिवर्तन न होने से भूमि के उत्पादन में निरंतर होने वाली गिरावट, भूमि पर अधिक दबाव पड़ने से भू-स्वामित्व में बराबर होने वाली कमी।

इतना ही नहीं—किसान, साहूकार का ऋण अथवा ज्यादातर ब्याज चुकाने में असमर्थ है अपितु आर्थिक दृष्टि से उसके लिए सहकारी बैकों द्वारा निश्चित सीमित ब्याज की दर चुकाना भी संभव नही है।

असल में अपने दावों को कठोरतापूर्वक क्रियान्वित करने के कारण जहाँ कहीं भी सहकारी समितियों के किसानों से लेन-देन थे वे उनके उद्धारक होने के स्थान पर, जैसी कि रिपोर्ट में आशा प्रकट की गई, अलोकप्रिय साबित हुई हैं।

दावों को वसूल करने का तरीका कठोर होने के कारण ये सहकारी समितियाँ घृणित साहूकार से भी ज्यादा घृणा की दृष्टि से ग्रामीण जनता द्वारा देखी जाती हैं।

जमींदारी क्षेत्रों में लाखों जोतदारों (tenants) के परोपजीवी शोषक जमींदार का सरकार ने अपनी-अपनी जमींदारी में ज्यादा से ज्यादा रुचि लेने, जोतदारों के भार को कम करने तथा कृषि के तरीकों को आधुनिक बनाने का परामर्श दिया जिसमें कृषि के यांत्रिक तरीके, यांत्रिक हल, मूसल तथा फसल काटने के यंत्र सम्मिलित है।

असल में, विभिन्न गर्वनरों तथा वाइसरायों ने जो परामर्श जमींदार को दिया उसका अभिप्राय उनको पुराने दकियानूसी, निष्क्रिय तथा अर्द्ध सामन्ती भूस्वामियों से सक्रिय, साहसी और आधुनिक पूंजीपति भूस्वामियों में परिवर्तित कर देना है।

साम्राज्यवाद के प्रतिनिधि वर्तमान स्थिति के घातक तरीकों को असली तरह जानते हैं और इसीलिए उन्होंने जमींदारों को बतलाया कि यदि उन्होंने अपने आपको समय पर पनुर्संगठित करके किसानों को शान्त नहीं किया तो लड़ाकू किसान आन्दोलन के खतरे और भी ज्यादा बढ़ जायेगे।

लेकिन जमींदार की परोपजीविता की जड़ें इतनी गहरी जमी हुई और सभी प्रगतिशील भावनाओं का उनमें इतना ज्यादा शैथिल्य है कि वे साम्राज्यवादी राजनीतिज्ञों के परामर्श को भी सुनी-अनसुनी कर जाते हैं। वास्तव में भूमि संबंधी संकट के हथौड़े की चोट किसानों पर लगाने पर भी यू०पी०, बंगाल तथा अन्य क्षेत्रों के जमींदारों ने अपने जोतदारों का भार हटाना तो दूर रहा बल्कि अपने विलासपूर्ण जीवन की आवश्यकताओं को पूरा करने के लिए विभिन्न प्रकार के तरीकों से उसे और भी ज्यादा बढ़ा दिया है।

इससे जोतदार ज्यादा से ज्यादा साहूकार के चंगुल में फंसता चला गया।

ग्रामीण जनता की निर्धनता तथा ऋणग्रस्तता की तथा गिरती हुई कृषि की समस्या को हल करने हेतु सरकार के अन्य कार्यक्रम भी, जैसे सिंचाई की योजनाएं, भूमिकर में आर्थिक कमी और अन्य भूमि-संबंधी सहायता के कार्य जो कांग्रेसी तथा गैर-कांग्रेसी प्रान्तों में क्रियान्वित किये गये, बेकार साबित हुए। इतने विशाल संकट को दूर करने के लिए जो सहायता दी गई वह काफी अल्प है।

ऋण का नतीजा काफी वृहत् है और उसके लिए उसकी समाप्ति कर देना ही आवश्यक है। सहकारी आन्दोलन अथवा भूमि संबंधी छोटी-मोटी सहायता इस समस्या का हल नहीं कर सकती।

किसान की गरीबी से उत्पन्न हुई उसकी ऋणग्रस्तता उसकी निर्धनता को अत्यन्त तीव्र बनाने वाले कारणों में मुख्य है। अपने ऋण की रकम तथा उसके सिर्फ ब्याज को भी चुकाने में असमर्थ किसान न केवल अपनी फसल ही साहूकार को दे देने के लिए बाध्य होता है अपितु अपनी भूमि को भी द्रुत गति से खोते हुए दरिद्र अथवा भूश्रमिक बनता जा रहा है।

इस वस्तु स्थिति का द्वितीय लक्षण यह है कि यदि सरकार अथवा किन्हीं परोपकारी लोगों का कोई कार्य किसान की आर्थिक उन्नति कर भी पाता है तो जिस स्थिति में वह हैं उसमें वह उसका फायदा नहीं उठा सकता। साहूकार अथवा भूस्वामी अपने दावों की वसूली के बदले, जिन्हें वह कभी भी पूरा नहीं कर सकता, उस लाभ पर अपना धावा बोल देता है और उसे हस्तगत कर लेता है। अतः यह थोड़ा सा सुधार भी जो उसकी स्थिति में किया जाता है। इसका लाभ भूस्वामी अथवा साहूकार को प्राप्त होता है जिसका किसान बन्धक-दास होता हैं।

सुधारवादी उपाय

ग्रामीण क्षेत्र में हुए इस विनाश का कोई सुधारवादी हल संभव नहीं है।

भूमि संबंधी उत्पादक शक्तियों की और गिरावट रोकने तथा शक्तिशाली, समृद्ध कृषि तथा सामान्य ग्रामीण अर्थव्यवस्था का निर्माण करने और ग्रामीण जनता की निर्धनता, दुःख तथा ऋणग्रस्तता को समाप्त करने की समस्या का हल उन सामाजिक-आर्थिक संबंधों के ढाँचे के अंदर नहीं निकल सकता जो आज के सभी भारतीय समाज का आर्थिक ढाँचा बना हुआ है।

यह आर्थिक संबंधों की पूरी न्यायालयी भाषा में साम्पत्तिक संबंधों का रूप है। भूमि संबंधी समस्या को ग्रामीण क्षेत्र में साम्पत्तिक संबंधों के वर्तमान स्वरूप को नष्ट किये बिना हल नहीं किया जा सकता।

यह प्रश्न इतना मौलिक अथवा मूलभूत नहीं है कि यह भूमि-संबंधी क्रान्ति राज्य द्वारा ऊपर से थोपी जाय या जनता द्वारा नीचे से उठाई जाय जितना यह कि भूमि संबंधी स्थिति का हल जमींदार तथा सूदखोर साहूकारी की समूची प्रथा को उलट-पलट किये बिना संभव नहीं है।

संपूर्ण सामंतों तथा भूस्वामियों की सम्पत्ति और सूदखोर पूंजी को साफ कर देने की आवश्यकता है। प्रगतिशील तथा समृद्ध ग्रामीण क्षेत्र का निर्माण करने के लिए इन बातों को पूरा करना काफी जरूरी है।

दूसरी तरह से नकारात्मक कार्य यह है कि ग्रामीण क्षेत्र के समूचे सामाजिक जीवन को उच्चतर सामग्री के साथ तथा सांस्कृतिक स्तर पर पुनः संगठित किया जाये। यह कार्य ग्रामीण जनता को सूदखोर पूँजी भूस्वामी स्ववाद आदि शृंखला से मुक्त करने में निहित है।

सभी प्रकार के ऋणों को समाप्त कर देना चाहिए। जमींदारी हटा दी जानी चाहिए। राज्य का भूमिकर का जो दावा है उसे पर्याप्त सीमा तक कर देना चाहिए।

आवश्यक कमी करने के पश्चात कृषक को अपने उन सब पदार्थों को अपने पास रख देना चाहिए जिन्हें वह खून पसीना एक करके उत्पन्न करता है।

सभी प्रकार के बंधक-पत्र तथा भू-विक्रय पत्र, कृषि नहीं करने वाले कृषकों (जमीदारों) के समस्त भूमि सम्बन्धी साम्पातिक अधिकार तथा सभी प्रकार के ऋण सम्बन्धी दावे रद्द कर दिये जाने चाहिए।

ग्रामीण क्षेत्र के समस्त जीवन को पुनः संगठित करने के लिए एक नवीन अध्याय आरम्भ करना चाहिए जिसमें न कोई ऋणी हो, न जमींदार हो और न भूमिकर का भारी बोझ हो।

लेकिन इतना भी समुचित नहीं है। यह तो सिर्फ सफलतापूर्वक ग्रामों में सुखी, आनन्दमय तथा सांस्कृतिक जीवन का निर्माण करने के सकारात्मक कार्य का एक नकारात्मक पूर्वाधार उत्पन्न करेगा।

सकारात्मक कार्य तो इस बात में निहित है कि ग्रामीण क्षेत्र में उत्पादक शक्तियों को विकसित किया जाये तथा कृषि में मानवश्रम की उत्पादकता को ऊंचा उठाया जाये और कृषि पर जो वर्तमान काल में ज्यादा दबाव पड़ रहा है उसे कम किया जाये।

ग्रामीण जनता के अलावा शहरी जनसंख्या के एक बड़े भाग को धन्धे में लगाने के लिए भारतीय उद्योग का द्रुत गति से विस्तार होना अत्यंत आवश्यक है। यह ब्रिटिश उद्योगों के हितों के विरूद्ध था। जब तक भारतीय जनता को राजनैतिक स्वतंत्रता प्राप्त नहीं होती, तब तक भारतीय उद्योग के वास्तविक और विस्तृत विकास की कोई सम्भावना नही थीः चूँकि भारत में ब्रिटिश पूँजीवाद इस दिशा में किये गए किसी भी तरह के विकास को अवरूद्ध करता चला जा रहा था।

राजनैतिक रवतंत्रता के बिना इस पैमाने पर भारत का औद्योगिक विकास सम्भव नहीं था जिससे कि कृषि पर पड़ने वाले ज्यादा दबाव की समस्या को तय किया जा सके। इस मौलिक समस्या का हल हुए बिना कृषि का पुनरुद्धार करके शक्तिशाली बनाना सम्भव नहीं था। इस तरह भारतीय कृषि का पुनरुद्धार करके शाक्तिशाली बनाना सम्भव नहीं था इस तरह भारतीय कृषि तथा सामान्य ग्रामीण अर्थव्यवस्था आर्थिक स्तर से राजनैतिक स्तर पर उठ गई इसने राजनैतिक शक्ति के प्रश्न को उठा दिया।

कृषि को पुनः अपने स्थान पर लाने, सामान्य जनता की वर्तमान निर्धनता को दूर करने के लिए न केवल सामान्य जनता को जमींदारों तथा सूदखोर साहूकारों के भार से मुक्त करना अपितु कृषकों की वर्तमान छोटी-छोटी जोतों को हटाना जरूरी हो गया। भूमि के खंडीकरण की वर्तमान प्रक्रिया से व्यक्तिगत कृषक की भूमि का विस्तार प्रगतिशील गति से कम होता चला गया। इसका समाप्त होना भी जरूरी हो गया। यह तभी सम्भव था जबकि अपने निर्वाह के लिए भूमि पर आश्रित रहने वाले लाखों व्यक्तियों के लिए जीविकोपार्जन हेतु औद्योगिक साधन उपलब्ध कराये जाएं।

लेकिन इतना ही पर्याप्त नहीं था। भारतीय कृषक को कृषि उत्पादन के अपने तरीके और तकनीक के आधुनिकीकरण के द्वारा अपने श्रम की उत्पादन क्षमता बढ़ाना जरूरी था। सिर्फ सूदखोर साहूकार तथा जमींदार के चंगुल से उसको छुड़ाना अथवा जोतने-बोने के लिए उसको अधिक भूमि दे देना ही पर्याप्त नहीं था। उसको आधुनिक औजारों, वैज्ञानिक खाद, प्रभावशाली बीज तथा शक्तिशाली बैलों की जरूरत थी।

विशाल एवं शक्तिशाली—अन्तर्राष्ट्रीय पूँजीवादी कृषि-उद्योग मंडल के साथ प्रतिस्पर्धा में खड़े होने योग्य बनने हेतु कृषक को जो अब भूस्वामी तथा सूदखोर साहूकार के दम घोंटने वाले दबाव से मुक्त हो गया था—कृषि प्रक्रिया का उच्चतर तकनीकी आधार पर पुनर्निर्माण करना जरूरी हो गया। उत्पादन का लागत मूल्य भी घटाना जरूरी था।

लेकिन जब चालक शक्ति तथा उत्पादक शक्तियाँ भूमि, कच्चा माल, औद्योगिक आधार, परिवहन आदि–जनता के हाथ में हो जैसा कि स्वतन्त्र भारत में है तथा साम्राज्यवादियों अथवा कतिपय पूँजीपतियों एवं भूस्वामियों के हाथ में नहीं हों, तब देश के भावी औद्योगिक विकास की अपेक्षाएँ पूरी हो जाती हैं। तब न सिर्फ शोषणों द्वारा श्रमशील कृषकों का शोषण समाप्त हो जाता है अपितु औद्योगिक क्षेत्र में कैसे आगे कदम बढ़ाया जाय, जिससे कि वर्तमान उत्पादन शक्तियों का उपयोग हो सके। यह चीज अल्पसंख्यक शोषकों के हाथ से निकलकर श्रमशील जनता के हाथ में आ जाती है। तब न सिर्फ जनता अपनी भूमि पर उत्पन्न पदार्थों को अपने पास रख सकती है, जिनको पहले शोषक छीन लिया करते थे अपितु उत्पादक शक्तियों को पुन संगठित तथा विकसित करने की स्वतंत्रता अब जनता से प्राप्त कर ली है।

भूमि में उद्योग आदि–कुछ सूदखोर, जमीदारों, साहूकारों तथा पूंजीवादियों के स्वामित्व के अधिकारों को छीनने से जो उत्पादक शक्तियों की आगे बढ़ोतरी पर रुकावट लगी हुई थी, वह हटा दी गई है। अब न सिर्फ परिश्रमशील जनता द्वारा उत्पन्न धन उनके पास ही रहकर उनके उपभोग में आता है बल्कि उस धन को उन शक्तियों के उचित उपयोग द्वारा उसे बढ़ाने की स्थिति भी उत्पन्न हो गई है।

आर्थिक नेतृत्व अब शोषकों से परिश्रमशील जनता के हाथ में चला गया है। उत्पादन के साधनों तथा स्थितियों पर श्रमशील जनता के नियन्त्रण का नतीजा इन के समुचित उपयोग तथा इन साधनों की वृद्धि में हुआ है।

कृषि-समस्या का निदान साम्राज्यवादी भूस्वामी-सूदखोर साहूकारों की प्रणाली के तहत सम्भव नहीं।

साम्राज्यवाद जो आर्थिक दृष्टि से पतनोन्मुख हो रहा है, औपनीवेशिक कृषक वर्ग के भार को कम नहीं कर सकता। वास्तव में, उसे अपनी अन्तराष्ट्रीय ि्थति का निर्वाह करने के लिए उन्हें ऊँचा उठाना जरूरी है। कृषकों को राहत देने वाले सरकारी कार्यक्रम यथा राजस्व की छूट अथवा कमी अस्थायी है और उनका प्रभाव अत्यंत ही अल्पसंख्यक समुदाय पर पड़ता है। उनका काफी साधारण महत्व दैनिक जरूरतों की वस्तुओं पर अप्रत्यक्ष कर तथा वित्तीय छल योजनाओं से समाप्त हो जाता है। साम्राज्यवाद सिंचाई की बड़ी योजनाओं को अपने हाथ में नहीं ले सकता, चूँकि या तो इसके पास पर्याप्त पूंजी की कमी होती है। अथवा सिंचाई की साहसपूर्ण योजनाओं में पूँजी लगाना लाभप्रद नहीं होता। सहयोग समितियाँ कृषक की ऋण-विपत्ति का समाधान नहीं कर सकती, चूँकि उसकी आय इतनी कम है कि वह

सूद भी नहीं चुका सकता। सरकार भू-राजस्व कम नहीं कर सकती, क्योंकि औपनिवेशिक शासन के राज्य-तन्त्र को उचित व्यवस्था में रखना है। इसके अलावा कृषक इतना अधिक निर्धन, इतना अधिक ऋणग्रस्त है कि वह मजबूत बैलों की जोड़ी भी नहीं खरीद सकता जिसमें वायसराय लिनलिथगो कृषक के वास्तविक उद्धारक का रूप देखते थे। कृषि सम्बन्धी समस्त ज्ञान जो कृषक के कानों में सरकार द्वारा ग्रामों में स्थापित रेडियो के जरिये पहुंचाया जाता है, वह उसके लिए कुछ भी उपयोग का नहीं है, चूंकि ऋणभार से लदे कृषक के पास उन सुझावों को कार्य में परिणत करने के लिए आर्थिक साधनों का अभाव है। अच्छी भावना वाले मानव हितवादी कृषक समुदाय की निर्धनता के वास्तविक कारणों से अनभिज्ञ हैं और वे इसका कारण कृषक समुदाय में शिक्षा का अभाव मानकर अप्रासंगिक कार्यक्रमों में अपने आप को लगा रहे है। अन्तिम रूप से यह कृषक की आर्थिक मदद तथा निराशा ही है कि जिसके कारण वह शराब पीता है अथवा अपने में किसी तरह का उत्साह अनुभव करता है और न स्वच्छता के साथ रहने के साधन ही अपने पास रख पाता है। शिक्षित मानव हितवादियों की यह अज्ञानता निरक्षर सामान्य जनता की अज्ञानता से भी अधिक चोट पहुँचाने वाली है।

जमींदार जोतदारों के ऊपर से अपने-शिकंजों को ढीला नहीं करते। ऐसा करने के लिए उन्हें अपने परोपजीवी अस्तित्व को छोड़ना पड़ता है। इस तरह वे जमींदार ही नही रहते।

ब्रिटिश साम्राज्यवाद जमींदारों का उन्मूलन करके कृषकों को मुक्त नहीं कर सकता। सबसे प्रथम तो इसका राजनैतिक कारण है। जमींदार भारत में ब्रिटिश शासन के स्तम्भ थे। दूसरा इसका आर्थिक कारण है। जमींदारों का पतन आर्थिक दृष्टि से ब्रिटिश पूंजी पर विपरीत प्रभाव डालता हैं चूंकि जमींदारो तथा ब्रिटिश बैकों के मध्य प्रबल आर्थिक बन्धन थे। वास्तव में जमींदारो के धन का अतिरिक्त भाग जो उसके जोतदारों से छीना जाता था, वह ब्रिटिश बैंकों की पूँजी का बड़ा भाग होता था।

अंत में साहूकार किसी भी स्थिति में अपने ऋणों के दावों को त्यागने के लिए इच्छुक नहीं था। ऐसा करने में उसे अपनी युगों पुरानी परम्परा के विरूद्ध जाना पड़ता।

अन्तिम कथन

इसलिए कृषि समस्याओं का हल करने से पूर्व उत्पादन के वर्तमान सामाजिक सम्बन्धों के रूप में जो बाधा उपस्थित है, उसे हटाना जरूरी है।

इस प्रणाली में कृषि तथा कृषक के सम्बन्ध में जो दृष्टिकोण है, वह दुःखपूर्ण है। जैसा कि पूर्व में उल्लेख किया जा चुका है कि कृषक अपनी फसल की रकम विश्वव्यापी कृषि-संकट के फलस्वरूप कम-से-कम वसूल करता जा रहा है। उसकी आय घट रही है और भू-राजस्व, अप्रत्यक्ष तथा अन्यकर, साहूकारों के सूद तथा जमींदार के लगान के रूप में जो उसके ऊपर भार है, वह बढ़ता जा रहा है।

असल में कृषक अपनी कृषि सम्बन्धी प्रक्रिया को अपने सीधे-सादे पुनरुत्पादन के स्तर पर भी निर्वाह करने में असमर्थ हो गया है।

नतीजन भूमि के गुण कम हो गये, उत्पादन क्षमता गिर गई, पशु धन की कार्य करने की सामर्थ्य लुप्त हो गई। इन सब का फल कृषि के ज्यादा से ज्यादा पतन तथा कृषक की दरिद्रता के रूप में हमारे सामने आया।

और यह सब, जैसा कि हमने शुरू में बतलाया है, इस तथ्य के बावजूद हुआ जबकि हमारे देश में समृद्धिशील कृषि के लिए सभी जरूरी बातें विद्यमान हैं।

समृद्धिशील तथा अलग-अलग प्रकार की कृषि की फसलों के उपयुक्त यहाँ उष्ण तथा विविधतापूर्ण जलवायु है। लोहा, कोयला के समान खनिज द्रव्य के अपर्याप्त अथवा एकदम भी नही निकाले हुए इतने अधौभौमिक भण्डार यहाँ विद्यमान हैं जिनमें, शक्तिशाली और विशाल हल्के तथा भारी उद्योगों का निर्माण किया जा सकता है जो हमारे लाखों लोगों को औद्योगिक कार्यों में लगाकर कृषि पर पड़े भार को कम सकता है और साथ ही कृषि के लिए ट्रेक्टर तथा उर्वरक जैसे उन्नतिशील तकनीकी साधनों की व्यवस्था कर सकता है। यहां महान नदियां हैं, जो काफी ज्यादा ऊँचाई से मैदानों में गिरती हैं, जिनका जल पर्याप्त मात्रा में इतने प्रबल वेग से प्रवाहित होता है कि उसे नहरों के रूप में उपयोग में लाने तथा महान् विद्युत शक्ति उत्पन्न करने की काफी संभावना है जिनसे हमारे उद्योग, कृषि आदि को चालक शक्ति प्राप्त हो सकती है। और इन सबसे ऊपर यहां काफी विशाल परिश्रमशील जनसमूह भी विद्यमान है जिनके जीवंत काम से हमारे देश का रूप ही पारिवर्तित हो सकता है।

फिर भी आज दुःख निर्धनता, पतन ग्रामीण क्षेत्र में फैले हुए हैं।

हमारे देश के इन शक्तियों और साधनों को पूरी तरह से उपयोग में लाने तथा समृद्ध एवं विकासशील ग्रामीण भारत के स्वप्न को साकार करने के मार्ग में जो अवरोध ग्रामीण भारत के स्वप्न को साकार करने के मार्ग में जो अवरोध है, हमने उनको पहले ही गिना दिया है। यदि हमें इस स्वरूप को मूर्त्त रूप देना है, तो इन अवरोधों की हटाना होगा।

ब्रिटिश पूँजीवाद ने भारत को उपनिवेश के रूप में परिवर्तित कर दिया। हमारी राष्ट्रीय अर्थव्यवस्था मूल रूप से औपनिवेशिक अर्थव्यवस्था है जो विदेशी पूंजीवाद की माँगों की पूर्ति हेतु उत्पादन करती है। यही दासता हमारे आर्थिक विकास में बाधा डालती है तथा उसे सीमित करती है।

हमारी कृषि को आज ब्रिटिश पूँजीवादी उद्योगों की माँगों की पूर्ति के लिए व्यावसायिक फसलें उत्पन्न करना छोड़ना होगा। इसके अलावा, वर्तमान सामन्तवादी साम्राज्यवादी भूस्वामी परिस्थितियों में हमारी एक तिहाई भूमि बिना जोते-बोये रह जाती है। जब आर्थिक जीवन का आयोजन श्रमिक जनता के हित में होगा तो वर्तमान कृषि योग्य क्षेत्र में भूमि को पुनः ग्रहण द्वारा बढ़ाया जा सकता है।

साम्राज्यवाद आज हमारे औद्योगिक विकास में साम्राज्यवादी देशों के उद्योगों के हितों के कारण बाधक हो रहा है। पर्याप्त औद्योगिक विकास के अभाव में कृषि समस्या नहीं सुलझ सकती। चूंकि भूमि पर ज्यादा दबाव ग्रामीण दुःखान्त नाटक के मूलभूत कारणों में से एक है, इसलिए यह काफी जरूरी है कि हमारी औद्योगिक उन्नति पर जो साम्राज्यवादी अंकुश है, वह अवश्य समाप्त हो जाना चाहिए।

भूस्वामित्व तथा सामन्तवाद न सिर्फ बिना किसी उत्पादक लाभ के देश के धन को खींचे लिए जा रहा है अपितु वह कृषि के सुधार के मार्ग में बाधा उपस्थित कर रहा है, इन्हें जरूर हटा देना चाहिए।

हमारे आर्थिक जीवन की इन प्रमुख बाधाओं को हटाये बिना न सिर्फ आर्थिक विकास ही संभव है अपितु कृषि का वर्तमान स्तर भी नहीं बनाये रखा जा सकता है।

हमारे देश में कृषि के पुनरुद्धार हमारे उद्योग के अबाधित विकास तथा सामान्य आर्थिक उन्नति हेतु देश के सभी प्राकृतिक, मानवीय तथा तकनीकी साधनों के बिना नही हो सकता।

विकासशील एवं समृद्ध ग्रामीण क्षेत्र का स्वप्न राजनैतिक स्वतंत्रता के कार्यक्रम के साथ जुड़ा हुआ है जो उत्पादन के वर्तमान सम्बन्धों के उन्मूलन श्रमिक जनता की भूमि तथा देश के अन्य साधनों का उपयोग तथा जनता के लिए योजनाबद्ध आर्थिक जीवन अर्थात् समाजवाद के निर्माण की मूलभूत शर्त है।

भारत में सामुदायिक विकास योजनाएं

स्वतंत्रता प्राप्ति के पश्चात् समाज कल्याण हेतु विभिन्न प्रकार के कदम सरकार द्वारा उठाये गए। इन सबका उद्देश्य था कृषि अर्थव्यवस्था ग्रामीण समाज का पुनर्गठन में भारत सरकार द्वारा योजना आयोग की स्थापना की गई।

योजना आयोग ने अपने प्रथम पंचवर्षीय योजना में सामुदायिक विकास योजना को इस प्रकार आँका है सामुदायिक विकास योजना एक ऐसी प्रक्रिया है जिसके द्वारा पंचवर्षीय योजना ग्राम जीवन के सामजिक तथा आर्थिक स्तरों में एक आमूल परिवर्तन ला सके।" यू. एन. ओ. (U.N.O.) के एक प्रतिवेदन के अनुसार यह एक ऐसी व्यवस्था है जिसके द्वारा समस्त देश का आर्थिक स्तर ऊँचा उठ सके और इस महान कार्य में समस्त समाज सक्रिय रूप से भाग ले सके और यदि सम्भव हो तो उन्हीं के पथ-प्रदर्शन पर यह योजना आगे बढ़ सके। लेकिन यदि समाज को इस प्रकार का नेतृत्व प्राप्त न हो सके। तो इस तरह की व्यवस्था करना है कि समाज अनुप्रेरित होकर सक्रिय रूप से इस महान कार्य में सम्मिलित हो सके।" सामुदायिक विकास योजना एक अत्यन्त आवश्यक प्रक्रिया है। पण्डित जवाहरलाल नेहरू के शब्दों में—"योजना का महत्व केवल इतना ही नहीं है कि हमारे भौतिक उपलब्धियों के एक परिवर्तन आयेगा अपितु इसलिए है कि एक समुदाय और व्यक्ति विशेष का जन्म होगा और वह व्यक्ति विशेष अपने ग्राम-जीवन के प्रगति में एक केन्द्र बिन्दु बनेगा और इस प्रकार समस्त देश का उत्थान हो सकेगा।

अद्वितीय नामकरण

'सामुदायिक विकास' यह शब्द भारतवर्ष में एक अनूठा नामकरण है। जैसा कि 'विकास योजना' तथा राष्ट्रीय-विस्तार सेवा (यह सामान्य तथा श्री बलवन्तराय समिति प्रतिवेदन (Report) के नाम से प्रसिद्ध है) ने अपने एक अध्ययन प्रतिवेदन में बताया है : 'अब तक हम नाना शब्दावलियों को काम में लाते रहे हैं, जैसे ग्राम विकास, रचनात्मक कार्य, प्रौढ़ शिक्षा तथा ग्राम-उत्थान। इन शब्दों के प्रयोग से सामूहिक या 'समाज' यह शब्द पिछले अनेक वर्षों से धार्मिक तथा जाति-वर्गो को सूचित करता रहा है या कुछ अवस्थाओं में अधिक वर्गों को सूचित करता रहा है जो एक स्थान विशेष में नहीं रहते हैं : लेकिन 'सामुदायिक विकास योजना' के प्रांरभ होते ही इसका अर्थ विस्तृत कर दिया गया। अब यह देश के सम्पूर्ण-ग्राम जीवन को परिवेष्ठित करता है और जातिगत, धार्मिक तथा आर्थिक जितनी भी विशेषताएं हैं वे सब एक विस्तृत परिकल्पना में विलीन हो जाती हैं। यह एक ऐसी योजना है जिसका लक्ष्य यह है कि एक स्थान विशेष का विकास वहां के रहने वालों के हित में हो। समाजशास्त्रीय दृष्टिकोण से यह एक प्रमुख चरण है। यह कृषि तथा ग्राम सम्बन्धी सारी समस्याओं को करोड़ों ग्रामवासियों के सक्रिय योगदान द्वारा हल करने में सचेष्ट है। यही कारण है कि इस नूतन समाज के प्रवर्तकों को इससे ज्यादा सुन्दर

और विस्तृत नाम नहीं मिला, जिससे कि इस महान योजना का महत्व सर्वांग रूप से प्रकाशित हो सके। अब हम 'सामुदायिक' शब्द के अन्तर्निहित सब आशाओं की व्यापक रूप से परीक्षा करेंगे।

आन्दोलन के प्रेरक तत्व

'सामुदायिक विकास योजना' का उद्भव निम्न प्रकार पूर्व घटित परीक्षणों का फल है :

1. सेवा ग्राम तथा मुम्बई राज्य के सर्वोदय केन्द्रों के ग्राम-विकास कार्यों का तीव्र गति से चलनाः
2. मद्रास की फिरका विकास योजनाः
3. नीलोखेरी तथा दूसरे स्थानों में शरणार्थियों के लिए सामुदायिक केन्द्रो को बनाने की चेष्टा
4. खासतर एल्बर्ट मेयर्स के अनुप्रेरणा से इटावा तथा गोरखपुर में मार्गदर्शी योजनाओं को बनाना।

इस विचारधारा की उत्पत्ति इसलिए भी हुई कि सरकारी विभाग द्वारा की गई नाना चेष्टाओं, यथा—कृषि, सहकारिता, पशुपालन, स्वास्थ, शिक्षा तथा विभिन्न प्रकार की अन्य योजनाओं को एक सूत्र में बांधा जा सके ताकि सम्मिलित होकर ये सब योजनाएं प्रभावशाली बन सकें। इसके अलावा इस आन्दोलन के प्रवर्तकों के अनुसार इस योजना को इसलिए भी प्रारंभ किया गया ताकि ग्राम- पुनर्निर्माण की दार्शनिक आधारशिला में परिवर्तन आ सके। दूसरी बहुत-सी संस्थायें ग्राम-पुनर्निर्माण के कार्य में हाथ बटाने को आगे बढ़ी लेकिन यह सब काम उन्होंने उदार भावनावश होकर ही किया। 'सामुदायिक विकास आन्दोलन ग्रामवासियों में मनोवैज्ञानिक बदलाव लाना चाहता है। इसका उद्देश्य ग्रामवासियों में नवीन आकांक्षाओं, नई अनुप्रेरणाओं, नई तकनीकों तथा नये साहस का संचार करना है, ताकि अपरिमेय जन-साधनों को देश के नवीन आर्थिक विकास में काम में लाया जा सके।"

योजनाओं की शुरुआत

सामुदायिक विकास योजना का उद्घाटन 2 अक्टूबर, 1952 में हुआ। पचपन 'सामुदायिक योजनाओं का प्रारंभ हुआ। प्रत्येक योजना के तहत 3000 ग्राम शामिल हुए जो कि 450 से 500 वर्ग मील में परिव्याप्त थे; अर्थात् ये लगभग 1,15,000 एकड़ 2,00,000 जनसंख्या को समाविष्ट किये हुए थे। एक योजना-क्षेत्र 100 गाँवो के तीन विकास-खण्डों में विभाजित था और हर विकास खण्ड की जनसंख्या 65,000

थी। हर विकास खंड लगभग बीस समूहों में विभक्त था, और प्रत्येक समूह के तहत पांच गांव थे। गांवों का हर समूह एक ग्राम-सेवक की देख-रेख में रखा गया। पांच गाँवों में से एक गाँव को ग्राम सेवक का प्रधान कार्यालय नियुक्त किया गया।

1952 में उद्घाटित कार्यक्रम का 'प्रथम पंचवर्षीय योजना' के अन्त में और भी विस्तृत क्षेत्रों में विस्तार कर दिया गया। 603 'राष्ट्रीय-विस्तार-सेवा खण्ड' और 556 'सामुदायिक विकास खण्ड' 1,57,000 गांवों को परिव्याप्त किए हुए थे और क़रीब-करीब 88.8 करोड़ जनसंख्या का निर्माण किया गया। प्रत्येक तीन गांवों में से एक गांव इस योजना-क्षेत्र में आ गया।

'द्वितीय पंचवर्षीय योजना' के तहत हर गाँव को इस योजना में लाने की कोशिश की गई। 40 प्रतिशत क्षेत्र गहन विकास योजना के तहत आ गया। सब मिलाकर इस तरह 3,800 अतिरिक्त 'विस्तार सेवा खंडों' का निर्माण किया जायेगा जिसमें से 1,120 'सामुदायिक योजना-खंडों में रूपान्तरित किये जायेंगे। यद्यपि इस महत्त्वाकांक्षी योजना में पुनः संशोधन किया गया।

योजनाओं के विभिन्न चरण

'सामुदायिक विकास योजना' को तीन चरणों में विभाजित किया जा सकता है, जैसे, 'राष्ट्रीय विस्तार चरण', 'गहन सामुदायिक विकास चरण' और गहन विकासोत्तर-चरण' हों। ऐसा कहीं निर्धारित नहीं है कि प्रत्येक जगह दो चरण एक दूसरे के बाद बारी-बारी से चलेंगे। चूँकि 'राष्ट्रीय विस्तार चरण' को कुछ क्षेत्रों में गहन सामुदायिक विकास योजना चरण' के लिए छोड़ दिया गया है। समान्यतया पहले और दूसरे चरण का समय तीन-तीन वर्ष निर्धारित किया गया है।

प्रथम चरण में वे क्षेत्र चयनित किये गये हैं, जिनको इस विधि के तहत लाया गया है; ताकि उनके द्वारा कम सरकारी खर्चे पर सामान्य ग्राम-विकास के ढाँचे पर ज्यादा से ज्यादा सेवायें प्राप्त की जा सकें। गहन चरण में जिन खण्डों को चुना गया है उनको ज्यादा सरकारी खर्चे के आधार पर समतन्वित और गहन विकास योजना के तहत लाया गया है। गहन विकासोत्तर चरण में ऐसा मान लिया गया है कि प्रथम चरण के काल में स्थापित स्वचालित प्रक्रिया का आधार निर्माण कर लिया गया है और सरकारी खर्चे को काफी कम कर दिया गया। धीरे-धीरे क्षेत्रों को अपने विकास के लिए विकास-भागों की देख रेख में छोड़ दिया जाता हैं

1952-53 की 'सामुदायिक योजनाओं' के अनुक्रम में हर 'खंड के लिए तीन साल की अवधि के लिए 22 लाख रुपये की व्यवस्था की गई। यह 1953-53 के

अनुक्रम में घटा कर 15 लाख कर दी गई। राष्ट्रीय विस्तार सेवा' के तीन साल की अवस्था के लिए वर्तमान व्यवस्था 4 लाख रुपये की है और 'सामुदायिक विकास व्यवस्था' के लिए 8 लाख रुपये है। इस तरह 6 साल के लिए कुल मिलाकर 12 लाख रुपए का आयोजन है। दूसरे शब्दों में, प्रत्येक खंड का वार्षिक व्यय पहले 7. 6 लाख से 5 लाख और अब घटाकर 2 लाख तक कर दिया गया है।

योजनाओं के प्रमुख कार्यक्रम

'सामुदायिक योजना' के प्रवर्तकों ने कार्यक्रमों की एक सुन्दर सूची तैयार की है। इनमें विभिन्न प्रकार के प्रकरण सम्मिलित हैं जो कि निम्नलिखित आठ तरह के कार्यों से सम्बद्ध हैः

1. कृषि तथा उससे संबंधित विषय;
2. संदेशवाहक के साधन;
3. शिक्षा;
4. स्वास्थ;
5. प्रशिक्षण;
6. समाज कल्याण;
7. पूरक रोजगार;
8. मकान।

1957 में नियुक्त चतुर्थ 'मूल्यांकन प्रतिवेदन' ने सामुदायिक विकास योजना' द्वारा सम्पन्न कार्यक्रमों के वर्गीकरण के लिए अलग-अलग प्रकार के मानकों को अपनाया। इसने कार्यक्रम की क्रियाओं को निम्न प्रमुख भागों में विभाजित किया हैः

1. निर्माण संबंधी कार्यक्रम;
2. भूमि-सिंचन कार्यक्रम;
3. कृषि-संबंधी कार्यक्रम।

इन प्रत्येक कार्यक्रम के अन्तर्गत क्रियाओं की सूची निम्नलिखित इस तरह हैः

1. कृषि से संबधी कार्यक्रम—उपादेयकरण भूमि संरक्षण, धृत क्षेत्रों कां एकत्रीकरण, उन्नत बीज, खाद तथा उर्वरक, कीटनाशक, कृषि के लिए उन्नत विधियाँ और उन्नत उपकरण।

2. निर्माण संबंधी कार्यक्रम—पक्के रास्ते, कच्चे रास्ते, अद्यःप्रणाल, नाली, सड़कों की फर्शबन्दी; स्कूलों के लिए इमारतें; समुदाय-केन्द्र के लिए इमारतें, चिकित्सा के लिए इमारतें, हरिजनों के लिए मकान और पीने के लिए जल का प्रबन्ध।

3. भूसिंचन कार्यक्रमों—पम्प के लिए मशीनें, कुएं नलकूप तथा तालाब।

4. संस्थागत एवं अन्यान्य कार्यक्रम—नारी-संगठन, युवक सभाएं, सामुदायिक केन्द्र, विकास मंडल, सहकारी समितियाँ, वितरण भंडार, प्रसूति केन्द्र, पशुचिकित्सालय, औषधालय पंचायत, मुख्य ग्राम केन्द्र, प्रौढ़ शिक्षा केन्द्र, प्राथमिक शिक्षा केन्द्र, दाई प्रशिक्षण गृह उद्योग, उत्पादक एवं प्रशिक्षण केन्द्र, प्रदर्शन के लिए स्थानों का आयोजन, आचूर्षणर-गर्त तथा निर्धूम चूल्हा।

संगठन प्रणाली का रूप

सामुदायिक विकास योजना को कार्यान्वित करने के लिए एक विस्तृत संगठन का निर्माण किया गया है। यह सामुदायिक योजना प्रशासन के नाम से सर्वविदित है। आरम्भ में यह योजना-आयोग के अतंर्गत था। अब यह नवनिर्मित सामुदायिक विकास मन्त्रालय के अतंर्गत है।

सम्पूर्ण व्यवस्था चार प्रमुख भागों में विभाजित हैः—केन्द्रीय प्रशासन, राज्य प्रशासन, जिला प्रशासन तथा योजना प्रशासन। नियन्त्रण तथा शासन ऊपर से लेकर नीचे तक विस्तृत है। जिससे इसने संस्तरित नौकरशाही संगठन का रूप धारण कर लिया है। हर स्तर पर एक प्रशासक विद्यमान है जो कि 'विकास समिति' की मदद से काम करता हैं और 'मन्त्रणा परिषद' से सहायता प्राप्त करता है। केन्द्र में एक प्रशासक रहता है, राज्य के स्तर पर एक विकास अधिष्ठाता' रहता है, जिला के स्तर पर एक जिलाधीश के कोटि का एक जिला विकास अधिकारी रहता है और योजना के स्तर पर एक योजना अधिकारी रहता है जो कि 125 निरीक्षकों तथा ग्राम सेवकों से मदद प्राप्त करता रहता है।

प्रशासन के ढाँचे की विशिष्टता

प्रो० दुबे इस प्रशासन-संगठन की छह प्रमुख विशिष्टताओं पर प्रकाश डालते हैं ये निम्न प्रकार से हैं :

''**प्रथम** : विकास कार्यों का समन्वित तथा एकीकृत रूप ध्यान में रखते हुए चारो अलग-अलग स्तरों का अन्तिम भार एक व्यक्ति विशेष पर निर्भर है न कि असंख्य विशेषज्ञों पर। यद्यपि विशेषज्ञों की तकनीकी परामर्श तथा निर्देशन के लिए समस्त स्तरों में विद्यमान है।

''**द्वितीय** : गैरप्रशासकों को कार्यक्रम संबंधी व्यवस्था में सम्मिलित करने के उद्देश्य से और कुछ अंश तक कार्यक्रम के सम्पादन में शामिल होने के उद्देश्य से जांच पड़ताल तथा निरीक्षक समितियों के सारे स्तरों पर उचित प्रशासकों को सम्मिलित करने की व्यवस्था की गई है।

''**तृतीय** : दीर्घसूत्रता को कम करने के उद्देश्य से तथा केन्द्र और राज्य के मुख्य कार्यालय से लेकर हर योजना तक एक सुगठित संबंध स्थापित करने के लिए प्रमुख अधिकारियों की एक बड़ी संख्या को अलग-अलग स्तरों पर नियुक्त किया गया है और उच्चतम (केन्द्र) से निम्नतम योजना-स्तरों तक एक सीधा संसर्ग का रास्ता अपनाया गया है। विभिन्न स्तरों पर सम्मिलित कार्य के महत्व पर काफी जोर दिया गया है।

'' **चतुर्थ** : कार्य की विशिष्ट प्रकृति के कारण दो अलग-अलग स्तरों के अधिकारियों के लिए निर्धारण तथा प्रशिक्षण-पाठ्यक्रमों की व्यवस्था की गई है और मतों तथा परामर्श का ज्यादा से ज्यादा आदान-प्रदान के लिए दो उच्चतर स्तरों के अधिकारियों के बीच भी व्यवस्था की गई है।

''**पंचम** : ज्यादा से ज्यादा विस्तृत पैमाने पर जब सहयोग प्राप्त करने के लिए यह निश्चय किया गया है कि जितनी भी स्थानीय संस्थाएं हैं उनको विकास कार्यक्रम के परिपालन में पूरी तरह से काम में लाया जाय। जहां इस तरह की संस्थाएं नहीं हैं या ठीक ढंग से समुन्नत नहीं हैं वहां यह निर्णय किया गया है कि इनका भी निर्माण किया जाय।

''**षष्टम** : आधुनिक लोक-व्यवस्था के दो महत्वपूर्ण नियमानुसार, यथा—गवेषणा और प्रगति- एक 'स्वतन्त्र कार्यक्रम मूल्यांकन संगठन' और 'सामुदायिक विकास' की पद्धतियों का निर्माण हुआ है। इस समिति के निष्कर्षों से यह आशा की जाती है कि इस दिशा में संगठनों तथा पद्धतियों में इच्छित परिवर्तन आ सकेगा।''

उपलब्धियों का सर्वेक्षण

कई कारणों से इन उपलब्धियों का सम्पूर्ण परिमाणात्मक मूल्यांकन करना काफी कठिन है। प्रथम, प्रस्तुत लेखक की जहां तक संभव हो सके जानकारी के अनुसार इस प्रकार के पर्याप्त तथ्यों या असाधारण सामग्री का संकलन नहीं हुआ है। द्वितीयतः 'सामुदायिक योजना' की उपलब्धि को दूसरी संस्थाओं द्वारा लाई गई उपलब्धियों से अलग-अलग नहीं किया जा सकता है। कूछ पर्यवक्षकों ने यह बताया है कि बहुत से कार्य जो सामुदायिक विकास योजना' के अन्तर्गत समझे जाते हैं वे वास्तव में दूसरी संस्थाओं के तहत आने चाहिए। तथापि हम मूल्यांकन के दृष्टिकोण से निर्माण, सिंचाई, कृषि, संस्थागत तथा अन्यान्य कार्यों के संबंध में उपलब्ध न्यायों को स्वीकार करेंगे जैसा कि 'कार्यक्रम-मूल्यांकन संगठन की चतुर्थ प्रतिवेदन ने संग्रह किया है। ये न्यास अलग-अलग राज्यों की सत्रह-योजना

इकाइयों से सावधानी से संग्रह किये गये हैं और 'योजना-मूल्यांकन संगठन ने इनका विशद् रूप से अध्ययन किया है।

'सामुदायिक योजना' के प्रभाव को अनेक विद्वानों तथा संस्थाओं ने विश्लेषणात्मक दृष्टि से मूल्य निर्धारित करने हेतु अध्ययन किया है। प्रो० विल्सन, प्रो० कार्ल टैलर, प्रो० ऑस्कर ल्युयिस, प्रो० ओपलर और उनके दल, प्रो० दुबे, प्रो० मेण्डेलबॉम तथा कई दूसरे विद्वानों ने ग्रामवासियों पर 'सामुदायिक योजना' के प्रभावस्वरूप का मूल्यांकन करने की कोशिश की है। 'कार्यक्रम-मूल्यांकन संगठन' भी अनवरत इस कार्य में जुटा हुआ है और उसका प्रतिवेदन बहुत ही मूल्यवान प्रलेख है। बेन्च मार्क सर्वेक्षण ने भी सामुदायिक योजनाओं के कार्यक्रमों पर विशेष प्रकाश डाला है। सर्वविदित श्री बलवन्तराय-समिति प्रतिवेदन इस विषय पर एक नवीनतम प्राधिकारपूर्ण मूल्यांकन है। प्रो. दुबे का 'भारत के बदलते हुए गांव' 'सामुदायिक योजना' के सम्बन्ध में एक अन्तिम, व्यापक और व्यस्थित है यद्यपि यह अध्ययन उत्तर प्रदेश (U.P) के केवल दो अलग-अलग तरह के गांवों का गहन परीक्षण है। प्रस्तुत लेख में इन अध्ययनों एवं प्रतिवेदनों से प्राप्त उपलब्धियों को अलग-अलग दिखाना मुश्किल है। फिर भी मूल्यांकन का एक सामान्य प्रतिमान जो सामने आता है, उसे विषद् रूप से अध्ययन करने की जरूरत है।

मूल्यनिर्धारण के द्वारा स्वीकृत मुख्य आधार-तत्व

यह समझ लेना चाहिए कि जितने भी विद्वान और संस्थाएं हैं, जिन्होंने 'सामुदायिक विकास योजना' का मूल्यांकन किया है, वे सब भारत सरकार की आर्थिक एवं पंचवर्षीय योजना आयोग के आधारतत्वों को स्वीकार करती है। इसके अलावा इन सब मूल्यनिर्धारकों ने यह मान लिया है कि 'सामुदायिक विकास' आन्दोलन भू-सम्बन्धी अर्थव्यवस्था तथा भारतीय समाज के पुनर्गठन के लिए जरूरी और ठीक है। उनमें से किसी ने एक भी प्रश्न नहीं उठाया है या आलोचनात्मक तरीके से इस आन्दोलन के प्रमुख मूलतत्वों को नाथने का प्रयास किया है। इसलिए यह आवश्यक है कि मुख्य मान्यताओं को, जो उन्होंने स्वीकार कर ली है, हम सामने उपस्थित करें। जैसा कि प्रो. कार्ल टेलर ने एक जगह टिप्पणी की है, सामुदायिक विकास योजना का आधारतत्व यह है कि स्थानीय आत्मनिर्भरशील ग्राम समितियां अपनी मानव तथा प्राकृतिक साधनों को जुटाएगी ताकि हर तरह की स्थानीय उन्नति हो सके, और सरकार की सारी तकनीकी संस्थाएं इस कार्य में उनको सहायता प्रदान करेंगी। उनके अनुसार इसका तात्पर्य यह है कि—

1. कार्यक्रम के बनाने तथा सम्पादन में जनता का नेतृत्व
2. इसलिए ज्यादा से ज्यादा संख्या में प्राथमिक समूह के आधार पर ऐच्छिक संस्थाओं को निर्माण करने तथा सुगठित करने की व्यवस्था तथा काफी संख्या में स्थानीय संस्थाओं का निर्माण करना
3. सामूहिक कार्य-तकनीकों पर निर्भरशीलता
4. सम्पादन के सारे कार्यों पर लोगों का सक्रिय रूप से हाथ बटाना ताकि स्थानीय नेतृत्व का जन्म हो सके
5. सरकारी प्रशासन प्रणाली का एक सहायक समिति के रूप में काम करना। इस प्रशासन तन्त्र का कार्य-कर्त्तागण सब स्तरों पर सिर्फ प्रशासनिक और तकनीकी चातुर्य से ही पूर्ण नहीं होगा अपितु सामाजिक चातुर्य से भी परिचित होगा जिसके द्वारा वे ऐच्छिक संस्था तथा सामुदायिक योगदान के लिए जनता का उत्साह प्राप्त करने में समर्थ हो सकेंगे।

इसलिए इस आन्दोलन के मूलभूत दार्शनिक तत्व भारतीय भूसम्बन्धी अर्थवस्था के सन्दर्भ में निम्नलिखित मुख्य समाजशास्त्रीय धारणाओं को स्वीकार करते हैं :

1. व्यक्ति विशेष, प्रशाखाएं, समूह तथा विभिन्न स्तर जो ग्राम समुदाय को रूप देती हैं, वे सब सामूहिक हितों के एक सूत्र में बंधे हुए हैं।
2 ग्राम में अवस्थित अलग-अलग समूहों और वर्गों के हित अलग-अलग समूहों के हित परस्पर विरोधी नहीं है :
3. राज्य के अधिवर्ग है जो कि निष्पक्ष निर्दलीय समूह है और सरकार की मुख्य नीति इस तरह की है कि फिर वर्तमान सामाजिक दलों की विषमताओं को तीव्रतर नहीं बनाती है :
4. लोगों का नेतृत्व उत्साह तथा सक्रिय भाग ग्राम समुदायों में सम्भव है चूंकि उनके सामान्य हित होते हैं।

किसी भी विद्वान या समिति ने सूक्ष्म रूप से इस बात को जानने की चेष्टा नहीं है यह ठीक है अथवा नहीं।

तथापि हम इन विद्वानों तथा समितियों द्वारा अर्जित की गई मुख्य उपलब्धियों पर तथा सामुदायिक विकास योजना और ग्रामवासियों पर उसके प्रभाव के सम्बन्ध में उपलब्ध तथ्यों पर विचार करेंगे।

प्रो. टेलर सामने अनेक विद्वानों ने यह किया है कि सरकारी तन्त्र यद्यपि बुद्धिमान, मेहनती तथा अन्त परायण लोगों से परिपूर्ण है, फिर भी सारे कार्यक्रम के मुख्य तात्पर्य को अच्छी तरह से नहीं समझ पाए हैं। 'सामुदायिक विकास योजना'

एक प्रशासकीय नियोजन की भाँति चलती है। प्रो. टेलर के अनुसार इस कार्यक्रम की व्यवस्था मुख्यतः सरकारी सहायता पर आश्रित है। आम लोगों का नेतृत्व अभी तक प्राप्त नहीं हो सका है। सरकारी तन्त्र प्रचार एवं आश्चर्यजनक नतीजों पर अधिक विश्वास करती है, न कि समूह के कार्यों नतीजों ऐच्छिक रचनात्मक योगदान पर। प्रो. टेलर के अनुसार किसी सीमा तक सक्रिय योगदान भारत जैसे देश में आन्दोलन की पूर्वावस्था में अवश्यम्भावी था। लेकिन यदि इस पूर्वावस्था को पार नहीं किया गया और यदि सरकारी लोगों ने नेतृत्व तथा सक्रिय योगदान प्राप्त नहीं किया तो 'सामुदायिक विकास योजना' की आधारशिला ध्वस्त हो जायेगी। यह खतरा उत्तरोत्तर बढ़ता जा रहा है।

प्रो. एस. सी. दुबे भी इन्हीं नतीजों पर पहुँचते हैं। "योजना का स्रोत ऊपर से नीचे की तरफ है योजना की वर्तमान दशा और नतीजों को अच्छी तरह से परीक्षण करने तथा समझने की जरूरत है। योजना के स्वातंत्र्य पर अनूठा नियन्त्रण होने की वजह से इसके कारण पदाधिकारी अगुआ बनने में हिचकिचाते है। इससे भी ज्यादा जो खराब बात हुई है, वह यह है, कि प्रशासन के स्तर पर इसके पदाधिकारीगण ऊपर से आये आदर्श को मानने लगे हैं, जबकि इनको अपने क्षेत्र में काफी अधिकार प्राप्त है। इस दृष्टिकोण के कारण पदाधिकारी वर्ग ग्रामवासियों के प्रति उदासीन रहने लगे है और अपना सारा समय तथा शक्ति अपने ऊपर के प्रशासकों को प्रयत्न करने में लगाने लगे हैं।" इसके अलावा श्री दुबे और लिखते हैं "योजना संचालित अनेक प्रकार के कार्य परम्परागत रूप में अन्य सरकारी कार्यों के रूप में सम्पन्न किये जाते हैं, न कि विकास कार्य के प्रयोग सिद्ध प्रमाणित नियमों के आधार पर। इन दबावों तथा अनुप्रेरणा से उत्पन्न दृश्यमान उपलब्धियों तथा भौतिक लक्ष्यों की पूर्ति पर अधिक जोर दिया जाता है और इस बात पर कम ही ध्यान दिया जाता है कि वास्तव में इस आन्दोलन ने ग्राम-समाज में कितनी जड़ पकड़ी है।

प्रो. दुबे के अनुसार सरकारी सामुदायिक-विकास योजनाएं—एक समाजशास्त्रीय विश्लेषण कर्मचारी वर्ग 'नौकरशाही' के जैसा व्यवहार करते हैं। वे इस परिवर्तनशील समाज में पथ-प्रदर्शक के रूप में काम नहीं करते हैं चूँकि समाज सेवा की भावना उनमें नहीं के बराबर है।

बलवन्तराय समिति प्रतिवेदन ने इस सामुदायिक प्रशासन की संरचना के विषय में कठोर आलोचना की है। प्रतिवेदन के अनुसार—

"निसन्देह—'सामुदायिक विकास' और 'राष्ट्रीय विस्तार सेवाएं के सबसे अधिक अवगुणों में एक यह भी है कि ये जनता का नेतृत्व प्राप्त करने में असफल

रही हैं। हमने यह पाया है कि ग्राम-पंचायत के स्तर पर बहुत कम स्थानीय संगठन इस कार्य में भाग या रुचि ले रहे हैं और पंचायतें भी इस क्षेत्र में अधिक आगे नही बढ़ सकी हैं। तदर्थ समितियों के माध्यम से स्थानीय नेतृत्व प्राप्त करने की चेष्टा की गई है, ये अधिकतर संचालकों के द्वारा जो कि प्रमुख परामर्शदाता के रूप में कार्य करते हैं, कार्य करती है। इन समितियों ने अभी तक स्थायी शक्ति का परिचय नहीं किया है और न नेतृत्व दिया है जिससे कि ग्रामीण भागों में आर्थिक तथा सामाजिक क्षेत्रों में परिवर्तन तथा विकास हो सके। जब तक हम प्रतिनिधि प्रजातन्त्रीय संस्था का आविष्कार या निर्माण नहीं करते, जो कि स्थानीय रूचि, पर्यावरण तथा सतर्कता प्रदान करेगा जिससे कि स्थानीय विषयों पर जो धन खर्च होता है वह उस जगह की आवश्यकता तथा इच्छा के अनुसार हो और जो कि उसे उचित शक्ति प्रदान करेगा और उचित धन देगा, तब तक हम लोगों में रुचि या उत्साह पैदा नहीं कर सकते और इस प्रकार विकास का कार्य सुचारु रूप से आगे नहीं बढ़ सकता है।"

प्रतिवेदन का यह असर है कि ग्राम स्तर पर निर्वाचित 'ग्राम पंचायत' और खंड-स्तर पर निर्वाचित 'पंचायत समिति' संस्थाओं के रूप में कार्य करें ताकि 'सामुदायिक विकास' की परिकल्पना ठीक प्रकार से सम्पादित हो सके। और वर्तमान खंड-स्तर और ग्रामस्तर के नौकरशाही तन्त्र का अन्त कर दिया जाय।

संक्षेप में, हम देखते हैं कि विद्वानों तथा 'मूल्यांकन समितियों द्वारा प्रस्तुत आलोचना निम्न रूपों में सामने आती है :

1. इसका नौकरशाही स्वरूप।
2. इसकी यन्त्र प्रणाली में प्रत्येक स्तर पर निर्वाचन सिद्धान्तों का अभाव।
3. निर्णयों का ऊपर लिया जाना और नीचे प्रशासनिक तरीके से भेजा जाना।
4. देश की सम्पूर्ण शासन-व्यवस्था में अव्यवस्था जो कि योजना प्रशासन और अन्य सरकारी विभागों के सम्पर्क में अभिव्यक्त होती है।
5. अलग-अलग विभागों का योजना-प्रशासन में अन्तः सम्बन्धित होने के कारण उसके कर्मचारी वर्गों में शक्ति, कर्त्तव्य, सापेक्षिक स्थिति तथा ज्येष्ठता के सम्बन्ध में ज्यादा अव्यवस्था और संघर्ष का उद्भूत होना।
6. प्रशासनिक कर्मचारी वर्गों के एक भाग में काम का दोहराव होना और उनके परिणामस्वरूप ज्यादा कार्यभार का पड़ना तथा कार्यों के प्रति उनकी निष्ठा का विभाजन।
7. समाजसेवा भाव की कमी।
8. कर्मचारी वर्गों की सामाजिक कार्यों के प्रति अदक्षता।

योजनाओं की असली उपलब्धियों के विषय में यह देखा जाता है कि यह ग्राम सेवक द्वारा नियन्त्रित है। इसके अलावा यह देखा गया है कि बड़े ग्रामों को ज्यादा लाभ पहुँचता है। ठीक इसी तरह औद्योगिक क्षेत्रों को अनोद्यौगिक कृषि क्षेत्रों से ज्यादा लाभ पहुँचता है। जैसा कि 'मूल्यांकन प्रतिवेदन' ने इंगित किया है।

"उपलब्ध-वस्तु के वितरण में काफी असमानता है और इसलिए 'सामुदायिक योजना' के कार्यक्रमों से उपलब्ध लाभों में भी काफी विषमता है। यह विषमता योजना क्षेत्रों के विभिन्न खंडो में विद्यमान रहती है। खंडों के बीच यह विषमता ग्राम कार्यालयों में ग्रामों तथा दूरस्थित ग्रामों में रहती है। ग्रामों के बीच यह विषमता कृषकों तथा कृषकों के बीच रहती हैः और कृषकों के बीच यह असमानता धनी एवं बड़े भू-क्षेत्रों के कृषकों तथा निर्धन छोटे-भू क्षेत्रों वाले कृषकों के बीच रहती है। यह बात क्षेत्रीय तथा सामाजिक न्याय के दृष्टिकोण से ही काफी चिन्ताजनक नहीं है, अपितु जनता में बढ़ती हुई चेतना के फलस्वरूप राजनैतिक परिणामों से दृष्टि से भी है।"

यद्यपि लोगों के वितरण में इस असमानता को सब मानते हैं, फिर भी किसी भी विद्वान या 'मूल्यांकन-संगठन' ने इसके नतीजों का व्यवस्थित विश्लेषण नहीं किया हैः इसके परिस्थितिशास्त्रीय परिणाम दृष्टिगत ही नहीं हुए है। भारतीय ग्राम-समाज कई शक्तियों की वजह से बहुत तेजी से रूपान्तरित हो रहा है। सरकार के अनेक क्षेत्रों के कार्यक्रम वैसे करारोपण, विद्युतीकरण, भूमिसुधार, मुख्य भूसिचन कार्य आयात-निर्यात नीति तथा वाणिज्यिकरण, मुद्रांकन तथा यातायात के साधनों के विकास के द्वारा देश का एकीकरण आदि ये सब शामिल शक्तियाँ-कृषिक्षेत्रों में भी प्रमुख परिवर्तन ला रही है। अनेक विद्वान ग्राम जीवन पर नगरीकरण तथा औद्योगीकरण के प्रभाव का अध्ययन कर रहे हैं। दुर्भाग्यवश किसी भी मूल्यांकनकर्ता ने ग्रामजीवन पर सामुदायिक विकास भोजन के प्रभाव को इस बड़े दृष्टिकोण से अध्ययन नहीं किया है। और न इन मूल्यांकनकर्ताओं ने अलग-अलग क्षेत्रों, खंडों और ग्रामों की असमान प्रगति के वैशिष्ट्य की और संकेत किया है।

'सामुदायिक मूल्यांकन प्रतिवेदन ने संकेत किया है कि उन्नति के सभी लाभ बड़े कृषकों को प्राप्त होते हैं। प्रो. दुबे ने इस सम्बन्ध में बताया है :

यद्यपि 'सामुदायिक विकास योजना' का आदर्श सारे समुदाय का बहिमुखी विकास करना है तथापि इसके कार्यों के विषय में पूर्वलिखित विवरण से यह पूर्णरूपेण स्पष्ट है कि इसका महत्वपूर्ण तथा सुसंगठित कार्यक्रम कृषि विकास तथा विस्तार के क्षेत्र तक ही समिति था और इसके फलस्वरूप खेतिहर लोगों को सबसे अधिक लाभ पहुंचा है। कृषि-विकास कार्य को यदि हम और सूक्ष्मता से देखें तो हमें मालूम

पड़ेगा कि इसके लाभ का लगभग 10 प्रतिशत अभिजात-समूह के लोगों तक पहुंचाता था तथा अधिकांशतः समृद्धशाली और प्रभावशाली खेतिहर लोग इससे लाभन्वित होते थे। गरीब खेतिहरों को बहुत कम लाभ पहुंचता था इस समूह के आर्थिक-विकास के लिए तथा कारीगरों और खेतिहर मजदूरों की उन्नति के लिए इस योजना के द्वारा कोई कार्यक्रम आरम्भ नहीं किया गया।"

समस्त 'योजना मूल्यांकन प्रतिवेदनों तथा मेण्डलबॉम जैसे विद्वानों ने इसी तरह पर्यवेक्षण-निष्कर्ष प्रस्तुत किये हैं। 'सामुदायिक विकास योजना' का यह प्रभुत्व काफी गंभीर नतीजों से युक्त है। यह कारीगरों तथा खेतिहर मजदूरों को कृषकों की तुलना में अधिक अक्षम बना देता है और इसलिए एक ओर धनी कृषकों तथा क्षेत्रीय पूँजीवर्गों के बीच तथा दूसरी ओर गरीब किसानों, कारीगरों और खेतिहर मजदूरों के बीच व्यवधान को और भी ज्यादा बढ़ा देता है।

ग्राम परिवर्तन हेतु संगठनों का निर्माण किया गया है वे ग्रामीण लोगों के उच्च श्रेणी के लोगों से अधिरूढ़ हैं। जैसा कि 'कार्यक्रम मूल्यांकन प्रतिवेदन' ने संकेत किया है, जब एक व्यक्ति ग्राम-संगठनों की सदस्यता की संरचना पर विचार करता हैः वे चाहे सहकारी समितियों, विकास मण्डल ग्राम पंचायत या न्याय-पंचायत हो, तब यह स्पष्ट जान पड़ता है कि सदस्यता बड़े कृषकों तक सीमित रहती है और छोटे कृषकों तथा भू-विहीन खेतिहर मजदूरों का ग्राम के संगठन में कोई भाग नहीं होता है। जैसा कि प्रो. दुबे ने संकेत किया हैः

"सामुदायिक विकास योजना' ने विद्यमान ग्राम संस्थाओं जैसे कि ग्राम पंचायत और अदालती पंचायत, स्कूल और सहकारी समितियां आदि से सहयोग प्राप्त करने का प्रयत्न किया है। वे लोग जो इन संस्थाओं में पदारूढ़ थे या दूसरे क्षेत्रों में काफी महत्वपूर्ण स्थान लिए हुए थे, उनको 'ग्राम नेता' की दृष्टि से देखा जाता था और विकास अधिकारी वर्ग इन लोगों के साथ मिलकर काम करने का विशेष प्रयत्न करते थे। दूसरे लोग जिनका राजनीतिज्ञों और प्रशासक वर्गों के साथ सम्पर्क होता था, इस श्रेणी में आते थे और उनसे विकास सम्बन्धी योजनाओं के बारे में परामर्श लिया जाता था इस प्रकार ग्रामीण लोगों के एक समूह को जिसका प्रशासक वर्ग तथा राजनीतिज्ञों से सम्पर्क होता था, परिवर्तन का एक प्रमुख स्थानीय माध्यम समझा जाने लगा प्रथम त्रुटि यह हुई कि इन लोगों को नेता समझा जाने लगा प्रशासक वर्गों से इनका परिचय होने के कारण तथा नगरीय रहन-सहन से परिचित होने के कारण ये नेता लोग समुदाय में एक विशिष्ट स्थान लेने लगे, लेकिन सामान्य ग्रामीण लोग इनको अविश्वास की दृष्टि से देखने लगे। सरकारों अधिकारियों की कुछ

विशेषताएँ संशोधित रूप में इन ग्राम पदाधिकारियों पर लागू होने लगी जो कि अर्द्ध सरकारी पद ग्रहण किए हुए थे। 'परम्परागत नेतागणों की श्रेणी में ग्राम के प्रभावशाली तथा महत्वपूर्ण लोग आ गये। स्वभावतः उनमें से बहुत से लोग सत्तारूढ भूस्वामी वर्गों से आये हैं। शक्ति और पद को नेतृत्व का अभिन्न अंग समझने के कारण सामूहिक गत्यात्मकता नेताओं के साथ मिलकर काम करने की सरकार की प्रवृत्ति को ग्रामवासियों ने इस अर्थ में लिया कि सरकार ग्राम-समुदायों की आन्तरिक शक्ति-सम्बन्धों को बदलना नही चाहती अपितु उनको ज्यों का त्यों रखना चाहती है, और इस प्रकार सत्तारूढ़ भूस्वामियों के समूहों को वैसा ही शक्तिशाली बनाये रखना चाहती है।

करीब-करीब समस्त मूल्यांकनकर्त्ता इसी निष्कर्ष पर पहुँचे हैं। सरकार द्वारा ग्राम वासियों की उच्च श्रेणी पर अधिक भरोसा करने की नीति द्वारा एक समाजशास्त्रीय महत्व सामने आता है, जिसकी हम उपेक्षा नहीं कर सकते। ग्रामीण समाज की गत्यात्मकता के दृष्टिकोण से इसका एक गम्भीर सामाजिकता तात्पर्य सामने आता है। इसका अर्थ सिर्फ यही नहीं है कि उच्च श्रेणी का एक छोटा सा वर्ग उस क्षेत्र में आर्थिक साधनों पर अपना प्रभुत्व जमाए हुए है, अपितु यह भी है कि उसका समुदाय के शासकीय, सामाजिक तथा सांस्कृतिक जीवन पर बड़ा प्रभुत्व है। इसका तात्पर्य यह भी है कि कृषि क्षेत्रों में सामुदायिक विकास योजना के कारण एक भाग आर्थिक और राजनैतिक क्षेत्रों गें मजबूत हो जाता है और विभिन्न संस्थाओं को अपने हित के लिए काम में लाता है। इसके अलावा इसका तात्पर्य यह भी है कि कृषि क्षेत्र में 'सामुदायिक विकास योजना' एक सांस्थिक और संघीय व्यूह निर्माण कर रही है जिसमें सरकार आर्थिक दृष्टि से प्रभुत्व सम्पन्न वर्गों को मदद देती है और इसके बदले में आर्थिक दृष्टि से सत्तारूढ़ वर्ग सरकार के विद्यमान शासकों के हाथों को मजबूत बनाते हैं। इस विकास का ग्राम-समुदाय संपूर्ण विकास में एक हानिकारक नतीजा है और कृषि क्षेत्र के गरीब श्रेणी के लोगों के लिए भी इसका आशय हानिकारक है जो ग्राम समुदाय के ज्यादा भागों को घेरे हुए है। यह बहुत ही दुर्भाग्य की बात है कि इस विकासोन्मुख प्रवृत्तिका आशय ग्रामीण क्षेत्र में वर्ग अभिमुखता के रूप में तथा राज्य की भूमिका को उच्च श्रेणी के सहायक के रूप में अभी तक पूरी तरह समझा नहीं गया है। करीब-करीब सारे मूल्यांकनकर्त्ता इस बात को मानते हैं कि ग्रामवासियों द्वारा जो मदद दी जाती है उसका बोझ निम्न श्रेणी के लोगों पर काफी अधिक पड़ता है। 'श्रमदान' एक ऐसा उपाय है जिसके द्वारा 'सामुदायिक विकास के लिए लाखों लोगों से मदद प्राप्त की जाती है। प्रो. दुबे के विचार में, अर्थात् श्रमदान किस सीमा तक स्वेच्छाकृत आन्दोलन है, उल्लेखनीय है।

"श्रमदान के चार प्रेरणास्रोतों को जब हम नजदीक से देखते हैं तथा विश्लेषण करते हैं तो चार बातें सामने आती हैं जिससे यह पता चलता है कि 'श्रमदान' के प्रति प्रतिक्रियाओं में इतनी विषमता क्यों है। ग्राम की विशिष्ट श्रेणी तथा उच्च श्रेणी के लोगों ने 'श्रमदान' आन्दोलन का स्वागत किया और उसके माध्यम से सड़कों की मरम्मत तथा निर्माण को पसन्द किया। उनको इससे दो लाभ पहुंचे हैं। प्रथम, मरम्मत और नई सड़को द्वारा उनकी गन्नों की फसल और अनाज के परिवहन में काफी फायदा पहुंचा है। द्वितीय, इस आन्दोलन के कारण वे अपना नेतृत्व और सम्मान को बनाये रखने में सफल हुए है जैसा कि नवें अध्याय में इस प्रश्न पर काफी प्रकाश डाला गया है, उनके बाद पद की वजह से इस कार्य में उन्होंने पर्यवेक्षणात्मक भूमिका अदा की है। और अधिक कठिन कामों को निम्नवर्ग तथा कम आय वाले लोगों के लिए छोड़ दिया। उनके इस दिखावटी काम के लिए उनको सरकारी अधिकारियों तथा बाहर के राजनैतिक नेताओं की तरफ से खूब प्रशंसा मिली है। गरीब स्तर के लोगों को इन योजनाओं से कोई विशेष लाभ नहीं पहुंचा है। उनमें से बहुत कम के पास बैलगाड़ी होती है और काफी संख्या में लोगों के पास अधिक मात्रा में गन्ना या गेहूं नहीं होता जिसको कि वे शहर के बाहर में ले जाकर बेचें। उनको बाहर के नेताओं ने प्रशंसा-पत्र नहीं दिये। उनको केवल निम्न कोटि के सरकारी कर्मचारियों तथा ग्राम-नेताओं की कुछ वाह-वाह मिलो। उनको केवल कठिन परिश्रम ही नहीं करना पड़ा वरन् दैनिक वेतन भी खो बैठे, जो वे अन्यथा कमा लेते। यही कारण है कि बहुसंख्यक लोग इस आन्दोलन को 'बेगार प्रथा' के पुनरूत्थान के रूप में देखने लगे है जिसके अन्तर्गत प्रभावशाली भूस्वामी वर्ग तथा सरकारी कर्मचारी वर्ग गरीब लोगों को बाध्य करते थे कि वे बिना वेतन या अत्यप्त वेतन पर काम करें, जो अब न्याय विरूद्ध समझा जाता है।"

नई प्रकार की संस्थाओं का निर्माण किया गया है या कुछ पुरानी संस्थाओं को, जो इस प्रकार कार्य करती आ रही हैं, फिर से पुनर्जीवित किया गया है। युवक गोष्ठी, नारी संगठन, सामुदायिक केन्द्र, स्कूल, पुस्तकालय, प्रौढ़ शिक्षा और समाज-शिक्षा केन्द्र आदि मुख्य संस्थाएं हैं। इस तरह की संस्थाएं कुछेक क्षेत्रों में प्रकट हुई हैं। कुछ संस्थाओं को छोड़कर जैसे कि भजन मण्डली या अखाड़े इत्यादि बहुत कम संस्थाओं ने गाँवों में जड़ पकड़ी है। इनमें से बहुत सी समस्याएं केवल 'कागजी-संगठनों' के रूप में काम करती हैं। करीब समस्त मूल्यांकनकर्त्ताओं ने 'सामुदायिक विकास' के इस भाग की असफलता पर प्रकाश डाला है।

कई आलोचक जिनमें प्रो. टेलर श्री विल्सन बलवन्तराय मेहता समिति श्री दुबे और वी. के. आर. वी. राव (V.K.R.V. Rao) जैसे विद्वान शामिल हैं, उपयुक्त प्रवृत्तियों के प्रति संकेत किया है। वे इस कार्यक्रम के एक न एक भाग की आलोचना करते हैं। उन्होंने इन अवगुणों को दूर करने हेतु कुछ लाक्षणिक उपचारों (Symptomatic Remedies) के प्रति संकेत किया है। प्रो. टेलर (Prof Taylor) चाहते हैं कि हजारों की संख्या में कर्मचारी समाजोन्मुख कार्यकुशलता से भरा-पूरा कार्यक्रम लेकर क्षेत्र में उतरें। श्री बलवन्त राय समिति ने कुछेक विचार सामने रखते हैं ताकि ग्राम पंचायते तथा पंचायत समितियां 'सामुदायिक विकास कार्यक्रम' को चलाने में अपना हाथ बटा सकें। इसका यह भी सुझाव है कि दो भागों में विभक्त राष्ट्रीय-विस्तार सेवा तथा 'सामुदायिक विकास' (N. E. S. & C. D) खत्म कर दिया जाय, जो वित्तीय असमानता के कारण अनुपयुक्त है और ज्यादा वित्तीय व्यवस्था से युक्त 6 वर्षीय इकाई का निर्माण हो। इसके अलावा ये यह भी चाहते हैं कि 'सामुदायिक विकास' (C.D) कार्यक्रम चुने हुए विषयों पर ज्यादा ध्यान दे, जिससे कि उत्पादक की क्षमता बढ़े न कि सिर्फ सांस्कृतिक उत्थान की ओर ही ध्यान दिया जाय। इन समाजशास्त्रियों के मतानुसार 'सामुदायिक विकास योजना' का मुख्य पक्ष ठीक ही है और 'पंचवर्षीय योजना आयोग' के आधारतत्व में कोई मूल दोष नहीं है। इन मूल्यांकनकर्त्ताओं के अनुसार 'सामुदायिक विकास योजना' की असफलता निम्नलिखित एक या अधिक कारणों की वजह से है : कर्मचारी वर्ग में इच्छाशक्ति तथा सही ज्ञान की कमी, संगठन नियमों का दोषपूर्ण होना, बहुसंख्यक लोगों के भाग्य में अन्धविश्वास तकनीकी तथा समाजसम्बन्धी कुशलताओं में कमी का होना या विषयों को तरीके से न चुनना। प्रो. दुबे (prof dube) के अनुसार प्रमुख बाधाएं इस प्रकार हैं।

1. ग्रामीण लोगों में उदासीनता
2. पदाधिकारियों तथा बाहर के लोगों को सन्देह की दृष्टि से देखा जाना
3. योजना की ओर से उचित और शक्तिशाली यातायात के साधनों का न बनाना,
4. परम्परा तथा अन्य सांस्कृतिक कारक।

क्या ये मूल्यवान योजनाएं जो अपने मुख्य उद्देश्यों की पूर्ति नहीं करती आगे चलने योग्य है? क्या ये योजनाएं अपने मुख्य उद्देश्य में सफल है और क्या ये देश के ग्राम-समाज के उच्च श्रेणी (स्तर) के लोगों को अधिक शक्तिशाली नहीं बना रही है, जबकि नीचे के लोग वैसे ही बने हुए हैं?

यद्यपि अनेक प्रकार से वास्तविक तथ्यों का संग्रह किया गया है। जिससे कि ग्राम समाज के वर्ग-विन्यास के विषय में मालूम चलता है और जो इस बात को सूचित करता है कि किस प्रकार इस भाग के सर्वहारा वर्ग, बहुसंख्यक निर्धन कृषक वर्ग, और विनष्ट कारीगरों का बहुत बड़ा समूह ग्राम समुदाय के अनेक बड़े भाग को बनाता है, तथापि किसी मूल्यांकनकर्त्ता ने इस प्रश्न पर प्रकाश नहीं डाला है कि एक कार्यक्रम, जो ग्राम-समुदाय की उच्च श्रेणी को मदद तथा प्रश्रय देता है और जो इन अल्पसंख्यक लोगों को संस्थागत रूप मे गजबूत बनाता है, एक सामुदायिक विकास कार्यक्रम (C.D.P) के नाम से पुकारा जा सकता है? असल में, यह नाम भ्रम पैदा करने वाला है।

15

ग्रामीण बेरोजगारी

बेरोजगारी आधुनिक काल की एक जटिल समस्या है। यह उस स्थिति का द्योतक है जिसमें मनुष्य शारीरिक एवं मानसिक रूप से कार्य करने के योग्य होते हुए भी कोई कार्य नहीं प्राप्त कर पाता है। तरह उसकी जीविका का कोई साधन नहीं रह जाता है। वह अपने एवं अपने पर आश्रितों हेतु कोई साधन नहीं जुटा पाता।

बेरोजगारी की समस्या अन्य समस्याओं की भी जननी है। ऐसा नहीं है कि बेरोजगारी की समस्या मात्र भारतवर्ष में ही है अपितु अधिकांश राष्ट्र इसके शिकार हैं। विकासशील एवं अर्द्धविकसित देशों में यह समस्या तो जटिल है ही, लेकिन विकसित देश भी इस समस्या से अछूते नहीं हैं। यह कहा जा सकता है कि विभिन्न देशों में इसका स्वरूप एवं इसकी मात्रा अलग-अलग है सन् 1919 से लेकर 1937 तक संसार में बेरोजगारी का विकराल रूप रहा जिससे चारों तरफ त्राहि-त्राहि मच गई। बेरोजगारी के कारण व्यक्तिगत विघटन के साथ-साथ पारिवारिक एवं सामाजिक विघटन भी होता है। इससे व्यक्तियों का नैतिक और चारित्रिक पतन होता है। साथ ही इससे अपराध, चोरी, डकैती एवं दूसरी अपराधिक घटनाएँ बढ़ती हैं जो समाज के लिए घातक होती हैं। यह किसी देश विशेष की समस्या न होकर पूरे मानव समाज की समस्या कही जा सकती है। बेरोजगारी एक जटिल आर्थिक-सामाजिक समस्या है। बेरोजगारी के कारण गरीबी बढ़ती है एवं व्यक्ति की कार्यक्षमता का ह्रास होता है। इस तरह यह कहा जा सकता है कि बेरोजगारी समाज की जड़ों को खोखला करने के लिए काफी है। यह वह स्थिति है जिसमें व्यक्ति सक्षम होते हुए भी अपने एवं अपने पर आश्रित सदस्यों की जरूरतों की पूर्ति नहीं कर पाता क्योंकि उसकी आय का कोई साधन नहीं होता।

बेरोजगारी की अवधारणा

बेरोजगारी की अवधारणा में तीन मुख्य तत्त्व होते हैं–(1) व्यक्ति कार्य करने के योग्य हो, (2) व्यक्ति में कार्य करने की इच्छा हो एवं (3) व्यक्ति कार्य ढूँढ़ने का प्रयास कर रहा हो।

बेरोजगारी के ठीक विपरीत रोजगार है। रोजगार में लगे व्यक्ति किसी भी तरह का रोजगार करके धन अर्जित करते हैं। चाहे वह धन अनाज के रूप में हो, पैसे के रूप में हो अथवा फिर किसी अन्य रूप में हो। लेकिन बेरोजगार मनुष्य किसी भी साधन से धन नहीं जुटा पाता। यह स्थिति काफी भयावह होती है। दुर्भाग्यवश भारतवर्ष में भी भीषण बेरोजगारी है जो दिनानुदिन बढ़ती ही जा रही है। बेरोजगारी को पं. जवाहर लाल नेहरू ने 'आज का प्रमुखतम प्रश्न' माना एवं प्रो. एस. एन. अग्रवाल ने बेरोजगारी को 'पहले नम्बर का दुश्मन' कहकर सम्बोधित किया। इस तरह यह पता चलता है कि बेरोजगारी एक गम्भीर समस्या है एवं इसे दूर करना अत्यन्त जरूरी है। यह सभ्य एवं शिक्षित समाज के माथे पर कलंक का एक टीका है।

बेरोजगारी को और सही तरीके समझने के लिए यह जरूरी है कि अलग-अलग विद्वानों द्वारा बेरोजगारी की दी गई परिभाषा पर नजर डाली जाए। कुछ प्रमुख विद्वानों की परिभाषाएँ यहाँ प्रस्तुत की जा रही हैं जो निम्नांकित हैं–

ए.सी. पीगू के विचार में, "बेकारी उन शब्दों में से एक है जिनका साधारण व्यक्ति प्रयोग करते हैं तथा जिसका अर्थ लगभग सभी जानते हैं, परंतु जिसका ठीक व्याख्या करना कुछ कठिन है। उदाहरणस्वरूप क्या हम बेकार व्यक्तियों में उन लोगों को सम्मिलित कर सकते हैं जो सुस्त हैं और काम नहीं करना चाहते? क्या हम बेकार में उन लोगों को रख सकते हैं जो बीमार हैं या हड़ताल पर रहने के कारण काम पर नहीं जा रहे हैं या इसी प्रकार के अन्य लोगों को जो इस समय काम पर नहीं लगाये जा सकते? इस संबंध में कोई निर्णय देना न्याय पर आधारित न होकर मनमाना ही होगा।" लेकिन बेराजगारी की यह परिभाषा बेरोजगारी पर समुचित प्रकाश निक्षेप करने में असमर्थ है।

फेयरचाइल्ड के विचार में, "बेरोजगारी सामान्य दशाओं तथा सामान्य वेतन दर पर व्यक्ति को बलपूर्वक अनैच्छिक रूप से काम से अलग कर देने की स्थिति है।" इस परिभाषा से स्पष्ट होता है कि बेरोजगारी वह स्थिति है जिसमें व्यक्ति सक्षम रहते हुए भी सामान्य वेतन पर कोई काम नहीं पा सकता।

फ्लोरेन्स के विचार में "बेरोजगारी उस व्यक्ति की निष्क्रियता से परिभाषित की जा सकती है जो कार्य करने के योग्य एवं इच्छुक हैं।" इस परिभाषा से यह स्पष्ट

होता है कि जब व्यक्ति कार्य करने के योग्य रहता है एवं कार्य करने के प्रति इच्छुक भी रहता है लेकिन काम नहीं मिलने के कारण उसे निष्क्रियता का जीवन व्यतीत करना पड़ता है तो ऐसी स्थिति बेरोजगारी कहलाती है।

डॉ. राम आहूजा के विचार में, ''बेरोजगारी को वह स्थिति बताया जा सकता है जिसमें योग्य व्यक्ति, कार्य करने के इच्छुक होते हुए भी प्रचलित वेतन-दरों पर कार्य प्राप्त न कर पाने के कारण काफी समय तक आजीविका का साधन प्राप्त नहीं कर पाते।'' इस परिभाषा के आधार पर यह माना जा सकता है कि व्यक्ति योग्य एवं इच्छुक होते हुए भी बहुत दिनों तक जो प्रचलित वेतन-दर है, कार्य पाने में असमर्थ रहता है तो वह बेरोजगार की कोटि में आ जाता है।

गुन्नार मिरडल के विचार में, ''बेरोजगारी एक ऐसी दशा है जिसमें व्यक्ति के पास कोई नौकरी या काम-धंधा नहीं है परंतु वह कोई ऐसी नौकरी तलाश रहा है या पाने की इच्छा रखता है जिसमें उसकी योग्यता के अनुपात में पैसा या वेतन मिल रहा हो।'' इस परिभाषा से यह स्पष्ट है कि बेरोजगारी वह स्थिति है जिसमें व्यक्ति के पास कोई काम-धंधा नहीं रहता है और न ही कोई नौकरी रहती है लेकिन वह अपनी योग्यतानुसार नौकरी पाने की इच्छा रखता है अथवा नौकरी पाने की खोज कर रहा होता है।

प्रो. राजकृष्ण के विचार में, ''एक व्यक्ति बेकार या अर्द्ध-बेकार तब कहा जाएगा जब वह पूर्ण रोजगार अवधि द्वारा परिभाषित अवधि से कम समय के लिए वर्ष में कोई काम कर रहा है जो कि सप्ताह में 36 घण्टे हैं तथा एक व्यक्ति वर्ष में कम-से-कम इच्छित आय से भी कम कमाता हो और वह वर्तमान में जितना काम कर रहा है उससे अधिक काम करने की इच्छा रखता हो तब वह व्यक्ति पूरी तरह से रोजगार प्राप्त नहीं माना जाएगा। जिस कार्य में व्यक्ति वर्तमान में लगा हुआ है यदि उस कार्य से उसे हटा दिया जाता है और इसका प्रभाव साधारण उत्पादन पर नहीं पड़ता है तो इसका अर्थ है कि उसकी सीमान्त उत्पादकता कुछ नहीं है।''

कार्ल प्रिब्राम के विचार में ''बेकारी श्रम-बाजार की वह दशा है जिसके अंतर्गत श्रम-शक्ति की पूर्ति कार्य करने के स्थानों की संख्या से अधिक रहती है।'' इस परिभाषा से पता चलता है कि बेरोजगारी उस स्थिति का द्योतक है जिसमें कार्य का अवसर कम रहता है और कार्य करनेवाले अर्थात् श्रम-शक्ति ज्यादा रहता है।

नाबा गोपाल दास के विचार में, ''बेरोजगारी अनैच्छिक निष्क्रियता की स्थिति है।'' इस परिभाषा से स्पष्ट होता है कि मनुष्य की इच्छा काम करने की रहती है लेकिन काम नहीं करने मिलने के कारण वह अनिच्छा से निष्क्रिय रहता है।''

डिमेलो के विचार में, ''बेरोजगार वे हैं जो अपनी इच्छा होते हुए भी वेतन का काम प्राप्त नहीं कर सकता, इस परिभाषा से ज्ञात होता है कि काम करने की इच्छा रहते हुए भी जब वेतनभोगी कोई कार्य किसी मनुष्य को नहीं मिल पाता है तो वह बेरोजगार कहलाता है।''

जी. आर. मदन के विचार में, ''जब स्वस्थ शरीर वाले ऐसे व्यक्तियों को मजदूरी के सामान्य स्तर पर काम नहीं मिल पाता है जो काम करना चाहते हैं तो वह स्थिति बेकारी की स्थिति मानी जा सकती है।'' इस परिभाषा से ज्ञात होता है कि अगर किसी स्वस्थ और काम करने के इच्छुक व्यक्ति को न्यूनतम मजदूरी के अनुसार भी कोई कार्य नहीं मिल पाता तो ऐसी स्थिति बेकारी की स्थिति मानी जा सकती है।

निष्कर्ष रूप में हम कह सकते है कि बेरोजगारी वह स्थिति है जिसमें दैहिक एवं मानसिक रूप से स्वस्थ मनुष्य कार्य करने की योग्यता और क्षमता रखते हुए भी कार्य नहीं पाता है। सही मायने में बेराजगारी की स्थिति में सक्षम लोगों की संख्या की तुलना में रोजगार की संख्या बहुत ही कम होती है। इस स्थिति में रोजगार निर्माण की प्रक्रिया मंथर गति से हाती है। मानव का जीवन स्तर निम्न कोटी का हो जाता है। विकास की गति भी मंथर हो जाती है।

बेरोजगारी के मुख्य तत्त्व

बेरोजगारी में कई तत्वों का समावेश होता है। यहाँ उनमें से कुछ प्रमुख तत्वों की विवेचना आगे की जा रही है–

आर्थिक उद्देश्य–बिना आर्थिक उद्देश्य के जो काम किया जाता है वह बेरोजगारी के श्रेणी में ही आता है। उदाहरण के तौर पर यदि कोई डॉक्टर किसी का इलाज बगैर पैसा लिए करता है तो उसकी यह स्थिति बेरोजगार की ही स्थिति कहलाएगी क्योंकि इससे उसके आर्थिक उद्देश्यों की पूर्ति नहीं होती है। आर्थिक उद्देश्य को साथ लेकर इच्छा, योग्यता एवं प्रयास के रहते हुए भी यदि कोई व्यक्ति रोजगार नहीं पाता है तब उसकी यह स्थिति बेरोजगारी की स्थिति कहलाएगी। इस प्रकार यह कहा जा सकता है कि बेरोजगारी का एक तत्त्व आर्थिक उद्देश्य है।

योग्यतानुसार काम की कमी—अगर कोई व्यक्ति इच्छा, योग्यता, प्रयत्न एवं आर्थिक उद्देश्य के साथ-साथ अपनी योग्यतानुसार पद नहीं पाता है तो उस स्थिति को बेरोजगारी की ही स्थिति कही जाएगी फिर वह आंशिक बेरोजगारी की ही स्थिति क्यों न हो। कहने का अभिप्राय यह है कि यदि योग्यतानुसार पूर्ण कार्य का अभाव है तो यह बेरोजगारी की ही स्थिति है। अतएव योग्यतानुसार पूर्ण कार्य का अभाव बेरोजगारी का एक तत्त्व कहा जा सकता है।

इच्छा—यदि कोई व्यक्ति कार्य करने की इच्छा ही नहीं रखता है तो वह बेरोजगार नहीं कहा जा सकता है। जब कोई व्यक्ति कार्य करने की इच्छा रखता है और उसे काम नहीं मिल पाता है तो यह स्थिति बेरोजगारी की होती है। उदाहरणस्वरूप, अगर किसी व्यक्ति का व्यापार अच्छा चल रहा हो लेकिन उसका पुत्र यदि व्यापार में अभिरुचि नहीं रखता हो तो यह बेरोजगारी नहीं हुआ। अगर काम में इच्छा अथवा अभिरुचि रहते हुए कार्य उपलब्ध नहीं हो पाता है तब वह बेरोजगारी कहलाती है। अतः इच्छा बेरोजगारी का प्रथम तत्त्व कहा जा सकता है।

योग्यता—केवल इच्छा रखने से काम न मिलने पर बेरोजगारी की स्थिति पैदा नहीं होती बल्कि शारीरिक एवं मानसिक दृष्टि से योग्य होते हुए एवं इच्छा रहते हुए भी जब काम नहीं मिल पाता है तब इसे बेरोजगारी की संज्ञा दी जा सकती है। शारीरिक अथवा मानसिक दृष्टि से अयोग्य अगर कोई व्यक्ति इच्छा रखते हुए काम नहीं पाता तो वह बेरोजगार नहीं कहलायेगा। अगर कोई व्यक्ति वृद्ध है एवं शारीरिक एवं मानसिक रूप से काम करने के अयोग्य है तो वह बेरोजगार नहीं कहलायेगा। इस तरह यह पता चलता है इच्छा के साथ-साथ शारीरिक एवं मानसिक योग्यता भी बेरोजगारी का एक तत्त्व है।

प्रयास—सिर्फ इच्छा एवं योग्यता रहने से ही बेरोजगारी की स्थिति पैदा नहीं होती है। इच्छा एवं योग्यता के रहते हुए भी अगर कोई व्यक्ति किसी कार्य को करने हेतु प्रयत्न नहीं करता तो वह बेरोजगारी की दशा नहीं कही जा सकती है। उदाहरणस्वरूप, यदि किसी व्यक्ति की इच्छा किसी नौकरी करने की है एवं उसके पास योग्यता भी है लेकिन वह उस नौकरी के लिए आवेदन पत्र ही नहीं भेजता है अर्थात् प्रयास नहीं करता है तो ऐसी स्थिति बेरोजगारी की स्थिति नहीं कही जा सकती है। जब इच्छा और योग्यता के साथ-साथ प्रयास भी किया जाय और नौकरी नहीं मिले तब यह स्थिति बेरोजगारी की स्थिति होती है। इस तरह प्रयत्न बेरोजगारी का एक तत्त्व कहा जा सकता है।

बेरोजगारी के उपरोक्त तत्व यह स्पष्ट करते हैं कि बेरोजगारी वह स्थिति है जिसमें एक व्यक्ति इच्छा और योग्यता रखते हुए भी विभिन्न प्रयासों के करने के बावजूद अपनी योग्यतानुसार कोई काम पाने में असमर्थ रहता है।

बेरोजगारी के प्रमुख कारण

बेरोजगारी के कई कारण हो सकते हैं। इलियट और मेरिल ने बेरोजगारी के कारणों की व्याख्या दो आधारों पर करने की बात कही है जो व्यक्तिमूलक कारण एवं समाजशास्त्रीय कारण के नाम से जाने जाते हैं। इसी प्रकार बेरोजगारी के व्यक्तिमूलक कारणों की चर्चा गुप्ता और शर्मा ने भी की है। एडम स्मिथ ने बेरोजगारी के दो कारणों की चर्चा की है। उन्होंने प्रथम सिद्धांत 'किसी देश में पूँजी का अभाव उस देश में बेरोजगारी को पैदा करता है' के आधार पर प्रस्तुत किया है। दूसरा सिद्धांत उन्होंने 'मजदूरी कोष सिद्धांत' के आधार पर विवेचित किया है। कीन्स ने बेरोजगारी को बचत और विनियोग के सिद्धांत के आधार पर विवेचित करने का प्रयत्न किया है। इसी तरह लाइनेल एड़ी ने बेरोजगारी का प्रमुख कारण आर्थिक संरचना का विघटन तथा उद्योग में स्थानान्तरण को माना है।

उपरोक्त विवेचनाओं से स्पष्ट होता है कि बेरोजगारी के लिए कई कारण जिम्मेदार होते हैं, लेकिन इन सभी कारणों का वर्णन करना कोई सरल कार्य नहीं है। इसका कारण यह है कि बेरोजगारी हेतु बहुत से ऐसे कारण हैं जो प्रत्यक्ष रूप से और बहुत से कारक परोक्ष रूप से जिम्मेवार हैं। इसी प्रकार इसके कारण बाह्य रूप में भी हो सकते हैं एवं आंतरिक रूप में भी।

संक्षेप में हम कह सकते हैं कि विभिन्न विद्वानों ने बेरोजगारी के भिन्न-भिन्न कारणों की चर्चा भिन्न-भिन्न आधारों पर की है। इनमें से कुछ प्रमुख निम्नलिखित हैं—

सामाजिक कारण

बेरोजगारी के लिए कई सामाजिक कारण जी जिम्मेदार है। इनमें से कुछ प्रमुख कारणों की विवेचना आगे की जा रही है—

(1) दोषपूर्ण शिक्षा-प्रणाली—हमारी शिक्षा-पद्धति अत्यन्त दोषपूर्ण है। शिक्षा का उद्देश्य व्यक्तियों को अनुशासित करना और उनका चारित्रिक निर्माण करना होना चाहिए। साथ ही शिक्षा रोजगारोन्मुखी होनी चाहिए। दुर्भाग्यवश हमारे यहाँ इस प्रकार की शिक्षा का अभाव पाया जाता है। शिक्षा व्यावहारिक न होकर सैद्धांतिक है। साथ ही शिक्षा को नवीन बदलावों के अनुरूप भी नहीं बनाया गया

है। यही कारण है कि शिक्षित हो जाने पर भी व्यक्ति बेरोजगारी को झेलने हेतु मजबूर है। इस तरह यह कहा जा सकता है कि दोषपूर्ण शिक्षा-प्रणाली के कारण भी बेरोजगारी की स्थिति उत्पन्न होती है।

(2) कुटीर उद्योग-धंधो का विनष्ट होना—औद्योगीकरण के कारण ग्रामीण एवं कुटीर उद्योग-धंधों का नाश हो रहा है। कुटीर एवं लघु उद्योग-धंधों में निम्न आय वर्ग के व्यक्ति लगे हुए थे। औद्योगीकरण के बढ़ते प्रभावों के कारण इन उद्योग-धंधों का नाश हो गया जिससे निम्न आय वर्ग के व्यक्ति बेरोजगार हो गए। इस तरह बेरोजगारी का एक कारण कुटीर एवं लघु उद्योग-धंधों का नाश होना भी कहा जा सकता है।

(3) भूमि का अभाव—ज्यों-ज्यों जनसंख्या में बढ़ोतरी होती जा रही है त्यों-त्यों भूमि का अभाव हो रहा है। भूमि तो नहीं बढ़ रही है। उसका क्षेत्रफल ज्यों-का-त्यों है लेकिन जनसंख्या में द्रुत गति से बढ़ोतरी हो रही है। इसका परिणाम यह हो रहा है कि भूमि अथवा कृषि पर निर्भर लोगों के समक्ष बेरोजगारी की स्थिति उत्पन्न हो रही है। इस तरह यह कहा जा सकता है कि भूमि का अभाव होना भी बेरोजगारी का एक कारण है।

(4) नौकरी की प्रतीष्ठा—बहुत-सी नौकरियों के संबंध में ऊँची प्रतिष्ठा की धारणा भी बेरोजगारी को बढ़ाने में मददगार साबित होती है। उदाहरणार्थ, आई.ए.एस. एवं पी.सी.एस. की नौकरियों को ऊँचा माना जाता है एवं व्यक्ति उसमें जाना चाहते हैं। साथ ही प्रत्येक नवयुवक के मन में सरकारी नौकरी पाने की इच्छा रहती है। इसीलिए बहुत से व्यक्ति छोटी-मोटी नौकरी नहीं करना चाहते एवं बेरोजगार हो जाते हैं। यदा-कदा अपने वंश की प्रतिष्ठा एवं सामाजिक मान-सम्मान के कारण भी बहुत से व्यक्ति छोटी-मोटी नौकरी नहीं करना चाहते हैं। फलतः बेरोजगारी की स्थिति पैदा होती है।

(5) जनसंख्या में तीव्र बढ़ोतरी—जनसंख्या में तीव्र गति से वृद्धि हो रही है जिसके कारण कई आर्थिक योजनाएँ भी फलीभूत नहीं हो रही हैं। संपूर्ण विश्व में आबादी की दृष्टि से भारत का स्थान दूसरा है जो पहले स्थान पर जाने की जी-तोड़ कोशिश कर रहा है। जनसंख्या की तुलना में संसाधनों की कमी है। आबादी का भार कृषि पर भी पड़ रहा है। साथ ही जनसंख्या के अनुपात में रोजगार के मौके एवं उद्योग-धंधों का विकास नहीं हो पा रहा है। इस तरह यह कहा जा सकता है कि जनसंख्या में तीव्र बढ़ोतरी के कारण भी बेरोजगारी की स्थिति उत्पन्न होती है।

(6) प्राकृतिक विपत्ति और आपदा—प्राकृतिक विपदाओं के कारण भारत में खेती पर बहुत ज्यादा प्रभाव पड़ता है। यहाँ कभी अतिवृष्टि तो कभी अनावृष्टि होती रहती है। इसके कारण कभी बाढ़ की स्थिति तो कभी सूखे की स्थिति पैदा होती है। इससे कृषि-कार्य बहुत हद तक प्रभावित होता है। कृषि में पैदावार कम होती है। साथ ही बाढ़ एवं सूखे के कारण कृषि-कार्य ठप्प हो जाता है और इसमें लगे लोग बेरोजगार हो जाते हैं। कृषि पर आधारित उद्योग-धंधे भी चौपट हो जाते हैं। इस तरह यह कहा जा सकता है कि प्राकृतिक कारणों से भी बेरोजगारी की स्थिति पैदा होती है।

(7) भौगोलिक गतिहीनता—यदा-कदा ऐसा भी होता है कि भौगोलिक गतिहीनता के कारण किसी क्षेत्र विशेष में जरूरत से अधिक श्रमिक पाए जाते हैं तो किसी क्षेत्र में आवश्यकतानुसार श्रमिक भी सुलभ नहीं रहते हैं। भाषा के आधार पर राज्यों का बंटवारा होना भी इसमें बाधक होता है। साथ ही ऐसा भी होता है कि बहुत से श्रमिक अपने गृह स्थान को छोड़ना नहीं चाहते। इन सबका परिणाम यह होता है कि कहीं श्रमिकों की भरमार रहती है तो कहीं ज्यादा भुगतान करने पर भी श्रमिक नहीं मिलते। जिन स्थानों पर श्रमिकों की संख्या ज्यादा होती है वहाँ बेरोजगारी की स्थिति उत्पन्न हो जाती है। इस तरह यह कहा जा सकता है कि भौगोलिक गतिहीनता के कारण भी बेरोजगारी की स्थिति पैदा होती है।

प्राविधिक कारण

औद्योगिक एवं आर्थिक व्यवस्था के दोषों के कारण भी बेकारी पैदा होती है। प्राविधिक कार्य-कुशलता में बढ़ोतरी एवं बहुत ही विशिष्ट श्रम-विभाजन के कारण बहुत-से शारीरिक और मानसिक रूप से स्वस्थ व्यक्तियों को भी रोजगार नहीं मिल पाता। फलतः बेरोजगारी की स्थिति उत्पन्न होती है। बेराजगारी के लिए जिम्मेदार प्रमुख प्राविधिक कारण निम्नलिखित हैं—

(1) संरक्षित श्रम और विघटित श्रम बाजार—कुछ ऐसे भी उद्योगपति होते हैं जो जरूरत से अधिक श्रमिक रखते हैं ताकि मांग होने पर जल्द-से-जल्द उसकी आपूर्ति की जा सके एवं ज्यादा-से-ज्यादा लाभ कमाया जा सके। वे बहुत कम दरों पर श्रमिकों की भर्ती करते हैं। अधिक संख्या में श्रमिक होने के कारण उनके मध्य प्रतिस्पर्द्धा बढ़ जाती है और वे कम-से-कम दरों पर कार्य करने को तैयार हो जाते हैं। फलतः उद्योगपति उन मजदूरों की छँटनी कर देते हैं जो कम दरों पर कार्य करने को तैयार नहीं होते एवं इस तरह उनके सामने बेरोजगारी की स्थिति उत्पन्न हो जाती

है। इस तरह यह कहा जा सकता है कि संरक्षित श्रम एवं विघटित श्रम बाजार के कारण भी बेरोजगारी की स्थिति उत्पन्न होती है।

(2) व्यापार संगठन में असामंजस्य—अक्सर ऐसा होता है कि एक उद्योग का सामान दूसरे उद्योग में नहीं पहुँच पाता है जिसके कारण कई सारे उद्योग बन्द हो जाते हैं और उनमें लगे श्रमिक बेरोजगार हो जाते हैं। जैसे अगर किसी उद्योग में कोयले की जरूरत हो और कोयला की आपूर्ति सही तरीके से नहीं हो तो वह उद्योग बन्द हो जाता है और इसमें कार्यरत लोग अलावा हो जाते हैं। इस प्रकार व्यापार संगठन में असामंजस्य हो जाने के कारण बेरोजगारी की स्थिति पैदा होती है।

(3) औद्योगिक क्रान्ति का अभाव—विकसित देशों की तुलना में भारत में अभी औद्योगिक क्रान्ति का अभाव पाया जाता है। उद्योग-धंधों की कमी और अविकसित अवस्था के कारण रोजगार के मौके कम हैं। फलतः बेरोजगारी की समस्या पैदा होती है। इस पैदा यह कहा जा सकता है कि औद्योगिक क्रांति के अभाव के कारण भी बेरोजगारी पनपती है।

(4) बीमारी अथवा दुर्घटना—अक्सर भिन्न-भिन्न कल-कारखानों में सुरक्षा का सही इन्तजाम नहीं रहता है। इसके कारण आए दिन दुर्घटनाएँ होती रहती हैं। साथ ही बहुत-से उद्योगों में निकलने वाली विषैली गैसों आदि के निकासी की भी उचित व्यवस्था नहीं रहती है। इससे श्रमिक बीमार हो जाते हैं। इस प्रकार उनके सामने बेरोजगारी की स्थिति पैदा होती है। इस तरह यह कहा जा सकता है कि बीमारी या दुर्घटना के कारण भी बेरोजगारी की स्थिति उत्पन्न होती है।

(5) पूँजी का अभाव—भारत में पूँजी के अभाव में उचित संख्या में उद्योग-धंधों की स्थापना नहीं हो सकी है। इससे बेरोजगारों की संख्या में वृद्धि हुई है। अगर उद्योग-धंधे अधिक संख्या में होंगे तो उसमें ज्यादा लोगों को रोजगार मिलेगा। फलतः बेरोजगारी की समस्या दूर होगी। इस तरह यह कहा जा सकता है कि पूँजी के अभाव के कारण भी बेरोजगारी पनपती है।

(6) औद्योगिक स्थिरता में कमी—उद्योगों में स्थिरता लाने हेतु कोई ठोस कदम नहीं उठाए गए हैं। इसका फल यह होता है कि श्रमिकों को मौसमी बेकारी का सामना करना पड़ता है। जिस उद्योग में जितने दिनों तक काम रहता है उतने दिनों तक तो कामगारों को काम मिल पाता है और अन्य दिनों में बेरोजगारी का सामना करने को विवश हो जाते हैं। इसलिए उद्योगों में स्थिरता लाने की जरूरत है ताकि श्रमिकों को बेरोजगारी का सामना नहीं करना पड़े। इस तरह यह कहा जा

सकता है कि औद्योगिक स्थिरता में कमी के कारण बेरोजगारी की समस्या उत्पन्न होती है।

(7) तकनीकी विकास—तकनीकी विकास के कारण नई-नई मशीनों का आविष्कार हो गया है जिससे मशीन ही अधिकतर कार्यों को संपन्न करने लगे हैं। इसका परिणाम यह हुआ है कि श्रमिक बेरोजगार होने लगे हैं। जिस कार्य में दस कामगार लगते थे उस कार्य को एक मशीन के द्वारा संपादित किया जाने लगा है। फलतः शेष नौ श्रमिक बेकार हो गए। इस प्रकार तकनीकी विकास एवं मशीनीकरण के कारण एक ओर तो उत्पादन में बढ़ोतरी हुई है लेकिन दूसरी तरफ बेरोजगारी की स्थिति भी पैदा हुई है।

(8) उद्योगों की श्रम नीतियाँ—जब एक बार किसी श्रमिक की भर्ती की जाती है एवं दुबारा इसे निकाला जाता है तो इससे रोजगार की दशा पर विपरीत प्रभाव पड़ता है। उद्योगों में कभी-कभी नए श्रमिकों की भर्ती की नीति अपनाई जाती है। इसमें प्रशिक्षण की व्यवस्था नहीं रहती है। परिणामस्वरूप अकुशल श्रमिक भी कार्य की खोज में रहते हैं एवं श्रमिकों की तुलना में माँग कम होने के कारण बेरोजगारी की स्थिति बनी रहती है। साथ ही जब उद्योगों में श्रमिकों की माँग ज्यादा रहती है तब इनकी भर्ती की जाती है एवं जब कार्य मंद हो जाता है तो इन्हें कार्यमुक्त कर दिया जाता है। साथ ही आज वैयक्तिक संबंधों की प्रधानता हो गई है। श्रमिक एवं मालिक के बीच बात-बात पर संबंध तनावपूर्ण बन जाता है और इससे सदैव मजदूरों की छँटनी होने की संभावना बनी रहती है। इस तरह उद्योगों की श्रमनीतियों के कारण बेरोजगकारी की स्थिति उत्पन्न होती है।

व्यक्तिगत कारण

शारीरिक अक्षमता, मानसिक अक्षमता या चरित्र-संबंधी दोष आदि बेरोजगारी के लिए जिम्मेदार प्रमुख व्यक्तिगत कारण हैं। कई बार ऐसे अवसर आते हैं कि व्यक्ति को काम करने का मौका मिलता है लेकिन वह अपनी शारीरिक या मानसिक अक्षमता के कारण वह काम नहीं कर पाता है एवं बेरोजगार रह जाता है। व्यक्तिगत कारणों से इस तरह से बेरोजगारी की स्थिति पैदा होती है। इसी पैदा कई बार ऐसा होता है कि व्यक्ति को कार्य करने की अपेक्षित योग्यता एवं प्रशिक्षण प्राप्त नहीं रहती है और इस तरह व्यक्ति बेरोजगार रह जाता है। कभी-कभी व्यक्तियों में चारित्रिक दुर्बलता होती है जिससे या तो उसे काम नहीं मिल पाता या काम से हटा दिया जाता है। इस तरह विभिन्न व्यक्तिगत कारणों से बेरोजगारी पनपती है।

बेरोजगारी के व्यक्तिगत कारणों के तहत इलियट एवं मेरिल ने निम्नलिखित कारणों की चर्चा की है–

(1) आयु–बेरोजगारी के व्यक्तिगत कारणों के तहत पहला कारण आयु है। अक्सर काफी कम आयु एवं बहुत ज्यादा आयु में लोगों को नौकरी मिलने में कठिनाई होती है। कम आयु में शिक्षा तथा प्रशिक्षण प्राप्त कर लेने पर अनुभवहीनता के कारण नौकरी नहीं मिल पाती। अक्सर उन लोगों को नौकरी आसानी से मिल जाती है जिनका शिक्षा एवं प्रशिक्षण के साथ-साथ कुछ क्रियात्मक अनुभव भी रहता है। इसी तरह ज्यादा आयु के व्यक्ति विशेषकर 40 से 50 एवं 50 से 60 वर्ष की उम्र के मध्य के व्यक्ति बेरोजगार पाए जाते हैं। इसका कारण यह होता है कि इनकी तुलना में नवयुवकों को नौकरी देने में लोग ज्यादा अभिरुचि दिखाते हैं। यह न्यायसंगत भी है क्योंकि अधिक उम्र के व्यक्तियों की तुलना में कम उम्र के व्यक्ति ज्यादा काम करते हैं। साथ ही अधिक उम्र में नौकरी देने से शीघ्र अवकाश एवं पेंशन देने की समस्या भी उत्पन्न होती है। इस संबंध में प्रथम पंचवर्षीय योजना में कहा गया है, "आयु की निश्चित सीमा के कारण वृद्ध लोगों को सरकारी नौकरियाँ नहीं मिल पातीं और गैर-सरकारी संस्थाएँ और उद्योगपति वृद्धों की अपेक्षा युवकों को नौकर रखना अधिक पसंद करते हैं।" इस प्रकार यह पता चलता है कि आयु के कारण भी बेरोजगारी की स्थिति पैदा होती है।

(2) व्यवसायिक अयोग्यता–बेरोजगारी का एक प्रमुख कारण व्यावसायिक अयोग्यता भी है। अक्सर बहुत-से व्यक्ति ऐसे होते हैं जो अपनी योग्यताओं को ठीक प्रकार समझ नहीं पाते हैं तथा अपनी शिक्षा एवं प्रशिक्षण के दौरान अपने लक्ष्यों को निश्चित नहीं कर पाते। बेरोजगार व्यक्ति किसी भी प्रकार का काम ढूँढ़ता है। लेकिन उद्योगपति ऐसे व्यक्ति को चाहते हैं जो प्रशिक्षित, कार्यकुशल और निपुण हों। साथ ही यदा-कदा ऐसा भी होता है कि किसी क्षेत्र में बहुत से प्रशिक्षित व्यक्ति उपलब्ध रहते हैं। सबका सामंजन होना संभव नहीं हो पाता। फलतः बेरोजगारी की स्थिति उत्पन्न होती है। इस तरह व्यावसायिक अयोग्यता बेरोजगारी का कारण है।

(3) बीमारी या शारीरिक अयोग्ता–बेरोजगारी का एक प्रमुख कारण बीमारी या शारीरिक अयोग्यता बताया है। बहुत से व्यक्ति ऐसे भी होते हैं जो स्थायी या अस्थायी रूप से बीमार रहते हैं अथवा किसी शारीरिक अयोग्यता के शिकार रहते हैं। परिणामस्वरूप वे बेरोजगार रहते हैं। साथ ही कल-कारखानों के दूषित वातावरण के कारण भी बहुत-से व्यक्ति बीमार पड़ जाते हैं एवं काम करने लायक नहीं रह

जाते। उन्हें फैक्ट्री से हटा दिया जाता है एवं वे बेरोजगारी का सामना करने को मजबूर हो जाते हैं। इसके अलावा भी बहुत-से व्यक्ति विविध शारीरिक अयोग्यताओं, जैसे—अंधेपन, गूंगेपन, बहरेपन और अन्य शारीरिक विकारों के कारण कार्य करने में अक्षम होते हैं। इस तरह इनके कारण बेरोजगारी बढ़ती है। अतएव बीमारी या शारीरिक अयोग्यता भी बेरोजगारी का एक प्रमुख कारण है।

निष्कर्ष—उपरोक्त व्यक्तिगत कारणों, समाजशास्त्रीय कारणों एवं प्राविधिक कारणों के साथ-साथ अन्य बहुत-से कारण हो सकते हैं जिससे बेरोजगारी की स्थिति पैदा होती है। इस तरह यह कहा जा सकता है कि बेरोजगारी किसी एक कारण का परिणाम न होकर अनेक कारणों का परिणाम है।

इन कारणों के अलावा कभी-कभी सरकार की नीतियों के कारण भी बेरोजगारी की स्थिति पैदा होती है। यदा-कदा सरकारी नीतियों का भी रोजगार की दशाओं पर बुरा असर पड़ता है। उदाहरण के तौर पर जिस समय भारत पर चीन का आक्रमण हुआ था उस समय भारतीय सरकार ने यह नीति अपनाई थी कि कोई 14 कैरेट से ज्यादा के सोने का आभूषण नहीं बना सकता। परिणामस्वरूप इस व्यापार में लगे स्वर्णकारों को बेरोजगारी का सामना करना पड़ा। इस प्रकार कभी-कभी सरकारी नीतियों के प्रतिफल के रूप में भी बेरोजगारी की स्थिति उत्पन्न होती है।

बेरोजगारी के दुष्परिणाम

बेराजगारी एक प्रमुख समस्या है। यह कई अन्य समस्याओं को भी जन्म देती है। इसके दुष्परिणाम को निम्नलिखित रूप से स्पष्ट किया जा सकता है—

आर्थिक दुष्परिणाम

बेरोजगारी आर्थिक रूपों में भी अनेक दुष्परिणामों को जन्म देती है जो निम्नलिखित हैं—

(1) निम्न जीवन-स्तर—बेरोजगार व्यक्ति के पास आमदनी का कोई स्रोत नहीं होता है। इसलिए यह स्वाभाविक है कि उसका जीवन-स्तर निम्न होगा। बेरोजगार व्यक्तियों का राष्ट्रीय आय में भी कोई योगदान नहीं रहता है। जो व्यक्ति शिक्षित है और बेरोजगार है उसे एक तरफ तो अपना कद कायम रखना पड़ता है और दूसरी तरफ उसके सामने आर्थिक समस्याएँ रहती हैं। इससे उसका जीवन कठिन हो जाता है। किसी भी तरह से वह अपना तथा अपने पर आश्रितों के जीवन-स्तर को ऊँचा उठाने में सक्षम नहीं हो पाता है। इस प्रकार यह कहा जा सकता है कि बेरोजगारी का एक दुष्परिणाम निम्न जीवन-स्तर है।

(2) शिक्षण एवं प्रशिक्षण संबंधी व्यय-हानि—बेरोजगार व्यक्ति बहुत पढ़-लिखकर एवं विभिन्न तरह का प्रशिक्षण प्राप्त कर रोजगार नहीं प्राप्त कर पाता है। इस शिक्षण एवं प्रशिक्षण में बहुत व्यय होता है। कोई रोजगार प्राप्त नहीं कर पाने पर आय नहीं होती है। इस प्रकार वह अपनी पढ़ाई पर हुए व्यय की भी भरपाई नहीं कर पाता। इस प्रकार बेरोज़गारी का एक दुष्परिणाम शिक्षण एवं प्रशिक्षण संबंधी व्यय-हानि के रूप में सामने आता है।

(3) श्रमिकों की कार्यकुशलता पर प्रभाव—बेरोजगारी श्रमिकों की कार्यकुशलता को प्रभावित करती है। बेरोजगार रहने से कुशल श्रमिक भी अकुशल हो जाता है। इस संबंध में लेसकोहियर (Lescohier) ने लिखा है, "बेरोजगारी उसके स्वास्थ्य को क्षति पहुँचाती है, मस्तिष्क को बेकार करती है, उसकी आकांक्षा को कमजोर करती है, लगातार स्थिर प्रयास करने की उसकी योग्यता को नष्ट करती है, आलस्य और दुराचार को प्रेरणा देती है, आत्म-सम्मान और उत्तरदायित्व की भावना को नष्ट करती है, टेक्नीकल योग्यता को बिगाड़ती है, साहस और इच्छा-शक्ति को कमजोर बनाती है, अपनी सफलताओं के लिए दूसरों को दोषी ठहराने की प्रवृत्ति को जन्म देती है, कारीगर की इस भावना को नष्ट करती है कि वह अपने परिवार की अच्छी देख-रेख कर रहा है, शाहखर्ची और पारिवारिक उन्नति की आशा को नष्ट करती है, उसे काम करने के लिए चिन्तित आधा पेट भेजती है और उसको कर्ज में डुबो देती है।" इस प्रकार यह पता चलता है कि बेरोजगारी के दुष्परिणाम के कारण श्रमिकों की कार्यकुशलता पर प्रभाव पड़ता है।

(4) आय में घाटा—बेरोजगारी के कारण उद्योग-धंधों में मुनाफे, श्रमिक-वेतन व देश की राष्ट्रीय आय में घाटा होता है। मजदूरों के हड़ताल के कारण जो आर्थिक क्षति होती है उसकी पूर्ति तो की जा सकती है। लेकिन श्रमिकों की बेकारी के कारण जो आर्थिक घाटा होता है उसकी पूर्ति करना संभव नहीं होता है। इस प्रकार आय में घाटा बेरोजगारी का एक दुष्परिणाम कहा जा सकता है।

(5) उत्पादन में बाधा—रोजगार के अवसर जब अधिक होते हैं तो उत्पादन में वृद्धि होती है। लेकिन जब बेरोजगारी की स्थिति होती है तब उत्पादन में बाधा पहुँचती जिससे देश की राष्ट्रीय आय को भी क्षति पहुँचती है। इस प्रकार उत्पादन में बाधा बेरोजगारी का एक दुष्परिणाम कहा जा सकता है।

(6) मजदूरों पर प्रभाव—बेरोजगारी कई प्रकारों से मजदूरी पर प्रभाव डालती है। बेरोजगारी के दिनों में मजदूरों को मजदूरी मिलनी बन्द हो जाती है जिससे उनकी आमदनी समाप्त हो जाती है। आवश्यकता से अधिक मजदूर होने के कारण मजदूरी

में कटौती कर ली जाती है। साथ ही मजदूरों की भरमार होने के कारण उन्हें कई महीनों तक वेतन नहीं दिया जाता। बेरोजगारी से मजदूरों की कार्य-कुशलता भी कम हो जाती है जिससे उन्हें उचित मजदूरी नहीं मिल पाती। इस स्थिति का चित्रण करते हुए लेसकोहियर (Lescohier) ने 'The Labour Market' में लिखा है, "बेकारी मजदूरी को तीन प्रकार से प्रभावित करती है, यह कारीगर की आय को कम करती है, आय में अनियमितता लाती है और यह कारीगर की कार्यकुशलता को कम करती है।"

सामाजिक दुष्परिणाम

बेरोजगारी का एक दुष्परिणाम सामाजिक दुष्परिणाम कहा जा सकता है। बेरोजगारी के अनेक सामाजिक दुष्परिणाम कहे जा सकते हैं जो निम्नलिखित हैं–

(1) पराधीनता–बेरोजगारी से न केवल आश्रित नवयुवकों के सामने पराधीनता की स्थिति पैदा होती है बल्कि उन वृद्धों के सामने भी यह स्थिति उत्पन्न होती है जो रोजगार करना चाहते हैं लेकिन उन्हें रोजगार नहीं मिल पाता है। वृद्धों के सामने इससे पराजय की भावना उत्पन्न हो जाती है। इस संबंध में गिलीन एवं गिलीन ने भी कहा है कि पराधीनता एवं निर्भरता से पराजय की भावना उत्पन्न होती है। जब व्यक्तियों को दूसरों पर आश्रित रहना पड़ता है और वह भी अनिच्छा से तब उसमें आत्म-ग्लानि की भावना पैदा होती है। लेकिन बेरोजगारी के कारण उन्हें सबको सहन करना पड़ना है। इस प्रकार बेरोजगारी का एक दुष्परिणाम पराधीनता के रूप में सामने आता है।

(2) पृथकत्व–बेरोजगार व्यक्ति में निराशा, कुंठा, हृदयहीनता, अनुशासनहीनता एवं अड़ियलपन जैसी भावनाएँ उत्पन्न होती हैं। इससे व्यक्ति अपने-आपको सबसे पृथक् पाता है। वह अपने जानने-पहचानने वालों के बीच भी अपने आपको अपरिचित एवं अजनबी जैसा महसूस करता है। उसे अपने जीवन से भी विलगाव हो जाता है। इस प्रकार बेरोजगारी का एक दुष्परिणाम पृथकत्व के रूप में सामने आता है।

(3) व्यक्ति में आत्म-सम्मान, आत्मविश्वास एवं आत्मनिर्भरता की कमी–बेरोजगार व्यक्तियों में उपरोक्त बातों का अभाव हो जाता है। वे अपनी आवश्यकताओं की पूर्ति के लिए दूसरों पर आश्रित हो जाते हैं। इनमें धीरे-धीरे निराशा की भावना घर कर जाती है। ऐसे व्यक्ति मायूस हो जाते हैं एवं स्वयं के अस्तित्त्व को नहीं समझ पाते। इस प्रकार यह बेरोजगारी का एक दुष्परिणाम कहा जा सकता है।

(4) मित्रों से पृथकता–बेरोजगार व्यक्तियों की मित्रों से भी पृथकता हो जाती है। इसका परिणाम यह होता है कि वे अपने हम उम्र लोगों के अनुभवों से

वंचित रह जाते हैं। इससे उनके व्यक्तित्त्व पर नकारात्मक प्रभाव पड़ता है। इस प्रकार यह पता चलता है कि बेरोजगारी का एक दुष्परिणाम मित्रों से पृथकता भी है।

(5) **व्यक्तिगत विघटन**–बेरोजगारी चाहे वह स्थायी हो या अस्थायी व्यक्ति के जीवन को असंतुलित कर देती है जिससे उसका व्यक्तित्त्व विघटित हो जाता है। बेरोजगार व्यक्ति हतोत्साहित हो जाता है। इससे उसका जीवन नीरस हो जाता है। इस संबंध में लेसकोहियर (Lescohier) ने अपनी पुस्तक 'The Labour Market' में लिखा है, "अस्थायी रोजगार से व्यक्ति के शरीर और स्वास्थ्य पर बुरा असर पड़ता है, मस्तिष्क विकृत हो जाता है, महत्त्वाकांक्षाएँ दुर्बल हो जाती हैं, व्यक्ति में सुस्ती बढ़ जाती है, आत्मगौरव एवं उत्तरदायित्व की भावना की कमी के कारण उसकी कार्यकुशलता कम हो जाती है, नाड़ियाँ और इच्छा-शक्ति कमजोर हो जाती हैं, उसमें यह प्रवृति उत्पन्न हो जाती है कि वह अपनी असफलता का उत्तरदायित्व दूसरे पर रखने का प्रयत्न करता है। बेकार व्यक्ति अपने परिवार की प्रगति के लिए भी प्रयत्न करना छोड़ देता है। अर्द्ध-बेकारी की अवस्था में रहनेवाले व्यक्ति उत्साहहीन और उदासीन होकर अपने काम पर जाते हैं। ये लोग प्रायः कर्ज में ही रहते हैं।" जब युवक पढ़ाई समाप्त करते हैं तो वे नौकरी खोजने के प्रयास में लग जाते हैं। जब उन्हें नौकरी नहीं मिलती है तो वे मानसिक रूप से विकृत हो जाते हैं। उनकी बुद्धि कुंठित हो जाती है। ऐसी स्थिति में बहुत संभव है कि इनमें से बहुत से नवयुवक राहजनी, चोरी, डकैती आदि जैसे अपराधों की ओर मुड़ जाएँ क्योंकि इनके लिए आजीविका के लिए यही साधन नजर आता है। इस प्रकार यह पता चलता है कि बेरोजगारी के कारण व्यक्ति का व्यक्तित्त्व विघटित हो जाता है और वे अपराध की ओर भी अग्रसर हो जाते हैं। बहुत से व्यक्ति ऐसे भी होते हैं जो किसी कारणवश रोजगार पाकर और फिर बाद में नौकरी से वंचित कर दिए जाते हैं। इनकी स्थिति और दयनीय हो जाती है क्योंकि इनका एक जीवन-स्तर अपने वेतन के अनुरूप कायम हो गया रहता है। जब ये नौकरी से हटा दिए जाते हैं तो इनके सामने गम्भीर समस्या उत्पन्न हो जाती है। फलतः ये भी किसी अवैध धंधे को अपना लेते हैं। बहुत-से ऐसे वृद्ध व्यक्ति होते हैं जो नौकरी करना चाहते हैं लेकिन उनकी शारीरिक योग्यता इसकी अनुमति नहीं देता या ऐसे व्यक्ति को कोई नौकरी पर रखना नहीं चाहता। इससे उनके सामने बेरोजगारी एवं भुखमरी की स्थिति उत्पन्न होती है और वे आत्महत्या तक कर लेते हैं। वृद्धों में आत्महत्या की दरों के अधिक मिलने का एक कारण यह भी है। बहुत-से व्यक्ति अर्द्ध-बेरोजगार होते हैं। वे ऐसे व्यक्ति होते हैं जिनको रोजगार तो मिल जाता है लेकिन योग्यतानुसार पारिश्रमिक नहीं मिल

पाता। अपर्याप्त आय के कारण व्यक्ति अपने जीवन को व्यवस्थित नहीं कर पाता तथा अपने बच्चों को उचित शिक्षा नहीं दे पाता। इन सभी कारणों से उसका व्यक्तित्त्व कुंठित हो जाता है और धीरे-धीरे उसका व्यक्तित्त्व विघटित हो जाता है। इस प्रकार यह कहा जा सकता है कि बेरोजगारी के विभिन्न रूपों के कारण व्यक्ति का व्यक्तिगत विघटन होता है जो इसका एक दुष्परिणाम है।

(6) पारिवारिक विघटन—बेरोजगार व्यक्ति के बेरोजगारी का प्रभाव स्वयं उसके अपने ऊपर ही नहीं पड़ता है बल्कि उसके परिवार पर भी पड़ता है। बेरोजगारी के कारण परिवार में आर्थिक समस्या उत्पन्न होती है। आर्थिक अभाव के कारण परिवार के भरण-पोषण के लिए कर्ज भी लेना पड़ता है। साथ ही परिवार के सदस्यों की उचित देखभाल नहीं हो पाती है। फलतः परिवार में तनाव एवं कड़वाहट पैदा होती है जो कभी-कभी परिवारों को विघटित भी कर देती है। इलियट एवं मेरिल (Elliott and Merrill) ने भी इस संबंध में कहा है कि बेरोजगारी से परिवार को मानसिक व्यथा, नैतिक पतन और तनाव आदि का सामना करना पड़ता है। इस प्रकार बेरोजगारी का एक दुष्परिणाम पारिवारिक विघटन के रूप में भी सामने आता है।

(7) सामाजिक विघटन—अर्थात् बेरोजगारी के कारण व्यक्तिगत विघटन एवं पारिवारिक विघटन के साथ-साथ सामाजिक विघटन भी होता है। सामाजिक विघटन के कारण आत्महत्या की दरों में वृद्धि होती है, अनैतिकता को बढ़ावा मिलता है एवं विभिन्न प्रकार के अपराध पनपते हैं। इस संबंध में दास ने कहा है कि बेरोजगारी से आचार-भ्रष्टता एवं नैतिक पतन होता है। दूसरे शब्दों में यह कहा जा सकता है कि बेरोजगारी समाज की जड़ों को खोखला कर देती है और इसका दुष्परिणाम एक पीढ़ी से दूसरी पीढ़ी तक देखने को मिलता है। इस प्रकार बेरोजगारी का एक दुष्परिणाम सामाजिक विघटन के रूप में सामने आता है।

राजनीतिक दुष्परिणाम

बेरोजगारी के राजनीतिक दुष्परिणाम भी होते हैं। राजनीतिक क्षेत्र में इसका परिणाम भयंकर होता है। भारतवर्ष के जिन राज्यों में बेरोजगारी अधिक है वहाँ इसके दुष्परिणाम स्वतः ही सामने आ जाते हैं। ऐसे राज्यों में जहाँ बेरोजगारी कम है वहाँ प्रादेशिक दलों ने राजनीतिक शक्ति प्राप्त की है। राजनीतिक जीवन के सामाजिक-आर्थिक दुष्परिणाम ने राजनीतिक दोष को जन्म दिया है। बेरोजगारी से देश की आर्थिक व्यवस्था चरमरा जाती है और देश में अशांति एवं अव्यवस्था उत्पन्न हो जाती है। इस अशांति एवं अन्य व्यवस्था के कारण राजनीतिक अस्थिरता का जन्म होता है

एवं युद्ध तथा क्रांति की सम्भावना बढ़ जाती है। इसका परिणाम यह होता है कि स्वतंत्र राजनीतिक व्यवस्था की स्थापना में कठिनाई होती है। बेरोजगारी के कारण जन-सामान्य का असंतोष बढ़ जाता है और यह असंतोष कभी-कभी सामाजिक क्रांति का रूप धारण कर लेता है। बेरोजगार व्यक्ति व्यवस्था को बदलने का प्रयास करते हैं। व्यवस्था परिवर्तन से इन्हें कोई हानि नहीं होती है। जब समाज में बहुत से व्यक्ति बेरोजगार हो जाते हैं तो सामाजिक व्यवस्था कमजोर हो जाती है। बेरोजगारों की बढ़ती संख्या उनमें व्यवस्था को बदलने की प्रेरणा देती है। बेरोजगार व्यक्ति ही किसी समाज के वर्तमान ढाँचे एवं राजनीतिक व्यवस्था को बदलते हैं। इससे उन्हें कभी-कभी लाभ भी मिलता है और कभी-कभी नहीं मिलता है। इस प्रकार बेरोजगारी के कारण राजनीतिक परिवर्तन होता है। अतः यह कहा जा सकता है कि राजनीतिक रूप से भी बेरोजगारी के दुष्परिणाम देखने को मिलते हैं।

मनोवैज्ञानिक दुष्परिणाम

बेरोजगारी का एक दुष्परिणाम मनोवैज्ञानिक दुष्परिणाम के रूप में प्रकट होता है। बेरोजगारी एक ऐसी स्थिति है जिसके कारण व्यक्ति में निराशा, हीनभावना एवं आत्मविश्वास की कमी आ जाती है। इन सभी कारणों से व्यक्ति में मानसिक विकार भी आ जाते हैं। व्यक्ति का व्यक्तित्त्व भी विघटित हो जाता है। अधिक समय तक बेरोजगार रहने से व्यक्ति में ऐसी कुंठा उत्पन्न हो जाती है जो व्यक्ति को धीरे-धीरे उग्र बना देती है। बेरोजगार व्यक्ति में निराशा एवं असुरक्षा एक छोटे बारूद के गोले के रूप में विकसित होती है जो थोड़ी चिनगारी मिलने पर कभी भी फट सकती है। इस संबंध में लेसकोहीयर का कहना है कि, "बेरोजगारी व्यक्ति के स्वास्थ्य के स्तर को गिराती है, उसके मानसिक संघर्ष में वृद्धि उत्पन्न करती है, लालसा व अभिलाषा को कमजोर बनाती है, लगातार चेष्टा व प्रयास करने की शक्ति का नाश करती है, साहस, धृष्टता, आत्म-सम्मान व उत्तरदायित्व की भावना को जड़ से उखाड़ती है तथा अपनी असफलता का दोष दूसरों पर डालने की प्रवृत्ति को उत्पन्न करती है।" इस प्रकार यह पता चलता है कि बेरोजगार व्यक्ति मानसिक रूप से बीमार हो जाता है जिसका असर उसके जीवन पर गहरे रूप में पड़ता है। वह इसके कारण और कई तरह के मनोविकारों का शिकार हो जाता है। अतः बेरोजगारी का एक दुष्परिणाम मनोवैज्ञानिक दुष्परिणाम कहा जा सकता है। इस संबंध में कुछ विद्वानों ने अपने मत व्यक्त किए हैं। राईस (Rice) ने बेरोजगारी के मनोवैज्ञानिक दुष्परिणामों के बारे में कहा

है, "बेकार आदमी की शारीरिक और नैतिक गिरावट में सबसे अधिक महत्त्वपूर्ण कारक उस समूह में व्यक्ति के आत्म-महत्त्व की भावना को क्षति पहुँचाता है जिसमें वह विचरण करता है। बहुत-से लोगों के लिए उनकी नौकरी उनके पद का द्योतक है और नौकरी की हानि पद की हानि होती है।" एक बार अपने को बेकार-निरर्थक मान लेने पर वह अपने काम और भविष्य दोनों के प्रति उदासीन हो जाता है। इससे उसकी कार्यकुशलता भी नष्ट हो जाती है। जिसकी भरपाई करना बाद में बहुत कठिन हो जाता है। विलियम्स का इस संबंध में कथन है कि, "आकस्मिक कार्य आकस्मिक कारीगर बनाता है और आकस्मिक कारीगर आकस्मिक नागरिक बनाता है।" बेरोज़गार व्यक्ति खासकर ऐसे होते हैं जिनमें कमजोर इच्छा-शक्ति होती है अपराध की ओर प्रवृत्त हो जाते हैं। वे चोरी, डकैती, वेश्यावृत्ति एवं अन्य प्रकार के अपराध करने लगते हैं क्योंकि मनोवैज्ञानिक रूप से वे बीमार हो गए रहते हैं। इस प्रकार बेरोजगारी का मनोवैज्ञानिक दुष्परिणाम अत्यन्त ही खतरनाक होता है क्योंकि यह व्यक्ति को गलत रास्तों की ओर मोड़ देता है।

बेरोजगारी के विविध प्रकार

बेरोजगारी के स्वरूपों अथवा प्रकारों की व्याख्या विभिन्न आधारों पर की जा सकती है। उदाहरणार्थ इच्छा के आधार पर बेरोजगारी के दो प्रकार कहे जा सकते हैं–(1) ऐच्छिक बेरोजगारी तथा (2) अनैच्छिक बेरोजगारी।

ऐच्छिक बेरोजगारी–उस बेरोजगारी को कहा जाता है जब कोई व्यक्ति प्रचलित दरों पर सुलभ रोजगार को नहीं करता है।

अनैच्छिक बेरोजगारी–उस बेरोजगारी को कहा जाता है जिसमें कोई मनुष्य प्रचलित दर पर अथवा उससे कम पर भी रोजगार प्राप्त करने को तैयार रहता है लेकिन उसे रोजगार नहीं मिल पाता है।

(1) संरचनात्मक बेरोजगारी–बेरोजगारी को निम्न प्रकारो में भी स्पष्ट किया जा सकता है- बेरोजगारी का एक स्वरूप अथवा प्रकार संरचनात्मक बेरोजगारी कहा जा सकता है। संरचनात्मक बेरोजगारी उस स्थिति को कहा जाता है जिसमें राष्ट्र के पिछड़े आर्थिक ढाँचे में दीर्घकालीन बेरोजगारी होती है।

(2) खुली बेरोजगारी–बेरोजगारी का एक स्वरूप अथवा प्रकार खुली बेरोजगारी कहा जा सकता है। खुली बेरोजगारी की स्थिति तब उत्पन्न होती है जब श्रमिक बिल्कुल बिना काम-काज के होता है अर्थात् उसके पास कोई काम नहीं रहता।

(3) **छिपी हुई बेरोजगारी**—बेरोजगारी का एक स्वरूप या प्रकार छिपी हुई बेरोजगारी कहा जा सकता है। इस बेरोजगारी के तहत व्यक्ति अपनी श्रम-शक्ति का कुछ-न-कुछ उपयोग जरूर करता है किन्तु उनकी सीमांत उत्पादकता शून्य होती है।

(4) **आकस्मिक या मौसमी बेरोजगारी**—बेरोजगारी का एक स्वरूप अथवा प्रकार आकस्मिक या मौसमी बेरोजगारी (Casual or Seasonal Unemployment) कहा जा सकता है। बहुत से उद्योग-धंधे ऐसे होते हैं जिसमें कभी-कभी बहुत ज्यादा कार्य रहता है। फलतः उस समय उसमें ज्यादा श्रमिक रोजगार पाते हैं। जब काम मंदा हो जाता है तो कामगारों की छँटनी कर दी जाती हैं जिससे ये श्रमिक बेरोजगार हो जाते हैं। इस तरह की स्थिति आकस्मिक अथवा मौसमी बेकारी कही जाती है। कृषि के क्षेत्र में भी मौसमी बेकारी पाई जाती है। कृषि कार्य में लगे किसान और श्रमिक भी मौसमी बेकारी का सामना करते हैं। अक्सर भारतीय कृषक वर्ष में 120 से 190 दिन तक ही कार्य में लगे रहते हैं। शेष दिनों में वे मौसमी बेरोजगारी का ही सामना करते हैं।

(5) **प्राविधिक बेरोजगारी**—बेरोजगारी का एक स्वरूप अथवा प्रकार प्राविधिक बेरोजगारी कहा जा सकता है। आज के उद्योग-धंधों में स्थिरता नहीं है। नित्य नए आविष्कार होते जा रहे हैं। उनका प्रभाव दैनिक जीवन और उद्योग-धंधों पर पड़ता है। नए आविष्कारों के कारण विभिन्न धंधों में श्रमिकों की माँग कम हो गई है। नए मशीनों के आविष्कारों ने दस आदमी के स्थान पर एक ही आदमी की जरूरत बना दी है। फलतः शेष श्रमिकों की छँटनी हो जाती है जिससे वे बेरोजगार हो जाते हैं। उदाहरणस्वरूप, यदि कम्प्यूटर को ही लिया जाए तो इसके कारण श्रमिकों अथवा कार्य करने वालों की संख्या में बहुत कमी हुई है। इसका उपयोग दैनिक जीवन से लेकर विभिन्न कार्यालयों एवं उद्योग-धंधों में होने लगा है। फलतः बहुत-से लोग बेरोजगार हुए हैं। इसी प्रकार के विभिन्न प्राविधिक आविष्कारों ने श्रमिकों की माँग को कम किया है। इस तरह यह कहा जा सकता है कि प्राविधिक बेरोजगारी भी बेरोजगारी बढ़ाने में महत्त्वपूर्ण भूमिका अदा करती है।

(6) **अस्थायी बेरोजगारी**—बेरोजगारी का एक स्वरूप अस्थायी बेरोजगारी कहा जा सकता है। पढ़ाई समाप्त करने के पश्चात् लोगों को कुछ समयों तक अथवा कभी-कभी बहुत समयों तक कोई काम नहीं मिल पाता है। प्रतियोगिताओं में भी वे ही सफलता प्राप्त करते हैं जिनको कुछ अनुभव प्राप्त हो चुका है। इसी प्रकार किसी प्रकार का प्रशिक्षण प्राप्त करने के पश्चात् भी तुरंत रोजगार नहीं मिल जाता है। इस प्रकार की स्थितियों को अस्थायी बेरोजगारी कहा जाता है।

(7) **चक्रीय बेरोजगारी**–किसी उद्योग-धंधे में चक्रवत उतार-चढ़ाव के कारण उसमें बेरोजगारी आ जाती है। प्रत्येक उद्योगों की व्यापारिक गतिपद्धतियों का अध्ययन करने से ज्ञात होता है कि इसमें उतार एवं चढ़ाव की दशाएँ पाई जातीं हैं। जब व्यापार की दशा अच्छी होती है तब बेरोजगारी की मात्रा कम हो जाती है एवं जब बेरोजगारी की मात्रा बढ़ती है तब यह समझा जाता है कि व्यवसाय की दशा अच्छी नहीं है। व्यापारिक चक्र के बहुत से सिद्धांत भी हैं। जब किसी व्यवसाय में लाभ की मात्रा बढ़ जाती है तो दूसरे लोग भी उस व्यवसाय की ओर अग्रसर होते हैं। यह अवस्था तेजी की अवस्था कहलाती है। जब किसी व्यवसाय में लाभ को देखकर बहुत-से लोग उसी व्यवसाय को अपनाते हैं तब लाभ की मात्रा कम होती जाती है और एक समय ऐसा भी आता है जब लाभ बहुत अल्प हो जाता है। तब उस व्यापार को छोड़ने लगते हैं अथवा मुँह मोड़ने लगते हैं। यह अवस्था मंदी की अवस्था कहलाती है। फलतः बेरोजगारी की स्थिति पैदा होती है। व्यवसाय की इन चक्रीय दशाओं की उत्पत्ति के विषय में काफी सिद्धांत प्रतिपादित हुए हैं। इसमें जैवन्स, मूर तथा बैवरिज द्वारा दिया गया जलवायु का सिद्धांत, हॉबसन तथा मेजर डगलस द्वारा दिया गया ज्यादा बचत या कम उपभोग का सिद्धांत, हॉटरे द्वारा दिया गया मुद्रा का सिद्धांत, तथा पीगू द्वारा दिया गया मनोवैज्ञानिक सिद्धांत आदि मुख्य हैं। साथ ही यह भी कहा जा सकता है कि व्यापार का चक्रीय बदलाव किसी एक तत्त्व का परिणाम नहीं होता है।

(8) **यन्त्रीकृत बेरोजगारी**–इस तरह की बेरोजगारी अविकसित, अर्द्धविकसित या विकासशील देशों में पाई जाती है। ऐसे देशों में पूँजी-नियोजन की क्षमता का अभाव पाया जाता है जिससे लाखों श्रमिक काम की खोज में निठल्ले बैठे रहते हैं। पूँजी के अभाव में औद्योगीकरण का काम भी नहीं हो पाता है। अतः जितनी श्रम-शक्ति उपलब्ध रहती है उससे कम मात्रा में उसकी माँग रहती है। इस प्रकार के राष्ट्र चाहकर भी विकास एवं कल्याणकारी योजनाओं को शुरू नहीं कर पाते हैं। इन राष्ट्रों में बेरोजगारी का मुख्य कारण पूँजी का अभाव कहा जा सकता है।

(9) **अर्द्ध बेरोजगारी**–इस तरह की बेरोजगारी में व्यक्तियों को पूरे समय रोजगार उपलब्ध नहीं हो पाता है। अर्थात् जितना काम अपेक्षित है उतना नहीं मिल पाता है। इस तरह की स्थिति विविध क्षेत्रों में देखने को मिलती है। उद्योग-धंधों से लेकर कल-कारखानों तक एवं कृषि के क्षेत्र में अर्द्ध-बेरोजगारी की स्थिति पायी जाती है। अर्द्ध-बेरोजगारी की स्थिति गाँवों और शहरों दोनों जगहों में देखने को मिलती है। गाँवों में उतनी ही भूमि पर कई व्यक्ति काम करते हैं जितने में एक व्यक्ति

काम कर सकता है। इसी प्रकार शहरों में भी कतिपय उद्योगों में जरूरत से अधिक व्यक्ति काम करते हैं जबकि उद्योग की आय सीमित होती है। फलतः इसमें लगे लोगों की आय कम हो जाती है। अर्द्ध-बेरोजगारी की स्थिति को दूर करने हेतु रोजगार के अवसर बढ़ाने की आवश्यकता है।

बेरोजगारी दूर करने के उपाय

बेरोजगारी को दूर करने के लिए निम्नलिखित सुझाव दिए जा सकते हैं–

(1) सरकार को भी सार्वजनिक उद्योग-धंधों के विकास पर बल देना–इससे रोजगार के अधिकाधिक अवसर पैदा होंगे। भारतीय अर्थव्यवस्था ग्रामीण क्षेत्रों पर निर्भर है। इसलिए ग्रामीण क्षेत्रों में सार्वजनिक उद्योग-धंधों की स्थापना अधिक लाभदायक होगी।

(2) भारत की युवा एवं बेकार जन-शक्ति को प्रशिक्षण देकर काम पर लगाने की व्यवस्था–अर्थात् जो युवा एवं बेकार व्यक्ति निरुद्देश्य अपना समय बर्बाद करते हैं उसका उपयोग किसी कार्य में लगाकर किया जा सकता है। इससे एक तरफ तो बेरोजगारी दूर होगी तथा दूसरी तरफ देश का विकास भी होगा।

(3) सार्वजनिक निर्माण कार्यों को बढ़ाया देना–जो लोग मौसमी बेकारी का सामना करते हैं उन्हें इन कार्यों में लगाकर उनकी बेकारी को दूर किया जा सकता है।

(4) ग्रामीण इलाकों में रोजगार के समुचित अवसर पैदा करना–अक्सर ग्रामीण इलाकों से रोजगार की खोज में शहरों की ओर लोग पलायन करते हैं। जब गाँव में ही रोजगार के अवसर उपलब्ध होंगे तो शहरों की ओर पलायन कम होगा।

(5) बेरोजगारी बीमा की व्यवस्था करना–इस बीमा के द्वारा श्रमिकों को संकट काल में आर्थिक सहायता मिलनी चाहिए जिससे उनका जीवन-स्तर बना रहे। अगर उनका जीवन-स्तर बना रहेगा तो उनकी कार्यक्षमता भी बनी रहेगी।

(6) लघु एवं कुटीर उद्योगों की स्थापना एवं उसके विकास पर पर्याप्त बल देना–लघु एवं कुटीर उद्योग-धंधों के विकास से बहुत से लोगों को रोजगार मिल सकता है। साथ ही इसे कम पूँजी से थोड़े-से स्थान में ही शुरू किया जा सकता है। इस प्रकार इन उद्योग-धंधों की स्थापना से बेरोजगारी को बहुत हद तक दूर किया जा सकता है।

(7) भारतीय सामाजिक ढाँचे में समुचित सुधार करना–भारत में सामाजिक ढाँचे के कारण भी बेरोजगारी रही है। जाति-प्रथा, संयुक्त परिवार एवं भारतीय समाज की अन्य परंपरागत संस्थाओं की सोच में व्यापक परिवर्तन लाकर बहुत हद तक बेरोजगारी की समस्या का समाधान किया जा सकता है।

(8) श्रमिकों को उचित वेतन दिया जाना– इससे बेरोजगारी भी दूर होगी और वे अपने जीवन-स्तर को बनाए रखने में सक्षम हो सकेंगे। सरकार द्वारा जो न्यूनतम मजदूरी तय है उतनी मजदूरी उन्हें अवश्य दी जाए।

(9) शरीर से अक्षम व्यक्तियों के लिए पुनर्वास एवं उचित रोजगार की व्यवस्था—बहुत से व्यक्ति जन्म से ही अपंग, अक्षम एवं आनुवांशिक बीमारियों से पीड़ित रहते हैं। इनके पुनर्वास एवं उचित रोजगार की व्यवस्था करके बेरोजगारी को बहुत हद तक दूर किया जा सकता है।

(10) जनसंख्या वृद्धि पर रोक—जनसंख्या की वृद्धि एवं बेरोजगारी का सीधा संबंध है। जिस अनुपात में जनसंख्या में वृद्धि हो रही है उस अनुपात में रोजगार के अवसर नहीं बढ़ रहे हैं। इसलिए यह अत्यन्त आवश्यक है कि बढ़ती हुई जनसंख्या पर रोक लगाई जाए।

(11) आर्थिक विकास की गति तेज करना—इसके अंतर्गत उद्योग-धंधों का विकास करना, शिक्षित बेरोजगारों को रोजगार देना तथा अन्य तरह के आर्थिक विकास किए जा सकते हैं। वाँचू समिति ने देश के आर्थिक विकास के लिए काले धन पर रोक लगाने का सुझाव दिया था। साथ ही सार्वजनिक एवं निजी क्षेत्र को सुव्यवस्थित करके भी आर्थिक विकास को गति दी जा सकती है।

(12) शिक्षा-प्रणाली को चुस्त-दुरुस्त बनाना—अगर व्यक्तियों में उचित शिक्षा का प्रबंध होगा तो वे किसी भी काम को नीच या हीन दृष्टि से नहीं देखेंगे। जैसे बहुत-से लोग शारीरिक श्रम द्वारा पेट पालने को हेय दृष्टि से देखते हैं। अगर उनको उचित शिक्षा मिलेगी तो वे इसे हेय दृष्टि से नहीं देखेंगे तथा इस तरह के कार्यों को भी अपनी जीविका का साधन बनाएँगे। साथ ही शिक्षा को रोजगारोन्मुखी एवं व्यावहारिक बनाना भी अत्यन्त आवश्यक है। आज की शिक्षा व्यवस्था व्यावहारिक न होकर सैद्धांतिक है जिससे लोग शिक्षा प्राप्त करने के बावजूद इधर-उधर भटकते रहते हैं। अगर शिक्षा रोजगारोन्मुखी एवं व्यावहारिक होगी तो लोग नौकरी नहीं मिलने पर भी किसी तरह के कार्य को अपनाकर अपनी रोजी-रोटी चला सकते हैं।

(13) रोजगार केन्द्रों की स्थापना—इन केन्द्रों द्वारा अकुशल श्रमिकों को टेक्नीकल शिक्षा प्रदान कर उन्हें कुशल बनाया जा सकता है तथा देश में श्रमिकों की माँग और पूर्ति के बीच संतुलन स्थापित किया जा सकता है। अक्सर यह देखा जाता है कि रोजगार के अवसर उपलब्ध भी रहते हैं लेकिन श्रमिकों को इसकी जानकारी नहीं रहती है। फलतः वे रोजगार पाने में असमर्थ रहते हैं। रोजगार केन्द्रों द्वारा इन समस्याओं को सुलझाया जा सकता है।

(14) कृषि की दशाओं को सुधारना—भारत एक कृषि प्रधान देश है। यहाँ की अधिकांश जनसंख्या कृषि पर आश्रित है। ऐसे में कृषि का पिछड़ा रहना अत्यन्त खेदजनक है। कृषि की दशाओं को सुधारने के लिए कई उपाय किए जा सकते हैं। सिंचाई की उचित व्यवस्था, कृषि के वैज्ञानिक एवं आधुनिक तरीकों का प्रयोग, उन्नतः किस्म के बीजों एवं खादों का प्रयोग, कृषि के लिए उचित प्रशिक्षण, जल-निकासी की उचित व्यवस्था एवं कृषि से संबंधित अन्य उपायों को अपनाकर कृषि की दशाओं को सुधारा जा सकता है तथा इसे उन्नत बनाया जा सकता है। इससे पैदावार में वृद्धि होगी एवं कृषि कार्य में लगे लोगों की स्थिति में भी सुधार आएगा। कृषि कार्य में लगे लोगों को अक्सर मौसमी बेकारी का सामना करना पड़ता है। इसके लिए भी कुछ ऐसे उपाय किए जाने चाहिए ताकि इनको इस बेकारी का सामना नहीं करना पड़े। इन विभिन्न उपायों के द्वारा बेरोजगारी को बहुत हद तक दूर किया जा सकता है।

(15) अधिक आयु के लोगों के लिए उनकी शारीरिक एवं मानसिक क्षमता के अनुरूप रोजगार की व्यवस्था—अधिक आयु के बेरोजगारों की संख्या भी बहुत अधिक है एवं इनकी समस्या गम्भीर है।

(16) भूमि सुधार कार्यक्रम का सही क्रियान्वयन—भू-सुधार कार्यक्रम को लागू किया जाए तथा गरीब एवं बेरोजगार व्यक्तियों के बीच भूमि का वितरण किया जाए। इसके लिए भूदान कार्यक्रमों का विस्तार किया जाए।

(17) सामाजिक सुरक्षा के कार्यक्रम प्रारम्भ—इसके अंतर्गत वृद्धावस्था पेंशन, विधवा पेंशन, बेरोजगारी भत्ता तथा अनाथों आदि की समुचित व्यवस्था की जाए।

निष्कर्ष—उपर्युक्त कार्यक्रमों को लागू करके बेरोजगारी को बहुत हद तक दूर किया जा सकता है। सही मायने में बेरोजगारी की समस्या अत्यन्त भयावह है जिसको दूर करने के लिए एक समयबद्ध योजना बनाकर एवं उसे कारगर ढंग से लागू करके ही इस समस्या का समाधान किया जा सकता है। इसे दूर करने हेतु योजना आयोग ने भी कुछ सुझाव दिए हैं। योजना आयोग ने बताया है, "प्राईमरी स्तर के बाद के शिक्षा कार्यक्रम में आवश्यक परिवर्तन करना होगा जिससे आगे चलकर शिक्षितों को बेकारी का सामना न करना पड़े और न हमारे देश की व्यवस्था को योग्य व्यक्तियों की कमियों की वजह से नुकसान उठाना पड़े।" इसी प्रकार योजना आयोग ने रोजगार कार्यालयों की स्थापना पर बल देते हुए कहा है, "विश्वविद्यालय आयोगों ने पता लगाया है कि यदि स्नातकों को सैद्धांतिक शिक्षा

के साथ-साथ कुछ व्यावहारिक ज्ञान भी कराया जाए तो उनकी आय में काफी अंतर पड़ सकता है। आयोग ने सिफारिश की है कि विद्यार्थियों को पढ़ाई के साथ-साथ व्यावहारिक ज्ञान कराना चाहिए। यह पढ़ाई सैद्धांतिक पढ़ाई के साथ-साथ हो सकती है या अवकाश के दिनों में भी की जा सकती है। इस सिफारिश को कार्यरूप में परिणत करना चाहिए।'' अधिक आयु के श्रमिकों के रोजगार के संबंध में योजना आयोग ने कहा है कि, ''इस समस्या के हल के लिए यह आवश्यक है कि सरकारी विभागों में कुछ स्थान सुरक्षित कर दिये जाएँ और साथ-ही-साथ गैर-सरकारी संस्थाओं के मालिकों को समझा-बुझाकर इस बात पर सहमत कर लिया जाय कि वे भी अपने उद्योगों में कुछ अधिक आयु के लोगों को रखने का प्रयास कर दें।'' इस प्रकार यह पता चलता है कि योजना आयोग ने भी बेरोजगारी को दूर करने के लिए विभिन्न प्रकार के सुझाव दिये हैं। वास्तविकता यह है कि बेरोजगारी एक ऐसी सामाजिक एवं आर्थिक समस्या है जिसका सबको मिल-जुलकर समाधान ढूँढना होगा एवं उसे कारगर रूप से सही दिशा में क्रियान्वित करना होगा। तभी जाकर इस समस्या का समाधान संभव है।

भारत और बेरोजगारी

जहाँ तक भारत में बेरोजगारी का प्रश्न है, यह कहा जा सकता है कि यहाँ मुख्यतः दो प्रकार की बेरोजगारी पाई जाती है जो निम्नलिखित हैं—(i) कृषि संबंधी बेरोजगारी तथा (ii) नगरीय बेरोजगारी। इसमें नगरीय बेरोजगारी के तहत दो प्रकार की बेरोजगारी आती है जो निम्नलिखित हैं—(क) प्रौद्योगिक बेरोजगारी एवं (ख) शिक्षितों की बेरोजगारी।

उपरोक्त सभी प्रकार की बेरोजगारी का वर्णन डॉ. राम आहूजा ने अपनी कृति "आधुनिक भारत की सामाजिक सम्सयाएँ" में किया है। उनके अनुसार भारत में पायी जाने वाली प्रथम तरह की बेरोजगारी कृषि संबंधी बेरोजगारी (Agricultural Unemployment) है। भारतीय ग्रामों में कृषि की प्रकृति के कारण ही कृषि-संबंधी बेरोजगारी पैदा होती है। अक्सर कृषि कार्य में लगे किसानों अल्प श्रमिकों को वर्ष में चार महीने बेरोजगार रहना पड़ता है। सिंचित कृषि वाले क्षेत्र को छोड़कर एक भारतीय किसान को वर्ष में औसतन 4 से 6 महीने तक बेरोजगार रहना पड़ता है। इस संबंध में विविध विद्वानों ने भिन्न-भिन्न मत व्यक्त किए हैं। पी. जे. थॉमस एवं सी.के. रामाकृष्णन के अनुसार भारतीय किसान पाँच महीने तक बेरोजगार रहते हैं। बंगाल के भूमि आय कर कमीशन के अनुसार एक कृषक औसतन 6 महीने तक बेरोजगार रहता है। बेरोजगारी की समय अवधि भले ही जितनी हो इतना तो

तय है कि भारतीय कृषक बेरोजगारी का सामना जरूर करते हैं। इसके अतिरिक्त भारत जैसे कृषि प्रधान देश में प्रत्येक किसान के पास पर्याप्त भूमि नहीं है या अगर है भी तो बहुत कम। इसलिए ये बेरोजगारी अथवा अर्द्ध-बेरोजगारी का सामना करते हैं। एक सर्वेक्षण के अनुसार भारत के गाँवों में कुल जनसंख्या में से मात्र 29.4% व्यक्ति आत्म-निर्भर हैं, 59% न कमाने वाले आश्रित तथा 11.6% कमाने वाले आश्रित हैं। इसमें से भी यदि समय-समय पर बेरोजगारी का सामना करना पड़े तो स्थिति की दयनीयता के बारे में सहज ही आकालन लगाया जा सकता है।

डॉ. राम आहूजा ने भारत में दूसरी तरह की बेरोजगारी नगरीय बेरोजगारी को माना है। इस बेरोजगारी को उन्होंने दो हिस्सों में विभक्त किया है। प्रौद्योगिक बेरोजगारी एवं (ख) शिक्षितों की बेरोजगारी है।

जब उद्योग-धंधों का ह्रास हो जाता है, विदेशी प्रतियोगिता बढ़ जाती है, उद्योग-धंधों में अनियोजित भौगोलिक बंटवारा हो जाता है, दोषपूर्ण औद्योगिक नीति लागू की जाती है तथा पुरानी मशीनों के स्थान पर नई मशीनों को लाया जाता है तब प्रोद्योगिक बेरोजगारी की स्थिति पैदा होती है। औद्योगिक प्रतिस्पर्द्धा के कारण एक उद्योग में निर्मित वस्तुओं की माँग बाजार में कम हो जाती है। इसका परिणाम यह होता है कि उस उद्योग में लगे श्रमिकों की छँटनी होती है तथा बेरोजगारी की स्थिति पैदा होती है।

जब शिक्षा प्राप्त व्यक्ति प्रयास करने के बावजूद रोजगार नहीं पाता है तब शिक्षित बेरोजगारी की स्थिति पैदा होती है। शिक्षित बेरोजगारों की समस्या प्रथम महायुद्ध के पश्चात् शुरू हुई। पिछले पचास वर्षों में भारत में यह समस्या एक गम्भीर रूप धारण कर चुकी है। एक ओर तो शिक्षा का प्रचार-प्रसार किया जा रहा है दूसरी ओर उनकी संख्या दिनानुदिन बढ़ती जा रही है। अलग-अलग पंचवर्षीय योजनाओं में विभिन्न प्रकार के शिक्षा के मद में ज्यादा-से-ज्यादा राशि का आवंटन हुआ है और शिक्षित बेरोजगारों की संख्या में भी इजाफा हुआ है। एक तरफ तो शिक्षा की सुविधाएँ बढ़ा दी गईं लेकिन दूसरी ओर उस अनुपात में रोजगार के मौके नहीं उपलब्ध कराए गए। इसका परिणाम यह हुआ कि बेरोजगारों की संख्या बढ़ती गई और बेरोजगारी भी बढ़ती गई। आज देश की स्थिति ऐसी है कि शिक्षित एवं ईमानदार व्यक्तियों हेतु नौकरी ढूँढ़ पाना एक दुष्कर कार्य है। चारों तरफ भ्रष्टाचार का बोलबाला है। आज रोजगार या नौकरी सिर्फ़ मंत्रियों, उच्चाधिकारियों एवं समाज के वी.आई.पी. व्यक्तियों के सगे-सम्बन्धियों को ही मिलती है। सर्वसाधारण शिक्षित व्यक्तियों हेतु आज के समय में नौकरी पाना दुष्कर कार्य है। अतः बेरोजगारी की संख्या में लगातार वृद्धि ही होती जा रही है।

उपरोक्त विवरण से हम इस निष्कर्ष पर पहुँचते है कि भारत में बेरोजगारी की समस्या बहुत ही गंभीर है।

भारत में बेरोजगारी का विस्तार

भारत में बेकारी एवं अर्द्ध-बेकारी की समस्या बहुत दिनों से चली आ रही है। लेकिन 1951 से पहले के आँकड़ों के दृष्टिकोण से इस समस्या का पता नहीं था। फिर भी योजना आयोग का विचार है कि पिछले सौ वर्षों में बेकारी की समस्या में अत्यधिक वृद्धि हुई है। इसके वृद्धि के लिए कुछ कारण जिम्मेवार हैं। जनसंख्या वृद्धि इसका एक कारण कहा जा सकता है। पिछले सौ वर्षों में जनसंख्या में तीव्र गति से वृद्धि हुई है। प्राचीन उद्योग-धंधों का विनाश हुआ है। इसके कारण जनसंख्या के बड़े हिस्से को काम मिलना बन्द हो गया। रोजगार की दृष्टि से औद्योगिक क्षेत्रों का अपर्याप्त विकास हुआ है। साथ ही देश के विभाजन के कारण जनसंख्या के बड़े भाग का विस्थापन हुआ है। प्रथम पंचवर्षीय योजना में योजना आयोग ने कहा है, "बेकार और अर्द्ध-बेकार व्यक्तियों की संख्या जानने की ओर अब तक कोई ध्यान नहीं दिया गया। आजकल ये आँकड़े केवल रोजगार दफ्तरों के रजिस्टरों से ही प्राप्त किए जा सकते हैं। परंतु इन आँकड़ों से समस्त देश की संपूर्ण बेरोजगारी का पता नहीं लगाया जा सकता क्योंकि पहली बात तो यह है कि रोजगार के ये दफ्तर केवल औद्योगिक क्षेत्रों में ही हैं। दूसरे रोजगार दफ्तर द्वारा रोजगार प्राप्त करने वाले केवल वे ही व्यक्ति रजिस्टर में होते हैं जिनका सीधा संबंध उद्योगों से होता है।...इस प्रकार हम देखते हैं कि बेकार और अर्द्ध-बेकार व्यक्तियों के आँकड़े उपलब्ध नहीं हैं, उनका तो केवल अंदाजा लगाया जा सकता है जो सही होने के साथ ही गलत भी हो सकता है।"

1954 में योजना आयोग के सुझाव पर राष्ट्रीय प्रतिदर्श सर्वेक्षण द्वारा शहरी बेरोजगारी का सर्वेक्षण किया गया जिससे पता चला कि लगभग 22.40 लाख व्यक्ति बेकार हैं। सर्वेक्षण ने बेकार व्यक्तियों की संख्या दुनिया के कुल बेरोजगारों का दो-तिहाई भाग बताया। मई, 1990 में रोजगार कार्यालयों में पंजीकृत व्यक्तियों की सर्वाधिक संख्या पश्चिम बंगाल में थी। इस समय देश में कुल बेरोजगारों में से लगभग आधे बेरोजगार (49.3%) भारत के पश्चिम बंगाल, उत्तर प्रदेश एवं बिहार राज्यों में थे। जहाँ तक ग्रामीण बेरोजगारी का सवाल है, यह कहा जा सकता है कि प्रथम पंचवर्षीय योजना के प्रारम्भ तक गाँवों में बेकारी के स्वरूप के बारे में कुछ पता नहीं लगाया जा सका था। प्रथम पंचवर्षीय योजना काल में कुछ राज्यों द्वारा सर्वेक्षण करवाए गए लेकिन कोई खास नतीजा नहीं निकला। इसके बाद भी कई तरह के

सर्वेक्षण कराए गए लेकिन कोई ठोस नतीजा नहीं निकला। इस संबंध में यह कहा जा सकता है कि प्राप्त आँकड़े अपर्याप्त हैं। बेरोजगारों के संबंध में कोई भी आँकड़ा प्रामाणिक रूप से उपलब्ध नहीं है। सभी केवल अनुमान पर ही आधारित हैं। हालाँकि बेरोजगारी की समस्या दिनानुदिन बढ़ती ही जा रही है और इसको दूर करने के लिए सरकारी एवं गैर-सरकारी स्तर पर प्रयत्न भी किए जा रहे हैं। न केवल बेरोजगारी की समस्या गम्भीर है बल्कि अर्द्ध-बेकारी की समस्या भी गम्भीर है। अतः यह आवश्यक है कि पूर्ण मनोयोग से इन समस्याओं का समाधान किया जाए।

बेरोजगारी को दूर करने के लिए सरकारी प्रयत्न

बेरोजगारी को दूर करने के लिए सरकार द्वारा समय-समय पर अनेक प्रयत्न किये गये हैं। विभिन्न योजनाओं के माध्यम से सरकार ने बेरोजगारी को दूर करने का प्रयत्न किया है। सरकार द्वारा बेरोजगारी को दूर करने के लिए किये गये प्रयत्नों का विवरण निम्नलिखित है—

बेरोजगारी को दूर करने के लिए सरकार ने विभिन्न पंचवर्षीय योजनाओं में आर्थिक विकास के अनेक कदम उठाये हैं। इससे बहुत से लोगों को रोजगार प्राप्त हुआ है। प्रथम पंचवर्षीय योजना में लगभग 50 लाख एवं द्वितीय पंचवर्षीय योजना में लगभग 80 लाख लोगों को रोजगार दिया गया। योजना आयोग ने आठवीं पंचवर्षीय योजना के दस्तावेज में सन् 2002 तक लगभग पूर्ण रोजगार संबंधी व्यूह-रचना प्रस्तुत की। इसके लिए आठवीं पंचवर्षीय योजना में वार्षिक वृद्धि दर (रोजगार की) 2.6 से 2.8% प्रतिवर्ष प्राप्त करने का लक्ष्य निर्धारित किया गया। योजना आयोग के रिपोर्ट में कहा गया कि सन् 2004-5 तक लगभग सम्पूर्ण रोजगार की स्थिति के लक्ष्य को प्राप्त करने के लिए यह आवश्यक है कि आगामी सात वर्षों में औसतन 7% प्रतिवर्ष विकास की दर को प्राप्त किया जाय। बहुत ही दुर्भाग्य एवं अफसोस की बात है कि आज तक (सन् 2003) तक इस लक्ष्य को हासिल नहीं किया जा सका है और बेरोजगारी की समस्या विकराल रूप में विद्यमान है। हालाँकि सरकारी स्तर पर बहुत सारे प्रयत्न किये गये और किये जा रहे हैं लेकिन परिणाम संतोषजनक नहीं कहा जा सकता है।

बेराजगारी को दूर करने के लिए सरकार ने राष्ट्रीय रोजगार सेवाएँ प्रारम्भ कीं। इसके तहत लोगों को रोजगार दिलाने के लिए 1944 में रोजगार कार्यालयों की स्थापना की गई थी। आज ऐसे रोजगार कार्यालयों की संख्या लगभग 869 है। इन रोजगार कार्यालयों के अतिरिक्त 87 विश्वविद्यालय रोजगार सूचना व मार्गदर्शन ब्यूरों भी कार्यरत हैं। इन रोजगार कार्यालयों के माध्यम से प्रतिवर्ष बहुत-से लोगों को

रोजगार का अवसर प्रदान किया जाता है। केन्द्र सरकार ने एक कार्यक्रम के तहत अनुसूचित जाति एवं जनजाति के लोगों को प्रशिक्षण देने के लिए लगभग 117 केन्द्रों की स्थापना की है। इसके माध्यम से इस जाति के लोगों को विभिन्न नौकरियों से सम्बन्धित प्रशिक्षण दिया जाता है। इसके अतिरिक्त रोजगार के अवसरों को बढ़ावा देने के लिए 2,090 औद्योगिक प्रशिक्षण संस्थान भी स्थापित किये गये हैं। इसी प्रकार शारीरिक रूप से विकलांगों के लिए भी अनेक संस्थान खोले गये हैं। महिलाओं के लिए भी राष्ट्रीय महिला प्रशिक्षण संस्थान जो कि केन्द्रीय महिला प्रशिक्षण संस्थान, दिल्ली के नाम से जाना जाता है, स्थापित किया गया है। यह संस्थान महिलाओं को अनुकूल व्यवसायों में प्रशिक्षण देता है। 15 अगस्त, 1979 को एक केन्द्र प्रायोजित योजना लागू की गई जो स्व-रोजगार के लिए ग्रामीण युवकों के प्रशिक्षण की राष्ट्रीय योजना के नाम से जानी जाती है। इस योजना का मुख्य उद्देश्य ग्रामीण युवकों (18 से 35 वर्ष की आयु) को कृषि तथा इससे सम्बन्धित क्रिया-कलापों का प्रशिक्षण दिया जाना है ताकि वे स्व-रोजगार कर सकें। इस प्रकार यह पता चलता है कि सरकार ने विभिन्न रोजगार सेवाओं को प्रारम्भ कर बेरोजगारी को दूर करने का प्रयास किया है।

सरकार द्वारा बेरोजगारी समाप्त करने के उद्देश्य से स्वरोजगार योजना को शुरू किया। देश में 1982 तक लघु तथा कुटीर, उद्योग-धन्धों के माध्यम से स्वरोजगार को बढ़ावा देने के लिए 394 जिला औद्योगिक केन्द्रों की स्थापना की। इन औद्योगिक केन्द्रों के माध्यम से शिक्षित बेरोजगारों को स्व-रोजगार के हेतु आर्थिक सहायता प्रदान की जाती है। 15 अगस्त, 1983 से केन्द्र सरकार ने स्व-रोजगार की एक अन्य योजना प्रारम्भ की जिसके तहत शहरों के शिक्षित बेरोजगारों को स्व-रोजगार के लिए आर्थिक सहायता प्रदान की जाती है। हाल के वर्षों में जिला उद्योग केन्द्रों के माध्यम से स्व-रोजगार के लिए दी जानेवाली रकम में बढ़ोत्तरी कर दी गई है। पहले इसके लिए अधिकतम रकम 35,000 रु. निर्धारित थी जो अब प्रधानमंत्री रोजगार योजना के तहत बढ़ाकर बहुत अधिक कर दी गई है।

सरकार ने खादी एवं ग्रामोद्योग कमीशन के द्वारा बेरोजगारी को दूर करने के लिए रोजगारोन्मुख कार्यक्रम चलाया। खादी ग्रामोद्योग कमीशन के माध्यम से घर के नजदीक रोजगार सुलभ कराने का कार्यक्रम चलाया जा रहा है। इस पर 1,600 करोड़ रुपए खर्च करने की योजना है।

आगे सरकार द्वारा बेरोजगारी को खत्म करने हेतु बेकार पड़ी हुई भूमि को कृषि योग्य बनाने के भरसक प्रयत्न किए गए ताकि किसान अधिक-से-अधिक फसल ले सकें। सिंचाई के समुचित साधनों का विकास किया गया है जिससे पैदावार अच्छी

हो सके। इन सभी प्रयत्नों से अर्द्ध- बेकारी की समस्या को दूर करने में बहुत मदद मिली है। कृषि के क्षेत्र में सुविधा एवं विकास के कारण इसमें लगे लोगों को अधिक-से-अधिक समय तक रोजगार मिलेगा तथा कृषि उत्पादनों में भी वृद्धि होगी। इससे हरित क्रांति को भी बढ़ावा मिला है। इस प्रकार कृषि के क्षेत्र में बेरोजगारी को दूर करने के लिए सरकार ने प्रयास किए हैं।

सरकार ने विभिन्न ग्रामीण योजनाओं को बेरोजगारी को दूर करने के लिए क्रियान्वित किया। इससे ग्रामीण इलाके के बेरोजगार, अल्प-रोजगार एवं विशेषकर निर्धनतम वर्ग को विशेष लाभ मिलने का उद्देश्य रखा गया। इन ग्रामीण योजनाओं में 'ग्रामीण भूमिहीन रोजगार गारण्टी योजना' एवं 'जवाहर रोजगार योजना' आदि प्रमुख हैं। केन्द्र द्वारा प्रायोजित योजना ग्रामीण भूमिहीन रोजगार गारण्टी योजना 15 अगस्त, 1983 से प्रारम्भ की गई। इस योजना का उद्देश्य ग्रामीण भूमिहीन श्रमिकों के लिए रोजगार के अवसरों में सुधार एवं विस्तार करना था तथा ऐसे परिवार के सदस्यों के लिए वर्ष में 100 दिन रोजगार देने की गारण्टी थी। विभिन्न पंचवर्षीय योजनाओं में इस योजना पर बहुत-सी राशियाँ खर्च की गईं जो क्रमशः बढ़ती ही गईं। इससे ग्रामीण लोगों को रोजगार मिलने में सुविधा हुई।

सरकार ने जवाहर रोजगार योजना के नाम से बेरोजगारी को दूर करने के लिए एक योजना शुरू की। इस योजना का प्रारम्भ तत्कालीन प्रधानमंत्री स्व. राजीव गाँधी ने किया था। 28 अप्रैल, 1989 को 21 अरब रुपये से इस योजना के शुभारम्भ की घोषणा की गई थी। इस योजना के अंतर्गत गरीबी रेखा से नीचे रहनेवाले लोगों को पंचायत के माध्यम से सहायता मिलेगी। प्रत्येक परिवार के कम-से-कम एक सदस्य को रोजगार मिलेगा। रोजगार उपलब्ध कराने वाली अब तक की समस्त योजनाएँ इसी के अंतर्गत आ जाएँगी। केन्द्र इस योजना पर 80% खर्च करेगा। इस योजना के तहत 30% रोजगार गाँव की गरीब महिलाओं को दिया जाएगा। इस योजना के तहत इस तरह का वित्तीय ढाँचा बनाया गया है जिससे राज्यों को गरीबी रेखा के नीचे की आबादी के अनुपात में रकम दी जायेगी। राज्यों के माध्यम से यह रकम जिलों को सौपी जाएगी। फिर जिला स्तर से नीचे के स्तर में इसे आवश्यकतानुसार क्रियान्वित किया जाएगा। विभिन्न पंचवर्षीय योजनाओं में इस योजना के लिए रकम में क्रमशः बढ़ोत्तरी की गई।

उक्त वर्णन के आधार पर यह निष्कर्ष निकाला जा सकता है कि सरकार ने विभिन्न रोजगार योजनाओं के माध्यम से ग्रामीण एवं शहरी बेरोजगारी को दूर करने का प्रयत्न किया है। इन योजनाओं से लोगों को लाभ भी मिला है। लेकिन परिणाम

संतोषजनक नहीं कहा जा सकता। अर्थात् जितनी अपेक्षा की गई थी उस अनुरूप ये योजनाएँ क्रियान्वित नहीं की जा सकीं। बेरोजगारी की समस्या अभी भी बहुत गम्भीर बनी हुई है। आवश्यकता इस बात की है कि इन योजनाओं को तो सही ढंग से क्रियान्वित किया ही जाए। इसके साथ-ही-साथ आवश्यकतानुसार और योजनाएँ लागू की जाएँ।

16

ग्रामीण परिवार

जैसा की हम सभी जानते हैं समाज का निर्माण करने वाली संस्थाओं में परिवार का महत्त्व अधिक होता है उसी प्रकार ग्रामीण समाज का निर्माण करने वाली संस्थाओं में भी परिवार का सबसे अधिक महत्व है। परिवार तो इसका आधार ही है। ग्राम-समष्टि के भौतिक तथा सांस्कृतिक जीवन में एक निर्णायक भूमिका निभाता है तथा ग्रामीण व्यक्ति तथा ग्रामीण समष्टि दोनों ही के मनोवैज्ञानिक लक्षणों को ढालने में भी महत्वपूर्ण भूमिका अदा करती है। सही मायने में कुछ विचारकों के अनुसार परिवार तथा परिवारवाद समूचे ग्रामीण संरचना पर अपनी छाप अंकित करता है।

ग्रामीण परिवार की संरचना, कार्य विकास और ग्रामीण समाज की अन्य संस्थाओं के साथ इसके सम्बन्धों का व्यवस्थित अध्ययन ग्रामीण समाजशास्त्री के लिए आवश्यक है।

ग्रामीण परिवार की संस्था का अध्ययन करने के लिए भारतीय ग्रामीण समाज एक उत्कृष्ट क्षेत्र उपलब्ध करता है। इसमें मानव समाज द्वारा विकसित पारिवारिक संगठन के कई रूप तथा प्रतिमान उपलब्ध रहते हैं।

पारिवारिक संगठन के प्रमुख प्रतिमान

पारिवारिक संगठन के चार प्रमुख प्रतिमान माने गये हैं। प्रो. रिवर्स ने चार विशिष्ट प्रकार की संस्थाओं का चयन किया है जिन्हें परिवार की संज्ञा दी गई है, उदाहरण के लिए गोत्र मातृ-स्थानीय संयुक्त परिवार पितृ-स्थानीय संयुक्त परिवार तथा व्यक्तिगत परिवार जिसमें केवल माता-पिता तथा अवयस्क बालक शामिल होते हैं।

कुछ समाजशास्त्रियों के विचार में ग्रामीण परिवार के विकास की चार अवस्थाएं परिवार के विकास की चार प्रमुख अवस्थाओं को व्यक्त करती हैं। प्रथम सामाजिक विकास आखेट तथा भोजन-संग्राहक अवस्था के अनुसार है। दूसरा, खुरपी-कुदाली कृषि तथा पशुपालन के प्रांरभ की अवस्था से मेल खाता है। तीसरा, जो उत्कृष्ट रूप है वह हलीय कृषि और पशु-पालन पर आधारित कृषि-व्यवस्था की अवस्था से मेल खाता है। चौथा अन्तिम रूप मानव जीवन के आधुनिक औद्योगिक पूँजीवादी अवस्था से रखता है। कृषि अर्थव्यवस्था की अवस्था की वृद्धि के फलस्वरूप और ग्रामीण समाज पर नगरीय सामाजिक आर्थिक शक्तियों के संघात के कारण अन्तिम स्वरूप ही वर्तमान समय में सबसे अधिक प्रबल होता जा रहा है।

हमारा ग्रामीण समाज इस विचारधारा के परीक्षण के लिए एक विशाल प्रयोगशाला उपलब्ध कराता है, क्योंकि इसमें गोत्र के अवशेषों के साथ ही साथ मातृ स्थानीय और पितृ-स्थानीय परिवारों के रूप तथा आधुनिक व्यक्तिगत परिवार समूह भी उपलब्ध होते हैं। इन विभिन्न परिवारिक रूपों की संरचना और कार्य तथा इनके अनुरूप सभ्यता की विशिष्ट अवस्थाओं के साथ इनके पारस्परिक संबंध का क्रमबद्ध अध्ययन भारतीय मानवता के इतिहास पर पर्याप्त प्रकाश निक्षेप करेगा तथा भारतीय इतिहासज्ञों को इस योग्य बनायेगा कि वे भारतीय समाज के विकास की अवस्थाओं की सही श्रृंखला बन जायेगी।

पितृ स्थानीय संयुक्त परिवार, उसके लक्षण

लगभग सभी हलीय कृषि प्रधान समाजों में पितृ-स्थानीय संयुक्त परिवार ही ग्रामीण क्षेत्रों में परिवार का मुख्य रूप है। प्रमुख ग्रामीण समाजशास्त्रियों ने परिवार के इस रूप के लक्षणों का सूक्ष्म अध्ययन किया है। उन्होंने ग्रामीण परिवार के इस रूप की आधारभूत संरचनात्मक, मनोवैज्ञानिक तथा कार्यात्मक लक्षणों का निरीक्षण किया जो नगरीय परिवार से उसे पृथक करते हैं वे निम्नलिखित हैं–

1. जोतदार गृहस्थी पर आधारित–ग्रामीण परिवार की एक प्रमुख गुण यह है कि वह सामान्य रूप से जोतदारी गृहस्थ पर आधारित होता है। इसके सभी सदस्य कृषि-कर्म में लगे हुए होते हैं। उनमें कार्य का वितरण उत्तम लैंगिक विभेदों के आधार पर होता है। सामान्य नातेदारी के बन्धन के साथ सामुदायिक गृह, शामिल भूमि तथा सामान्य आर्थिक कार्य, जोतदार गृहस्थी की रचना करते हैं।

2. अनुशासन तथा अन्योन्याश्रिता–ग्रामीण परिवार के सदस्यों में नगरीय परिवार की तुलना में अधिक अनुशासन पाया जाता है। इसके अलावा चूंकि नगरीय क्षेत्र की तुलना में ग्रामीण क्षेत्र के लोगों की शैक्षणिक, सांस्कृतिक सामाजिक

आवश्यकताओं की पूर्ति के लिए राज्य की ओर से बहुत ही कम व्यवस्था की जाती है, इसलिए ग्रामीण परिवार अपने सदस्यों की इन आवश्यकताओं की पूर्ति करने का भी प्रयास करता है। इस तरह यह न केवल विद्यालय अपितु आमोद-प्रमोद केन्द्र के रूप में भी कार्य करता है।

3. अधिकाधिक सजातीयता—नगरीय परिवार की तुलना में ग्रामीण परिवार अत्यधिक सजातीय, स्थिर, संगठित एवं सजीव रूप से कार्य करने वाला होता है, इन परिवारों में सदस्यों को आपस में बांधने वाले संबंध जैसे पति और पत्नी, माता-पिता एवं बालक, नगरीय परिवार की तुलना में अधिक प्रबल होते हैं। नगरीय परिवार की तुलना में अधिक स्थाई होते हैं।

अगर हम भारतीय ग्रामीण क्षेत्र पर एक नजर डालें तो हमें आवश्य ही इस विचारधारा का समर्थन प्राप्त होगा भारतीय ग्राम अब भी संयुक्त परिवारों के झुंड के रूप में विद्यमान हैं, यद्यपि कई ऐतिहासिक तथा आर्थिक कारणों से संयुक्त परिवार धीमे-धीमे लेकिन लगातार विशृंखलन की ओर अपनी प्रवृत्ति प्रदर्शित कर रहा है।

ग्रामीण परिवार में न केवल परिवार के सदस्य ही होते हैं बल्कि कई बार इसमें दूर के सम्बन्धी भी शामिल होते हैं जो नगरीय समाज में कठिनाई से ही परिवार के दायरे में गिने जा सकते हैं।

4. पिता का सत्ताधिकार—चूंकि ग्रामीण परिवार नगरीय की तुलना में अधिक संगठित तथा अनुशासित इकाई होता है, इसलिए ग्रामीण परिवार का मुखिया उसके सदस्यों पर निरंकुश सत्ता का अधिकार भोगता है। वही परिवार के सदस्यों में उम्र तथा लिंग के भेदानुसार कृषक-गृहस्थी के कार्य का वितरण करता है। पुत्रों, पुत्रियों भतीजों एवं भतीजियों के विवाह का प्रबन्ध करता है संयुक्त परिवार की सम्पत्ति की व्यवस्था अपनी समझबूझ के अनुरूप करता है और अल्पवयस्क सदस्यों को भविष्य में कृषि सम्बन्धी करने की तथा अन्तिम सत्ता उसी में निहित होती है। सही मायने में परिवार के मुखिया को परिवार के शासक, पुरोहित, गुरु, शिक्षक तथा व्यवस्थापक होने का सत्ता और अधिकार रहा है।

इस तरह ग्रामीण परिवार अपने मुखिया के द्वारा अपने सदस्यों को व्यक्तिगत रूप से अपने अधीन रखता है।

परिवार का ऐसा रूप मात्र पारिवारिक सामूहिकवाद की वृद्धि के लिए न कि व्यक्तिवादिता की पोषणाशाला के रूप में हो सकता है।

ग्रामीण परिवार के ठीक विपरीत नगरीय परिवार न केवल अल्प अधिकारवादी अपितु अल्प सहयोगी होता है। इसके कई कारण हैं। सबसे पहला कारण तो यह

है कि नगरीय परिवार मुखिया द्वारा शासित उत्पादक इकाई नहीं है, क्योंकि उसके वयस्क सदस्य ज्यादातर ऐसे धन्धों में लगे रहते हैं जो घर से संबंध नहीं होते एवं उसके बाहर होते है। इसके अलावा इसके सदस्यों की शैक्षणिक, आमोद-प्रमोद सम्बन्धी तथा अन्य कई आवश्यकताओं की पूर्ति परिवार के बाहर की संस्थाओं से होती है यथा—स्कूल, क्लब आदि। इसके अर्जनशील सदस्यों की सम्पत्ति भी व्यक्तिगत होती जाती है, क्योंकि यह परिवार के बाहर के धन्धों से प्राप्त होती है। विवाह के क्षेत्र में भी इसके सदस्य ज्यादा से ज्यादा स्वतन्त्र भावना दर्शाते है एवं अपनी पसन्द के व्यक्तियों से विवाह संबंध स्थापित करते हैं।

5. विभिन्न कार्यकलापो में अधिकाधिक घनिष्ठ भाग—ग्रामीण परिवार का एक महत्त्वपूर्ण लक्षण यह है कि इसके सदस्य कृषक-गृहस्थी से सम्बन्धित कार्यों में लगे रहने के कारण लगभग सारा ही दिन व्यावहारिक रूप से एक साथ ही व्यतीत करते हैं। इसके विपरीत नगरीय परिवार के सदस्य विभिन्न धन्धों में लगे हुए होने के कारण या घर से बाहर शिक्षा प्राप्त करने के कारण दिन का बहुत ही थोड़ा भाग एक साथ व्यतीत करते हैं। इसलिए घर एक प्रकार से नगरीय परिवार के सदस्यों का अस्थायी रात्रि-विश्रामालय मात्र होता है।

6. पारिवारिक अहमता का प्राबल्य—ग्रामीण परिवार के सदस्यों की अन्योन्याश्रयता एवं व्यक्तिगत सदस्य की उस पर निर्भरता नगरीय परिवार की तुलना में अधिक होती है। यह उसके सदस्यों को एक सजातीय, ठोस इकाई के रूप में ढाल देता है, उनमें संगठन का समावेश कर देता है। ये परिवार अधिकाधिक सामूहिक पारिवारिक चेतना और कम से कम व्यक्तिगत भावना विकसित करते हैं।

ग्रामीण समाज में अलग परिवार का कोई भी सदस्य व्यक्तिगत रूप से निन्दाजनक कार्य कर लेता है तो उस परिवार की प्रतिष्ठा समाज में घट जाती है इसी तरह उस व्यक्ति के उत्तम कार्यकलाप की कीर्ति का फायदा भी उसके परिवार को प्राप्त होता है।

नगरीकरण का ग्रामीण परिवार पर संघात

वर्तमान युग में ग्रामीण समाज का बहुत अधिक नगरीकरण हो गया है। यह नगरीय समाज के विशिष्ट लक्षणों का दर्शाता है। ग्रामीण परिवार अधिक से अधिक केन्द्रापसारी प्रवृत्तियों को विकसित कर रहा है। इसके सदस्यों की एक ही पूंजीभूत आर्थिक कार्यकलापों पर आधारित आर्थिक सजातीयता का विघटन परिवार की सम्पत्ति धीरे-धीरे छिन्न-भिन्न होती जा रही है, क्योंकि इसके वयस्क सदस्य

व्यक्तिगत रूप से सम्पत्ति-विभाजन की माँग करने लगे हैं। नाना तरह के धन्धों में अधिकाधिक लगे रहने के कारण व स्वतन्त्र एवं पृथक आय का अर्जन करते हैं और निजी रूप में पास ही रखते हैं। वे बहुत ही कम साथ-साथ रहते हैं और दिन का थोड़ा सा भाग सम्मिलित रूप से व्यतीत करते हैं। वे परिवार के बाहर के मनोरंजन केन्द्रों को खोजने लगे हैं उदाहरण के लिए क्लब, होटल, यूनियन, सभा-समितियाँ, रेस्तरां, आदि जो धीरे-धीरे ग्रामीण क्षेत्रों में तथा उनके आस-पास बढते जा रहे हैं। इन सबका प्रतिफल यह हुआ है कि व्यक्तिवादी मनोवैज्ञानिक प्रवृत्ति की उनमें वृद्धि हो रही है एवं एक सजातीय परिवार के सुचारु रूप से कार्य करने के लिए परम आवश्यक जो परिवारिक भावना एवं अहमता होती है, वह शिथिल होती जा रही है।

व्यक्ति जो अब तक परिवार के अधीनस्थ था, अपने व्यक्तिवादी रूप को ग्रहण करने में प्रवृत्त हो रहा है। वह पारिवारिक प्रतिबन्धों को तोड़ता जा रहा है। वह स्वयं अपने नेतृत्व एवं स्वतन्त्रता का विकास करने लगा है। निश्चित रूप से इसका प्रतिफल यह हुआ है कि परिवार के सत्ता अधिकार, पारिवारिक बन्धन एवं स्वयं परिवार भी शिथिल होता जा रहा है।

'परिवारवाद'-ग्रामीण समाज का विशिष्ट रूप

कई प्रसिद्ध समाजशास्त्री जैसे सोरोकिन, जिमरमेन तथा अन्य का विचार है कि सभी कृषि-प्रधान समाजों का सामाजिक तथा राजनीतिक संगठन उनके भरण-पोषण की अवस्था में ग्रामीण समाज की आधारभूत इकाई के रूप में ग्रामीण परिवार के एक ही मौलिक लक्षण प्रकट करता है। इन्हीं लक्षणों को वे परिवारवाद का नाम देते हैं।

प्रो० सोरोकिन एवं अन्य कृति के अनुसार ग्रामीण समाजशास्त्र का व्यवस्थित मूल ग्रंथ खण्ड-खण्ड के अनुसार है "चूंकि परिवार ग्रामीण सामाजिक जगत की आधारभूत सामाजिक संस्था रही है, इसलिए यह अपेक्षा करना स्वाभाविक है कि कृषि अंकित है। दूसरे शब्दों में अन्य सभी सामाजिक संस्थाओं तथा मौलिक सामाजिक संबंध ग्रामीण सामाजिक संबंधों के प्रतिमानों के अनुरूप निर्मित हुए हैं तथा उन्हीं से वे ओतप्रोत है। 'परिवारवाद' वह संज्ञा है जो इस प्रकार के सामाजिक संगठन का मौलिक लक्षण है।"

ये समाजशास्त्री समाजों के कई ऐसे महत्वपूर्ण लक्षण प्रस्तुत करते हैं। जिन पर परिवारवाद की छाप अंकित हैं। वे निम्नलिखित हैं–

1. समाज के व्यवहार-आदर्श–ग्रामीण समाज को शासित करनेवाली नैतिक संहिता, धार्मिक सिद्धांत, सामाजिक धारणाएं एवं कानूनी प्रतिमानों ने सदा ही ऐसी

बातों की निन्दा की है जो परिवार की स्थिरता को शिथिल बनाते हैं। उन्होंने पुत्र-पुत्रियों के लिये माता-पिता तथा पत्नी के लिए पति के पूर्ण आज्ञापालन का प्रचार किया है।

2. परिवार, व्यक्ति राजनीतिक रूप पर छाप—ग्रामीण समाजों के राजनीतिक संगठन भी उसी धारणा पर आधारित हैं जिस पर ग्रामीण परिवार है। उनकी राजनीतिक विचारधारा ने शासक तथा शासित के बीच वैसे ही पैतृकवादी संबंधों को सोचा है जैसे परिवार के मुखिया तथा उसके सदस्यों के बीच होते हैं। 'राजा, राजाधिराज, शासक, सरदार परिवार के मुखिया के विशाल रूप ही माने गये हैं। ग्रामीण समुदाय में राजनीतिक संगठन का प्रमुख रूप ग्राम-श्रेष्ठ जन (Elder) की संस्था द्वारा प्रदर्शित किया गया है, जो मुखिया के तौर पर कृषकों द्वारा ठीक उसी तरह चुना जाता है जिस तरह परिवार का मुखिया उस परिवार के सदस्यों द्वारा प्रत्यक्ष या परोक्ष रूप से चुना जाता है। ग्राम के मुखिया का सत्ता-अधिकार तथा प्रशासन परिवार के मुखिया का सत्ता-अधिकार प्रशासन की प्रतिलिपी है।

3. अनुबन्धीय—संबंधों की तुलना सहयोगी संबंध ग्रामीण समाज के सदस्यों के पारस्परिक संबंधों के विपरीत भी है जो अत्यधिक अनुबन्धीय हैं। प्रमुख समाजशास्त्रियों के मतानुसार यह भेद ग्रामीण एवं नगरीय परिवार के पारस्परिक वैभिन्य का प्रतिफल है। ग्रामीण परिवार में उसके सदस्यों की एकता सजीव तथा स्वतःप्रेरित होती है यह अपने आप स्वयं ही उत्पन्न होती हैं। स्वभावतः यह घनिष्ठ सहजीवन सहकार्य सम्पादन सह व्यवहार, सह-अनुभूति, सह-विश्वास का परिणाम है। यदि इसके सदस्यों के मध्य कोई भी अनुबन्धीय सम्बन्ध हों तो वह अनुपयुक्त तथा परिवार की सम्पूर्ण भावना के विरुद्ध होगा। इसलिए यह तनिक भी आश्चर्य की बात नहीं है कि अनुबन्धीय सम्बन्धों का विकास पारिवारिक सदस्यों के पृथक-पृथक हित तथा व्यक्तिगत मनोवैज्ञानिक प्रवृत्तियां से होता है। न्यूनाधिक रूप में उन्होंने सामूहिक पारिवारिक भावना को खो दिया है। नगरीय समाज नगरीय परिवार के इस लक्षण को दर्शाता है। स्वतः प्रेरित सहयोग एवं एकता की भावना ग्रामीण लोगों की तुलना में नगरीय लोगों में कम ही पाई जाती है।

4. परिवार उत्पादन, उपभोग एवं विनिमय की इकाई—ग्रामीण समाज की आर्थिक संरचना, ग्रामीण परिवार के लक्षणों का उपभोग परिवारवादी होता है। बाजार का विकास कम होता है। विनिमय में भी पूर्णतया रुपये-पैसे के द्वारा क्रय-विक्रय की तुलना में अधिकतर सीधे-सादे वस्तु विनिमय के लक्षण व्यक्त करता है। ऐसे समाज मे आर्थिक सम्बन्धों को नियंत्रित करने वाली सम्पूर्ण कानून संहिता पर

परिवारवाद की छाप होती है। इसके विपरीत नगरीय अर्थव्यवस्था मूल रूप से वस्तु अर्थव्यवस्था होती है और इसलिए आर्थिक तथा नगरीय समाज के सदस्यों के बीच सामान्य सामाजिक संबंध प्रतिस्पर्धात्मक एवं अनुबन्धीय होते हैं।

5. पारिवारिक मत एवं पूर्वज पूजा—ग्रामीण समाज की विचारधारा एवं संस्कृति भी परिवारवाद के लक्षण प्रदर्शित करती है। पारिवार के मत का प्राबल्य रहता है। धार्मिक एवं संस्कारों का उद्देश्य परिवार की सुरक्षा एवं सम्पत्ति होता है। पूर्वज पूजा लगभग सभी जगह ही प्रचलित होती है। इसके देवी-देवताओं के संबंध भी पारिवारिक होते हैं। वे एक दूसरे से पिता-माता, भाई बहिन आदि के रूप में सम्बद्ध होते हैं।

6. परम्परा का प्रभुत्व—ग्रामीण समाज में इन सभी कारकों के कारण नगरीय समाज की तुलना में बहुत ही कम गतिशीलता होती है। परम्परा इसकी जीवन प्रक्रियाओं पर कठोरतापूर्वक शासन करती है।

जब तक औद्योगिक क्रांति प्रतिस्पर्धात्मक बाजार अर्थव्यवस्था का संघात नहीं हुआ तब परिवारवाद ही ग्रामीण समुदायों का हृदय बना रहा। भरण-पोषणात्मक कृषि अर्थव्यवस्था और उस पर आधारित ग्रामीण समाज पूर्ण रूप से परिवारवादी थे। फिर भी आधुनिक उद्योगों के विकास ने धीरे-धीरे भरण पोषणात्मक कृषि अर्थव्यवस्था को विनष्ट कर दिया और ग्रामीण अर्थव्यवस्था को बाजार अर्थव्यवस्था को दायरे में लाकर खड़ा कर दिया। कई नगरीय शक्तियों के बढ़ते हुए दबाव के साथ इस परिवर्तन ने प्राचीन ग्रामीण परिवार का बहुत अधिक विशृंखलन कर दिया। ग्रामीण समाज ने सभी परिवारवादी लक्षणों को लगभग खो दिया।

हमारे देश में पर्याप्त औद्योगिक विकास की अल्पता के कारण नगरीय समाज की शक्तियां ग्रामीण समाज में उतनी सीमा तक नहीं प्रवेश कर पाई है, जितनी वे संयुक्त राज्य अमेरिका, ग्रेट ब्रिटेन एवं अन्य ऐसे ही उन्नत औद्योगिक देशों में कर पाई हैं। इसी के प्रतिफल के रूप में हमारे देश में बहुत अधिक सीमा तक ग्रामीण परिवार अपने विशिष्ट लक्षणों को ग्रहण किये हुए हैं। नगरीय औद्योगिक विकास ग्रामीण परिवार को अनेक रूपों में प्रभावित करता है। यह नवीन धंधे पैदा करता है। उदाहरण के लिए फैक्टरी तथा वर्कशाप के कार्यकर्ताओं, क्लर्कों, टाइपिस्ट आदि के ग्रामीण परिवार के सदस्यों में इन धंधों को अपनाने की इच्छा पैदा होती है और वे संयुक्त परिवार की सम्पत्ति में अपने भाग की मांग करते हैं तथा नगरों एवं कस्बों की ओर चले जाते हैं। यह प्रक्रिया संयुक्त परिवार को विनष्ट कर देती है जो उसके सदस्यों के सम्मिलित धंधे और संयुक्त पारिवारिक सम्पत्ति आय तथा व्यय पर आधारित है।

आधुनिक उद्योग नाना प्रकार की वस्तुएं सस्ती तथा बड़े पैमाने पर पैदा करते हैं। वे ग्रामीण जनता तक पहुँच जाती हैं और वह उन्हें खरीदती हैं। इस तरह कृषक परिवार जो पहले कपड़ा तथा अन्य आवश्यक वस्तुएं अपनी प्राचीन तकनीक से पैदा करता था, उसने अब उनका उत्पादन बन्द कर दिया। फलस्वरूप उसने अपने अनेक आर्थिक कार्यकलापों को छोड़ दिया। इस तरह उसने अनेक आर्थिक कार्यकलापों की छोड़ दिया, फलस्वरूप उसके सदस्यों के सामूहिक श्रम का क्षेत्र संकुचित हो गया।

पूँजीवादी आर्थिक विकास ने लोगों के सामाजिक एवं राजनीतिक पर्यावरण में बदलाव ला दिया है। भारत में ब्रिटिश पूँजीवाद ने भारतीय समाज की सामाजिक-आर्थिक संरचना को परिवर्तित कर दिया है और एक केन्द्रीय राज्य स्थापित कर दिया है। इसके कई परिणाम निकले हैं। निजी तथा राजकीय संस्थाओं ने अधिकाधिक रूप में विद्यालय अस्पताल तथा प्रशासनिक एवं न्यायिक तंत्रों की स्थापना कर दी है। ग्रामीण परिवार, जो अपने सदस्यों के लिए विद्यालय का कार्य करता था, अब पूर्व रूप में नहीं रहा क्योंकि अब इसके सदस्य परिवार के बाहर शिक्षा ले़ने लग गये। इसके अलावा परम्परागत चिकित्सा सम्बन्धी ज्ञान के प्रतीक दादा अब नहीं रहे बल्कि परिवार से किसी प्रकार का संबंध नहीं रखने वाली संस्था द्वारा नियुक्त डाक्टर के जरिये परिवार के सदस्यों का इलाज अब अधिकाधिक रूप से होने लगा है। जाति परम्परागत पंचायतों के कानून के संरक्षक तथा न्यायप्रदायक के अधिकार का स्थान केन्द्रीय राज्य के नवीन कानून ने ग्रहण कर लिया है और वह अपने प्रशासनिक तथा न्यायिक संस्थाओं के द्वारा यह कार्य करता है। यह प्रक्रिया उसी अनुपात में विकास कर रही है जिस अनुपात से देश का नगरीकरण हो रहा है।

ग्रामीण परिवार की ऐतिहासिक प्रवृत्ति बहुत हद तक विनष्ट होती जा रही है। जितनी अधिक यह प्रवृत्ति बढ़ती है, उतनी ही अधिक पारिवारिक अहमता तथा एकता की भावना, जिनका पोषण उसके सदस्यों के सामूहिक श्रम एवं जीवन से होता था, शिथिल हो रही है और व्यक्तिवादी मनोवैज्ञानिक लक्षणों का उनमें विकास होता जा रहा है।

पिछले डेढ़ सौ वर्षों में परम्परागत संयुक्त-परिवार एवं परिवारवादी ग्रामीण सरंचना में गुणात्मक बदलाव होता जा रहा है। ग्रामीण परिवार के सम्बन्धों का आधार प्रस्थिति से खिसक कर अनुबन्ध की ओर बढ़ रहा है। रीति-रिवाज के शासन का स्थान कानून का शासन ले रहा है। परिवार एक उत्पादक इकाई की तुलना में उपभोक्ता इकाई का रूप ग्रहण करता जा रहा है। परिवार को सुदृढ़ करने वाले बन्धन रक्त-सम्बन्ध पर आधारित है। इसके अलावा परिवार अब सभी कार्यों के उपयुक्त

सामाजिक संस्था नहीं रहा है। इसके लगभग सभी आर्थिक, राजनैतिक, शैक्षणिक, चिकित्सा सम्बन्धी धार्मिक एवं अन्य सामाजिक तथा सांस्कृतिक कार्य समाप्त होते जा रहे है। इसके स्थान पर यह एक विशिष्ट स्नेह सम्बन्धी छोटी संस्था मात्र रह गया है। ऐसे विशाल संयुक्त परिवार के स्थान पर जिसके सदस्य अनेक पीढ़ियों से चले आ रहे थे, परिवार ज्यादातर एक छोटी सी इकाई के रूप में रह गया है, जिसके सदस्य पति-पत्नी और अविवाहित बच्चे ही होते हैं। परिवारवाद भी धीरे-धीरे समाप्त होता जा रहा है।

ग्रामीण परिवार का अनेक दृष्टियों से व्यवस्थित अध्ययन आवश्यक हो गया है। इसका क्रमबद्ध गहन तथा विस्तृत अध्ययन भारतीय संघ के विधान में वर्णित महान उद्देश्यों की पूर्ति के लिए उपयुक्त साधनों का कार्यक्रम करने में उचित मार्गदर्शन प्रदान करेगा। हमारे देश के समाजशास्त्रियों के लिए यह जरूरी है कि वे मानव इतिहास में एक अत्यन्त उत्कृष्ट परिवारवादी सभ्यता के परिवर्तनकारी नियमों को ढूंढ निकालने के लिए विशाल आन्दोलन करें। आशा है उन्हें इसमें सफलता भी मिलेगी।

ग्रामीण जनता

ग्रामीण समाजशास्त्र में मूल रूप से ग्रामीण जन जीवन का अध्ययन किया जाता है। अतएव ग्रामीण समाजशास्त्री का पहला कार्य ग्रमीण जनता की व्याख्या करना तथा उनके और नगर निवासियों के बीच जो अन्तर है उन्हें स्पष्ट करना है। इसके लिए प्रसिद्ध समाजविदों ने साधनों को अपनाने का सुझाव दिया है। फिर भी जिस वर्गीकरण को सरकारी जनगणना विभाग ने विभिन्न देशों में मान्यता दी है वही सबसे अधिक सुविधाजनक है। हां यह भिन्न-भिन्न देशों में अलग-अलग है।

ग्रामीण-नगरीय जनसंख्या का अनुपात

ग्रामीण तथा नगरीय जनसंख्या का अनुपात तय करना आवश्यक कर ग्रामीण जनता के विषय में सुगमता से ज्ञान प्राप्त किया जा सकता है। अनेक देशों में यह अनुपात अधिकार समूची जनता के जीवन-स्तर का संकेत करता है, क्योंकि यही वह चीज है जो उद्योग एवं कृषि का सापेक्षिक अनुपात व्यक्त करती है जिससे लोगों के सम्पूर्ण धन का पता लगता है। इसके अलावा इस अनुपात का बहुत अधिक प्रभाव देश में सामाजिक सुविधाओं के विभाजन पर पड़ता है। सामाजिक विकास के सही कार्यक्रम की रचना करने में यह पथ-प्रदर्शक का कार्य करता है। एक बहुत बड़ी गलती जो कई सुधारकों तथा सामाजिक वैज्ञानिकों ने की—वह यह है कि उन्होंने

देश की विशाल भूमि पर आधिपत्य भोगने वाली अल्पसंख्यक कृषक जनता के लिये अपनाई गई उसी तकनीक को ऐसी अति बहुसंख्यक कृषक जनता पर लागू कर दिया जिनके पास भूमि सम्पदा की बहुत ही कमी थी। अत्यन्त उद्योग प्रधान संयुक्त राज्य अमेरिका के कृषि सुधार में अपनाये गये साधनों को जो कृषि प्रधान एशिया के पिछड़े देशों पर लागू करने का वर्तमान समय में प्रयत्न किया जा रहा है वह इसी प्रकार की त्रुटि का एक उदाहरण है। एक ही देश के विभिन्न प्रान्तों, में ग्रामीण-नगरीय जनसंख्या के अनुपात का विस्तृत अध्ययन होना बहुत जरूरी है। इसका मूल कारण यह है कि यही विभिन्नताएं उन प्रदेशों से सम्बन्धित समस्याओं के स्वरूप को बिहार एवं गुजरात बना देती हैं। जैसे—बंगाल की समस्याएं पृथक है, क्योंकि इन राज्यों में ग्रामीण नगरीय-जनसंख्या के अनुपात में अन्तर है।

ग्रामीण जनता का घनत्व

ग्रामीण जनता के विषय में ज्ञान प्राप्त करने का एक महत्वपूर्ण तथ्य यह है कि ग्रामीण जनता का घनत्व क्या है। पर्याप्त छान-बीन करने के उपरांत समाजशास्त्री इस परिणाम पर पहुंचे हैं कि किसी भी क्षेत्र में एक सीमा विशेष के अलावा औसत घनत्व वहाँ पर लोगों के अवांछनीय जमाव को व्यक्त करता है। इसका कारण यह है कि जनसंख्या का घनत्व उत्पादन एवं वितरण पर विपरीत प्रभाव डालता है और नाना प्रकार की ऐसी सामजिक प्रतिक्रियाएं पैदा करता है जो समाज के सम्पूर्ण जीवन हैं। इसके अतिरिक्त यह लोगों के जीवन के मानदण्ड के स्तर को भी प्रमाणित करती है।

हमारे देश के भिन्न-भिन्न प्रदेशों और जिलों में जनसंख्या का घनत्व एवं विभिन्न जातियों, धर्मों एवं धन्धों से सम्बन्धित अनेकानेक जन-समूहों के पारस्परिक अनुपात का व्यवस्थित रूप से अध्ययन किया जाये तो हमारे सभी भारतीय जनता के जटिल सामाजिक जीवन का एक रंग-बिरंगा चित्र उपस्थित हो जायेगा। जिसमें इन जन-समूहों के विविध प्रकार के तनाव, विरोध एवं समन्वयकारी प्रवृत्तियों का भी परिचय प्राप्त हो जायेगा।

जन्म तथा मृत्यु दर

ग्रामीण क्षेत्र में जन्म दर एवं मृत्यु दर क्या है इसका ज्ञान ग्रामीण जनता के विषय में ज्ञान प्राप्त करने के लिए बहुत ही महत्वपूर्ण है क्योंकि यह ग्रामीण लोगों के परिमाण सूचक तथा गुण सूचक विकास एवं पतन का सूचक है। इसके अतिरिक्त जब इस अध्ययन का संबंध विभिन्न सामाजिक समूहों की सामाजिक आर्थिक एवं धार्मिक जीवन-प्रक्रियाओं से स्थापित हो जाता है। तो वह इन समूहों के आदर्शों का मूल्यांकन सहलता एवं सही तरीके से करता है।

स्वास्थ्य सेवा तथा दीर्घायु

ग्रामीण लोगों में मात्र जीवन तथा मृत्यु दर संख्या सम्बन्धी अनुमान के अध्ययन के अलावा कुछ ऐसे अन्य साधन भी उपलब्ध हैं जिनसे उनकी जीवन शक्ति का निर्धारण होता है, जैसे उनका साधारण स्वास्थ्य और दीर्घायु। इसके साथ ही विभिन्न समूहों यथा—बालकों, स्त्रियों, तथा वृद्धजनों, उच्च, मध्य तथा निम्न सामाजिक श्रेणियों और भू-श्रमिकों, कृषकों, शिल्पकारों तथा अन्य सामाजिक वर्गों की मृत्यु संख्या का अनुमान ग्रामीण जनता के विभिन्न भागों की जीवनशक्ति का विस्तृत ज्ञान प्रदान करता है।

आयु तथा लैंगिक समूह

ग्रामीण जनता के महत्त्वपूर्ण अंग आयु तथा लैंगिक समूहों में उनका वितरण क्या है का गहन अध्ययन भी जरूरी है। आयु-समूहों के विश्लेषण से हमें उत्पादक के लोगों के तथा अनुत्पादक आयु वालों के सही अनुपात का पता चल जाता है। जनता के कार्यक्षम भाग के ऊपर बालकों एवं वृद्धजनों का आधिक्य उनके आर्थिक सामाजिक जीवन पर एवं बहुत अधिक प्रभाव डालता है।

इसी प्रकार लैंगिक गठन का विश्लेषण भी परम आवश्यक है, क्योंकि समाजशास्त्रियों द्वारा सामान्य रूप से यह मान लिया गया है कि लैंगिक लोक चार रूढ़ियाँ सामाजिक नियम संहिता, सामाजिक संस्कार तथा सामाजिक संस्थाओं के प्रभावित होने की वहाँ संभावना हो जाती है जहाँ विषम लैंगिक अनुपात पाया जाता है।

जन-गठन के अन्य अंग

प्रजाति, जाति, राष्ट्रीयता एवं धर्म द्वारा जो जन-गठन होता है उसका बहुत अधिक सामाजिक महत्व है। इसका सम्पन्न, जटिल एवं मिश्रित सामाजिक महत्त्व है। इससे सम्पन्न, जटिल एवं मिश्रित सामाजिक जीवन और विभिन्न प्रकार के सांस्कृतिक प्रतिमानों का जन्म होता है। ज्यादातर इससे विद्वेष, विरोध एवं संघर्ष पैदा होता है। हम जानते हैं कि किस तरह इन्हीं वर्षों में भारत में भारतीय जनता का बहुधर्मी गठन होने के कारण साम्प्रदायिक दंगे हुए। हमें इस बात का ज्ञान है कि किस तरह राष्ट्रीयता के संघर्षों ने भारत के राजनीतिक क्षितिज को धूमिल बना दिया।

एक विशिष्ट तरह का सामाजिक समूह जो भारत में विद्यमान है वह है जाति समूह। अगर भारतीय समाज का कोई विद्यार्थी सामाजिक समूहीकरण के इस विशेष प्रकार का गहराई एवं सावधानी से अध्ययन नहीं करे तो वह इस समाज के परम आवश्यक अंग को खो देगा।

ग्रामीण जनता का विभिन्न दृष्टिकोण से एक सुव्यवस्थित, क्रमबद्ध और पारस्परिक रूप में सम्बद्ध अध्ययन आज बहुत जरूरी है।

ग्रामीण जनता का आर्थिक जीवन

कृषि और उसकी विशेषता

भारतीय ग्रामीण समाज कृषि पर अत्यधिक आधारित है। ग्रामीण कृषि नगरीय कृषि-उद्योग से इस बात में बिल्कुल ही पृथक है कि इसमें समूची कार्यप्रणाली प्रकृति से मनुष्य द्वारा सीधे रूप से अन्न-सम्पत्ति प्राप्त करने पर आधारित है।

ग्रामीण क्षेत्रों में भूमि उत्पादन का मूल साधन है। भूमि प्रकृति का एक अंश है, यद्यपि मानव-धर्म के द्वारा ही वह कृषि करने लायक बनाई जाती है। भूमि से ही ग्रामीण जन अपनी प्रविधि या तकनीक तथा श्रमशक्ति द्वारा नाना प्रकार के कृषि पदार्थ प्राप्त करते हैं यथा—अन्न कपास, तम्बाकू, कॉफी, चाय, जूट, तथा अन्य पदार्थ।

नगरीय उद्योग मात्र कृषि द्वारा पैदा पदार्थों को औद्योगिक पदार्थों में परिवर्तित कर देता है। नगर के कारखानों, मिलों में जूट, कपास, तथा ईख जैसे कृषि पदार्थों को कई रूई एवं जूट के कपड़ों तथा शक्कर में क्रमशः परिवर्तित कर दिया जाता है।

कृषि और उद्योग का यह मौलिक भेद सामाजिक संस्थाओं एवं ग्रामीण तथा नगरीय जनता की मनोवैज्ञानिक प्रवृत्ति और विचारधारा के सृजन में एक महत्वपूर्ण भूमिका अदा करता है।

इसके अलावा उत्पादन का स्तर एवं ढंग, जिससे उत्पादित पदार्थों का वितरण समाज के विभिन्न वर्गों में होता है, सम्पूर्ण समाज की भौतिक समृद्धि के स्तर को एवं विभिन्न प्रकार के सामाजिक-आर्थिक समूहों को निश्चित करता है। इसके साथ ही साथ ये चीजें एक सीमा तक समाज की सांस्कृतिक संरचना एवं जनता के सांस्कृतिक जीवन को प्रभावित करती है।

उदाहरण के लिए भारत में कृषि का निम्न स्तर एवं भूमि-सम्बन्धों के विशिष्ट प्रकार जो ग्रामीण समाज के सामाजिक समूहों में उत्पादित पदार्थों के विभिन्न प्रकार निर्धारित करती है, ग्रामीण जनता की निर्धनता, उनके इस श्रेणीबद्ध क्रमिक सामाजिक आर्थिक समूहों की स्तूपीय प्रणाली एवं उनकी विशिष्ट सामाजिक संस्थाओं, सांस्कृतिक पिछड़ेपन के अस्तित्व की विवेचना करते हैं। ये ज्यादातर उनके रीति-रिवाजों विचारों तथा सामाजिक लोकाचार की रचना भी करते हैं।

उत्पादन का प्रधान उद्देश्य

एक ग्रामीण समाजशास्त्री को चाहिए कि वह इस बात का पता लगाये कि किसी भी समाज में कृषि उत्पादन का उद्देश्य ग्राम समूह के भरण पोषण के प्रत्यन स्वरूप या उत्पादकों के लाभ के लिए बाजार में बेचने हेतु किया जाता है। कहने का आशय कि वह कृषि अर्थव्यवस्था भरण पोषणात्मक अर्थव्यवस्था है या बाजार अर्थव्यवस्था यह है।

उदाहरण के लिए अंग्रेजों से पूर्व भारत में ग्रामीण कृषि मुख्य रूप से ग्रामीण जनता की जरूरतों की पूर्ति करने के लिए की जाती थी। यह भरण पोषणात्मक ग्रामीण कृषि अर्थव्यवस्था ब्रिटिश युग में बाजार अर्थव्यवस्था में परिवर्तित हो गई। इसके कई कारण थे। ब्रिटिश सरकार ने रैयतवाड़ी एवं जमींदारी के रूप में भूमि को निजी सम्पत्ति बना दिया। रैयतवाड़ी क्षेत्र में उसने ऐसी प्रणाली चालू की जिसमें कृषि उत्पादक राज्य भूमि कर अन्न की तुलना में नकद अदा करने के लिए बाध्य था। यह भूमिकर धीरे-धीरे निरंतर बढ़ता ही गया जिसका परिणाम यह हुआ कि कृषक का ऋण बढ़ता चला गया। जमींदारी क्षेत्र में, जमींदार जोतदार कृषकों पर ऋण बढाता चला गया। जमींदारी क्षेत्र में, जमींदार द्वारा जोता कृषक पर लागू किये गये लगान का बोझ इतना बढ़ गया कि कृषक निर्धन हो गये एवं सदैव के लिए बढ़ते हुए ऋण के बोझ से दबते चले गये। मूलरूप से भूमिकर लगान तथा ऋण जोतदार को अपना उत्पादन बाजार में बेचने हेतु बाध्य होना पड़ा। इस प्रकार ग्रामीण कृषि अधिकाधिक रूप से ग्रामीण जनता के भरण-पोषण की आवश्यकता के लिए ही नहीं रह गयी बल्कि राष्ट्रीय बाजार एवं आगे चलकर संसार के बाजार के लिए उत्पादन का साधन बन गई।

ग्रामीण उत्पादन की एक तीसरी और नवीन धारणा भी है। इसके अनुसार कृषक की न किसी एक समुदाय की आवश्यकताओं की पूर्ति के लिए बल्कि सम्पूर्ण समुदाय की आवश्यकताओं की पूर्ति के लिए उत्पादन करता है। इस विचारधारा के उन्नायकों का मत है कि इससे उत्पादक एवं उपभोक्ता हस्तक्षेप करने वाले बाजार को समुदाय की जरूरत की पूर्ति करने वाली सामाजिक अर्थव्यवस्था के एक आयोजित अंग के रूप में परिवर्तित करने में सक्षम होगी। इसके अलावा वे यह भी प्रतिपादित करते है कि आयोजित कृषि आयोजित उद्योग के साथ सम्पूर्ण सामाजिक अर्थव्यवस्था को आयोजित अर्थव्यवस्था में परिवर्तित कर देंगी। और मात्र उसी के द्वारा समुदाय के प्राकृतिक तकनीकी एवं मानवश्रम की सम्पदा का अधिकतम उपयोग होना संभव हो जाऐगा। इसका प्रतिफल यह होगा कि समाज का भौतिक

धन बहुत अधिक बढ़ जायेगा और इससे जनजीवन का स्तर उच्च से उच्चतर होता चला जायेगा। ग्रामीण समाजशास्त्री के लिए यह आवश्यक है कि वह कृषि उत्पादन के इस विशिष्ट अंग के अध्ययन की ओर अधिक ध्यान दें। इसका जरूरी कारण यह है कि न केवल कृषि की तकनीक बल्कि कृषि उत्पादन का प्रधान लक्ष्य ही उत्पादन के स्तर को निर्धारित करता है और उसके फलस्वरूप कृषि प्रधान समुदाय के धन और जीवनस्तर पर भी प्रभाव पड़ता है।

उत्पादन की तकनीक

कृषि पर अगर नजर डाली जाय तो इतिहास के अनुसार ग्रामीण समुदायों के द्वारा कई तरह के औजार उपयोग में लाये गये। साधारण कथन के रूप में, हम ग्रामीण तकनीकी संस्कृतियों को निम्नलिखित रूपों में विभक्त कर सकते हैं।

1. खुरपी-कुदाली संस्कृति—इस अवस्था में हल का भी आविष्कार नहीं हो पाया था यह कृषि की प्रारम्भिक अवस्था थी। इस समय कृषि कार्य मनुष्य के हाथ द्वारा ही खुरपी कुदाली के जरिये सम्पादित किया जाता था।

2. हलीय संस्कृति—प्रागैतिहासिक युग में मनुष्य ने हल का आविष्कार किया। हल तकनीकी दृष्टि से खुरपी-कुदाली से श्रेष्ठतर था इस कारण हल ने कृषि-समुदाय को मानव श्रम-शाक्ति से अधिक उत्पादन करने के योग्य बना दिया। हलीय कृषि का आशय या पशुओं का कृषि कार्य में उपभोग करना। यूं तों हमारे देश ने शताब्दियों पूर्व ही खुरपी कुदाली की कृषि से आगे उन्नति कर ली लेकिन कुछ कृषि क्षेत्रों में वर्तमान हलीय कृषि के साथ ही साथ खुरपी कुदाली का उपयोग भी चलता रहा।

3. ट्रैक्टर एवं उर्वरक का उच्चतर तकनीकी सांस्कृतिक युग—वर्तमान समय से शक्ति संचालित यंत्रों के अविष्कार के फलस्वरूप ट्रेक्टर, उर्वरक जैसे आश्चर्यजनक श्रम की बचत करने वाले कृषि यंत्रों का निर्माण हुआ। यद्यपि वर्तमान समय में कई उन्नतिशील देशों में यह नवींन तकनीक बहुत वृहत स्तर पर उपयोग में लाई जाती है, तथपि हमारे देश में इसने अभी तक हल को पर्याप्त सीमा तक हटाने में सफलाता प्राप्त नही की है।

कृषि की तकनीक में जिस दर से उन्नति हुई है उसी दर से कृषक के श्रम की उत्पादकता तथा कृषि-पदार्थों के उत्पादन में भी वृद्धि हुई है। अतएव यह कहा जा सकता है कि ग्रामीण समाज की नैतिक समृद्धि मुख्य रूप से कृषि की तकनीक पर निर्भर है।

यहाँ यह भी ध्यान में रखना चाहिए कि इतिहास में कृषि की शक्ति के आधार में भी बदलाव हो गया है। जैसा कि पहले बतलाया गया है कि खुरपी कुदाल संस्कृति में बोझ ढोने वाले पशुओं की शक्ति के उपयोग की गुंजाइश नहीं थी। हल का प्रयोग जरूर बोझ ढोने वाले पशुओं की मदद से किया जाता है। ट्रैक्टर में बोझ ढोने वाले पशुओं की जरूरत भी नहीं रहती है और वह तेल की शक्ति से संचालित रहता है। उत्पादन तकनीक ही उत्पादन की प्रक्रिया में लगे हुए समाज के सदस्यों के श्रम विभाजन को तय करती है। इसके द्वारा उत्पादन-प्रक्रिया में निश्चित संख्या के कार्यों का आविर्भाव होता है। इसके फलतः विभिन्न श्रमिक-समूहों का जन्म होता है और उनमें से हर समूह उत्पादन में एक विशिष्ट कार्य करता है।

इस प्रकार जहां उत्पादन में उच्चतर तकनीक का उपयोग किया जाता है वहां श्रम का अधिक से अधिक विभाजन होता है। परिणामस्वरूप हमारे यहां श्रमिकों के वर्ग बन जाते हैं।

जिस क्षेत्र में कृषि हल पर आधारित होती है वहां श्रम विभाजन सीमित होता है। कृषि उत्पादन की सभी प्रक्रिया अपनी विभिन्न अवस्थाओं में कृषक परिवार द्वारा ही संचालित होती है और श्रम विभाजन उसके सदस्यों द्वारा संचालित होता है। वहां न केवल कृषि-भूमि की इकाई ही बहुत बड़ी होती है बल्कि तकनीक की दृष्टि से अधिकाधिक श्रम-विभाजन उसके सदस्यों तक ही सीमित रहता है। ठीक इसके विपरीत जहां कृषि कार्य ट्रैक्टर तथा उर्वरक द्वारा संचालित होता है और श्रम विभाजन उसके सदस्यों तक ही सीमित रहता है। ठीक इसके विपरीत जहां कृषि कर्म ट्रैक्टर तथा उर्वरक द्वारा संचालित होता है वहां न केवल कृषि भूमि की इकाई बहुत बड़ी होती है बल्कि तकनीक की दृष्टि से अधिकाधिक श्रम-विभाजन होता है। इस स्थिति में हमारे यहां इन्जीनियर, बिजली-मिस्तरी, रसायनवेत्ता, ट्रैक्टर चालक एवं अन्य श्रमिकों के समूह होते हैं।

ग्रामीण जनता के अध्ययन के अंग के रूप में कृषि में प्रयुक्त होने वाली तकनीक द्वारा विभिन्न प्रकार के श्रमिक समूहों का अध्ययन निश्चित रूप से करना चाहिए।

भूमि संबंध एवं उनका कार्य

ग्रामीण-समाज के आर्थिक जीवन के अध्ययन के संबंध में यह परम आवश्यक है कि भूमि या उन साम्पत्तिक सम्बन्धों को जिनके क्षेत्र में कृषि उत्पादन होता है, भली भांति समझ लिया जाये।

यद्यपि तकनीक निश्चित रूप से प्रौद्योगिक आर्थिक श्रम-विभाजन और उसे परिणाम स्वरूप विशिष्ट श्रमिक समूहों को निश्चित करती है, तथापि इतिहास यह बतलाता है कि यह सर्वदा एक से ही साम्पत्तिक संबंध नहीं पैदा करती हैं। उदाहरण के लिए हम देखते हैं कि दासों के एवं सामन्तीय समाजों में विद्यमान विभिन्न प्रकार के भूमि सम्बन्धों के ढांचे में संचालित कृषि का तकनीकी आधार हल ही था। वर्तमान समय में भी भारत, म्यांमार, हिन्दचीन, आदि देशों की अर्ध-विकसित पूंजीवादी समाजों में कृषि का यही तकनीकी आधार है। इसके अलावा यह भी है कि संयुक्त राज्य अमेरिका जैसे पूंजीवादी और पूर्व सोवियत संघ जैसे सामूहिकतावादी देशों में बिलकुल विपरीत ढंग के भूमि-सम्बन्धों के रहते हुए भी उनके क्षेत्र में उन्नतिशील तकनीक का प्रयोग ट्रैक्टर एव उर्वरक के रूप में होता है।

इस तरह जब क्रियात्मक श्रम विभाजन के आधार पर प्रौद्योगिक आर्थिक संबंध कृषि की तकनीक के अनुरूप होते हैं, भूमि संबंध या उत्पादन के सामाजिक आर्थिक संबंध किसी एक प्रतिमान के रूप में उस तकनीक के अनुरूप नहीं रहते हैं। इसलिए हम देखते हैं कि जिस समय कृषि उसी हल के द्वारा की जाती रही, कृषक दास भू-सामन्त, जमींदार और जोत भूस्वामी, भू-श्रमिक तथा ऐसे ही अन्य विभिन्न तरह के सामाजिक-आर्थिक समूह बनते गये। इसके अलावा आज जबकि कृषि ट्रैक्टर तथा अन्य प्रकार की आधुनिक यंत्रों द्वारा संचालित होती है, तो भी हम ऐसे विभिन्न समूह देखते है, यथा—वेतन भोगी श्रमिक, पूंजीवादी भूस्वामी एवं वे कृषक जो राजकीय सामूहिक फॉर्मों के सदस्य हैं एवं अन्य।

भूमि सम्बन्धों का स्वरूप खेती में लगे हुए विभिन्न सामाजिक आर्थिक समूहों का सम्पूर्ण कृषि धन में भाग निर्धारित करता है। उदाहरणस्वरूप जमींदारी क्षेत्रों में कृषि करने वाले जोतदार की तुलना में जमींदार कृषि की आय का एक बहुत ही बड़ा भाग ले लेता है। जमींदार की अत्यन्त विशाल आय कृषि करने वाले जोतदार की अत्यन्त ही अल्प आय के बीच जो भंयकर विषमता है वह मौलिक रूप से जमींदारी के भूमि-सम्बन्धों के कारण है। इसके अलावा विशिष्ट प्रकार के भूमि सम्बन्धों के आधार पर निर्मित कृषि अर्थव्यवस्था के पीछे अपना विशेष तर्क एवं विकास का नियम होता है। अतएव हम देखते है कि जमींदारी क्षेत्र में कृषि प्रधान आर्थिक विकास की यह साधारण प्रकृति होती है कि वह इस आर्थिक वैषम्य को अधिकाधिक रूप से बढ़ाये। नाना प्रकार के सुधार लगातार होने पर भी कृषक जोतदारों की निर्धनता बढ़ती ही चली जा रही है।

उपरोक्त विवेचनाओ से स्पष्ट है कि कृषि कार्यों में लगे हुए विभिन्न श्रमिक समूहों की उत्पादन की प्रक्रिया में रूचि एवं उत्साह का परिमाण निश्चित करते हैं।

उदाहरण के लिए जमींदारी क्षेत्र में कृषि करने वाले जोतदार को कार्य करने का बहुत ही कम प्रोत्साहन रहता है क्योंकि उसे फसल का बहुत बड़ा भाग जो उसके श्रम का फल होता हैं जमींदार एवं उसके प्रतिनिधि को सौंप देना पड़ता है। यह रैयतवाड़ी क्षेत्र में भूस्वामी कृषक की स्थिति के एकदम विपरीत है क्योंकि भूस्वामी कृषक को पर्याप्त प्रोत्साहन मिलता है। इसका प्रमुख कारण यह है कि वह अपने श्रम का पूरा उत्पादन अपने पास रख सकता है। फिर भी उसके मामले में अगर वह भूमिकर तथा ऋण के भार को बहुत भारी अनुभव करता है तो उसका उत्साह कृषि कर्म के प्रयास में कम हो जायेगा।

भूमि संबंध ग्रामीण जनता में समानता एवं विषमता की मात्रा निश्चित करने में निर्णायक भूमिका अदा करते हैं।

जमींदारी क्षेत्र में ग्रामीण समाज मूल रूप से ऐसे समूहों में विभक्त होता है यथा—जमींदार कृषि में भाग लेने वाले जोतदार उनके अधीन ऐसे ही छोटे जोत अन्त में कृषि कार्य करने वाले जोत आदि आते हैं। रैयतवाड़ी क्षेत्र में विभिन्न स्तर के भूस्वामी कृषक एवं भूमि विहीन कृषक श्रमिक होते हैं। उदाहरणार्थ कृषि पूंजीपति, फार्म मैनेजर, यान्त्रिक वेतनभोगी, श्रमिक और अन्य।

भूमि—सम्बन्धों का वह स्वरुप, जो कृषि में लगे हुए विभिन्न भागों का भौतिक-सम्पत्ति में अंश निश्चित करता है, इन्हीं का ग्रामीण समाज के सामाजिक, राजनीतिक एवं सांस्कृतिक जीवन में क्रमशः महत्व भी निर्धारित करता है। धनी जमींदारों या पूंजीपति भूस्वामियों की श्रेणी अपने धन के कारण अक्सर उन भौतिक साधनों को प्राप्त कर लेती है जो ग्रामीण समाज के जीवन के सभी क्षेत्रों में उसे अधिकार प्रदान करती है। कृषि करने वाले निर्धन कृषक या भू-विहीन श्रमिकों का इसके निर्माण में कुछ भी हाथ नहीं रहता।

भूमि-संबंधों का स्वरूप कृषि क्षेत्रों में सामाजिक स्थायित्व एवं सामंजस्य का परिमाण भी तय करता है। उदाहरण के लिए जमींदारी क्षेत्र में जमींदार के धन तथा कृषि करने वाले जोत की अत्यन्त निर्धनता के बीच विशाल अन्तर होने के कारण दोनों वर्गों में कटु संघर्ष की स्थायी दशा रहेगी। अगर असहनीय हो जाय तो वह संघर्ष ऐसा रूप भी धारण कर लेगा कि जो वर्तमान ग्रामीण समाज की स्थिरता को ही विनष्ट कर देगा। सही मायने में, इस समय का भारत द्रुत गति से ऐसे ही संघर्षो का रंगमंच बनता रहा है।

अगर हम भूतकालीन एवं वर्तमान काल के इतिहास का सर्वेक्षण करें तो हमें पता चलेगा कि ग्रामीण समाज कई तरह के संघर्षो का क्षेत्र रहा है जिनका मूल कारण आज के भूमि-संबंधों में निहित है। चीन में कम्यूनिस्टों की सफलता का श्रेय उनके भूमि-समस्या को चतुराई के साथ हल करने के कारण ही है। फ्रांस की राज्य-क्रान्ति में कृषक-दास (Serfs) सामन्तीय भूमि-संबंधों को हटाना चाहते थे और स्वतन्त्र भूस्वामी कृषक बनना चाहते थे।

भूमि संबंधों का सवाल आज संसार के सभी पिछड़े देशों में एक अत्यन्त ही कठिन समस्या बन गया है।

इस तरह ग्रामीण समाज की स्थिरता या अस्थिरता का परिमाण मुख्य-रुप से इस समय विद्यमान भूमि-संबंधों के स्वरूप द्वारा ही तय होता है।

वर्तमान समय में और विशेषकर आधुनिक वस्तुवादी संसार में धन शिक्षा तथा संस्कृति अर्जन करने का भौतिक आधार है। भूमि-संबंध सम्पूर्ण कृषि धन में विभिन्न कृषि संबंधी सामाजिक समूहों का मौलिक रूप से अंश निश्चित करते है और इसीलिए यह भी तय करते हैं कि शिक्षा तथा संस्कृति में इनमें से हर समूह के लिए कितनी गुंजाइश है। इस तरह भूमि-संबंध ग्रामीण जनता के विभिन्न स्तरों का उसके सदस्यों का व्यक्तिगत रुप में बौद्धिक और सांस्कृतिक विकास का परिमाण तय करने में बहुत बड़ी भूमिका अदा करते है। यह विकास मूल रूप से उस शिक्षा एवं संस्कृति पर निर्भर करना है जो वे प्राप्त एवं धारण करते हैं।

उपरोक्त विवेचना यह प्रकट करती हैं कि भूमि-संबंध ग्रामीण जनता के आर्थिक जीवन को और उसी से उसके सामाजिक, राजनैतिक, बौद्धिक तथा सांस्कृतिक जीवन को ढालने में बहुत अधिक महत्त्व रखते हैं।

जीवन-स्तर

हर समुदाय का रहन-सहन का स्तर इस बात का सूचक होता है कि कितना धन उस समुदाय के पास है तथा किस प्रकार उनका विभाजन हुआ है। ग्रामीण समाज के धन का परिमाण मुख्य रूप से कृषि पर और अन्तिम विश्लेषण में उस तकनीकी पर निर्भर है जो उस में प्रयुक्त होती हैं, क्योंकि जितनी ऊंची तकंनीक होगी उतना ही अधिक कृषि का उत्पादन होगा। भूमि-संबंध, जैसा कि हमने ऊपर देखा है, ग्रामीण समाज के विभिन्न समूहों का सम्पूर्ण कृषि-धन में भाग निश्चित करते हैं। इतना होने पर भी उन मामलों में, जहां वे इन समूहों में धन की तीव्र विषमता पैदा करते हैं, नीचे से नीचे समूह का अंश भी उच्च स्तर पर पहुंच

जायेगा। अगर ग्राम-समूह का सम्पूर्ण धन कृषि-उत्पादन की उन्नत तकनीकी के कारण पर्याप्त रूप में हो ।

ग्रामीण जनता के जीवन-स्तर की समस्या का सोरोकिन, जिमरमैन, सिम्स, किरपेट्रिक आदि प्रसिद्ध समाजशास्त्रियों ने सूक्ष्म प्रेक्षण किया है। उन लोगों ने ऐसे अध्ययन के लिए जो मानक तथा तरीके निर्धारित किये हैं, वे भारत में ग्रामीण समाज के अध्येताओं के लिए उपयोगी पथ-प्रदर्शन का कार्य कर सकते है।

इन विद्वानों ने अपने प्रेक्षण में ऐसा देखा है कि ग्रामीण लोगों का जीवन-स्तर नगरीय व्यक्तियों की तुलना में औसत रूप से निम्नस्तर का होता है। इसका कारण यह है कि ग्रामीण लोगों की औसत आय नगरीय व्यक्तियों की तुलना में कम होती है। ''इसके अलावा ग्रामीण जनता तथा उसके विभिन्न समूहों के जीवन-स्तर नगरीय वर्गों की तुलना में अधिक समान होते हैं।''

ऐसा भी प्रकाश में आया है कि कृषकों का जीवन-स्तर नगरीय जनता के निम्नस्तर के अधिक निकट रहता है। यद्यपि किसी सामाजिक समूह के जीवन-स्तर तय करने में आय ही मुख्य कारक है, तथापि कुछ अन्य कारक भी हैं जो उस पर प्रभाव डालते हैं। ''निश्चय ही श्रेणियों के अस्तित्व के लिए मुख्य रूप से आय ही उत्तरदायी होती है, परन्तु भौतिक सम्पत्ति से बिल्कुल पृथक कुछ ऐसे वर्ग-आदर्श तथा मूल्य हैं जो परम्परा द्वारा प्रेरित होते हैं।

इसके साथ ही यह भी प्रकाश में आया है कि किसी भी समाज में सभ्यता की विशेष स्थिति लोगों के जीवन-स्तर को प्रभावित करती है। जैसे—ऐसी संस्थाएं यथा—व्यवस्थित साज-सज्जा युक्त पुस्तकालय, सांस्कृतिक तथा खेल-कूद के क्लब, टेलीफोन, रेडियो, थिएटर, सिनेमा, तैरने के कुण्ड, रेस्तरां या भोजनालय आदि सामान्यतया भारत के ग्रामीण क्षेत्र में नहीं होते हैं। अतएव नगरीय लोगों की भाँति ग्रामीण लोगों का जीवन-स्तर इनसे नहीं प्रभावित होता है। फिर भी ग्रामीण एवं नगरीय समाजों की पारम्परिक अन्तःक्रिया तथा उसके फलस्वरूप पारस्परिक सम्पर्क बढ़ने से ग्रामीण लोग धीरे-धीरे लेकिन निश्चित रूप से नगरीय लोगों द्वारा प्रभावित होते है। उनमें ऐसी सुख-सुविधाओं के लिए अभिरुचि तथा आकांक्षा विकसित होना शुरु हो जाता है। उनमें नगरीय जनता के खान-पान तथा वेश-भूषा की आदतों को अपनाने की प्रकृति भी पैदा हो जाती है। साइकिल, आधुनिक ढंग के जूते, क्रिकेट-फुटबॉल जैसे खेल, स्कूल, पुस्तकालय, सिनेमा तथा नगरीय जीवन से संबंधित अन्य चीजें ग्राम में भी प्रविष्ट होने लग गई है। इसके फलस्वरूप लोगों के जीवन का ढंग भी परिवर्तित हो रहा है।

ग्रामीण लोगों के आर्थिक जीवन के अध्ययन के संबंध में समाजशास्त्रियों को यह भी अनुसंधान करना चाहिए कि ग्रामीण समाज पर नगरीय जीवन के अत्यधिक प्रबल प्रभावों का संघात किस प्रकार पड़ता है तथा इससे ग्रामीण लोगों का जीवन-स्तर किस तरह प्रभावित होता है। इसके अलावा उसे उन के जीवन-स्तर का गतिहीन दृष्टिकोण नहीं अपनाना चाहिए। मानवीय आवश्यकताएं तक अपरिवर्तनीय इकाई नहीं हैं। वे एक अवस्था से दूसरी अवस्था की ओर बढ़ती चली जाती हैं।

ग्रामीण-निर्धनता एक समस्या

ग्रामीण जनता का एक बहुत बड़ा भाग निर्धनता के विभिन्न स्तरों से गुजर रहा है। यह स्थिति केवल हमारे देश में ही नहीं है, बल्कि लगभग संसार के सभी देशों में है। संयुक्त राज्य अमेरिका में भी ग्रामीण समाज के एक बड़े भाग की निर्धनता ध्यान देने योग्य समस्या बन गई है। जैसा कि सिम्स का विचार है, "यद्यपि ग्रामीण परिस्थितियों के अध्येता बहुत समय से जानते हैं कि ग्रामों में गन्दी बस्तियों तथा शोषित और अभावग्रस्त श्रेणियों (जैसा दक्षिण संयुक्त राज्य अमेरिका में भागानुसार लगान देने वाले हैं) में विद्यमान है, तथापि इस बात को कोई भी पूर्णतया अनुभव नहीं कर पाया कि ग्रामीण जनता के एक बड़े भाग का जीवन कितना संकटपूर्ण है और जिस द्रुत गति से लाखों मनुष्य निर्धनता की दशा में निमग्न हो जाते हैं। यदि औद्योगिक मन्दी वास्तविक स्थिति को प्रकट नहीं करती" और इसके अतिरिक्त, "सब कुछ देखते हुए ऐसा अनुमान किया जाता है कि राष्ट्र के ग्रामीण परिवारों के एक तिहाई से अधिक लोग निर्धनता के कष्ट भोग चुके हैं।" जैसा कि ऊपर बताया गया है। संयुक्त राज्य अमेरिका जैसे आर्थिक दृष्टि से उन्नत देश के लोगों का एक भाग निर्धनता के कष्ट भोगता है, तो फिर इसमे कोई संदेह नहीं कि भारत जैसे आर्थिक दृष्टि से अत्यन्त ही अल्प विकसित देश की कृषक-जनता में दीर्घकालीन निर्धनता का बोलबाल न हो।

हमारे देश में कृषक की अत्यधिक निर्धनता तो एक कहावत् सी बन गई और राष्ट्रीयता-आर्थिक-पुनर्निर्माण के कार्यक्रम की मूल समस्या मानी जाती है।

हगारे देश के प्रसिद्ध अर्थशास्त्रियों तथा समाजशास्त्रियों ने भारत में ग्रामीण निर्धनता के मुख्य कारण को स्पष्ट किया है। आदिकालीन कृषि की तकनीकी, अपर्याप्त सिंचाई की प्रणाली, भूमि का खंडीकरण, अलाभकारी जोत, कृषि पर अत्यधिक बोझ, आतंक पैदा करने वाली ग्रामीण ऋणग्रस्तता और इन सबसे ऊपर आज के भूमि संबंध इस निर्धनता के कुछ प्रमुख कारण हैं। सभी ग्रामीण जनता की

निर्धनता की समस्या को एक साथ नहीं बल्कि उसके विभिन्न स्तरों की निर्धनता की समस्या का भी विस्तारपूर्वक अध्ययन करने की जरूरत है।

निर्धनता न केवल ग्रामीण लोगों के स्वास्थ्य एवं जीवन-शक्ति पर ही विषम प्रभाव डालती है बल्कि वह उनके सामाजिक तथा सांस्कृतिक पिछड़ेपन का कारण में है अगर ग्रामीण लोग अशिक्षित, अंधविश्वासी, असंस्कृत हैं तो इसका भी यही कारण है कि वे अत्यधिक निर्धनता में डूबे हुए हैं और अपनी शिक्षा की व्यवस्था नहीं कर सकते हैं। इसके कारण वे शिक्षा एवं सांस्कृतिक संस्थाओं द्वारा प्रदत्त प्राकृतिक तथा सामाजिक जगत की वैज्ञानिक जानकारी को बिल्कुल नहीं प्राप्त कर पाते हैं।

उन्नतिशील सामाजिक और सांस्कृतिक जीवन के लिए आर्थिक समृद्धि एक मौलिक पूर्वप्रिक्षित जरूरत है। इसीलिए ग्रामीण पुनर्निर्माण की समस्या उच्च सामाजिक तथा सांस्कृतिक स्तर पर ग्रामीण निर्धनता के निराकरण की समस्या से संबंधित है।

17

भारत में संयुक्त परिवार प्रथा की अवधारणा

परिवार को समाज की आधारभूत संस्था और प्राथमिक समूह माना जाता है। वास्तविकता में परिवार एक ऐसी प्राकृतिक संस्था है जहाँ व्यक्ति का सामाजिकरण भी होता है और व्यक्तित्व का निर्माण भी। व्यक्ति की जैविक आवश्यकताओं की पूर्ति जहाँ परिवार में होती है वहीं उसके मानसिक, सामाजिक और धार्मिक सोच के विकास में इसका महत्वपूर्ण योगदान है। इस आधार पर यह कहा जा सकता है कि जिस देश में परिवार संगठित है और व्यवस्थित रूप से अपना कार्य करते हैं उस देश के नागरिक केवल महान ही नहीं होते बल्कि उस देश की समस्त संस्थायें भी सुचारु रूप से कार्य करती है।

संयुक्त परिवार की परम्परा भारत में शताब्दियों से चली आ रही है। समय और पारिस्थितियों के अनुसार इसके ढांचे में कई तरह के बदलाव होते रहे हैं फिर भी यह भारतीय समाज में आज भी जीवित हैं। संयुक्त परिवार प्रथा को प्राथमिक समूह का उदाहरण भी माना जाता है। कोई भी परिवार समाज की मूलभूत संस्था होती है। इसके द्वारा व्यक्ति का सामाजीकरण के साथ-साथ व्यक्तित्त्व का विकास भी होता है। व्यक्ति की जैविक आवश्यकताओं के साथ-साथ सामाजिक, मानसिक एवं धार्मिक आवश्यकताओं की पूर्ति भी परिवार के द्वारा होती है। अगर किसी समाज में पारिवारिक व्यवस्था संगठित एवं सुदृढ़ है तो उस समाज के नागरिक भी सुयोग्य होते हैं। इस तरह यह कहा जा सकता है कि मानव जीवन में परिवार की महत्त्वपूर्ण भूमिका होती है। रचना की दृष्टि से भारत में परिवार

के मुख्यतया दो रूप पाए जाते हैं। ये हैं–(1) केन्द्रक परिवार तथा (ii) संयुक्त परिवार।

समय एवं परिस्थितियों के अनुरूप अनेक बदलाव भी आते रहे हैं। कालांतर में संयुक्त परिवार विघटित होकर केन्द्रक परिवार का रूप भी धारण करती जा रही है। लेकिन संयुक्त परिवार का महत्त्व किसी न किसी रूप में अभी भी बना हुआ है। विशेषकर ग्रामीण क्षेत्रों में यह भी अभी भी एक महत्त्वपूर्ण इकाई के रूप में कार्यरत है। पणिक्कर (Panikkar) ने जाति एवं संयुक्त परिवार की प्रथा के महत्त्व का वर्णन करते हुए लिखा है, "सैद्धांतिक रूप से असम्बद्ध होने पर भी यह दो संस्थाएँ जाति और संयुक्त परिवार व्यावहारिक रूप में एक-दूसरे से इतनी अधिक मिली हुई हैं कि वे एक सामान्य संस्था बन गई हैं। हिन्दू समाज की इकाई व्यक्ति ही नहीं, संयुक्त परिवार है।" इस तरह यह पता चलता है कि संयुक्त परिवार एक महत्त्वपूर्ण संस्था है। प्रत्येक मनुष्य को धर्म, अर्थ, काम एवं मोक्ष की प्राप्ति के लिए तथा ऋणों से उऋण होने के लिए गृहस्थ आश्रम में प्रवेश करना पड़ता है। इस तरह संयुक्त परिवार का महत्त्व केवल इस जन्म के कार्यों तक ही सीमित नहीं है बल्कि उसके भविष्य एवं पुनर्जन्म से जुड़ा हुआ है।

अर्थ तथा परिभाषा

विभिन्न विद्वानों ने संयुक्त परिवार को परिभाषित किया है। इन विद्वानों द्वारा प्रस्तुत परिभाषाएँ निम्नलिखित हैं–

श्रीमती कारवी के विचार में, "एक संयुक्त परिवार उन व्यक्तियों का समूह है जो सामान्यतया एक मकान में रहते हैं, जो एक रसोई का पका भोजन करते हैं, जो सामान्य संपत्ति के भागी होते हैं, जो सामान्य रूप से पूजा में भाग लेते हैं तथा किसी न किसी प्रकार एक-दूसरे के रक्त संबंधी हैं।"

जौली के विचार में "न केवल माता-पिता और बालक, भाई और सौतेले भाई ही सामान्य संपत्ति पर निर्भर नहीं रहते हैं बल्कि कभी-कभी उसमें कई पीढ़ियों तक के पूर्वज, वंशज और समांतर सभी सम्मिलित हो सकते हैं।"

आई.पी. देसाई के विचार में "हम उस परिवार को संयुक्त परिवार कहते हैं जिसमें एकाकी परिवार की अपेक्षा अधिक पीढ़ियाँ (अर्थात् तीन या अधिक) हों और जिसके सदस्य एक-दूसरे से सम्पति, आय और परस्पर अधिकार और कर्त्तव्यों से बँधे हों।"

श्री मुल्ला (Mulla) के विचार में, "संयुक्त परिवार के अंतर्गत वे सभी व्यक्ति आते हैं जो एक सामान्य पूर्वज के वंशज हैं, उनकी पत्नियाँ एवं अविवाहित

लड़कियाँ आती हैं।" मुल्ला (Mulla) ने संयुक्त परिवार के संबंध में निम्नलिखित बातें कहीं हैं–

(a) सामान्यतया संयुक्त परिवार की संपत्ति भी संयुक्त होती है। लेकिन कुछ अवस्थाओं में संपत्ति पृथक् भी रह सकती है।

(b) सामान्यतया संयुक्त परिवार के सभी सदस्य एक साथ पूजा करते और भोजन करते हैं। ऐसे भी संयुक्त परिवार होते हैं जिनके सदस्य अलग-अलग भोजन और पूजा करते हैं।

(c) हिन्दू परिवार को तब तक संयुक्त माना जाता है जब तक उसका बँटवारा न हो।

(d) एक पूर्वज के सभी सदस्यों को संयुक्त परिवार की सदस्यता प्राप्त होती है।

इन परिभाषाओं के आलोक में यह कहा जा सकता है कि संयुक्त परिवार में कई वंश के व्यक्ति चाहे वे रक्त सम्बन्धी हों या विवाह द्वारा सम्बन्धी बने हों, एक साथ रहते हैं। एक साथ पूजा एवं भोजन करते है। इनकी सामान्यतः संयुक्त सम्पत्ति होती है। इस परिवार का सबसे बड़ा व्यक्ति कार्य करने वाला परिवार का मुखिया होता है जिसके आदेशों का सभी व्यक्ति पालन करते हैं।

संयुक्त परिवार की विशेषताएँ

संयुक्त परिवार की अनेक विशेषताओं का उल्लेख किया जा सकता है जो निम्नलिखित हैं–

1. संयुक्त संपति–इस परिवार में रहनेवाले सभी व्यक्तियों की संपत्ति संयुक्त होती है। इस परिवार में संपत्ति का स्वाभित्व, उत्पादन एवं उपभोग सभी संयुक्त रूप में होते हैं। मैले के विचार में, "यह ज्वाइन्ट स्टाक कम्पनी (Joint Stock Company) के समान एक सहकारी संस्था है जिसमें एक संयुक्त संपत्ति है।" संयुक्त परिवार का मुखिया एक प्रकार का ट्रस्टी (Trustee) होता है जो परिवार के सदस्यों के लौकिक एवं आध्यात्मिक लाभ की दृष्टि से समूचे परिवार की संपति का प्रबन्ध करता है। परिवार के सदस्यों की सारी कमाई परिवार के संयुक्त कोष में डाली जाती है। परिवार का मुखिया सभी के हितों का समुचित रूप से ध्यान रखते हुए इस संपति का उपयोग करता है। इस तरह यह पता चलता है कि संयुक्त परिवार की संपत्ति संयुक्त होती है। जो इसकी एक विशेषता है।

2. सामान्य पूजा–संयुक्त परिवार के सभी सदस्य सामान्य पूजा में विश्वास करते हैं विभिन्न धार्मिक अवसरों पर परिवार के सभी सदस्य मिलकर पूजा, पाठ एवं हवन इत्यादि करते हैं। हिन्दुओं में होली, दशहरा एवं दीपावली आदि ऐसे धार्मिक

त्योहार हैं जिसमें परिवार के सभी सदस्य मिल-जुलकर सामान्य रूप से पूजा-पाठ में भाग लेते हैं। इसी तरह मुसलमानों में ईद, बकरीद एवं मुहर्रम आदि ऐसे त्योहार हैं जिन्हें परिवार के सभी सदस्य सामान्य रूप से मिल-जुलकर मनाते हैं। इस तरह यह पता चलता है कि सामान्य पूजा संयुक्त परिवार की एक विशेषता है।

3. पारस्परिक कर्त्तव्य बोध—इस परिवार में सभी सदस्य परस्पर कर्त्तव्य बोध के बंधन से बंधे रहते हैं। संयुक्त परिवार में प्रत्येक व्यक्ति के हितों की रक्षा की जाती है। किसी को भी अपने हितों एवं अधिकारों की रक्षा करने के लिए संघर्ष नहीं करना पड़ता है। चूँकि इस तरह के परिवार में पारस्परिक कर्त्तव्य बोध पाया जाता है। इसलिए सभी एक-दूसरे के अधिकारों का सम्मान करते हैं। अगर पारस्परिक कर्त्तव्य बोध नहीं हो तो संयुक्त परिवार छिन्न-भिन्न हो जाता है। अतः इसे संयुक्त परिवार की एक विशेषता कहा जा सकता है।

4. सांस्कृतिक निरन्तरता—इसके द्वारा पीढ़ी दर पीढ़ी सांस्कृतिक निरन्तरता बनी रहती है। इसका कारण यह है कि इस तरह के परिवार में बड़े-बूढों का नई पीढ़ी के सदस्यों पर नियंत्रण रहता है। वे उनको प्राचीन संस्कृति के अनुरूप ढालने का प्रयत्न करते हैं। इस तरह नई पीढ़ी को पुरानी पीढ़ी से आचार-विचार, प्रथा, परम्परा, धर्म, एवं कर्म आदि की शिक्षा मिलती रहती है तथा सांस्कृतिक निरन्तरता कायम रहती है। जो संयुक्त परिवार की एक विशेषता है।

5. संयुक्त निवास—इस संबंध में सर हेनरी मेन (Sir Henry Maine) का कथन है कि हिन्दू संयुक्त परिवार वस्तुतः किसी ज्ञात पूर्वज के औरस और दत्तक पुत्रों का तथा इनसे विवाह द्वारा सम्बद्ध प्राणियों का समूह है। इस कथन से यह पता चलता है कि संयुक्त परिवार में एक पिता के अनेक पुत्र अपने बाल बच्चों समेत एक साथ रहते हैं। इस तरह यह कहा जा सकता है कि संयुक्त परिवार अनेक परिवारों के संयुक्त रूप में पारिवारिक जीवन व्यतीत करने को कहते हैं। अतः संयुक्त परिवार की एक विशेषता संयुक्त निवास कहा जा सकता है।

6. बड़ा आकार—एकाकी परिवार की तुलना में यह आकार में बड़ा होता है। इसका कारण यह है कि इसमें कई पीढ़ी के सदस्य एक साथ निवास करते हैं। इसलिए कभी-कभी ऐसे परिवारों में निवास करनेवाले व्यक्तियों की संख्या 40-50 से भी अधिक हो जाती है। हालाँकि कुछ विद्वानों ने बड़ा आकार एवं संयुक्त परिवार में आवश्यक संबंध मानने से इन्कार किया है। लेकिन दूसरी ओर कुछ विद्वान् बड़े आकार को इसकी एक अनिवार्य विशेषता मानते हैं। सिर्फ आकार बड़ा हो जाने से ही कोई परिवार संयुक्त परिवार नहीं हो जाता है। इसमें कई पीढ़ी के सदस्यों का

एक साथ निवास करना आवश्यक हो जाता है। साधारणतया संयुक्त परिवार का आकार बड़ा होता है लेकिन बड़े आकार एवं संयुक्त परिवार में कोई अनिवार्य संबंध नहीं है। संयुक्त परिवार संयुक्त (Joint) होता है। उसका बड़ा (Big) होना आवश्यक नहीं है। इस संबंध में डा. आई. पी. देसाई के विचार में, "यह आवश्यक रूप से नहीं बल्कि केवल सम्भावित रूप से ही सच है कि छोटा परिवार एकाकी (Nuclear) और अत्यधिक बड़े आकार का संयुक्त परिवार है।"

7. परिवार के मुखिया का शासन–इस तरह के परिवार में एक मुखिया होता है जो संपूर्ण परिवार पर शासन करता है। उसका फैसला परिवार में अंतिम होता है। इसलिए मेन (Maine) ने गृहपति या मुखिया को परिवार का निरंकुश शासक कहा है। वह परिवार के सभी कार्यों को संचालित करता है। साथ ही वह परिवार के सदस्यों के असामाजिक एवं अनैतिक कार्यों पर नियंत्रण रखता है। संयुक्त परिवार के मुखिया या कर्ता के संबंध में डॉ. डी.एन. मजूमदार के विचार में "संयुक्त अथवा विस्तृत परिवार के कर्ता को अपने परिवार के लिए निर्णय देने का अधिकार है, वह कार्यकारी अध्यक्ष है, वह न्यायाधीश और जूरी है, वह पारिवारिक झगड़ों को निबटाता है, वह राजनैतिक अध्यक्ष है क्योंकि सामाजिक उत्सव संबंधी और सामुदायिक कार्यकलापों और स्थानीय गाँव पंचायत में प्रत्येक परिवार का एक स्थान होता है और परिवार का मुखिया ही उसका प्रतिनिधित्व करता है।" इस तरह यह पता चलता है कि मुखिया का शासन संयुक्त परिवार की एक विशेषता है।

8. संयुक्त चूल्हा–इस परिवार में सभी का चूल्हा संयुक्त होता है। एक ही चूल्हे पर भोजन पकता है तथा सभी सदस्य एक साथ बैठकर भोजन करते हैं। चूल्हा संयुक्त होने से संयुक्त परिवार में यज्ञ, श्राद्ध एवं धर्म-कर्म आदि भी एक साथ किए जाते हैं। इस संबंध में वृहस्पति का कहना है कि, **'एक पाकेन वसताँ पितृदेव, द्विजार्चनं एकं भवेत्'** अर्थात् जिन लोगों का चूल्हा एक है उनके पितरों, देवताओं और ब्राह्मणों की पूजा भी एक स्थान पर होती है। इस तरह यह पता चलता है कि संयुक्त परिवार की एक विशेषता संयुक्त चूल्हा है।

संयुक्त परिवार के प्रमुख गुण

भारत में संयुक्त परिवार प्रथा का प्रचलन अत्यन्त प्राचीन है। यह परिवार अत्यन्त गुणकारी है। इसलिए अनेक कठिनाइयों के बावजूद यह किसी न किसी रूप में भारतीय समाज में विद्यमान है। इस परिवार के निम्नलिखित गुण हैं–

1. राष्ट्रीय भावना का विकास—इस परिवार में व्यक्ति अपने लिए नहीं सोचकर संपूर्ण परिवार के लिए सोचता है। इससे उनमें सामुदायिक भावना का विकास होता है। अंततः इस सामुदायिक भावना के कारण राष्ट्रीय भावना का उदय होता है जिससे राष्ट्र प्रेम एवं राष्ट्र के प्रति समर्पण की भावना जागती है। इस तरह यह मालूम होता है कि राष्ट्रीय भावना का स्रोत संयुक्त परिवार का एक गुण है।

2. पीढ़ियों के ज्ञान का हस्तान्तरण—संयुक्त परिवार द्वारा पीढ़ियों से एकत्रित की गई ज्ञान की एक पीढ़ी से दूसरी पीढ़ी तक हस्तान्तरण होता है। पुराने पीढ़ी के लोग नई पीढ़ी के लोगों को अपने संचित ज्ञान से परिचित करवाते हैं। इस प्रकार पारिवारिक परम्परा एवं संचित ज्ञान एक पीढ़ी से दूसरी पीढ़ी तक हस्तान्तरित होती रहती है। अतएव यह कहा जा सकता है कि पीढ़ियों के ज्ञान का हस्तान्तरण संयुक्त परिवार का एक गुण है।

3. मानसिक संतोष—इस परिवार में सदस्यों को मानसिक संतोष प्राप्त होता है। आज जहाँ व्यक्ति विभिन्न तरह के तनावों से ग्रसित है वहाँ मानसिक संतोष का प्राप्त होना अपने आप में एक काफी बड़ी बात है। इस परिवार में न तो व्यक्ति को भोजन, वस्त्र एवं आवास की चिंता रहती है और न ही नौकरी छूटने का डर रहता है। इसलिए व्यक्ति तनावग्रस्त नहीं हो पाता है। यहाँ परिवार के सभी सदस्य आपस में सुख-दुःख बाँट लेते हैं। इस प्रकार सभी को मानसिक संतुष्टि प्राप्त होती है जो इस परिवार का एक गुण है।

4. राजनीति की प्रथम पाठशाला—परिवार का मुखिया परिवार के प्रत्येक सदस्य के गुण-अवगुण से परिचित रहता है। मुखिया यह जानता है कि किस सदस्य से किस तरह काम लिया जाए। यही कारण है कि परिवार के मुखिया को राजनीतिक चतुरता एवं दक्षता का परिचय देना पड़ता है। यदि परिवार के मुखिया की नीति ढुल-मुल एवं ढीली होती है तो परिवार विघटित हो जाता है। मुखिया पारिवारिक झगड़े का भी निपटारा करता है। वह सदस्यों को उसके अच्छे कार्यों हेतु प्रशंसा भी करता है तथा बुरे कार्यों के लिए दंडित भी करता है। इससे यह कहा जा सकता है कि संयुक्त परिवार में मुखिया एक राजनीतिज्ञ के जैसे कार्य करता है तथा यह परिवार राजनीति की प्रथम पाठशाला भी है जो इसकी एक विशेषता है।

5. समाजीकरण—कोई भी व्यक्ति परिवार में ही जन्म लेता है, उसका पालन-पोषण भी परिवार में ही होता है तथा परिवार में ही यह अपना समस्त जीवन व्यतीत करता है। यूँ तो हर परिवार व्यक्ति का समाजीकरण करने का कार्य करता है। लेकिन संयुक्त परिवार इसके लिए सबसे उत्तम है। इस परिवार में बच्चा आरम्भ

से ही परिवार के हर क्रिया-कलापों में भाग लेता है तथा परिवार के विभिन्न कार्यों को संपादित करता है। परिवार के मुखिया की निगरानी में वह अच्छे कार्यों को सीखता है तथा बुरे कार्यों से दूर रहता है। इस प्रकार वह असमाजीकृत होने से बच जाता है। अतएव समाजीकरण संयुक्त परिवार का एक गुण है।

6. श्रम विभाजन—इस परिवार में स्त्रियों एवं पुरुषों के बीच श्रम-विभाजन रहता है। संयुक्त परिवार आर्थिक उत्पादन में सहायता प्रदान करती है। चूँकि स्त्रियों एवं पुरुषों के बीच श्रम-विभाजन रहता है। इसलिए सभी कार्य सुचारु रूप से चलते हैं। संयुक्त परिवार में पुरुष जुताई, बोआई एवं सिचांई आदि का कार्य करते हैं। स्त्रियाँ निराई एवं गुड़ाई करती हैं। साथ ही वह फसलों की कटाई में भी सहायक सिद्ध होती हैं। बच्चे पशु चराते हैं एवं ईधन की व्यवस्था करते हैं। इस तरह सभी के बीच श्रम-विभाजन होने से परिवार का काम सुचारु रूप से चलता है तथा किसी एक व्यक्ति पर बोझ भी नहीं पड़ता है। परिवार के आर्थिक उत्पादन में वृद्धि होती है। सभी के सहयोग के कारण मजदूर खर्च भी बच जाता है। सम्पन्न वर्ग, मध्यम वर्ग एवं निम्नवर्ग सभी में अपनी-अपनी स्थिति के अनुसार श्रम-विभाजन रहता है। इससे परिवार में उन्नति होती है। इस तरह यह पता चलता है कि संयुक्त परिवार का एक गुण श्रम-विभाजन है।

7. पारिवारिक धन का समान वितरण—इस परिवार में परिवार की संपूर्ण संपत्ति पर सभी का समान अधिकार रहता है। परिवार का मुखिया अपनी इच्छानुसार तथा सदस्यों की आवश्यकतानुसार अनेक आवश्यकताओं की पूर्ति करता है। मुखिया का निर्णय अंतिम होता है। संयुक्त परिवार में वैयक्तिक योग्यताओं को विशेष मान्यता नहीं दी जाती है। इसीलिए इस परिवार में धन का असमान वितरण नहीं होता है। इस तरह के परिवार में सभी व्यक्ति एक समान होते हैं।

8. संपत्ति में वृद्धि—इस परिवार के सभी सदस्यों का मुख्य उद्देश्य परिवार की संपत्ति में वृद्धि करना होता है। यही कारण है कि परिवार के सभी सदस्य सामूहिक रूप से उत्पादन के कार्य में लगते हैं जिससे पारिवारिक संपत्ति में वृद्धि हो सके। स्त्रियाँ परिवार के कार्य के अलावा खाली समय में कुटीर उद्योग-धन्धे से जुड़े हुए कार्य करती हैं, बच्चे पशुओं की देख-रेख करते हैं तथा युवा वर्ग कृषि संबंधी कार्य करते हैं। इसी तरह वृद्ध व्यक्ति रस्सी बाँटने एवं सूत कातने आदि का कार्य करते हैं। इस तरह सभी मिल-जुलकर कार्य करते हैं जिससे परिवार की संपत्ति में वृद्धि होती है। अतः पारिवारिक संपत्ति परिवार का एक गण है।

9. सदस्यों की सुरक्षा—इस परिवार में प्रत्येक सदस्य को सुरक्षा प्राप्त होती है। चाहे वह बालक हो, अपंग हो, वृद्ध हो, कुशल हो या अकुशल हो सभी की सुरक्षा समान रूप से की जाती है। जो कमाता है उसकी भी सुरक्षा की जाती है तथा जो नहीं कमाता है उसकी भी सुरक्षा की जाती है। जवाहर लाल नेहरू ने संयुक्त परिवार प्रथा की प्रशंसा करते हुए कहा है कि संयुक्त परिवार की व्यवस्था परिवार के सदस्यों के लिए सामाजिक बीमा है, जिसमें मानसिक और शारीरिक दृष्टि से निर्बल लोगों के लिए भी गारंटी होती है। इस परिवार में आपत्ति के समय में बच्चे, बूढ़ों, विधवाओं एवं अपाहिजों आदि सभी की सहायता की जाती है। संयुक्त परिवार में सभी को आश्रय मिलता है तथा परिवार की संपत्ति, समृद्धि तथा सम्मान की रक्षा सामूहिक रूप से की जाती है। इस प्रकार यह पता चलता है कि सदस्यों की सुरक्षा संयुक्त परिवार का एक गुण है।

10. बच्चों का आदर्श पालन-पोषण—यह परिवार बच्चों के पालन-पोषण के लिए आदर्श होता है। इस तरह के परिवार का आकार बड़ा होता है। इसलिए इसमें बच्चों को भरपूर लाड़-प्यार एवं उचित पालन-पोषण की सुविधा प्राप्त होती है। इससे उनके व्यक्तित्त्व का ठोस विकास होता है। बच्चों में प्रेम सहयोग की भावना का विकास होता है। इस परिवार में बड़े-बूढ़ों की संख्या ज्यादा होती है। वे बच्चों को मनोरंजन, शैक्षणिक एवं ज्ञानवर्धक कहानियाँ सुनाकर उनके व्यक्तित्त्व में निखार लाने का कार्य करते हैं। साथ ही वे उन्हें अनुशासित रखने एवं जीवन पथ पर हमेशा आगे बढ़ने की प्रेरणा भी प्रदान करते हैं। इस प्रकार यह पता चलता है कि संयुक्त परिवार में बच्चों का आदर्श पालन-पोषण होता है जो इसकी एक विशेषता है।

11. सहयोग एवं पारस्परिक सहायता—सहयोग एवं पारस्परिक मदद की नींव पर ही संयुक्त परिवार टिका हुआ है। परिवार के सदस्यों में सांस्कृतिक एकता तथा सीमित मूलक भावना पाई जाती है। इस प्रकार संयुक्त परिवार को सहयोग तथा आपसी मदद का आदर्श केन्द्र कहा जा सकता है जो इसकी एक विशेषता है।

12. मनोरंजन के साधन का प्रबन्ध—इस परिवार के द्वारा मनोरंजन का साधन उपस्थित किया जाता है। संयुक्त परिवार में छोटे-छोटे बच्चों की तोतली बातें, भाई-बहनों का प्रेम, माता का वात्सल्य, बूढ़ों की डाँट एवं परिवार के अन्य सदस्यों—भाभी-देवर, ननद-भौजाई आदि का हास-परिहास आदि परिवार के वातावरण को प्रफुलित बनाए रखता है। इस तरह संयुक्त परिवार पारिवारिक वातावरण में ही मनोरंजन का अच्छा साधन उलब्ध करा देती है। संयुक्त परिवार की इस विशेषता

का उल्लेख करते हुए सरकार (Sircar) ने लिखा है, "हिन्दू समाज की प्राणशक्ति का यह मूल है। यह हिन्दुओं के धार्मिक और आध्यात्मिक चरित्र का आधार है, हिन्दू चरित्र की सभी उदात्त तथा उत्तम विशेषताओं इसी व्यवस्था का परिणाम है।" इस तरह संयुक्त परिवार का एक गुण मनोरंजन के साधन का प्रबन्ध करना कहा जा सकता है।

13. सद्गुणों का विकास करना—इस परिवार में बच्चे बड़े-बूढ़ों की देखभाल में रहते हैं जिससे उनमें सद्गुणों का विकास हो जाता है। वे गलत रास्ते पर जाने से बच जाते हैं तथा उनमें संयम आ जाता है। संयुक्त परिवार में लड़के-लड़कियाँ उदारता, सहिष्णुता, सेवा, सहयोग एवं त्याग की भावना से ओत-प्रोत हो जाते हैं। उनमें अनुशासन की भावना का विकास हो जाता है। इस परिवार में पली लड़कियाँ अपने सद्गुणों के कारण ससुराल के वातावरण से सरलतापूर्वक सामंजस्य स्थापित कर लेती है। इस तरह यह कहा जा सकता है कि सद्गुणों का विकास करना संयुक्त परिवार का एक गुण है।

14. संयुक्त परिवार का सामाजिक नियंत्रण—इस परिवार में अनुशासन अत्यंत कठोर होता है। परिवार का मुखिया परिवार के हर सदस्य पर अंकुश रखता है। इसलिए कोई भी व्यक्ति परिवार के आदर्श, मूल्य एवं इच्छा के विरुद्ध कार्य नहीं करता है। सभी परिवार की परम्परा के अनुसार कार्य करते हैं। पारिवारिक मर्यादा के उल्लंघन का साहस कोई भी सदस्य नहीं करता है। यदि कोई उल्लंघन करना चाहता है भी तो उसे कठोर दण्ड दिया जाता है। कहने का अर्थ यह है कि परिवार में नियंत्रण काफी कठोर होता है जिससे स्वतः ही सामाजिक नियंत्रण हो जाता है। इस प्रकार यह पता चलता है कि संयुक्त परिवार सामाजिक नियंत्रण का कार्य करता है जो इसका एक गुण है।

15. भूमि के अपखंडन पर रोक—इससे भूमि का अपखंडन नही होता है। चूँकि संयुक्त परिवार में भूमि का बँटवारा नहीं होता है। इसलिए इसका छोटे-छोटे टुकड़ों में अपखंडन नहीं होता है। भूमि टुकड़ों में नहीं बँटती है जिससे अनुपयोगी जोत (Uneconomic Holding) से यह बच जाती है। इस तरह संयुक्त परिवार में भूमि का अपरखंडन नहीं होता है जो इसका एक गुण है।

16. खर्च में बचत—संयुक्त परिवार में सभी सदस्य एक ही घर में रहते हैं, उनका भोजन एक जगह बनता है तथा सभी कार्य संयुक्त रूप से होते हैं। इसलिए खर्च में बचत होती है जो कि इसका एक गुण है।

संयुक्त परिवार के महत्त्वपूर्ण दोष

संयुक्त परिवार में गुणों के साथ-साथ दोष भी पाया जाता है। सच्चाई यह है कि किसी भी ऐसी व्यवस्था की कल्पना नहीं की जा सकती है जो पूरी तरह दोषमुक्त हो। संयुक्त परिवार भी इसका अपवाद नहीं है। संयुक्त परिवार के निम्न प्रकार के दोष कहे जा सकते हैं–

1. सामाजिक समस्याओं का केन्द्रीय स्थान–संयुक्त परिवार विभिन्न तरह के सामाजिक समस्याओं को जन्म देता है। बाल-विवाह, विधवा विवाह पर प्रतिबंध, जनसंख्या वृद्धि, दहेज प्रथा, अस्पृश्यता, अंतर्विवाह, स्त्रियों की दुर्दशा एवं सदस्यों की गतिशीलता पर रोक आदि ऐसी सामाजिक समस्याएँ हैं जिनको प्रत्यक्ष या अप्रत्यक्ष रूप से संयुक्त परिवार द्वारा बढ़ावा दिया जाता है। इस प्रकार यह पता चलता है कि संयुक्त परिवार का एक दोष सामाजिक समस्याओं का केन्द्र-स्थल होना है।

2. कुरीतियों को प्रोत्साहन–संयुक्त परिवार में परम्परागत तरीकों को अपनाया जाता है तथा समयानुकूल विचारों को दरकिनार कर दिया जाता है। संयुक्त परिवार में विभिन्न कुरीतियों को बढ़ावा दिया जाता है तथा विधवा पुनर्विवाह की आज्ञा नहीं दी जाती है। साथ ही इस परिवार में अपाहिज, आलसी, एवं काहिल व्यक्तियों को आश्रय दिया जाता है। इस प्रकार यह पता चलता है कि संयुक्त परिवार का एक दोष कुरीतियों को प्रोत्साहन देना है।

3. श्रमिकों की गतिशीलता में बाधक–संयुक्त परिवार में सभी सदस्यों का लालन-पालन आसानी से हो जाता है। इसलिए वे धीरे-धीरे लापरवाह हो जाते हैं। साथ ही परिवार एवं गाँव का वातावरण ऐसा रहता है जिसमें वे घर से बाहर जाकर कमाना नहीं चाहते हैं। चाहे जो भी कष्ट हो उसका व्यक्ति सहन कर लेता है लेकिन अपने घर को छोड़ना नहीं चाहता है। इसका नतीजा यह होता है कि उसके परिवार की उन्नति नहीं होती है। इस प्रकार यह मालूम होता है कि श्रमिकों की गतिशीलता में बाधक होना संयुक्त परिवार का एक दोष है।

4. स्त्रियों की दुर्दशा–संयुक्त परिवार में स्त्रियों की स्थिति अत्यन्त दयनीय होती है। स्त्रियाँ दासी के जैसा होती हैं। वे दिन-रात कार्यों में लगी रहती हैं। संयुक्त परिवार में स्त्रियाँ कार्य के बोझ तले इतनी दबी रहती हैं कि वे अपने पति एवं बच्चों पर भी पूरा ध्यान नहीं दे पातीं। इस प्रकार के परिवार में गुप्त स्थानों का भी अभाव पाया जाता है जिसके कारण स्त्रियाँ अपने पति से ठीक से मिल भी नहीं पाती हैं। उनमें बातचीत करने का मौका भी नहीं मिल पाता है। बड़े-बुजुर्गों का नियंत्रण भी

काफी ज्यादा रहता है जो स्त्रियों को चिड़चिड़ा बना देता है। ज्यादातर पुत्र वधुओं को अपनी सास, ननद एवं जेठानी आदि के अत्याचारों का सामना करना पड़ता है। हालाँकि उनकी अपनी भी स्थिति दयनीय होती है। इस परिवार में स्त्रियाँ अमानुषिक अत्याचारों को सहन करते-करते कभी-कभी आत्महत्या तक कर बैठती हैं। स्त्रियों पर अत्याचार एवं दुर्दशा के कारण भी आज संयुक्त परिवार का विघटन तेजी से हो रहा है। इस प्रकार यह कहा जा सकता है कि स्त्रियों की दुर्दशा संयुक्त परिवार का एक दोष है।

5. अधिक संतानोत्पत्ति—संयुक्त परिवार में बच्चों के पालन-पोषण का उत्तरदायित्व सम्मिलित होता है। इसलिए कोई भी व्यक्ति संतानोत्पत्ति के नियंत्रण की ओर ध्यान नहीं देता है। जो ज्यादा कमाए या कम कमाए सबके बच्चों की स्थिति एक समान होती है। इस प्रकार कमानेवाले सदस्यों के मन में असंतोष का भाव पैदा होता है। वे भी संतानोत्पत्ति की ओर अग्रसर हो जाते हैं। साथ ही इस तरह के परिवार में बड़े-बूढ़ों को भी पोते एवं परपोते को देखने की तीव्र आकांक्षा पाई जाती है। इसलिए वे भी अप्रत्यक्ष रूप से संतानोत्पत्ति को प्रोत्साहन देते हैं। ऐसा भी माना जाता है कि पितरों की आत्मा की तृप्ति के लिए संतानोत्पत्ति आवश्यक है। इन सब अंधविश्वासों के कारण अधिक संतानोत्पत्ति को प्रोत्साहन मिलता है जो इसका एक दोष है।

6. परिवार में द्वेष और कलह—यह परिवार द्वेष और कलह का केन्द्र होता है। इसमें बहुएँ सास की गालियों का प्रतिकार करती हैं और कभी-कभी उनमें मार-पीट एवं झगड़ा-झंझट तक की स्थिति आ जाती है। स्त्रियाँ आपस में लड़ती-झगड़ती रहती हैं। देवरानी एवं जेठानी के आपसी द्वेष एवं कलह के कारण झगड़ा-झंझट बढ़ता है और भाई-भाई में बैर हो जाता है। इससे पारिवारिक विघटन की समस्या उत्पन्न होती है तथा परिवार की मानसिक शांति समाप्त हो जाती है। इस तरह यह कहा जा सकता है कि द्वेष एवं कलह का केन्द्र संयुक्त परिवार का एक दोष है।

7. परिवार के सदस्यों की अकर्मण्यता—संयुक्त परिवार के सदस्यों को यह चिंता नहीं रहती है कि वे अगर कमाएँगे नहीं तो खाएँगे कहाँ से? इसलिए वे अकर्मण्य हो जाते हैं। परिवार के कुछ सदस्य कमाते हैं और शेष बैठकर खाते हैं। इस परिवार में जी तोड़ परिश्रम करनेवालों और बैठकर खाने वालों की स्थिति एक ही समान होती है इसलिए कमाने वाले सदस्य भी धीरे-धीरे अकर्मण्य हो जाते हैं। वे सोचते हैं कि जो स्थिति मेरी है वही स्थिति बैठकर खानेवालों की भी है। इस प्रकार ज्यादा अधिक परिश्रम करने से क्या लाभ? इस प्रकार धीरे-धीरे संयुक्त परिवार में

अकर्मण्यों की एक फौज तैयार हो जाती है। इस प्रकार के परिवार में तो बहुत-से व्यक्ति बैठकर खाने-पीने, आमोद-प्रमोद एवं बच्चे पैदा करने में ही अपना संपूर्ण जीवन व्यतीत कर देते हैं। अतः परिवार के सदस्यों की अकर्मण्यता एवं संयुक्त परिवार का एक दोष कहा जा सकता है।

8. निर्धनता—परिवार में बराबर कलह एवं स्त्रियों की दुर्दशा आदि होती रहती है। साथ ही इस परिवार में ज्यादातर सदस्य उत्तरदायित्वहीन होते हैं। ज्यादा संतानोत्पत्ति की तरफ भी इस परिवार के सदस्यों का ध्यान रहता है। इन सभी कारणों से परिवार की स्थिति दिन-प्रतिदिन दयनीय होती चली जाती है। परिवार गरीबी की चपेट में आ जाता है। यदि कलह के कारण परिवार में बँटवारा हो जाता है तब तो परिवार की दशा और ज्यादा सोचनीय हो ज़ाती है। साथ ही इस तरह के परिवार में संपति संयुक्त होती है जिससे इस तरफ कोई ध्यान नहीं देता है एवं संपति धीरे-धीरे नष्ट हो जाती है। अतः परिवार गरीब हो जाता है। इस तरह यह पता चलता है कि गरीबी संयुक्त परिवार का एक दोष है।

9. व्यक्तित्त्व के विकास में बाधक—संयुक्त परिवार में मुखिया का निरंकुश शासन होता है। परिवार का मुखिया ज्यादातर परिवार के बुजुर्ग व्यक्ति ही होते हैं। वह वयस्क हो जाने पर भी परिवार के युवक-युवतियों को बच्चा ही समझता है तथा उसके साथ वैसा ही व्यवहार करता है। मुखिया ही सभी बातों का निर्णय करता है जिससे परिवार के अन्य सदस्यों का व्यक्तित्त्व कुंठित हो जाता है। परिवार के सदस्य बचपन से ही आत्म-निर्भर न होकर दूसरे पर निर्भर हो जाते हैं। उनके सोचने-समझने की शक्ति विकसित नहीं हो पाती है। इस प्रकार उसमें पूर्ण विकास नहीं हो पाता है जो व्यक्तित्त्व के विकास में बाधक हंाता है। इस प्रकार संयुक्त परिवार का एक दोष व्यक्तित्त्व के विकास में बाधक होना है।

10. मुखिया की तानाशाह प्रवृत्ति—संयुक्त परिवार में सभी व्यक्तियों की भावनाओं, इच्छाओं, तथा जरूरतों का कोई स्थान नहीं होता है। मुखिया का स्थान सबसे ऊपर होता है। उसके आदेशों का पालन सभी को करना पड़ता है। उसका आदेश सर्वोपरिं होता है। वही परिवार का मालिक एवं संचालक होता है। उसी के अनुसार परिवार संचालित होता है। वह अपनी मनमानी करता है। उसके कार्य में किसी का हस्तक्षेप नहीं होता है। इसलिए उसमें तानाशाही प्रवृत्ति विकसित हो जाती है और यह एक तानाशाह की के प्रकार कार्य करने लगता है। हम इस प्रकार कह सकते हैं कि मुखिया की तानाशाही प्रवृत्ति संयुक्त परिवार का एक दोष है।

इन विवरणों के आलोक में कहा जा सकता है कि जहाँ एक ओर संयुक्त परिवार के अनेक गुण हैं वहीं दूसरी ओर इसके अनेक अवगुण या दोष भी हैं। किसी

भी ऐसी व्यवस्था की कल्पना नहीं की जा सकती है जो पूर्णतया गुणों से भरपूर हो। गुण के साथ अवगुण भी लगा ही रहता है। यही बात संयुक्त परिवार के साथ भी लागू है।

संयुक्त परिवार का विघटन

वर्तमान परिप्रेक्ष्य में पारिवारिक विघटन की प्रक्रिया में अत्यधिक बढ़ोतरी परिलक्षित होती है। इसके अनेक कारण हैं। एक रिपोर्ट के अनुसार भारत के गाँवों में हर तीन परिवारों में एक परिवार ऐसा है जिसकी सदस्य संख्या तीन या इससे कम है। रिपोर्ट में कहा जाता है कि छोटे घरों का इतने ज्यादा अनुपात में होना इस बात का सूचक है कि अब परिवार देश की परम्परागत व्यवस्था के अनुसार संयुक्त नहीं रहते। संयुक्त परिवार से पृथक् होने तथा पृथक घर स्थापित करने की प्रवृति प्रबल है। परिवर्तन संसार का शाश्वत् नियम है। ऐसी किसी भी संस्था की कल्पना नहीं की जा सकती जो परिवर्तन से रहित हो। समयानुसार एवं जरूरत के अनुसार उसमें परिवर्तन होते रहते हैं। आज संयुक्त परिवार व्यक्तियों की आशाओं और आकांक्षाओं पर खरा नहीं उतर रहा है। यही वजह है कि आज व्यक्ति अपने छोटे परिवार में रखना ज्यादा पसंद करता है। आज व्यक्तियों की सोच, मानसिकता एवं दृष्टिकोण में काफी बदलाव आ गया है। इसलिए वह संयुक्त परिवार में होनवाले तनावों से मुक्ति पाना चाहता है। अतः संयुक्त परिवार का विघटन होना स्वाभाविक है। संयुक्त परिवार के विघटन के एक नहीं कई कारण हैं जो निम्नलिखित हैं—

1. व्यक्तिवाद—आज युवक और युवतियों में व्यक्तिवाद की प्रवृत्ति से बढ़ रही है। वे अपनी कमाई दूसरों पर खर्च नहीं करना चाहते हैं। संयुक्त परिवार समष्टिवाद की भावना पर आधारित है। अर्थात् इस परिवार में निवास करने वाले हर व्यक्ति की कमाई पूरे परिवार हेतु होती है। अतः आज के युवक एवं युवती परिवार में सामजस्य स्थापित नहीं कर पाते हैं। आज के युवक एवं युवतियों का सपना संयुक्त परिवार में पूर्ण नहीं हो पाता है। अतएवं वे अपना अलग परिवार बसा लेते हैं। इस प्रकार यह पता चलता है कि व्यक्तिवाद संयुक्त परिवार के विघटन का एक कारण है।

2. स्त्रियों की आधुनिक शिक्षा—इस परिवार के विघटन में महिलाएं का बहुत बड़ा योगदान रहता है। पहले धर्म और श्रद्धा का वातावरण था जिसके कारण सास एवं बहू में कलह अथवा मनमुटाव नहीं होता था। आज स्त्रियाँ शिक्षित हो रही हैं। इससे उनमें व्यक्तिवादी प्रवृत्ति का विकास हो रहा है। नवयुवतियों में स्वतंत्रता

एवं रोमांस की भावना बढ़ रही है। इन सभी कारणों से वे परिवार में सास के साथ सामंजस्य स्थापित नहीं कर पाती हैं। आधुनिक नवयुवतियों में सहिष्णुता नगण्य हो गई है एवं अत्याचारों के विरुद्ध भी उनमें विद्रोह की भावना जाग गई है। आज विवाह होने के पश्चात् तुरंत स्त्रियाँ अपने पति को सास-ससुर एवं परिवार से पृथक् रहने के लिए राजी कर लेती हैं। फलतः संयुक्त परिवार का विघटन हो जाता है। इस संबंध में के.टी. मर्चेण्ट (K.T. Merchant) ने संयुक्त परिवार के विषय में आधुनिक युवतियों से उनकी सम्मति जानने के पश्चात् कहा है कि आज की नवयुवती सास के अत्याचार, पारिवारिक क्लेश तथा परिवार की दासता के प्रति विद्रोह के कारण संयुक्त परिवार को नापसंद करती हैं। इस प्रकार यह पता चलता है कि स्त्रियों की आधुनिक शिक्षा के कारण संयुक्त परिवार का विघटन हो रहा है।

3. स्त्रियों में कलह—संयुक्त परिवार में कई स्त्रियों को एक साथ रहना पड़ता है। स्त्रियाँ स्वभाववश ईर्ष्यालु और झगड़ालू होती हैं। अतएव अक्सर संयुक्त परिवार में सास-बहू, ननद-भौजाई एवं देवरानी' जेठानी के बीच झगड़ा और कलह होता रहता है। इसका परिणाम यह होता है कि स्त्रियाँ अपने-अपने पतियों को संयुक्त परिवार से पृथक् रहने हेतु राजी कर लेती हैं। फलतः संयुक्त परिवार का विघटन हो जाता है। इस प्रकार यह पता चलता है कि संयुक्त परिवार के विघटन का एक कारण स्त्रियों में कलह है।

4. औद्योगीकरण—आज का युग औद्योगीकरण का युग है। आज चारों ओर ओद्यौगिक क्रांति नजर आती है। इसके कारण कल-कारखानों की बाढ़-सी आ गई है। औद्योगिक क्रांति ने देश के आर्थिक ढाँचे में क्रांतिकारी परिवर्तन लाए हैं। पहले कृषि ही मानव के जीविकोपार्जन का मुख्य साधन था। ज्यादा लोग गाँव में निवास करते थे। आज लोग रोजी-रोटी की तलाश में औद्योगिक नगरों की तरफ भाग रहे हैं। इन नगरों में रोजगार के विभिन्न प्रकार के अवसर उपलब्ध हैं। संयुक्त परिवार में सदस्यों की संख्या लगातार बढ़ती जाती है एवं साधन सीमित होते हैं। सीमित साधनों से उनकी जरूरतों की पूर्ति नहीं हो पाती है। औद्योगिक क्षेत्रों में अनेक आवश्यकताओं की पूर्ति होती है। चूँकि वहाँ उन्हें रोजगार के अनेक साधन उपलब्ध रहते हैं। इसलिए वे रोजी की तलाश में वहाँ जाते हैं तथा वहाँ व्यवस्थित हो जाने पर अपने परिवार को भी साथ ले जाते हैं। धीरे-धीरे उन्हें एकाकी अच्छा लगने लगता है। परिणामतः संयुक्त परिवार से वे अलग हो जाते हैं एवं इस प्रकार संयुक्त परिवार

का धीरे-धीरे विघटन हो जाता है। इस प्रकार यह पता चलता है कि औद्योगीकरण के कारण संयुक्त परिवार का विघटन हो रहा है।

5. नगरीकरण—आज हर व्यक्ति की यह आकांक्षा रहती है कि वह नगर में रहे। नगर के आकर्षण ने व्यक्तियों को नगर में काम ढूँढ़ने एवं गाँव छोड़ने को मजबूर किया है। नगर में विभिन्न प्रकार की सुविधाएँ प्राप्त रहती हैं। नगर में रहते-रहते व्यक्ति नगर की आदतों, रीति-रिवाजों एवं व्यवहार करने के ढंग को अपनाता है। नगर के विकासशील विचारों ने उसकी परम्परात्मक सोच को बदल दिया। यही कारण है कि आज व्यक्ति नगर में केवल अपने बच्चे एवं पत्नी के साथ रहना पसंद करता है। इस प्रकार वह संयुक्त परिवार के बंधन से अपने आपको मुक्त कर लेता है। आज अगर नगरों की जनसंख्या में तेजी से वृद्धि हो रही है तो इसका एक कारण संयुक्त परिवार का विघटन भी है। इस प्रकार यह पता चलता है कि नगरीकरण के कारण संयुक्त परिवार का विघटन हो रहा है।

6. नए उद्योगों का जन्म—औद्योगीकरण ने विभिन्न नए उद्योग-धंधों को जन्म दिया है। हजारों की संख्या में आज मिल, कल-कारखाने एवं फैक्ट्री स्थापित होने लगी हैं जिसमें कुशल एवं अकुशल दोनों प्रकार के श्रमिक कार्यरत रहते हैं। इनमें अधिकतर ग्रामीण श्रमिक ही कार्य करते हैं जो ज्यादातर संयुक्त परिवार से आते हैं। गाँव की तुलना में यहाँ आय ज्यादा होती है। इसलिए ये श्रमिक अपनी पत्नी एवं बच्चों के साथ नगरीय क्षेत्रों में ही निवास करने लगते हैं। परिणामतः संयुक्त परिवार का विघटन हो जाता है। इस तरह यह पता चलता है कि नए उद्योगों के जन्म के कारण संयुक्त परिवार का विघटन होता जा रहा है।

7. कुटीर उद्योग-धंधों का ह्रास—आज औद्योगीकरण के कारण कुटीर उद्योग-धंधों का ह्रास हो गया है। पहले गाँवों में कुटीर उद्योग-धंधों का बोलबाला था जिससे विभिन्न प्रकार के लोगों को रोजी-रोटी मिलती थी। आप हाथ से तैयार माल मशीन से तैयार माल के सामने नहीं टिक पाता है। मशीन से व्यापक स्तर पर माल तैयार किया जाता है जो बाजार में सस्ते में बिकता है जबकि हाथ से तैयार माल की कीमत ज्यादा होती है। यही कारण है कि आज कुटीर उद्योग-धंधों का ह्रास हो रहा है तथा इसमें लगे लोग गाँव छोड़ने को विवश हैं जो संयुक्त परिवार को विघटित कर रहा है। इस प्रकार यह पता चलता है कि संयुक्त परिवार के विघटन का एक कारण कुटीर उद्योग-धंधों का ह्रास होना है।

8. यातायात के साधनों का विकास—इस कारण से भी अप्रत्यक्ष रूप से संयुक्त परिवार विघटित हो रहा है। आज यातायात के साधनों के विकास के कारण

गाँव एवं नगर की दूरी समाप्त हो गई। फलतः जो व्यक्ति कभी शहर जाने की कल्पना नहीं कर सकता था वह आज शहर में काम करता है। ज्यादातर जो व्यक्ति शहर में कमाने लगता है वह धीरे-धीरे अपने परिवार को भी अपने साथ रखने लगता है। उसके रहन-सहन का स्तर शहरी हो जाता है। वह शहर के एकाकी परिवार को पसंद करने लगता है। इस तरह संयुक्त परिवार का विघटन हो जाता है। अतः यातायात के साधनों का विकास संयुक्त परिवार के विघटन का एक कारण कहा जा सकता है।

9. जनसंख्या में अत्यधिक वृद्धि—भारत में जनसंख्या में तीव्र गति से वृद्धि हो रही है। एक तरफ जनसंख्या में वृद्धि हो रही है लेकिन दूसरी तरफ भूमि में वृद्धि नहीं हो रही है। परिणामतः भूमि पर जनसंख्या का भार अत्यधिक हो रहा है। हर परिवार को भरण-पोषण करने में कठिनाई का सामना करना पड़ रहा है। परिवार भरण-पोषण करने में जब व्यक्ति असमर्थ हो जाता है तो वह नौकरी या व्यवसाय की खोज में शहरों की ओर भागता है। उसे परिवार को छोड़ना पड़ता है एवं अपने सीमित परिवार के साथ नगर में रहना पड़ता है। फलतः संयुक्त परिवार का विघटन हो रहा है। इस प्रकार यह पता स्पष्ट होता है कि जनसंख्या में वृद्धि के कारण संयुक्त परिवार का विघटन हो रहा है।

10. पाश्चात्य शिक्षा तथा संस्कृति का प्रभाव—संयुक्त परिवार के विघटन में पाश्चात्य शिक्षा का काफी बड़ा योगदान रहता है। पाश्चात्य शिक्षा से गाँव में पाश्चात्य संस्कृति का प्रचार-प्रसार हो गया। इस संस्कृति के अनुसार पति-पत्नी एवं बच्चों का परिवार ही परिवार होता है। अतएव इससे आज लोग प्रभावित होने लगे हैं। साथ ही पाश्चात्य संस्कृति भोगवाद, व्यष्टिवाद तथा अनियंत्रणवाद को भी बढ़ावा देती है। इनके कारण समष्टिवादी के विचारों को धक्का पहुचँता है जो संयुक्त परिवार की नींव है। अतः संयुक्त परिवार का विघटन टूटना स्वाभाविक है। इस प्रकार यह ज्ञात होता है कि पाश्चात्य संस्कृति एवं शिक्षा के प्रभाव के कारण संयुक्त परिवार का विघटन हुआ है।

11. भवन की समस्या—विशेषकर शहरों में इस समस्या के कारण सयुक्त परिवार का विघटन हो रहा है। शहरों में आज तीव्र गति से व्यापार एवं उद्योगों की उन्नति हो रही है। इसलिए नगरों में जनसंख्या का दवाब बढ़ रहा है। लेकिन इसके लिए समुचित संख्या में मकान उपलब्ध नहीं हो पा रहे हैं। इस परिस्थिति में शहरों में संयुक्त परिवार का बने रहना असंभव-सा प्रतीत होता है। आज के परिप्रेक्ष्य में

शहरों में संयुक्त परिवार की कल्पना नहीं की जा सकती है क्योंकि नगरों में आज प्रकार लोग एक कमरे में या गंदी बस्तियों में निवास करते हैं। धीरे-धीरे यही स्थिति गाँवों में भी हो रही है। इसलिए संयुक्त परिवार विघटित हो रहे हैं। इस प्रकार यह ज्ञात होता है कि संयुक्त परिवार के विघटन का एक कारण मकान की समस्या है।

12. वैधानिक कारण—ब्रिटिश शासन काल में कई नवीन अधिनियमों से संयुक्त परिवार को धक्का लगा। इन अधिनियमों में हिन्दू उत्तराधिकार अधिनियम, 1929 (The Hindu Law of Inheritance Amendment Act of 1929) एवं हिन्दू स्त्रियों के संपत्ति पर अधिकार के अधिनियम, 1937 (Hindu Women's Right Property Act of 1937) आदि ऐसे अधिनियम हैं जिनसे संयुक्त परिवार व्यवस्था को धक्का लगा। इसका कारण यह था कि संयुक्त परिवार की संपत्ति का बँटवारा होने लगा जिससे यह परिवार टूटने लगा। इस तरह यह पता चलता है कि संयुक्त परिवार के विघटन का एक कारण वैधानिक कारण है।

13. मनोवैज्ञानिक कारण—संयुक्त परिवार में सभी सदस्यों को एक समान काम नहीं करना पड़ता। जो सदस्य बड़े हैं वे छोटों की अपेक्षा कम कार्य करते हैं। कतिपय ऐसे भी सदस्य होते हैं जो बिल्कुल कार्य नहीं करते हैं। साथ ही इस परिवार में किसी सदस्य को अधिक स्नेह एवं प्यार प्राप्त होता है और किसी को कम। इसी प्रकार किसी की इच्छाओं एवं आवश्यकताओं की पूर्ति की जाती है तथा किसी की इच्छाओं एवं जरूरतों की पूर्ति नहीं की जाती है। इसका मनोवैज्ञानिक प्रभाव परिवार के सदस्यों पर पड़ता है तथा वह अपने आपको संयुक्त परिवार से पृथक् कर लेता है। इस प्रकार यह पता चलता है कि संयुक्त परिवार के विघटन का एक कारण मनोवैज्ञानिक कारण है।

14. राजनीतिक चेतना एवं आंदोलन—राजनीतिक नेताओं एवं समाज सुधारकों ने समय-समय पर राष्ट्र के नागारिकों को प्रगतिशील बनने की प्रेरणा दी है। स्त्रियों के स्वावलम्बी एवं प्रगतिशील बनने की तरफ भी आजकल विशेष ध्यान दिया जा रहा है। उनमें राजनीतिक चेतना जागृत करने का भी प्रयास किया जा रहा है। फलतः वे घर की चारदीवारी को लाँघने लगी है। स्वामी विवेकानन्द ने भी महिलाओं को घर से बाहर निकलकर काम करने की प्रेरणा दी थी। तब से लेकर आज तक इस कई प्रयत्न प्रयास किए गए हैं। आज स्त्री एवं पुरुष जीवन के हर क्षेत्र में कंधे से कंधा मिलाकर काम करने की तरफ अग्रसर हैं जो संयुक्त परिवार की भावनाओं के विपरीत है। फलतः संयुक्त परिवार विघटित हो रहा है। इस प्रकार

यह पता चलता है कि संयुक्त परिवार के विघटन का एक कारण राजनीतिक चेतना और आंदोलन है।

उपर्युक्त दिए गए विवरण के आधार पर इस निष्कर्ष पर पहुँचा जा सकता है कि आज विभिन्न कारणों से संयुक्त परिवार का विघटन हो रहा है। ऐसा होना स्वाभाविक भी है। आज मनुष्यों के विचारों एवं मनोवृतियों में काफी परिवर्तन आ गया है। गाँव एवं नगर की दूरी कम हो गई है। देशों की दूरी भी कम हो गई है। एक दूसरे से प्रभावित होना आज कठिन नहीं है। फलतः संस्कृति का आदान-प्रदान हो रहा है एवं एक मिश्रित संस्कृति का निर्माण हो रहा है। एक-दूसरे के प्रभाव से एवं बदलते परिवेश से आज संयुक्त परिवार का शीघ्रता से विघटन हो रहा है।

भविष्य में संयुक्त परिवार की स्थिति

आधुनिक वैज्ञानिक और औद्योगिक युग में परिवर्तित परिस्थितियों को देखकर यह कहा जा सकता है कि इस संक्रमण काल में संयुक्त परिवार का भविष्य अन्धकारमय है। वैसे तो परिवर्तन संसार का शाश्वत नियम है। लेकिन आज इसकी गति अत्यन्त द्रुत है जिससे कोई भी संस्था, समूह एवं समुदाय अछूता नहीं है। अर्थात् सभी में बदलाव हो रहा है। सामाजिक मूल्यों एवं चेतना ने कई संस्थाओं का रूप ही परिवर्तित कर दिया है। भारत एक कृषि प्रधान देश है। संयुक्त परिवार व्यवस्था का जन्म इस देश में कृषि की जरूरत के अनुरूप ही हुआ था। संयुक्त परिवार में सदस्यों की संख्या ज्यादा रहती है तथा उनमें कृषि कार्यों के लिए श्रम-विभाजन भी रहता है। इससे हर कार्य सुचारु रूप से चलते हैं। संयुक्त परिवार में सभी का कुछ न कुछ उत्तरदायित्व होता है एवं सभी अपने उत्तरदायित्व का दृढ़तापूर्वक निर्वहन करते हैं जिससे परिवार की गाड़ी चलती हैं। जो इस परिवार में ज्यादा वृद्ध होते हैं वे बच्चों की देखभाल करते हैं, युवा वर्ग अर्थोपार्जन करते हैं तथा स्त्रियाँ घर का कार्य करती हैं। इतना नहीं बल्कि छोटे बच्चे भी अपनी सामर्थ्य के अनुसार कार्य करते हैं। इस तरह सभी सहयोग एवं सम्मिलित उत्तरदायित्व के कारण परिवार की अर्थव्यवस्था सुदृढ़ रहती है। लेकिन आज औद्योगीकरण एवं नगरीकरण के प्रभाव के कारण संयुक्त परिवार का भविष्य अंधकारमय हो गया है। मशीनीकरण के इस युग में एक मशीन कई कार्यों को करने लगी है। इससे कई कृषि श्रमिक बेकार हो गए हैं।

मशीन के द्वारा सिंचाई, गुड़ाई, निराई, कटाई एवं फसलों की तैयारियाँ की जाने लगी हैं। इससे संयुक्त परिवार के सदस्यों के सामने बेरोजगारी की स्थिति पैदा हो

रही है और वे रोजी-रोटी की तलाश में नगरों की ओर कूच करने लगे हैं। शहरों में रहने के कारण उनकी प्रवृति में परिवर्तन आने लगा है और वे अपने आपको संयुक्त परिवार से पृथक् करने लगे हैं जिससे इस परिवार का भविष्य अन्धकारमय हो गया है। आज पश्चिमीकरण का भी प्रभाव बढ़ गया है। पाश्चात्य संस्कृति एवं दर्शन ने मानव को इतना ज्यादा प्रभावित किया है कि वह व्यक्तिवादी एवं प्रगतिशील बनता जा रहा है। समूह से मानव का संबंध टूटता जा रहा है। मनुष्य आज अपने स्वार्थ एवं महत्त्वाकांक्षा की परिधि में सिकुड़ता जा रहा है। व्यक्तियों के इस स्वार्थ एवं महात्वाकांक्षा की पूर्ति एकाकी परिवार में ही होती है। अतएव वह ऐसे ही परिवार में रहना चाहता है। इससे उसके अहम् की संतुष्टि होती है। अतः संयुक्त परिवार का भविष्य उज्ज्वल नहीं प्रतीत होता है।

सम्प्रति संयुक्त परिवार विविध कारणों से छिन्न-भिन्न हो रहा है। लेकिन भौतिक युग में व्यक्ति को दोहरी जिम्मेदारी पूर्ण करनी पड़ती है। एक ओर वह अपने नगर के परिवार की आवश्यकताओं को पूर्ण करता है और दूसरी ओर उसे माता-पिता भाई-बहन आदि की जिम्मेदारी भी पूर्ण करनी होती है। ये सब उसके दुख और परेशानी के कारण बनते हैं। यह प्यार तथा स्नेह उसे संयुक्त परिवार ही दे सकता है। इसलिए मनुष्य पुनः संयुक्त परिवार में लौटाना चाहता है। लेकिन वर्तमान औद्योगिक एवं वैज्ञानिक युग में शायद ही उसे यह मौका प्राप्त हो सके। अतएव यह कहा जा सकता है कि संयुक्त परिवार का भविष्य पूरी तरह सुरक्षित नहीं है।

18

भारत में संस्कृतिकरण की अवधारणा

संस्कृतिकरण की अवधारणा को नये अर्थ और संदर्भ में प्रयोग करने का श्रेय श्री एम. एन. श्रीनिवास को जाता है। उन्होंने संस्कृतिकरण की अवधारणा का प्रयोग 1952 ई. में अपनी पुस्तक 'रिलीजन एण्ड सोसायटी एमंग दि कुर्गस आफ साउथ इण्डिया' में किया। लेकिन इससे पहले भी इस शब्द का प्रयोग एक दूसरी पुस्तक में किया गया था जो 'Religion and Society Among the Coorgs of South India' के नाम से जानी जाती है। स्वयं प्रो. एम. एन. श्रीनिवास (Prof. M.N. Srinivas) ने भी इस बात को स्वीकार किया है।

कुछ विद्वानों की मान्यता है कि प्रो. एम. एन. श्रीनिवास संस्कृति की अवधारणा को प्रस्तुत करने में टार्डे (Tarde) के विचारों से प्रभावित प्रतीत होते हैं। टार्डे (Tarde) ने 'Theory of Imitation' प्रस्तुत किया था एवं बताया था कि Process of Imitation के कारण समाज एवं सामाजिक जीवन में बदलाव होता है। टार्डे (Trade) ने यह भी बताया था कि Inferiors सदैव अपने से Superiors से अनुकरण करते हैं। फलतः People of Inferior Status सदैव ways and manners of dominant people को स्वीकार करते हैं। एम. एन. श्रीनिवास ने Theory of Imitation को भारतीय जाति व्यवस्था पर लागू किया एवं बताया कि जाति व्यवस्था आबद्ध हिंदू समाज में निम्न जातियों के व्यक्ति आने से उच्च जातियों के लोगों के व्यवहार एवं तौर-तरीके आदि का अनुकरण करते हैं। इन्होंने यह भी कहा कि भारतीय जाति व्यवस्था में ब्राह्मणों को सर्वोच्च स्थान प्राप्त है। अतएव प्रत्यक्ष या परोक्ष तौर पर प्रत्येक जाति के लोग ब्राह्मण के ही व्यवहार के ढंग तथा तौर-तरीके आदि का अनुकरण करना है। इस प्रकार

यह पता चलता है कि संस्कृतिकरण का आशय ब्राह्मणीकरण की तुलना में व्यापक है। एम.एन. श्रीनिवास ने Caste dynamics के अध्ययन हेतु संस्कृतिकरण की अवधारणा को प्रस्तुत किया। इस संबंध में उन्होंने लिखा है, "The concept of sanskritization was found useful by me in the analysis of social and religious life of the Coorgs of South India" एम.बी. एमीन्यू (M.B. Emenean) ने लिखा है कि 'Some features of religious, cultural and social change in India' का वर्णन करने हेतु संस्कृतिकरण की अवधारणा का विकास किया गया।

एम.एन. श्रीनिवास ने Underlying process of social change का वर्णन करने हेतु एक अन्य अवधारणा को विकसित किया था जो पश्चिमीकरण (Westernization) के नाम से जाना जाता है। दोनों अवधारणाओं से संस्कृतिकरण की अवधारणा प्रमुख तौर पर भारतीय समाज में सामाजिक बाद की प्रक्रिया (Process of Social change) पर प्रकाश डालने से संबंधित है।

जाति व्यवस्था में यह हमेशा होता है कि निम्न जाति के व्यक्ति एक दो पीढ़ी के पश्चात्, ऊँची जातियों की आदतों, रहन-सहन के ढंग, रीति-रिवाज, खान-पान एवं कर्मकाण्ड आदि को अपनाकर संस्कृतिकरण की प्रक्रिया को ऊँचा बनाने का प्रयास करते हैं। इस संबंध में श्रीनिवास ने कहा है, "जाति प्रथा उस कठोर प्रणाली से काफी दूर है जिसमें हर घटक-जाति की स्थिति हमेशा के लिए निर्धारित कर दी जाती है। बदलाव हमेशा हुए हैं और विशेष तौर पर इस सोपान में क्रमिक व्यवस्था के मध्य भागों में। एक नीची जाति एक या दो पीढ़ियों में शाकाहारी बनकर, मद्य त्यागकर तथा अपने कर्मकाण्ड और देवकुल का संस्कृतिकरण कर ऊँचे बढ़ जाती है। संक्षेप में कहें तो पहले यह ज्यादातर होता था कि नीची जातियाँ ब्राह्मणों के रीति-रिवाज, विश्वास और उनके तौर-तरीके जितना संभव होता अपना लेती थी। नीची जातियों द्वारा ब्राह्मणी जीवन प्रणाली अपनाया जाना प्रायः होता था। यद्यपि सैद्धांतिक तौर पर यह वर्जित था। इस किताब में यह प्रक्रिया 'संस्कृतिकरण' कही गई है तो 'ब्राह्मणीकरण' की अपेक्षा उपयुक्त शब्द है क्योंकि कुछ वैदिक कृत्य-माम ब्राह्मणों तथा अन्य द्विज जातियों तक ही सीमित रहे।"

संस्कृतिकरण की प्रमुख विशिष्टताएँ

संस्कृतिकरण की कतिपय विशेषताओं की चर्चा निम्नांकित रूपों में की जा सकती है–

1. इसका उपयोग ब्राह्मणीकरण के स्थान पर किया गया है।

2. यह इस बात का प्रतीक है कि व्यक्ति अपनी वर्तमान सामाजिक एवं आर्थिक स्थिति से संतुष्ट नहीं है अतएव वह अपने से उच्च वर्ग अथवा जाति की विशेषताओं का अनुकरण करता है।

3. यह एक ऐसी प्रक्रिया है जिसमें निम्न जाति के व्यक्ति उच्च जातियों के व्यक्तियों के विविध कार्यों का अनुकरण करने का प्रयत्न करते हैं।

4. इसके द्वारा निम्न जाति के लोग अपनी वर्तमान आर्थिक एवं सामाजिक स्थिति से ऊपर उठने का प्रयत्न करता है।

5. इसकी प्रक्रिया सिर्फ छोटी जातियों में ही नहीं पाई जाती है अपितु इसे वन्य जातियों में भी आसानी से देखा जा सकता है।

6. इस प्रक्रिया में जाति अथवा समूह के रीति-रिवाज, कर्म-काण्ड एवं जीवन पद्धति किसी द्विज जाति के अनुसार बदल जाती है।

7. इसमें निम्न जाति के व्यक्ति केवल ब्राह्मणों के व्यवहारों एवं आदतों तथा रीति-रिवाजों आदि का ही अनुसार नहीं करते हैं। बल्कि वे क्षत्रिय एवं वैश्य जातियों के व्यवहारों तथा आदतों आदि का भी अनुकरण करने का प्रयास करते हैं।

संस्कृतीकरण की प्रक्रिया

सभ्यता और संस्कृति के विकास के साथ संस्कृतिकरण की प्रक्रिया का भी प्रारंभ हुआ है। वे जातियाँ जो समय के साथ सदैव प्रगति करती गई है उनकी उनके विशेषताओं का अनुकरण अन्य पिछड़ी हुई जातियों ने किया है। संस्कृतिकरण की प्रक्रिया शुरू में किसी एक धर्म तक ही सीमित नहीं थी बल्कि विभिन्न धर्म और जाति के व्यक्ति एक दूसरे की विशेषताओं, आदतों व व्यवहारों का अनुकरण करते थे। इस अनुकरण की पृष्ठभूमि में उनकी यह भावना थी कि वे अपने वर्तमान को अच्छा बनाना चाहते थे।

भारत एक विशिष्ट देश है। इसमें असंख्य जातियाँ हैं। इन जातियों की अपनी विशेषताएँ और महत्त्व हैं। जाति व्यवस्था का अपना एक सोपान होता है। अर्थात् जाति व्यवस्था में किसी को उच्च स्थिति प्राप्त है तो किसी को निम्न स्थिति प्राप्त है। भारतीय जाति व्यवस्था के तहत विभिन्न जातियों की वेश-भूषा, रहन-सहन, खान-पान, भाषा आदत एवं रीति-रिवाज आदि में कई प्रकार की विभिन्नताएँ पाई जाती हैं। समाज में निम्न जातियों की सामाजिक एवं आर्थिक स्थिति हमेशा कमजोर रही है। इसलिए ये जातियाँ हमेशा से इस बात का प्रयास करती हैं कि वे उच्च जातियों के रहन-सहन, खान-पान, रीति-रिवाज, आदत एवं संस्कार आदि का

अनुकरण करें। इसलिए संस्कृतिकरण की प्रक्रिया की यह विशेष बात है कि निम्न जाति के लोग ही उच्च जातियों के लोागों की आदतों, रहन-सहन, खान-पान, रीति-रिवाज एवं संस्कारों का अनुकरण करके अपनी वर्तमान स्थिति को ऊँचा करने का प्रयास करते हैं। इस संबंध में एम. एन. श्रीनिवास (M.N. Srinivas) ने 'आधुनिक भारत में जातिवाद एवं अन्य निबंध' में लिखा है, ''हिंदू समाज का संरचनात्मक आधार है जाति तथा उक्त संरचनात्मक, आधार के संदर्भ के बिना संस्कृतीकरण को समझना संभव नहीं है।

सामान्य तौर पर यह कहा जाता है कि जातियों के सोपान क्रम में जो ऊपर के स्थानों पर बैठी जातियों का संस्कृतिकरण निम्न एवं मध्य क्षेत्र की जातियों की तुलना में ज्यादा है; तथा निम्न जातियों तथा बाहरी जनजातियों के संस्कृतिकरण हेतु यही बात उत्तरदायी रही है। नीची जातियों ने हमेशा इस ओर कार्य किया है कि उच्च जातियों के आचार-व्यवहार अपना लिए जाएँ। ब्राह्मणी रीति-रिवाज एवं कर्मकाण्ड अपनाने के मामले में नीची जातियों पर लगा सैद्धांतिक निषेध प्रभावकारी नहीं रहा। यह बात इस तथ्य पर विचार करने से स्पष्ट हो जाती है कि कई गैर-ब्राह्मणी रीति-रिवाज और कर्मकांड अपना लिए हैं।'' आज भी उदाहरणों से स्पष्ट है कि संस्कृतिकरण की प्रक्रिया रूखी-सी है। यदि दक्षिण भारत के लोहारों का अध्ययन किया जाए तो इस बात का पता स्वतः चल जाता है। ये अपने आपको विश्वकर्मा ब्राह्मण कहते हैं, जनेऊ पहनते हैं एवं अपने कर्मकांडों का संस्कृतिकरण कर चुके हैं। किंतु इनमें से कई व्यक्ति आज भी माँस खाते हैं और शराब पीते हैं। इन्हीं दुर्गुणों के कारण उन्हें समाज में निम्न स्थिति प्राप्त है हर इन्हें नीचा समझा जाता है। इसी कारण से हौलिया जोकि एक अछूत जाति है इनका छुआ भोजन तक नहीं करती है। इससे यह स्पष्ट होता है कि दक्षिण भारत में इन्हें अभी अपवित्र समझा जाता है। ये अपना विवाह्र एवं गाँवों में नहीं कर सकते हैं। उन गाँवों में इनका विवाह होता है जहाँ इनकी जाति की देवी काली के मंदिर हों। यहाँ तक कि इनके विवाह का जुलूस भी बड़ी जातियों के मोहल्ले तथा स्थानों से नहीं निकल सकते हैं। इससे यह स्पष्ट होता है कि दक्षिण भारत के लोहारों के संस्कृतिकरण को प्रोत्साहित करने के बदले इसमें बाधाएँ पैदा की जा रही हैं।

उपर्युक्त तथ्य एक अपवाद है। आज विभिन्न अवरोधों के बावजूद संस्कृतिकरण की प्रक्रिया में तीव्रता आई है। स्वतंत्रता प्राप्ति के पश्चात् से निम्न जातियों के व्यक्तियों में काफी जागरूकता आई है। वे लगातार अपनी सामाजिक एवं आर्थिक स्थिति को ऊँचा उठाने का प्रत्यन कर रहे हैं। एक ओर वे अपनी जातिगत विशेषताओं का त्याग करते जा रहे हैं तो दूसरी ओर वे उच्च जातियों के रीति-रिवाज,

संस्कार एवं परंपरा आदि का तीव्रतापूर्वक अनुकरण करते जा रहे हैं। आज निम्न जाति के लोगों के घरों में भी स्टील के बर्तन, मेज, कुर्सी, ट्रांजिस्टर एवं टी. वी. आदि आसानी से देखे जा सकते हैं। इसी तरह वह अपने बच्चों के नाम भी उच्च जातियों की तरह सलीके से रखने लगे हैं। हरिजनों ने आज अपने जातिगत व्यवसायों का परित्याग कर दिया है। वे अपने नाम के आगे उच्च जातियों के टाइटिल को व्यवहार में लाने लगे हैं। जैसे—वर्मा, शर्मा, सिंह एवं ठाकुर आदि। इन सभी बातों से यह स्पष्ट होता है कि उनका संस्कृतिकरण हो रहा है।

संस्कृतिकरण की प्रक्रिया आज इतनी द्रुत है कि इसे न सिर्फ आज निम्न जातियों में देखा जा रहा है अपितु इसे आज जनजातियों में भी देखा जा सकता है। इस संबंध में एस.एल. कालिया (S.L. Kaliya) ने लिखा है कि उत्तर प्रदेश की जॉनसन बाबर और मध्य प्रदेश के बस्तर क्षेत्र की जातियों में जातीकरण की प्रक्रिया देखने को मिलती है। यद्यपि कुछ जनजातियों में अनुशासन अत्यधिक कठोर है। जैसे प्रभु जाति का व्यक्ति यदि किसी जातिगत नियम का उल्लंघन करता है तो उसे कठोर दंड दिया जाता है। उसे शारीरिक दंड अथवा कष्ट देने के साथ-साथ उस पर जुर्माना भी किया जाता है। हालाँकि इस तरह के दंड से अनुशासन को बनाए रखने की कोशिश की जाती है। लेकिन इससे बदलाव के प्रभाव एवं गति को रोकने में कामयाबी नहीं मिलती है।

संस्कृतिकरण के आर्थिक आधार

संस्कृतिकरण की प्रक्रिया में आर्थिक कारकों का प्रमुख योगदान होता है। जो आर्थिक तौर पर पिछड़े हुए हैं उनमें जागरूकता नहीं के बराबर होती है। इसका कारण यह है कि इनकी आय इतनी कम होती है कि प्रातः से सायं तक कठोर परिश्रम करने के पश्चात् भी वे अपनी जरूरतों की पूर्ति नहीं कर पाते हैं। जब निम्न जातियों के व्यक्तियों में आर्थिक सुधार होने लगता है तब उनकी क्रय शक्ति में में बढ़ोतरी हो जाती है। साथ ही उनके अंदर सामयिक जागरूकता भी पैदा होती है। सामंती युग में निम्न जातियों की स्थिति दयनीय थी। ये गुलामों की जिंदगी बिताने को विवश थे। इनके लिए दो जून की रोटी जुटा पाना भी एक मुश्किल कार्य था। साथ ही इनके शरीर पर वस्त्र भी नाममात्र के होते थे। यदि यह कहा जाए कि ये अपने तन को सही से नहीं ढंक सकते थे तो इसमें कोई अतिशयोक्ति नहीं होगी। इनकी बहू बेटियाँ अर्द्धनग्न अवस्था में रहती थीं। वे ऐसा करने हेतु विवश थीं। इन स्थितियों में संस्कृतिकरण की प्रक्रिया का आरंभ होना एक कठिन कार्य था। शनैः-शनैः औद्योगीकरण की प्रक्रिया का आरंभ होना एक कठिन कार्य था।

शनैः-शनैः औद्योगीकरण एवं शहरीकरण की प्रक्रिया शुरू हुई तथा उसमें उन्नति आई। इस प्रक्रिया में तीव्रता आने पर निम्न जाति के व्यक्ति परंपरात्मक कार्यों को त्यागकर नगरों में विभिन्न कार्य करने लगे। विभिन्न निम्न जाति के व्यक्ति शहरों में विभिन्न उद्योग धंधों में कार्य करने लगे। इससे एक तरफ जहाँ उनकी आर्थिक स्थिति में सुधार हुआ वहीं दूसरी तरफ उनकी क्रय शक्ति में भी बढ़ोतरी हुई। ज्यों-ज्यों इनकी आर्थिक स्थिति सुधरती गई त्यों-त्यों उनमें आत्मविश्वास जागृत हुआ। उनमें दीन-हीन की भावना समाप्त होती चली गई। इसका फल यह हुआ कि वे बड़ी जातियों के संस्कारों, आदतों, रहन-सहन, खान-पान, वेश-भूषा, रीति-रिवाज एवं परंपराओं का अनुकरण करने लगे। इस प्रकार यह पता चलता है कि आर्थिक आधार में बदलाव के साथ-साथ निम्न जातियों की सामाजिक स्थिति में भी बदलाव होता चला गया। आर्थिक स्थिति में सुधार होने एवं आत्मविश्वास बढ़ने के कारण निम्न जाति के व्यक्ति उन सभी चीजों को अपनाना चाहते हैं जिससे लोग उन्हें हीन न समझकर शिक्षित, जागरूक शहर धनी समझें। साथ ही वे उन वस्तुओं का भी त्याग करते जा रहे हैं जिनके कारण वे नीचा और छोटा समझे जाते हैं। वे ताड़ी दारू एवं अन्य नशीली चीजों का सेवन कर आज मारपीट करने से भाग रहे हैं। आज शहर के साथ-साथ गाँव में भी छोटी जातियों के व्यक्ति अपने को बड़ा दिखाने हेतु बड़ी जातियों की आदतों एवं संस्कारों को अपना रहे हैं। इस प्रकार यह कहा जा सकता है कि संस्कृतिकरण की प्रक्रिया में तीव्रता तभी आती है जब निम्न जातियों के व्यक्तियों की आर्थिक स्थिति में सुधार होता है। इससे उनके रहन-सहन एवं सोचने-विचारने के तौर-तरीकों में परिवर्तन आता है। अतः इसमें कोई शक की गुंजाइश नहीं है कि संस्कृतिकरण की प्रक्रिया में आर्थिक कारकों का महत्त्वपूर्ण योगदान रहता है। श्रीनिवास (Srinivas) ने आर्थिक कारकों के महत्त्व पर प्रकाश डालते हुए 'आधुनिक भारत में जातिवाद एवं दूसरी निबंध' में लिखा है, "अतः आर्थिक उन्नयन से किसी समूह के रीति-रिवाज और जीवन प्रणाली का संस्कृतिकरण होता है। कभी कोई समूह राजनीतिक शक्ति प्राप्त कर अपनी आर्थिक स्थिति सुधारता है और संस्कृतिकरण करता है। यद्यपि इसका यह अभिप्राय नहीं है कि आर्थिक उन्नयन से आवश्यक रूप से संस्कृतिकरण हो। महत्त्व की बात यह है कि किसी समूह में सामूहिक रूप से यह अभिलाषा विकसित होती है कि वह अपने मित्र, पड़ोसियों, शत्रुओं की दृष्टि में ऊपर उठे एवं उसके फलस्वरूप उक्त समूह वे रास्ते अपनाने लगते हैं जिनसे समूह का स्तर ऊँचा हो।"

संस्कृतिकरण के राजनीतिक आयाम

संस्कृतीकरण की प्रक्रिया में सामाजिक और आर्थिक कारकों के साथ-साथ राजनीतिक कारकों का भी महत्त्वपूर्ण योगदान रहता है। भारत एक ऐसा देश है जो ज्यादातर समय तक गुलाम ही रहा है। जहाँ कई विदेशी शासकों ने भी कई वर्षों तक शासन किया है वहीं कई देशी शांसकों ने भी कई वर्षों तक शासन किया है। कहने का आशय यह है कि भारत के लोगों को राजनीतिक स्वतंत्रता काफी कम समय में नसीब हुई है। हालाँकि अंग्रेजों के समय में निम्न जाति के लोगों की स्थिति में काफी बदलाव हुए। अंग्रेजों ने इन लोगों को ईसाई बनाकर कई प्रकार की सुविधाएँ प्रदान कीं। इससे उनकी सामाजिक प्रतिष्ठा में भी बढ़ोतरी हुई। श्रीनिवास के मत में 18वीं शताब्दी में राजनीतिक गतिशीलता में काफी बढ़ोतरी हुई। अंग्रेजों से पूर्व जो राजनीतिक व्यवस्था थी उसमें सीमित लोगों को ही सुविधाएँ प्राप्त थी। निम्न जातियों के लोग तकरीबन पूर्णतया उपेक्षित थे। हालाँकि अंग्रेजों ने धर्म परिवर्तन के द्वारा ही इनकी स्थिति में बदलाव करने का प्रयत्न किया लेकिन वह बहुत कम था। स्वतंत्रता प्राप्ति के बाद भारतीय सरकार ने निम्न जातियों के लोगों को शिक्षा, नौकरी, सामाजिक, सुरक्षा एवं राजनीतिक सुविधा देकर इनकी स्थिति को ऊँचा उठाने का प्रयास किया तथा उनके आत्मबल में बढ़ोतरी करने की कोशिश की।

1947 में अपने देश को स्वतंत्र होने के पश्चात निम्न जातियों के सामाजिक एवं आर्थिक दशाओं में काफी महत्त्वपूर्ण परिवर्तन आए साथ-साथ राजनीतिक स्थिति में भी बदलाव हुआ है। उनमें राजनीतिक जागरूकता आई है और वे अपने राजनीतिक अधिकारों के प्रति सजग हुए हैं। इनसे उनकी आर्थिक स्थिति में भी सुधार हुआ है। आज वे अपने अधिकारों के प्रति सजग हैं एवं जिन कारणों से उन्हें हीन समझा जाता था, उसका परित्याग कर रहे हैं। आज निम्न जाति के व्यक्ति सवर्णों के गुणों, आदतों, संस्कारों एव रीति-रिवाजों आदि को अपना रहे हैं। वे आज इस बात को समझ रहे हैं कि सवर्णों के गुणों को अपनाकर अगर उन्हें समाज में प्रतिष्ठा मिलती है तो वे इसे क्यों न अपनाएँ। अतएव आज यह देखने को मिलता है कि निम्न जाति के व्यक्ति अपनी स्थिति को ऊँचा उठाने के लिए कटिबद्ध हैं। सरकार भी उन्हें विविध प्रकार की सुविधाएँ प्रदान कर इसमें सहयोग कर रही हैं। सरकार द्वारा सामाजिक एवं राजनीतिक सुरक्षा मिलने से वे आगे बढ़ने को अग्रसर हैं। इससे संस्कृतिकरण की प्रक्रिया भी द्रुत होती है। अतः यह कहा जा सकता है

कि राजनीतिक सुविधाओं एवं प्रोत्साहन संस्कृतिकरण की प्रक्रिया को गति प्रदान करती हैं।

असंस्कृतिकरण की प्रक्रिया

डॉ. मजूमदान ने यह सिद्ध करने का प्रयत्न किया है कि भारत में मात्र संस्कृतिकरण की प्रक्रिया ही नहीं देखी जा रही है बल्कि असंस्कृतिकरण की प्रक्रिया को भी देखा जा सकता है। असंस्कृतिकरण की प्रक्रिया संस्कृतिकरण की प्रक्रिया के बिल्कुल उल्टा है। मजूमदार का तो यहाँ तक मानना है कि संस्कृतिकरण की प्रक्रिया की तुलना में असंस्कृतिकरण की प्रक्रिया अधिक तीव्रता से भारत में फैल रही है। असंस्कृतिकरण की प्रक्रिया का अर्थ उस प्रक्रिया से है जिसमें उच्च-जाति के व्यक्ति अपनी आदतों, रीति-रिवाज, व्यवहार संस्कार आदि को तीव्रता से छोड़ते जा रहे हैं। इतना ही नहीं बल्कि ऊँची जाति के व्यक्ति निम्न जाति के-व्यक्तियों के कार्यों को भी अपनाते जा रहे हैं। नगर और महानगरों की दुकानों तथा उनके बोर्ड पर यदि ध्यान दें तो अनेक स्थानों पर हम यह पाते हैं कि जूते, चप्पल, लाण्ड्री आदि की दूकानें सवर्ण जाति के व्यक्तियों की है। यह तथ्य इस बात का सूचक है कि छोटी बड़ी जातियों के बीच जो सामाजिक दूरी थी वह कम हो रही हैं इसका कारण सांस्कृतिकरण नहीं बल्कि असंस्कृतिकरण है क्योंकि निम्न जाति के व्यक्ति द्वारा ऊची जाति के व्यवसायों को अपनाने से भी उनकी सामाजिक स्थिति में उतना परिवर्तन नहीं आता है जितना कि ऊँची जाति के व्यक्ति द्वारा नीची जाति के कार्यों को अपना लेने से आता है। इस प्रक्रिया से विभिन्न छोटी-बड़ी जातियों में समानता, भाई-चारे और सामंजस्यता की भावना में बढ़ोत्तरी होती है।

ऐसा माना सही नहीं है कि भारत में मात्र संस्कृतिकरण की प्रक्रिया ही गतिमान है या असंस्कृतिकरण की प्रक्रिया ही। सही मायने में दोनों ही प्रक्रियायें यहाँ गतिमान है। उदाहरण के तौर पर जहाँ कए ओर निम्न जाति के व्यक्ति ऊँची जाति के व्यक्तियों की आदतों, रीति-रिवाज, व्यवहार आदि का अनुकरण कर रहे हैं वहीं दूसरी ओर हम यह देख रहे हैं कि ऊँची जाति के व्यक्ति अपने संस्कार, रीति-रिवाज़ परम्परा को तीव्रता से छोड़ते जा रहे हैं। सही मायने में यह प्रगतिवादी गतिमान समाज का सूचक है। दोनों ही जाति के व्यक्ति अपनी परम्परात्मक विश्वास व कार्य-क्षेत्र की सीमाओं को तोड़कर अपने इच्छानुसार जो कुछ उन्हें उचित लग रहा है अपना रहे हैं।

संस्कृतिकरण का योगदान

संस्कृतिकरण के द्वारा भिन्न-भिन्न विद्वानों एवं समाज सेवकों ने समय-समय पर यह प्रबल किया है कि निम्न जाति के व्यक्ति उच्च जातियों की विशेषताओं को ग्रहण करें। वे परंपरात्मक संकीर्ण विश्वासों और आदतों का त्याग कर दें। इससे छोटी एवं बड़ी जातियों के मध्य जो कटुता एवं अलगाव है उसमें कमी आएगी। भारत में समय-समय पर भिन्न-भिन्न ऐसे संप्रदायों का जन्म हुआ है जिसने इस बात का प्रचार किया है कि निम्न जाति के व्यक्ति अपनी उन चीजों का परित्याग कर दें जिनके कारण सवर्ण उन्हें नीचा समझते हैं। अच्छे गुणों एवं कार्यों को अपनाकर वे भी अपने आपको समाज का उत्तम व्यक्ति बनाए। स्वतंत्रता प्राप्ति के पश्चात् निम्न जातियों के व्यक्तियों में सामाजिक, राजनीतिक और आर्थिक चेतना एवं जागरूता की वृद्धि हुई तथा इससे उनके स्थिति में सुधार हुआ। इस कारण से भी निम्न जाति के व्यक्ति उच्च जाति की विशेषताओं को तीव्रता से ग्रहण कर रहे हैं। स्वतंत्रता प्राप्ति से पहले निम्न जातियों के लोगों में इतना साहस नहीं था कि वे उच्च जाति के संस्कारों और आदतों को अपनाते। लेकिन आजादी के बाद सरकार ने निम्न जातियों को अनेक सुविधाएँ देकर उनमें हिम्मत उत्पन्न कर दी। इसलिए वे संस्कृतिकरण की प्रक्रिया के द्वारा अपने जातिगत गुणों को त्यागकर जातियों की विशेषताओं को अपना रहे हैं। इसके द्वारा निम्न और उच्च जातियों के बीच जो सांस्कृतिक दूरी थी, उसे कम करने में सहायता मिली है। यह निम्न जातियों के लोगों को भी समाज में प्रतिष्ठा एवं आदर सम्मान के पात्र बनाती है। जाति के आधार पर जिन परम्परात्मक और धार्मिक कार्यों का जाल बिछाया गया है। उसे यह कम करती है। यह निम्न जातियों के लोगों को प्रगति करने के लिए प्रेरित करती है। हिंदू संस्कृति के कुछ गुण केवल सवर्ण या ऊँची जातियों तक ही सीमित न रह जाएँ बल्कि उनका विकास निम्न जातियों के व्यक्तियों में भी हो।

संस्कृतिकरण की आलोचना

संस्कृतिकरण का बहुत अधिक महत्व व विशेषताएँ हैं फिर भी विद्वानों ने इनकी आलोचना कटु रूप में की है। डॉ. इरावती कर्वे ने इसकी आलोचना करते हुए कहा है कि संस्कृतिकरण की प्रक्रिया केवल सामाजिक गतिशीलता से नहीं जुड़ी हुई है बल्कि यह एक सामान्य सांस्कृतिक पृष्ठभूमि की ओर संकेत करती है। इसलिए हमें संस्कृतिकरण शब्द के स्थान पर ऐसे शब्दों का प्रयोग करना चाहिए जो विश्व के सभी व्यक्तियों को मान्य हो।

❑❑❑